憑きもの

怪異の民俗学 1

小松和彦 責任編集

河出書房新社

憑きもの

目次

Ⅰ　**総論**　7

巫女考（抄）　柳田國男　9

憑物系統に関する民族的研究　喜田貞吉　27

Ⅱ　**憑きものの歴史**　49

平安朝における憑霊現象　酒向伸行　51

江戸の悪霊除祓師　高田衛　66

狐憑きから「脳病」「神経病」へ　川村邦光　73

Ⅲ　**憑きものの民俗学**　127

人狐持と大狐持　千葉德爾　129

動物憑依の諸相　中西裕二　136

「いのれ・くすれ」　波平恵美子　155

「イズナ」と「イズナ使い」　佐藤憲昭　184
キツネつきをめぐる解釈　松岡悦子　206
登校拒否と憑きもの信仰　香川雅信　238

Ⅳ 憑きものの精神史　265

狐憑きの心性史　昼田源四郎　267
都市における憑依現象　高橋紳吾　291
沖縄の憑依現象　仲村永徳　310

Ⅴ 憑きものの民俗誌　321

七人みさきに就て　桂井和雄　323
諸国憑物問状答　堀一郎　349
種子島呪術伝承　下野敏見　357
岡山のシソ（呪詛）送り　三浦秀宥　377

長野県遠山谷のコトノカミ送り　浮葉正親　387

収録論文解題　香川雅信　407

憑きもの　解説　小松和彦　415

怪異の民俗学①

憑きもの

I

総論

巫女考(抄)

柳田國男

ミコという語

自分の生国播磨などでは、ミコと称する二種類の婦人がある。その一はやや大なる神社に附属してその旧境内に居住し、例祭の節は必ず神幸の行列に加わるのみならず、神前に鈴を振って歌舞を奏し、また湯立《ゆだて》の神事に関与する者である。普通は尊敬してミコハン（巫様）と呼ぶが、ミコといってもまた通用する。今一種のミコはあるいはまたタタキミコとも口寄《くちよ》せともいう、たいてい何村の住民であるかよく分らず、少くも五里八里の遠方から来る旅行者である。この口寄せというのは古い語で（台記、久寿二年八月二十七日の条にも見ゆという）、その意味は隔絶して近づくべからざる神または人の言語を、眼前の巫女《ふじょ》の口を介して聞くこと、すなわち託宣・託言を聴かんと求むることであって、従ってその仲介を業とする女をも口寄せと呼ぶのである。現代のタタキミコも人に頼まれて不在者の口を寄せることは同様であるが、その寄る者は主としていわゆる生霊か死霊、すなわち生きている人または死んだ人間ばかりで、神がこの者に降《くだ》ることはきわめて稀《まれ》なようである。かつて寅《とら》の歳の男の死霊と言って心ひそかに武田信玄を念じていた者があった。ところがミコは怖ろしく荒い声を出して、土民の分際として己を招くとは不埒《ふらち》な奴だと罵《ののし》ったという話である。しかし遠国に往って音信の絶えた者、あるいは近い頃死んだ親族などの口を寄せて聴くと、その言うことがまことに悲しい。自分も幾度かその席にいたことがあるが、婦人などは声を立てて泣かぬ者はない。どういう秘伝があるかは知らぬが、あまり平仄《ひょうそく》の合わぬことは言わない。何の歳の男または女というばかりであるのに、老人なり若者なり志す者相応のことを答える。ゆえに今日の世の中でも、乞食《こじき》のような女だとは思いつつも、やはりタタキミコを頼む者が絶えないのである。

　東京附近の語では、ミコといえば右も第一種の婦女のみを指すようである。春日《かすが》や厳島《いつくしま》の社頭において、白い著物に紅の袴《はかま》をはき鈴を持って舞うところの干菓子のごとく美しい少女を、西洋の旅客は何度となく写真に撮って、彼等もまたこれをミコと呼んでいるようである。東京人はこのミコに対して口寄せのミコをばイチコといっている。しかるに地方によっては反対に神社に従属する巫女をイチまたはイチコという処がある。京阪地方も古くからそうであるらしい。常陸《ひたち》では相当の神社に大市《おおいち》・小市《こいち》もしくは市子と名づけて祭事に与《あずか》る者がある。あるいは宮市子ともいう。元は皆女子の業であった（常陸国誌）。土佐で多くの社に佾《いつ》という者がいるのもまたこれであろう。その住所を佾屋敷といい、あるいは男の神主を佾太夫などともいう（諸神社録）。東京などのイチコは江戸時代の公文書には必ず梓巫《あずさみこ》または梓神子《みこ》と見えている。これも地方によっていろいろの名称がある。今もしほぼ同種の生活を営む女を同じ者として見るならば、上方では単にミコといえば口寄せのことで、神に仕える方をイチという（賤者考）。あるいは京都では梓神子を大原神子というとの説もある（物類称呼）。この大原は丹波国である。京の片辺《かたほとり》に来て住み、男に袋を荷《にな》わせ太鼓を打たせ自分は鈴を振って民家を廻って行くとあれば（人倫訓蒙図彙）、竈払《かまどはらい》をも兼ねていたものらしい。口寄せがある一定の地に集っている例はほかにもあった。京では北野等持院の附近、江戸では亀井戸、大阪では天王寺村、また信濃巫《しなのみこ》といってかの国諏訪《すわ》辺から出る者もあった。丹後では与謝《よさ》郡城東村大字波路《はじ》からも巫が出た。これが日本の巫女の最初だという説もある（宮津府志）。ただし今は断絶して但馬《たじま》の某地に子孫が残っているという。

上州の高崎では新町という辺に神事舞太夫《しんじまいたゆう》なる者が三四戸住んでいた。彼等が女房は多くは梓巫であるが、土地の者はこれをアガタと呼んでいた（高崎志）。アガタはすなわち『庭訓往来《ていきんおうらい》』などに、いわゆる県神子《あがたみこ》の略で、これも古い語である。一説には諸国の巫を県神子というのは、古代の生島《いくしま》・足島《たるしま》または坐摩巫《いがすりのかんなぎ》・御門巫《みかどのかんなぎ》のごとく朝廷に近く奉仕した御巫《みかんなぎ》に対して民間の巫女を呼ぶ名称であろうという者がある（祠曹雑《しそうざつ》識《しき》三十七）。なるほどアガタは田舎《いなか》のことであればこの説には誤りはなかろうが、必ずしも禁裡《きんり》に勤める者でなくとも、大きな神社に附属して系統的の節制を受けている者に対し、今いっそう自由にしてかつ無学なる同業者を賤《いやし》んで田舎巫と名づけたのは、あたかも本当二山の支配に附かぬ散在の山伏を野山伏、山守山伏もしくは願人《がんにん》山伏などといい、京・江戸の検校《けんぎよう》に辞儀をせぬ諸国の琵琶《びわ》法師を単に盲僧《めくらそう》または地神経読《じしんきようよみ》などと呼んで、坐頭《ざとう》とは認めなかったのと同じ例であろうと思う。羽後仙北郡北楢岡《ならおか》に昔白神女《しらかみめ》という高名の県神子があったことは『月之出羽路』巻四に見えている。これはその巫の名前であったようにも考えられるが、『裏見寒話《うらみかんわ》』巻四によれば、甲州には口寄せ巫の筋に白神筋という家が処々にあって、多少世間から嫌われたとある。シラカミがまたかの徒の別の名称であったことはほかにも証拠がある。奥羽では一般に口寄せの巫をイタコという。これは多くは盲目の女である。あるいはまたこれをモリコともオカミサマともいうそうである。イタコもモリコもともに語義から推せば神に仕える職らしいが、事実は祈禱よりも予言の方に力を用いている。モリコという語は関東にも及んであるが、一概に言われぬのは右のごとく地方によって、幾分か意味の偏りがある。同じ奥州の内でも会津または白河では口寄せをワカと唱えている。ワカはすなわち若神子の若であって、思想において全然ミコと同じものであることは、自分がこれから述べんと欲するところである。その他石見《いわみ》国でこれをオシエということ、伊豆新島で神いさめまたはヤカミシュということは近頃知った。ササハタキもしくは大弓《おおゆみ》などと呼ぶ地方もあるそうである。なお求むれば何ほどもあるであろう。どうか集めて比較をしてみたいものである。琉球《りゆうきゆう》でこの類の婦人をユタというのも、自分はイチまたはイタコと関係のある語と信じている。

右に述べたように神社に仕える女をミコまたはイチコといい、死霊、生霊の口を寄せるを業とする女をもイチコまたはミコなどという以上は、名称の上から二種の巫女を区別することはとうていできぬのみならず、考えよう次第ではこれのみでも二者の根源の一つであったことを推測することができる。しかし少くも今日の社会状況ではこの二階級を同視すれば社のミコから怒られまたは怨《うら》まれる。怒られるのは構わぬが怨まれるのは実はまだ少々怖い。巫に恨まれて家を滅した話は中世にはたくさんある。上品なミコハン等があんな者と一緒に見られてはならぬという理由は要するに永い間の隔絶である。自分には先祖伝来の家屋敷があって土地での旧家であるのに、彼等は物貰い・ホイトを去ること一二歩の者であると賤むのは、結局旅の者に信用をおかなかった旧思想の余習である。職業の上から観ても、神社の巫が神託を寄せないのはむしろ近代の変遷である。この事は次の章に詳しくいうはずである。またいわゆる田舎巫の方でも俗物の御託《ごたく》ばかりを並べるようになったのは、単に時世に連れての傾向に過ぎぬ。現に越後地方で万日《まんにち》といった老巫女のごときは、その生活は法《かた》のごとき歩行神子《あるきみこ》であるにもかかわらず、村々に頼まれて湯立《ゆだて》・笹叩《ささはたき》をすれば、神この者に移らせたまい、その年々の豊作凶作などを告げられた（北越月令《ほくえつげつれい》）。また口寄せの前後における祈禱は別として、この種の婦人が民家の祭事に関与することは少くなかった。すなわち京都では大原神子が竈払として家々を廻り、江戸の梓巫が家職として釜を祓《はら》い、釜の向うに貼るべき青襖《すおう》と称する紙の雛形《ひながた》を配り、または猿が馬を牽《ひ》く絵馬《えま》という札を正月に配るがごときはその例である（寺社捷径《じしゃしょうけい》）。なお一つ社の巫が主張し得べき差別は、自分は常に神に奉仕しているが、タタキミコはすこしも社に縁がないという点であろう。しかしそれも見ようが悪いのである。なるほど口寄せはいわゆる八百万《やおよろず》の天神地祇《ちぎ》諸国の神々を定節もなく呼び申し、それでも足らないで仏菩薩の名まで唱えるが、これは諸社の神主の祝詞《のりと》の中に多くの神名を掛け奉るのと同じ形式であって、しかも自分が仕えている神はちゃんとただ一つある。この輩の常に持ってあるく秘密の箱は決して祭具ではないことは誰しも想像し得るであろう。神はこの箱の中に坐《いま》すのである。その神のいかなるものかは後にいうが、とにかくに寝ても起きても神の側を離れぬのである。もっともやや開けた口寄せ巫は箱を風呂敷などに包んで来る。東北のイタコなどは竹の筒に神を入れ金襴《きんらん》の袋に納めて首に懸けている。上野の博物館にそれが一つ陳列してある。すなわち我々のいわゆる守袋で、昔からの彼等の作法であったらしい。およそ世の中にこれほど神に近接している女がほかにあろうか。社の巫などはかえって他《よ》所《そ》へ行けばただちに神に離れるのである。かく言えばあるいは激して答える者があるかも知れぬ。我々の民族では神には無数の種類がある、猿も神だ、蛇も神だ、しかし郷村に大きな敷地の杜《もり》を占めて鎮守となり産《うぶ》土《すな》と崇《あが》めらるる明神と一つにはならぬと言われるであろう。強弁のようであるが県神子の神でも往々にして土著することがある。必ずしも終始漂泊してばかりはおらぬ。一定の地に祀《まつ》れば祠《ほこら》もできる、杜もやがては茂るのである。神の尊卑または大小ということはなかなかむつかしいかつ大きな問題である。宗廟《そうびょう》及び御歴代の神々は、もちろん比較の限りではないことを明言しておく。その他はおよそ国津神《くにつかみ》として太古より祀り来たった社でも、今日現存の信仰及び祭式は幾度かの大変遷を経ている。今をもって以前を推すことはできぬ。以前はよほど巫女の任務を重要視した祭であったかと思う。すなわち大きな社と小さな禿倉《ほこら》との間に似通うた点がよほど多かったらしい。自分の妙な研究はこの事をちっとでも明白にしたいのがその目的である。

最初にはまずミコ神という神名を考えてみたい。これが一つの手掛りである。今日の神子神または御子神はいわゆる藪神《やぶがみ》の類である。その祭場は杜と言わんよりも、むしろタブせられたる一個の塚である。自分の知る限りでは美作《みまさか》・備前・備中・伊予・土佐などにこの祠が多い。いかなる願い事の神であるかいまだ分らぬが、すこしくほかの神と違ったところがある。たとえば備後の福山領などでは、毎年六月と十一月の十三日に神酒《みき》・燈明を供え、赤飯と膾《なます》とで御子神の祭をする。酒造もしくは酢・醬油・麴《こうじ》などを商売する家では取り分けて念を入れる。この祭に限って他人を雑《まじ》えず家内ばかりで祝う。もし失念して祭らぬときは瘡《かさ》を発すると申し習わしている（風俗問状答書）。すなわちこの神は里の神ではなくて家の神である。土佐の韮生《にろう》・豊永・本山等の山村には神職その他の者で、先規に従い御子神を祭っている家筋がある。その家では人が死んでこれを御子神に祭ろうとするときは、これを旦那寺に断り、亡父何右衛門事先例をもって後年神に祭りまするゆえ過去帳に御記下されまじくと言っておく。また当時訳を断らざりし者は三年忌あるいは七年忌法事の節、この者先例をもって今日より神に祭りますから過去帳の法名御消し下されと断り、位牌《いはい》を墓所へ捨てるのである。位牌を捨てなければ神になることはできぬ。さていよいよ神に祭るのはその年十一月、氏神祭の日神事の済んだ後である。今日はこれより何右衛門を神に祭るのだと言えば、子孫血縁の者皆集り村長を上座に招き、太夫二三人または四五人その中の一人を本主《ほんしゅ》の太夫と定め、よくは分らぬが白幣を振ってタテ食えという儀式を行うのである。存生中正直第一にして悪事を巧まざりし人は、一度のクラエにてさっそく神の座に直り、不正直にして謀計多かりし者は、クラエ五六度に及んでもとくと神座には直らねども、まずこれまでよと置くものがある。それより本主の太夫へ神をのり移すと称して何やら舞を舞っているとやがて託宣がある。曰くこれより内は木の葉の下のオボレ神にてありしが、大小氏子心を揃《そろ》え今日伊勢のミコが滝へ請じられ、ホウメンをさましてやあら嬉《うれ》しやという。答、大小氏子心を揃えホウメンをさまします、大の氏子小の氏子悪事災難来たり候とも払いのけてちがえ守らせたまえといい、やあら嬉しや嬉しやと舞うとある。御子神には名は附けぬが、その者子《ね》の歳ならば子歳の御子神、丑《うし》の歳なれば丑歳の御子神と唱え、年忌・盆・彼岸にも祭らず、ただ氏神の祭の日に作り初穂を出し神楽《かぐら》を舞ってもらうのみである。この事は韮生郷柳瀬村の柳瀬五郎兵衛という老人の筆録になお詳しく出ているが、他の部分は必要のある時まで略しておく（土佐国群書類従巻十御子神記事）。『土州淵岳志《としゆうえんがくし》』にも簡単にこの事を記しこの祭を御先祭《おんざきまつり》というとある。オンザキは他の諸国の山中の神に御前《みさき》または岬神とあるも同じことであろう。話の枝葉にわたるを避けるが、要するにミサキも人の死して成る神、すなわち御霊《ごりよう》であることは、疑いのない証拠がある。

　御子神は今より千年前にも存在した神の名である。それと近世の御子神と同じきか否か、それを考えてみたい。『延喜式』の神名帳に列記した官社の中に多くの御子神がある。その二三を挙ぐれば、山城愛宕《あたご》郡の片山御子神社《みこがみのやしろ》、大和添上《そえかみ》郡の率川坐《いさかわにます》大神神《おおかみがん》日本《やまと》御子神社三座、河内高安郡の春日戸坐《かすかべにます》御子神社、尾張愛知郡の日割《ひわり》御子神社、孫若御子神社、高倉結《たかくらむすび》御子神社、陸奥《むつ》行方《なめかた》郡の鹿島御子神社、同栗原郡の香取御児神社等である。また西海の対馬《つしま》国においては和多都美《わたつみ》神社あって和多都美御子神社あり、島大国魂《しまおおくにたま》神社あって島大国魂御子神社あり、胡禄《ころく》神社あって胡禄御子神社があるのである。詳しい記録こそはないが、他の一方の神を父または母の神としていたことを想像し得るのみならず、後世朝鮮の一旅行者も、この島南北に高山あり皆天神と名づく、南を子神と称し北なるを母神というと書いて、永くこの信仰のあったことを伝えている（海東諸国記）。尾張の三社の神に至っては、『続日本後紀』承和二年十二月壬午日の条にともに熱田《あつた》大神の御児神であることを明記し（神名帳考証）、奥州の御子神については『三代実録』貞観八年正月二十日の記事に、鹿島大神の苗裔神《びょうえいじん》の陸奥南部の海岸菊多郡以下十三郡にあるもの合せて三十八社、内磐城《いわき》郡に十一社宇多郡に七社ある。延暦以前にあってはすべて大神の封物をもって奉幣したと見えている。これらはいずれも皆皇威の振張に伴うて先駆の二大神が次第に夷境を経略せられた跡と見ることができる（神祇史）。しかも後世ならば本社勧請というべき処にそれぞれ御子神の社を建ててあるのである。この例をもって推せば、山城・大和以下数十社の御子神も、今でこそ御祖神《みおやがみ》の連絡が不明になっているが元は必ず独立した社ではなく、同国または近国の大社からだんだん神徳を宣伝して来た神であると信ぜられる。しこうして何がゆえに祖神を深敬する者がその苗裔を神と仰ぐに至ったかと言えば、一言をもって答うれば正しき血統、すなわち本然の関係が最もこれと密接する神に仲介を依頼するにあらざれば幽顕の交通がむつかしいと考えたからで、事態の大小はあるが土佐の御子神祭に血縁の者が列坐せねば死者が神にならぬ託宣をせぬと考えたのも同じ訳であろうと思う。

この事実はまた他の方面からもこれを立証することができる。たとえば山城の鴨県主《かもあがたぬし》や松尾社家はいずれもその奉仕する神の苗裔であることを系図において主張している。肥後の阿蘇家は元より大神の末であるし、伊予の河野氏はすなわち三島明神の外孫の後である。この類は列挙すれば限りもあるまい。太宰府の天満宮の末社に柳神子社、尼御子《あまみこ》社及び玉神子社という神がある。この三神はともに菅公の御子神であるという（筑前国続風土記拾遺）。また一説には後堀河天皇の御世に菅公九代の後胤菅原善卑という人、勅を奉じこの地に下って社司となる。その子孫大鳥居・小鳥居の二家に分れ代々の社職であった。後に大鳥居は血筋絶え京都堂上家《とうしょうけ》の二三男を迎えて清僧の家となりこれを坐主《ざす》という。小鳥居は妻帯の僧であるゆえに永く天神の血脈を伝えている（中国九州風土略記）。諸社の末社に神官の先祖を祀る例はさらに多い。世がおいおい降って神はいよいよ高くなり、ついには血肉を具したる人間ではなかったように考えらるるに至ったため、その神の子孫ということが次第に人の耳に疎くなり、今では神降臨の際随従したとか、あるいは勧請の儀に関与したとか、または御霊在世の時の臣下であったとかいうように語り直した神主の家も多いようである。しかもこの二種の伝説の源は同一であったことはミコという語が簡単にこれを示している。

ワカとミコと同じ意味の語であることは、若宮と御子神とを比較すればよく分る。若宮の有名なのは春日と八幡である。春日を五所明神《ごしよみようじん》という社が諸国にあるのは、四所の本宮に若宮を加えたもので、若宮の祭神は天押雲命《あめのおしくものみこと》とも太玉命《ふとたまのみこと》ともいって一定せぬが、とにかく本社の正統の御子であることは疑いがない(和訓栞《わくんのしおり》)。八幡の若宮についてほかの六条左女牛《ろくじようさめうし》などのごとく、これを主神と祀った例も古くからあるが、男山の末社の中にも若宮が三社まである。すなわち本宮の後に一つこれを仁徳天皇を祀るといい、その右に一つこれは水若宮とも称し菟道稚郎子《うじのわかいらつこ》を祀るという。また社の右奥の隅にある若宮は、これのみ特に若宮殿といいまた姫若宮ともいう。以前は神功皇后と申していたのを明治になって応神天皇の御女と改めた(綴喜《つづき》郡志)。これらの説は言わば八幡大明神と定めた上の敷衍《ふえん》であって、その発足点にはまだ大きな疑問がある。八幡は託宣にかけてはまことに名誉の神である。われは誉田《ほんだ》八幡麿なりと仰せられたという縁起の説も無視することはできぬが、神降臨の場処、時代、様式その他四囲のいっさいの事情、並びに箱崎・対馬等における口碑の断片を継ぎ合せてみても、結論に不自然な点が多いように感ぜられる。自分はむしろ讃岐《さぬき》その他の田舎において伝えらるる、応神天皇は王神から来たという説明を信じたいと思う。王神はすなわち御子神である。日本の風習として神と皇室に対して同じ語を用いることは、ひとり王または王子にのみ限ったことでもないのに、諸国に王塚とでもいう塚があれば、ただちにその地方と幽《かす》かな関係のあった皇族に繋《か》けんとする学者の多いのは、まったく塚をもってことごとく人の葬処と予断した誤りからである。今日の王子権現若王子《にやくおうじ》はほとんど皆熊野の信仰であるが、古くは八幡にも王子の神があった。『諸社根元記』の八幡御事の条に、応神の御子に八王子あり、若宮、若姫、宇礼《うれ》、久礼《くれ》、隼総別《はやぶさわけ》皇子、大葉枝《おおはえ》皇子、小葉枝皇子、雌《め》鳥《どり》皇女であるという。後の四王子は御系図にもあるが、数多い皇子の中からかように八柱を抜き出すのは決して歴史ではない。八王子といえば今は祇園の牛頭《ごず》天王の御眷属《ごけんぞく》のように極《き》められているが、かのいわゆる『簠簋《ほき》』序の説のほかに、あるいは日吉上《ひえのかみ》七社の中には天神国狭槌《くにさづち》尊が引率して影向《ようごう》せられたという八人の御子八王子大明神あり（神祇正条）、また淀川を隔てて男山と相対する山城の天王山には東西の両八王子を祀っている（山城名勝志）。ことに八幡の八王子に至っては、天より降ったという八流の幡《はた》の数とも縁があって、よほど古くからの信仰であるらしい。これらを思い合せると御子神の本義はすなわち神巫《しんぷ》または『楚《そ》辞《じ》』の註にいわゆる霊子であって、ミコは今でこそ怪しい身分に零落はしているが、その最初の思想においては御子神、若宮、王子権現、ないしは祈年祭《としごいのまつり》の祝詞《のりと》にいわゆる大御巫《みかんなぎ》、『江家次第《ごうけしだい》』及び『空穂《うつぼ》物語』にいわゆる御神児《みこうのこ》などとともに、神の血筋を受けて天然に神に近いがゆえに、よく神意を一般人民に宣伝することを得る者と認められた結果、他の一方には信者に代って希望懇願の筋を神に取り次ぎ、なおまた神の憤を和《なご》め（カンナギ）、神の喜悦を催す（カミイサメ）の方法を委託せられたものであろう。しこうしてその中の最も霊験ある者に至っては、昔も今もその恩に浴する者がこれを神に祀って感謝祈請《きしょう》することを怠らなかったものかと思う。これから見ればかの熊野の九十九王子の神々のごときは、根源においてすこぶる奥州の鹿島・香取の御子神とよく似ている。すなわち後者が蝦夷《えぞ》地に向って軍神の威力を布《し》くと同じく、前者は南海の荒山中から山城路に向って、おもむろにその教義の伝播《でんぱ》を計ったものである。八幡の神が一足ごとに神託の不可思議を示現《じげん》しつつ、西海の果てから次第に京近くの地へ登って来たのは、必ずしもこの神ばかりの特色ではなかったろうと思う。

池袋の石打と飛騨の牛蒡種

市外山手電車線の分岐点池袋の駅から、西北に当って大きな森が池袋村である。百年この方この村について妙な一の浮説があって、多くの江戸人の随筆に出ている。また今日でもそれを見た聞いたという者の噂がある。もちろん村の者はこれを否認し、自分もまた必ずしもこれを信じてはおらぬが、話の筋はざっとこうである。市中の家でこの村の娘を女中に置くと必ずいろいろの不思議がある。あるいは生板《なまいた》に沢庵漬《たくあんづけ》と庖丁を載せたまま棚の上へ上ったとか、行燈《あんどん》が天井に引っ着いてしまったとか、その他にも信じがたいさまざまの説があるが、なかんずく著名であることは、家の内へいずこからともなく絶えず石を打ち込む。あるいはそれは単に下女に雇い入れただけでこの不思議があるのではない、その家の主人がその女に手を掛けると始めて起る現象であるという。果してどちらであるかは究めにくい問題であるが、とにかくにその女を還してしまえば不思議はじきにやむという。村の氏神が氏子を他処《よそ》の者の自由にさせるのを嫌われるためだというのが普通の説明である。老人たちはいくらも似寄った話を聞いているであろうが、自分の知っている一二の例を申せば、文政の中頃小石川水道端に住んだ御持筒《おもちづつ》組与力高須鍋五郎《なべごろう》という人、池袋生れの下女に手を着けたら、たちまち烈しい石打があった。種々の祈禱・守札《もりふだ》も何の効験もなかったところに、ふと心附くとこの騒動の最中にその女ばかりは平気で熟睡している。もしやというので訊《たず》ねてみると当時の人が目して原因となすべき事実があった。さっそくその者に暇をやるとその日より石が飛ばなくなった。何でもオサキ持の家の娘であろうとの説であった（十方庵遊歴雑記第四編の上）。最近の例としては明治四十年頃のことであるが、ある家にしきりに石打の不思議があった。どうしても原因が解らなかったが、一日天気がよくて細君は外へ出て張物か何かをしており、下女は井戸端の盥《たらい》に向って洗濯をしていると、またまた盛んに石が戸や壁に当る。その時にふと見ると右の下女がそこらの小石を拾って足の下からこれを投げる、そのすばやいことはほとんど目にも留らぬほどでしかも彎曲《わんきよく》をして妙な方角に打着《ぶつ》かるので、今までその女の所業であることが知れなかった。この話をした人はその下婢《かひ》が何のためにそんな仕打をしたかは聞いていなかったが、その女は確かに池袋の者ということを聞いたという（畑田保次君談）。また一説には池袋の村民は他村の人と婚姻を結ぶことを忌んでいる。その訳は昔からの言い伝えに産土神《うぶすながみ》の村の人が減ずるのを嫌うためか、もし他村へ嫁にやる家があれば、その家へいずこからともなく石を打ちまたは行燈が天井へ挙がる等の奇怪があるからである（人類学会報告七、若林氏）。これもあまり古代の事実ではないらしい。これを見ると村の女を占領した者の祟《たたり》を受けるはもちろんで、これを許した氏子の側でも責任を免れないのである。従って石打の行為がかりに村の娘の所作であるとすれば、説明がちょっとむつかしくなる。

これらの噂は要するに取留《とりとめ》もないことであるが、巫女問題の研究者にとっては一笑に付し去るべくあまりに流布している。もとより動機または理由のはきとせぬのは直接に池袋の人から聞くことができなかったためであろう。池袋の村民はそれは自分の村ではなく少し離れた沼袋村の事だと主張する（山中共古翁談）。フクロとは水に沿うた地形を意味し、武蔵にはことに多い地名であるから間違いそうな話である。現に享和の頃にできた『野翁物語』巻六には、これと類似の一事例を挙げて、目黒辺の某村といい、氏神が氏子の他出するを厭《いと》いこの村人を雇う家には不思議ありと記している。だからその村が池袋であるか否かは未詳としておいてよろしい。ただ東京に近い村に妙な心理上の威力を有する部落があることだけは争うべからざる事実である。しかもこの話は昨今に始まったものでない証拠には、偶発の事実としては昔の人も往々にこれを記録している。その一の例は享保九年閏《うるう》四月二十二日、江戸の旗本遠山勝三郎殿家来神田宅右衛門なる者の小屋に、いずかたよりとも相知らず石瓦打ち込み申し候、初めの程は隣屋敷松平隼人《はやと》殿屋敷の子供の仕業《しわざ》かと存じ候ところ、左様にはこれなく、後々はさまざまの物を打ち込み申し候。右打ち込み候石瓦取り集め印を致し置き候えば、いつの間にか残らず失せ、祈禱致し候ても相止まず云々。この家の主人は同月二十八日に根井新兵衛という人を招き蟇目鳴弦《ひきめめいげん》の式を行わせると、それより二日目に駿府から召し抱えた猪之助という十四歳の調一《でっち》に野狐が附いていた。段々糾明《きゅうめい》すると毎々様々なる儀を仕り候事白状によりことごとく顕われ、正気に罷《まか》り成り五月に入りては常の通り何事もこれなく、透《すき》と相止み申し候とある（享保世話）。次には出羽の鶴ヶ岡の出来事でただ寅《とら》年とのみあるが元禄十一年の事らしい。藩士加藤利兵衛の屋敷に石を打ち込む者があった。三月に始まり五月に入ってことに甚しく、座敷に飛び込み障子などを破る。五月十五日のごときは一日に石の数二百三十ほども打った。一寸から四五寸までの石である。日蓮宗本住寺の僧に祈禱せしむるに、何の験《げん》もなかったが、ふとした事より手懸りを得、段々穿鑿《せんさく》して下女の仕業であることが知れた。それからも気を附けていると、十八日の日その下女が奥庭に往きて石を拾っているのを発見した。しかるに石を打ち附けんとする手元を押し捉えて、厳しく詮議をしても一語をも吐かず、かえって正体もなく寝てしまってどうしても目が醒《さ》めない。そこで女の母親を呼びともどもに起してみると、一時ばかり目を明けたがやはり何事をも言わぬ。さして本性は違ったとも見えないが、事のほか草臥《くたび》れたようであった。すなわち請人《うけにん》を呼んで引き渡してしまった。もちろん石打の怪はそれで絶えたのである（大泉百談巻三）。

この二つの話などは原因がまたいわゆる池袋とは別であるらしい。鶴ヶ岡の方は調べてみるとまことに埒《らち》もない恨みであった。最初草履取《ぞうりとり》の六蔵なる者の脇差をこの女が戯れに取って差したのを、六蔵が立腹してひどく叱った。それが口惜くて六蔵所持の銭一文を取って呪詛《じゅそ》したと自白している。しかしそれからどうして石を打つことになったか、どうしても理由を告げない。また祈禱僧が生霊か死霊か何かほかの験《しるし》を見せよと空に向って宣言すると、たちまち銭二文を紙に包んで投げたので、あるいは下女などの仕業かと彼等の針箱を捜査することになったとも見えている。何の事かよくは解らぬが、今で言えば一種の自己催眠とも名づくべき術を解していた者と思われる。もし当時これらの婦人または少年の身元を詳しく尋ねたら、あるいはかの東京附近の一村に似た話があったのかも知れぬが、残念ながら記録はこれきりである。しかし我々はなお他の一方に世間の人からほぼこれと同じような意味において敬して遠ざけられている多くの家または部落を聯想してみねばならぬ。これら特殊の家族の起原を考えてみると、その今日における社会上の地位は同情に値する者がある。まことに婚姻交通の遮断は怖しいもので、その結果は日常生活の慣習にも同化が行われず、家庭の内情を知り得る機会がないためにいよいよいろいろの臆説が起り、ついには魔術をもって人を苦しめるの、邪神を信じて富を求めるのと、不愉快な風評のみ多くなったが、その本人等のきわめて無邪気なのを見ても明らかなるごとく、最初においては決してそういうわけのものではなく、単に職業の特殊であったこと、または奉仕するところの神が他の人と違っていたに過ぎなかったのであろう。職業といったところが決して後世のように神主専門、巫女専門というのでなく、一方には家に附属の田地があってそれを耕して食うこと他の百姓と区別はない。また邪神というのも程度の話で、近世の神道にこそ牴触《ていしょく》はするが、昔はさまで奇怪でもなかった諸国の社である。現に今でも田舎には狐を祭り蛇を祀ったという例がいくらもある。そのために賤《いや》しめられる道理がない。ゆえに自分の解するところでは、本来ある荒神の祭祀に任じ、託宣の有難味を深くせんために正体をあまりに秘密にしていたお蔭に、一時は世間から半神半人のような尊敬を受けていたこともあったが、民間仏教の逐次の普及によって、おいおいと頼む人が乏しくなって来ると、世の中と疎遠になることもほかの神主などよりは一段早く、心細さのあまりにエフェソスの市民のごとく自分等ばかりで一生懸命にわが神を尊ぶから、いよいよもって邪宗門のごとく看做《みな》され、畏《おそろ》しかった昔の霊験談が次第に物凄《ものすさま》じい衣を着て世に行われることになった。これがおそらくは今日のオサキ持、クダ狐持、犬神・猿神・猫神、蛇持・トウビョウ持などと称する家筋の忌み嫌わるる真の由来であろうと思う。

巫蠱《ふこ》の家が不使用によって元の職務を忘れてしまうということも、託宣の機会が時代の進むとともにおいおいと減少した事実を考えたら、強《あなが》ち無理な推定とは言われまい。彼等は夙《つと》に一定の地に土着して食うには事欠かぬ田畑ある上に、世間からはとかく不安の眼をもって視られ、時としては迫害をも受ける、さらにまた次の章に言うごとく自分の家にとっても必ずしもありがたい神様でもなかったから、何かの手段があったら過去と絶縁したいという希望も漸次に強くなって、老いたる親の死亡とともに秘伝や口授の相続せられざりし場合も多かったと見ねばならぬ。ゆえに一方には人の祀らぬ野狐が増加してやたらに子女に災いする。犬神の主を離れて野に住み人に憑く者をノイヌという（和訓栞）。四国地方の犬神由来の伝説に、弘法大師が与えた狼除《おおかみよ》けの護符を無智の者が開いて見たためにこの神が四方に飛散したというのも、見ようによってはこの信仰の衰微と頽廃とを暗示する者とも言われる。前に引いた『遊歴雑記』に、武州秩父辺の俗信として三種の家筋の忌むべきものを挙げている。その一は例のオサキ狐の家、二にはナマダゴ（生団子）として彼岸・月見などに団子を作るに、甑《こしき》の中にきっと三ずつ生の団子ができる家、第三にはネブッチョウというのは小蛇の類である。これを祀る家筋の者の住んだ屋敷は、元の主が死に絶えた後も代って来たり住む者がなく、荒れ次第に捨てておくとある。これらはいずれも世間から観たいわゆる邪神の末路であって、その家筋の者は忘れようとしても、周囲の者がかえっていつまでも記憶しておったために、こういう噂が永く残っているのである。

前に述べた池袋の一村がオサキ持の筋であるということはとんとほかでは聞いたことがない。これはおそらくは根のない想像であって、かかる災いを人に被らしめる者はオサキ家のほかにはあるまいという誤れる前提から出た説であろう。口寄せの徒が祭る神はいわゆる八百万《やおよろず》である。総称して荒神という祟《たたり》の烈しい神は、今でも地方によって種々雑多の名をもって斎《いつ》かれている。『山陽美作記《さんようみまさかき》』巻上に、塀和《はが》の善学《ぜんがく》、木山の生霊《しょうりょう》、加茂の神祇《じんぎ》、久世《くせ》の生竹《なまたけ》明神、これらは荒神であって、もしその氏子と諍《あらそい》でもすれば必ず相手に取り付きて悩ますゆえに諸人これを恐るとある。中にも塀和の善学は、昔塀和村に善学という坊主があって、その飼っていた狐である。坊主死去の後この狐諸人に憑きて災いをなしけるゆえに村人これを神に斎《いわ》い、その坊主の名をもってこれを呼んだのである。四国は犬神・蛇持等の盛んな地方であるが、やはりこれと別種の家筋で永く不思議の威力を有する者がある。阿波名西《みょうざい》郡下分上山《しもぶんかみやま》村の内字栗生野《くりゅうの》という処の庄屋は、代々の主人必ず身の内に黒い月の輪がある。この人の草履をほかの者取り違えて履く時はたちまちに腹痛する。これには速かにその草履を脱いでわが家の竈《かまど》の上に置き詫言をすれば痛みが止む。またこの人に対して無礼をしてたちまち身体の噤《すく》んだということもある。根元ゆえある家筋だというがあるいは神孫であろうかとある。もっとも近世いかがの訳かかの月の輪は腰の辺まで下って草履の奇事も別してないようになった（阿州奇事雑話巻三）。黒い月の輪はすこしおかしいが、多分円い痣《あざ》が『八犬伝』の勇士などのごとくあったことをいうのであろう。この種の家筋に身体の特徴のあるということは自然の話である。同じ国美馬《みま》郡穴吹《あなぶき》山《やま》の内字宮内の某家には、今でもその家に生るる者は必ず背中に蛇の尾の形がある（同上）。豊後《ぶんご》の緒方氏が嫗岳《うばだけ》の蛇神の末であるがゆえに蛇の尾の形があるというのと同日の談で、しかも阿州の方でも自ら尾形の一党と称しているのである。豊後の緒方三郎の由緒は『盛衰記』以来の昔話である。人はこれを三輪の神話の焼直しとして信用を置かぬが、とにかく四五百年前の古伝であれば、我々の研究にとっては重要なる参考である。自分の解するところでは山の名の嫗岳はやがて長者の愛娘《まなむすめ》が神に婚《めと》られたという伝説の根拠をなす者で、ウバとはすなわち第一世の巫女、譜第の神主の祖神として主神の傍に併せ祀られた者のことかと思う。もしかりとすれば緒方三郎の背の痣《あざ》も九州の一隅を風靡《ふうび》するにおいて大なる効果のあったことであろう。

飛驒《ひだ》の国でよく聞く牛蒡種《ごんぼだね》という一種の家筋の性質は、右に列記した諸国の類例と比較して始めて説明がつくように思われる。この名称はもと彼等が「よく人に取り附くこと牛蒡の種のようである」というところから出ている。最初吉城《よしき》郡の上高原《かみたかはら》に住んでいたというが、今ではこの国北部の諸村に分散してただの農家に交り、別に一つの部落をなす者はない。この家筋の特質は名称と同じくすべて外部から附与したもので、彼等は常に絶対にこれを否認する。世間の信ずるところでは、この者に恨まれまたは悪《にく》まれると必ず物憑《ものつき》となって大いに煩う。それが牛蒡種の仕業であることはいつでも病人の口から聞くのである。祈禱加持をもって攻め立てていると、その苦に堪えずしてわれは某村の某と名乗り、あるいは逐い立てられて足腰のきかぬ病人が走ってその家の戸口まで往って倒れる。そうすれば物憑は落ちたのである。またどうしても動くことのならぬ重病であれば、その憑いているという牛蒡種の本人を連れて来て、病人を介抱させると落ちるともいう。もちろんかの者は覚えのないことを主張するが、自称被害者がどうしても承知をせず、強いて引張って来るのである。この話は二三年前の旅行の際自分が吉城の人から聞き取ったところであるが、どの点まで精確であるか、また今日でも果してこの通りであるか否か、なお多くの報告を綜合して見ねばならぬ。押上中将が親しく上宝の村長から聞かれたところでは、牛蒡種は他郷に行けば何の力もなくなるといえば、おいおいには沿革を無視する新人物が入り込んで、いよいよ巫道の痕跡をこの世から拭い去ることも遠くはなかろうと思う。しかし近い頃までは牛蒡種の邪視の力は非情の草木にさえ及んで、この眼で視られると畠の菜大根までが萎《しお》れ痛むといったものである。

この次に自分の述べたいのは諸国の土瓶《とうびょう》または犬神系統の家々の話であるが、これと比べてみて最も面白いと思う点は、彼等の中には蛇なり狐なり何か平素から家に養われている魔物が、本主の旨を受けもしくは意を体して出て往って人を悩ますに反して、飛驒の牛蒡種にあっては災いをなす者は直接に人の生霊だということである。これを見ても元一個の迷信の伝播と見るのが誤りで、時代趨向《すうこう》のしからしむるところ、諸国の俗神道が一様にほぼ相類似した、しかも地方的に小変化のある発展をしたことが推測せらるるのである。

喜田貞吉

憑物系統に関する民族的研究

――その一例として飛騨の牛蒡種――

一　序論――術道の世襲と憑物系統――

ここに憑物系統とは、俗に狐持・犬神筋などと言われるいわゆる「物持筋」のことである。これがもし昔時の、ある術を修得した暦博士や陰陽師の徒の、任意に識神《しきじん》を使役すると信ぜられたもののように、その個人限りが有する一種の不可思議力であったならば、そこに系統も糸瓜もあったものではない。この場合、もしその術を何人にも伝えることなくして、その人が死んでしまった時には、その術はその人の死と共に永く世に失われてしまって、よしや血を分けた子孫がそこに幾らも存在していても、全くその術からは無関係な、ただの人間になってしまうのである。算木《さんぎ》一つの置き方で人を笑い死ぬまで笑わせたり、お座敷の真ん中に洪水を起して、畳の上で人を溺らしたりしたような恐ろしい奇術者も、わずかに『今昔物語』や『吾妻鏡』にその霊妙なる放れ業の記事を止めているのみで、後世その伝説が全く失われてしまったのは、これがためにである。しかしこのような技能を有する術者でも、やはり子は可愛い、孫はいとしい。ことにこれがために社会から畏敬せられ、生活の安泰を保障されるようなことであってみれば、どこまでもこれを子孫に相続させたくなる。ここに於いてか、一子相伝とかいうようなことが始まり、はてはただ一子のみならず、一切の子孫がすべてこれを相伝することにもなる。かくてもとは師資相承であった筈の術道も、いつしか血脈相承となる。すべてのものが家柄によって保持せられることとなるのである。またこれを子孫の側から言ってみれば、父祖の有した、ある霊妙なる不可思議力を継承するとして世間から認められる必要もあったので、なるべくそう見られるようにと努力したに相違ない。かくて彼等はその秘法の外間に漏れることを恐れて、なるべく俗人等との間に平凡な交際を避け、みだりに結婚を通ずるようなこともなく、遂にはここに立派な「筋《すじ》」が成立するのである。かの陰陽筋《おんみようすじ》・神子筋《みこすじ》・禰宜筋《ねぎすじ》などと言われて、時としては世間から婚を通ずるを憚かられるような家筋のものの中には、当初はこの類、けだし少からぬことであったと察せられる。

かく言えばとて、しからば後世いわゆる「物持筋」の人々は、もと皆これら術道家の子孫であったか、とそう手軽に早合点してもらってはならぬ。そこにはまた別に古来ある民族的差別観をもって、世間から見られたある部族の存在を考えねばならぬ。しかしてその根源が一般に忘れられた後になっても、ある地方ある部族に限っては、何等かの事情からその差別観が比較的後の世までも頑強に保持せられ、その理由は何人も知らないながらも、ただ何となく一所になりにくいという系統の、今なお各地に存在することを考えてみねばならぬ。その最も適切なる一例として、同じ憑物系統と言われる中にも、多少他とは様子の違ったところのある飛騨の牛蒡種《ごんぼだね》を捉え来って、これが民族的研究を施してみたいと思う。

二　飛騨の牛蒡種に関する俗説――牛蒡種と天狗伝説――

国そのものが山間にあるところの飛騨に於いて、しかも更にその山間のある一地方には、牛蒡種《ごんぼだね》と呼ばるる一種の系統が今も認められているという。

由来狐憑・狸憑・犬神憑等憑物に関する迷信は広く各地に存して、その憑くものの種類は種々に違っていても、とにかくある人間に使役せられたある霊物が、他の人間に憑いて災をなすという信仰に於いては、ほとんど同一であるが中に、ひとりこの飛驒の牛蒡種のみは、これらとはやや様子が違って、直ちに人間が人間に憑くと信ぜられているのである。この牛蒡種の人に恨まれると、その恨まれた人はたちまち病気になる。のみならず、その霊妙な力はよく非情の上にも働いて、もし牛蒡種の人が他の農作物の出来の善いのを羨ましく思うと、それがだんだん萎縮して、遂には枯れてしまうのだと言われている。これについては「郷土研究」(二ノ三・二八頁)に柳田君(川村杳樹)の説がある。なお同誌には野崎寿(四ノ四・九四頁)君や、住広造(四ノ六・六九頁)君の報告も出ている。自分が飛驒出身の押上中将から直接伺ったところもほぼ同様であるが、住君がその本場と言われる吉城郡上宝村を数回旅行せられて、永い間注意せられたにも拘らず、まだ牛蒡種に憑かれたという者を見られたこともなく、単に漠然世間話にのみそんなことを言いふらすのを耳にせられたに過ぎなかったと言えば、文明開化の今日では、もはや評判ほどにはないものとなってしまっているものと思われる。

牛蒡種の起原は一つだと伝えられているらしい。住君の報告によると、吉城郡上宝村を本場として、国府村や袖川村にも多少はあるが、それは上宝村から移住したり、伝播したりしたものらしいとある。また野崎君の報告によると、大野・吉城の二郡から、益田郡及び美濃の恵那郡の一部にまで散在し、信州の西部にも少しはあるという。これは犬神持や狐持と同じで、結婚によって他に伝播するものらしい。また、牛蒡種のものが世に恥じてこれを免れんがためには、金につけてこれを道路に捨てるので、その代りそれを拾った欲ばりは、たちまち牛蒡種になるのだとも住君の報告に見えている。

さて、その牛蒡種の本場だと言わるる上宝村は、さすがに山間の飛騨だけあって、面積は非常に広く、東西約九里二十町、南北七里十町にも及び、他の国の普通の一郡よりもまだ大きいほどである。されば人民住居の村落は、やっと高原川及びその支流の雙六川・蔵柱川に沿うて、散在しているに過ぎないという有様で、そこには天狗住居の伝説も存し、昔の人の目から見れば、全く物凄い魔界の山村なのであったのである。したがってそこには、すこぶる古い風習も少からず遺っていたと見えて、『斐太後風土記』によると、新嘗《にいあえ》とも言うべき早稲食饗《わさけのふるまい》や茅輪潜《ちのわくぐり》といって、氏子一同氏神の社に詣で、藁で作った輪を潜って、後をも見ずして走って帰るという奇態な神事もあったという。また氏神には白山社が甚だ多い。これはひとり上宝村のみに限った訳ではなく、飛騨一体にその信仰は盛んならしいが、特に野崎君の報告に、全部落ことごとくこの家筋だと噂されるという雙六谷には、部落内の七社の氏神がことごとく白山社である趣に『後風土記』には見えている。加賀の白山は言うまでもなく天狗の本場である。したがってこの事実は、この地の天狗伝説と相啓発して、いわゆる牛蒡種の性質を考える上において、最も注意すべき材料だと思う。

三　牛蒡種の名義――牛蒡種と護法神――

これについてまず考えてみたいのは、いわゆる牛蒡種という名称である。その由来については、牛蒡の種に小さい棘《とげ》があって、よく物にひっつくように、この人々は容易に他にひっ憑くから、それでこの名を得たのだと言われている。これもひと通り聞こえた説明ではあるが、自分は別に本来それが「護法胤《ごほうだね》」ではなかろうかと考えているのである。

護法とは仏法の方の術語で、護法善神・護法天童・護法童子などの護法である。本来は仏法を守護するもので、いわゆる梵天・帝釈・四大天王・十二神将・二十八部衆などいう類、皆護法善神である。その護法善神に使役せられて、仏法護持に努める童形の神を、護法天童とも護法童子ともいう。不動明王の左右に侍する可愛らしい矜迦羅《こんがら》・制吒迦《せいたか》の二童子、その他八大童子の類、すなわちいわゆる護法童子である。これらの童子はあんな可愛らしい姿貌《すがたかたち》をしていても、時には随分思い切った神通力を振りまわすと信ぜられたもので、『今昔物語』十に、漢土のある修業者が宮迦羅《くから》すなわち矜迦羅《こんがら》童子を念じて、毎晩宮中から三千の宮女中の最美人を、山奥なる自己の庵室に盗んで来てもらったという話もある。そしてその宮迦羅を、同書には明かに「護法」と言っているのである。

我が国では、仏教家が地主神を多く護法神として仰いでいる。修験道の元祖たる役行者が、葛城山で鬼神を使役したというのも、やはり一種の地主神を護法に使ったのであった。今も大峯山中には、ちょっと前編に言ったように、この時行者に使役せられた鬼の子孫だと称するものが住んでいる。

地主神とは多くの寺に附き物で、ことに山間のそれに多い。比叡山の地主神大山咋神《おおやまくいのかみ》は、最澄によって山王権現として祀られている。高野山の地主神丹生津姫神《にふつひめのかみ》は、空海によって高野明神として祀られている。これらはつまりその寺の護法神なのである。これを人事から解すれば、畢竟前からその地に土着していた先住の民族を従えて、或いはこれと妥協して、自分の寺の保護者としたということなのである。役行者についで修験道で名高い泰澄に関係しても、また護法神の話が多い。『続古事談』四、巌間寺の事の条に、

此の寺の護法は熊野の権現、金峯《きんぶせん》の蔵王《ざわう》、白山の権現、長谷寺の竜蔵権現なり。竜蔵は大徳（泰澄）彼の寺に詣でて帰りけるに、随逐し給ひければ、斉《いは》ひ奉るとぞ。清滝権現は地主にておはするなり。三井寺の叡効律師という人、此の寺に二三年行ひて、無言にて法華経を六千部読み講じき。夜毎に三千反《べん》拝しけり。さて堂の坤《ひつじさる》の桂木にのぼりて、我不愛身命但惜無上道と誦して、谷へ身を投げければ、護法袖を広げて受取りて、露塵異かりけりと、此事一定を知らず。

とある。この文でよく我が古代に於ける護法の思想が解せられよう。中にも加賀の白山は泰澄によって開かれたといわれる山で、その白山権現が現にまた一の護法として、泰澄の巌間寺を守る護法達の中の一員であると信ぜられていたことと、飛驒でもことに牛蒡種の多いといわれる上宝村雙六谷の地方に、この白山祠の特に多いこととの間には、ある何等かの関係が見出され得ぬであろうか。

護法のことはいろいろの場合に現われている。しばしば験者の手先になって、悪魔を追い払うことなどをもつとめている。『宇治拾遺物語』一、宇治殿倒れさせ給ひて、実相房僧正験者にめさるる事の条に、

> 是も今は昔、高陽院造らるゝ間、宇治殿御騎馬にて渡らせ給ふ間、倒れさせ給ひて、心地違《たが》はせ給ふ。心誉僧正に祈られんとて召しに遣はす程に、未だ参らざるさきに、女房の局なる女に物憑きて申して曰く、別の事にはあらず、屹《き》と目見入れ奉るによりて、斯くおはしますなり。僧正参られざるさきに、護法先だちて参りて、追ひ払ひ候へば、遁げ終りぬとこそ申しけれ。則ちよくならせ給ひにけり。

とある。これは心誉僧正についている護法が、僧正のために先んじて、憑物を追っ払ったというのである。

この外にも護法のことは古い物語や小説などに、送迎に遑ない位にも多く出ている。しかしてその護法はこれを使役している人のために、しばしば第三者の身に取り憑くもので、護法に憑かれた場合には、その人は甚しく身振いするものだと信ぜられていたらしい。『今昔物語』十九に、左大臣藤原師尹の侍童が、大臣秘蔵の硯を破って恐れ慄く状を記して、「護法のつきたる者の様に、振ひて目も暮れ心も騒ぎて」、また同じ巻に越前守孝忠の侍の戦慄の状を記して、「早朝に此の侍の男浄めすとて、護法のつきたる者の様に振ひけるを、守見て、汝和歌読め」など見えている。この不可思議なる動作は、今も稲荷下げや験者など言わるるものが、現に行っているところで、彼等が幣帛を持ってガタガタと振い出し、先達や信者の間に応じて、雑多のことを口走るのがすなわちこれである。この意味に於いて狐や犬神もまた一種の護法であるが、これら

の護法は皆人間以上の能力ある霊物として信ぜられたもので、諸山諸寺の護法なる地主神が、前からその地を領していた先住民族の代表者であってみれば、いずれその子孫がそこらに遺っておっても然るべき道理である。現に役行者に使役せられたという護法の鬼の子孫が、今も大峯山中に前鬼の村人として存在しているというではないか。さればこれを人事について言ってみれば、自山を擁護して破邪折伏の任務に当る祇園の犬神人《つるめそ》の如きは、身分は低いがやはり一種の護法と言って然るべきものである。しかして彼等は現にそれを使役する山門の宗徒の指揮の下に、しばしば反対者に打撃を与えるべく活躍したものであった、護法の子孫がなお祇園の犬神人のそれの如く、一種普通民と違った筋のものとして、世間から認められるということはあるそうなことである。この意味に於いて自分は、問題の牛蒡種は護法胤《ごほうだね》ではあるまいかと思うのである。

四　護法祈と護法実——護法系統と憑物系統——

土俗の学に堪能なる柳田国男君はかつて「郷土研究」（二ノ六・四一頁）に護法童子の事を論じて、『作陽志』から美作の修験道の寺なる本山寺の、護法祈のことを引いておかれた。

> 護法社。本殿の後に在り、毎年七月七日護法の祈を行う。その法は性素撲なる者を択び、斎戒潔浄せしむ。俗にこれを護法実《ごほうざね》と謂う。七日に至り東堂の庭に居らしめ、満山の衆徒盤環呪持すれば、この人たちまち狂躍を示し、或いは咆吼忽嗔して状獣属の如く、力大磐を扛《あ》ぐ。もし触濁の人あれば、則ち捕えて数十歩の外に抛擲するなり。呪すでに終れば、則ち護法水四桶を供え、桶毎に水一斗五升を盛る。その人ことごとく飲み終って、後俄然と地に仆れ、則ち本に復して敢て労困するなし。また自らこれを知らざるのみ。これを護法を墜すと謂う。

これはいわゆる護法実《ごほうざね》に護法が憑いた現象を示したものである。この外にも美作には、護法祈をする寺の少からぬことを柳田君は引いておかれたが、美作と飛騨と、同じく川上の山国である点に於いて、形勢の一致しているのにも注意が惹かれる。ことにその護法祈があるという久米郡吉岡村大字定宗、竜川村大字下二箇、大垪和《おおはが》村大字大垪和東の如きは、極めて山間の地で、あたかも飛騨で上宝村を連想せしめるような場所であるのみならず、そんな山間でない津山町の近所にさえ、高野・中山など、久しく神社に人身御供《ひとみごくう》を奉る習慣があったと『今昔物語』に伝えられているほどの美作に、それがあるのが面白い。

しかし護法祈は美作の山間ばかりではない。京都に遠からぬ鞍馬にも、今にそれが伝えられているのである。尤も鞍馬は京都に近い所だとはいえ、やはり極めての山間で、その東南一里半ばかりの土地には、かつて自ら鬼の子孫だと称した八瀬童子の後裔が、今も現に住んでいるほどであるから、鞍馬の護法たる地主神が威霊を専らにして、護法祈が行われるには極めて適当しているところである。

鞍馬の護法祈は毎年六月二十日の夜に行われたとある。すなわちいわゆる竹切の会式《えしき》で、まず十六日に護法善神社に参拝し、水場注連縄張の事、加持作法の事を行い、十八日に竹釣の行事がある。東が近江方、西が丹波方で、竹の数が各四本の設備をする。二十日の暁に至って大松明《おおたいまつ》の事、引続き竹ならし切の事、鳴鐘。午刻出仕して蓮華会を修する。すなわち竹伐修行の事で、法会、列讃、行道賛。伽陀畢って相図指揮の事、法師竹切勝負の事、竹頂戴の事という風に、いろいろの行事が数えられている。

かくて後に例の護法実をおいて、一種の恐ろしい修法をする行事が今も行われているのである。『都名所図絵』に、「扨又夜に入って、里の俗を一人本堂の中に座せしめ、院衆法力を以て祈り殺し、又祈り活かす事あり。彼の俗人には予て毘沙門天此の事を告げ給へり。役を止むべき時にも告げ給ふ。奇妙不思議の事多かりき。秘して語らず」とある。秘密にしておいて詳しく語らねば、諸書の記事いずれもこの以上の事には及んでいないが、「郷土趣味」六号に佐々木嘯虎君の「鞍馬の竹切法会」というのがあって、それにはやや委しく見えている。

六月二十日夜戌の刻堂内の燈明を消して、生贄にする僧（貞云、名所図会に俗とあるは古い式で、後には僧を以ってこれに代えたものか）を座せしめ、衆僧も暗中にいて、代る代る陀羅尼や神呪を大声に唱えて、かの僧を一時祈り殺す。ここに至って護法神は人味を受納せられたというので、これで、法式が終る。その死んでいる僧を板に載せて、堂の後に舁いで行って、大桶七つ半の水を注ぎ流して、身にかけてやるとやがて蘇生する。そこで裸体のまま護法宮に参詣する。これを護法附の行というのであります。

今日ではこの僧を祈殺し祈活かすというような、法力実験のことは致しませぬ。

とある。美作の護法実が水を飲んで正気に戻るのとよく似た行法で、狐憑や犬神憑の患者や、稲荷下げなどの挙動と甚だよく似ているのである。

この鞍馬の護法善神社は、本堂の後右の閼迦井《あかい》の辺にあるので、地主神たる大蛇を祀ったのだとある。昔峰延上人この山で修法の時、後山から雌雄の大蛇が出現したが、上人の法力で雄の方がずたずたに切れた。いわゆる竹切の会式は、その大蛇の切れた形を取って修するのだという。上人その雌に向って、我れこの山にて秘法を修するに、閼迦《あか》の水を求めんとす、汝この山を守護すべしと言ったところが、たちまち清泉湧き出でた。これ今の閼迦井である。すなわちその大蛇を祀って、今も閼迦井護法堂とて小さい堂があるのだというのである。（俗説には峰延上人を鑑真だと言っているが、古くその説はない）

本書所載宮武省三君の「憑物雑話」の中に、南洋にも全くこれと同じような行事のあることが見えているが、かくの如きことは古今東西を通じた心理状態の一種の発露で、それが護法の所為であるならば、いわゆる憑物はやはり護法の所為というべく、憑物系統はすなわち護法系統であらねばならぬ。いわゆる護法に関する思想は、かく種々の形になってあらわれてはいるが、結局はそれが地主すなわちその地の先住民と妥協して、これを護法に使役するというのであってみれば、ここに自らその子孫なる、護法系統の存在が認められる訳である。すなわち「護法胤」なるものが存在するゆえんである。

五　護法と天狗——天狗は一種の魔神——

鞍馬では右の護法堂の大蛇以外、別に天狗という名高い護法のあることを忘れてはならぬ。いわゆる魔王大僧正を始めとして、霊山坊・帝金坊・多聞坊・日輪坊・月輪坊・天実坊・静弁坊・道恵坊・蓮知坊・行珍坊以下、名もない木の葉天狗・烏天狗の末に至るまで、御眷属の護法が甚だ多いので、ひとたび足を鞍馬の境内に入れたものは、何人もたちまち天狗気分の濃厚なるを感ぜぬものはなかろう。寺伝によるといわゆる魔王大僧正は、当寺の本尊毘沙門天の化現だともある。しかし天狗はひとり毘沙門天を祀った鞍馬のみのことでなく、他の名山霊嶽にも、同類の護法の信仰は甚だ多い。しかしてこれらはやはりその地の地主神、すなわち先住民の現れと見るべきものであろうと解せられる。

加賀の白山の天狗は鞍馬寺所伝『天狗神名記』によるに、白峰坊大僧正というとある。そしてその下には正法坊という眷属天狗の名も見えているが、無論その外にも配下の天狗達は甚だ多いに相違ない。何しろ日本の天狗界には、部類眷属合して十一万三千三百余というのであるから、後世にその名は伝えられずとも、有象無象の天狗達の各地に多かったことは言うまでもない。

護法としての天狗達は、その所属の社寺を護り、また、しばしば牛若丸に剣法を授けた鞍馬の僧正坊のように、真面目なこともやってはみるが、もし一朝その怒りにでも遇おうものならば、たちまち八つ裂に引き裂かれて樹の股にかけられたり、或いは恐ろしい罰に苦しめられたりするものだとして怖れられていた。ことに鎌倉時代の思想では、その恐ろしい方面のみがしきりに宣伝せられて、鞍馬の天狗の大将が魔王大僧正と呼ばれているように、本来護法であるべきはずのものが、いつしか仏法の妨げをしたり、或いは人間に憑いて世の中を乱す魔神として見做されていたのである。源九郎義経が後白河法皇に逼《せま》って、兄頼朝討伐の院宣を強請したについて、法皇已むを得ずこれをお許しになったところが、頼朝の憤慨甚しいのに恐れをなし給い、これを慰諭し給うべく、義経のこの度の事は、全く天狗の所為だと仰せ出された。これに対して頼朝は、日本第一の大天狗は他にあらざるものかと言って、法皇がその世を乱す天狗の大将であるとの意を述べた事が『吾妻鏡』に見えている。

天狗はかく恐るべきものとして信ぜられたから、人間はなるべくこれに親しまず、これを畏怖敬遠するの途を取る。飛騨の上宝村に於いて、白山を祀った氏神の社に詣でた氏子一同の人々が、毎年茅輪を潜って後をも見ずに遁げて帰るという行事は、言うまでもなくこの恐ろしい護法の天狗に捕えられるのを免れんとの作法であろう。しかもその氏子達は、更に他からはこの恐ろしい護法の眷属位に見なされて、なるべくその護法胤には触らないようにと敬遠せられるに至ったのではあるまいか。

六　牛蒡種は護法胤——鬼の子孫と鬼筋、鬼と天狗——

大分護法の研究に脱線したが、いよいよこれから問題は飛騨の牛蒡種に戻る。

いわゆる牛蒡種の本場なる上宝村雙六谷が、もともと護法なる天狗の棲処《すみか》であったということは、果して如何なる意味であろうか。山城北部の八瀬の村人は、かつては自分で鬼の子孫であることを認めておったもので、それは村人自身の記した『八瀬記』にそう書いてあるのだから間違いない。しかしてその子孫を今に八瀬童子と呼んでいるのは、先祖の鬼を護法童子と見做しての名称であるに相違ない。彼の酒呑童子や茨木童子の「童子」という名前も、やはり鬼を護法童子と見てからの称呼であるのだ。しからば八瀬人また一の

「護法胤」と見てよいのであろう。しかし鬼の子孫というものはひとりこの八瀬童子のみには限らぬ。大和宇智郡の鬼筋の事は「民族と歴史」（二巻三号四〇頁）に、田村吉永君が報告しておかれた。それによると、五条附近の安生寺《あんじようじ》垣内《かいと》に十四五軒、表野・丹原・池芝などにも一二軒ずつあるという。これらは三月五日の節句の行事などにも、普通の家筋のものとは幾らか違った作法があるそうな。『安生寺縁起』によると、同寺の国生明神は地主神で、これがために役行者《えんのぎようじや》が鬼面を作って国生の祭を始めたとあって、ここのいわゆる鬼筋はその地主神の子孫であるらしい。また今西伊之君の談によると、同国宇陀郡の篠楽《ささがく》や足立《あだち》、また磯城郡の白河《しらが》などにも、同じく鬼筋というのがあるという。この鬼筋のことについては、かつて「民族と歴史」（二巻六号一七頁以下）「祭礼の行列に出る鬼」という文中に説いておいた事があり、また同誌（五巻二号一四頁以下）にもいささか論及しておいたから、今くどくどしくそれを繰り返しは致さぬが、つまりは里から遠く離れて住んだ地主たる先住民の或るものが、里の文化の進歩や生活の向上に伴わなかった結果として、だんだん生活風俗等について里人との間に著しい差別を生じたので、ついには彼等は人間以外の非類である、ある特別の霊能を有する鬼類であると信ぜられるようになり、地主側の方でもまた時にはそれをよいことにして、いわゆる鬼を標榜して民衆の畏敬を受け、渡世のたつきとなしていたものもあったがために、ついに全く筋の違うものと見做されるに至ったのであろうと言うのである。現にかの八瀬童子の如きは、本来筋の違う山人の子孫であるということをもって、御所に薪炭を供給し、駕輿丁にも採用されたので、後の世までも一種変った伝説と風俗とを保持し、御所と特別の関係を有していたのであった。そしてそれが霊的の或る能力を有するものとして認識された場合に、或いは護法筋ともなり、その他陰陽筋・神子筋・禰宜筋などと言われて、卜筮祈禱者等の徒ともなるのである。異民族がある霊的の能力を有すると信ぜられたことは、南北朝の頃にまでかのアイヌなる蝦夷の族が、霧を起し風を起すの術を有すると信ぜられたが如きものであって、その例は他の民族にも甚だ多いのである。しかしてそれは多く先住民の系統に属するもので、神武天皇御東征の時に、大和の土人に猪祝《いのはふり》・居勢祝《こせのはふり》などという土蜘蛛がいたとあるのもこれである。これけだし祝部《はふりべ》すなわち神と人との間に立って、霊界との交通を掌る能力あるものが、土人すなわち地主側のものの後裔に多く存することを示したものと解せられる。

我が神代の古伝説によっても、天津神系統の天孫民族は現界《うつしよ》を掌り、国津神系統の先住民族は、幽界《かくりよ》のことを掌ると信ぜられていた。大国主神が国土を天孫に譲り奉ったというのは、実は現界の統治権のみであって、神事幽事はやはり保留しておられたのであった。この神が医薬禁厭の元祖として伝えられているのもこれである。しかして大国主神は、一に大地主神とも言われて、実に我が国の地主神の代表者とますのである。しかしてこの神が親から神事幽事を掌り給い、ことにその魂を大和の大三輪の神奈備《かんなび》に鎮め、その御子神達をもそれぞれに大和各所の神奈備に鎮めて、皇孫尊《すめみまのみこと》の近き護りとなり給うたということは、その一族挙げて我が皇室のために、護法神の地位に立たれたという意味に解せられるもので、もっていわゆる地主側の先住民と、「おおみたから」として天孫民族の仲間となったものとの関係が察せられよう。

勿論、地主側のものがすべて山人となったものではない。またその山人のすべてが後世鬼と言われたものではない。中には疾《と》くに足を洗うて里人に同化し、いわゆるオオミタカラになってしまっているものが多数にあるには相違ない。それと同時に山人ばかりでなく、海岸島嶼に離れて住んだ海人《あま》の徒が、またしばしば鬼と呼ばれていたことは、かの鬼が島の童話や、能登の鬼の寝屋の話や、今も出雲の北海岸の漁民を俗に夜叉と呼んでいることからでも察せられ、今も僻地の住民の中には、一村挙って他と縁組せぬという村落が所々にあることによっても推測せられるのである。そしてこれら山人や海人の中のある少数の者が、何等かの都合で後世までも幽界に出入するの能力あるものと認められているのであるが、今はその問題の錯雑に流れるのを避けて、しばらく主として山人の側のみについて説をなしているのである。

鬼の伝説が各地に多く遺っているのと同じように、天狗の伝説もまた各地に多い。鬼が嶽・鬼が城などの地名が各地に多いと共に、天狗嶽・天狗城などの地名もまた各地に多い。つまりは鬼も天狗も、もとは同じく山人のあるものについて呼んだもので、祭礼の行列に出る鬼の代りに、天狗の面を被ったものの出る場合の多いのも、猿田彦神の嚮導という解釈以外に、やはり山人参列の名残を止めたものと解したい。

鬼が護法であるように、天狗もまた護法なのだ。しかして飛驒の牛蒡種が、天狗の棲処なる雙六谷にその本場を有しているということは、この意味からして了解されるものではあるまいか。天狗は一の護法であると同時に、また鬼と同じく或る霊能を有して、人間に取り憑いて災をなすことがあると信ぜられているものである。この思想は『今昔物語』を始めとして、中古の物語にはうるさいほど見えているのである。しかしてこの雙六谷の牛蒡種と呼ばれる人々が、やはり他からは人に憑くものと認められているのであってみれば、それが護法胤すなわち護法たる雙六谷の天狗の子孫として、他から認識された結果であると解して、名実共に相叶うものではあるまいか。

元来飛驒は山奥の国であって、なお大和吉野の山中に国栖人《くずびと》と呼ばれた異俗が後までも遺っていたように、また『播磨風土記』に同国神崎郡の山中には、奈良朝初めの現実になお異俗が住んでいたとあるように、ここでは中古の頃までも、未だ里人に同化しない民衆が住んでいたのであった。弘仁元年の太政官符にも、「飛驒の民は言語容貌既に他国に異なり」とある。彼等はいわゆる飛驒の工《たくみ》で、農業の代りに木材の扱いに慣れていたがために、その慣れた木工の業をもって賦役に当て、調庸の代りに工《たくみ》として京都へ番上したのであった。しかるにその飛驒の山国へもだんだんと里人が入り込んで、土地を開墾し、先住民もまたこれに同化して、次第に農民に変って来たが中に、特に山間に僻在して同化の機を捕えそこなったあるものが、比較的後までも異俗として原始的の生活を継続し、自然に筋の違ったものだとして里人から差別的の目をもって見られ、はては山人である、天狗であるとして、恐れらるるに至ったのはけだし自然の趨勢であらねばならぬ。かくてそれがついに天狗の子孫とも呼ばれ、護法の胤であるともして認められるに至ったに無理はない。また彼等も時としては、自己生存の便宜上から、世間のその迷信を利用することも或いはなかったとは言われない。かの英邁なる白河法皇を閉口せしめ奉った叡山の山法師は、何人も抵抗し難い呪咀という武器を持っておったのであった。それがために彼等はかなり無理な希望をでも、強いて押し通すことが出来たのである。いわゆる護法胤の人々が、これを有力なる武器として社会の圧迫に抵抗し、山間に安全なる幽棲地を保有し得たことはこれを想像するに難くないのである。

かくの如きはひとり飛驒にのみ認められるのではない。各地に同様の経過を取ったものが、けだし少からなんだに相違ない。しかるに彼此の人口ようやく増加して、これまで丸で別世界の変った人類であるかの如く考えられていたものも、だんだん境を接して住まねばならぬこととなる。狩猟や木の実の採集のみで生きていた従来の山人も、それでは食物不足とあって農耕の法を輸入する。次第に里近くまで出て来るようになる。里人もだんだん狭隘を感じて、次第に山人の範囲に割り込んで来る。はては同じ一と村の中に双方雑居することともなる。いわゆる地主筋のものも、客筋のものも、同一の場所で同一の生活をすることとなるのである。かくて今まで風俗や生活の上に著しい差違があって、全く変ったもののように思いつ思われつしていたものも、いつしか同じ風俗となり、同じ生活を営むこととなって見れば、鬼の子孫も、天狗の子孫も、普通の人間と何等違ったところはない。ただ違うところは「筋」を異にするというのみで、いわゆる鬼筋や護法胤はかくの如くにして、他の点ではすべて融和した同一人民の間にあっても、永くその「筋」の区別を保存するの傾向を免れ難いものなのである。そしてその中でも特に祖先の有した不可思議力が伝統的に信ぜられたところに、いわゆる「物持筋」すなわち憑物系統が認められるのである。

中に就いて飛驒の牛蒡種は、名そのものがすでに護法胤であることを表わしているように、実に雙六谷の如き魔界に住んだ護法天狗の後裔として、子孫の末々に至ってもある特別の能力を有するものと誤解せられ、今に至ってはなお筋の違った者として、頑強に他から区別さるるに至ったのであろう。

しかし護法胤という名称もひとり飛驒ばかりの特有ではなかったらしい。他の地方に於いて同じ経過を取ったものは、多くはそれぞれに異った名をもって呼ばれているが故に、世人からは全くこれらと別物の如くに考えられてはいるが、それらの中には同じ護法の名をもって呼ばれたものも、昔はけだし少くなかったのである。安永年間の安芸国佐伯郡観音寺村林小六所蔵文書弾右衛門支配下の四十八座（「公道」雑誌所載大江天也師の「旧賤民の由来」所引）というものの中に、陰陽師や神子《みこ》などと並べて「山牛蒡」というのがある。広文庫所収『穢多巻物』の中には、それを「山野御房」とあって、これは大宝元年綸旨《りんじ》によって許されたとある。これらの文書が附会もとより取るに足らぬものであることは明かであるが、ともかく陰陽師や神子などの徒と共に、かつて、「山牛蒡」もしくは、「山野御房」と呼ばれた一種の人民が、所々に存在していたことは疑いを容れない。自分がはじめ広文庫所引の「山野御房」を見た時には、これ或いは山住の御坊《おんぼう》、すなわち俗にいわゆる隠亡《おんぼう》の徒ではなかろうかとも考えてみたのであったが、一方にそれを明かに「山牛蒡」と書いてあってみれば、疑いもなくこれは山の護法で、飛驒の牛蒡種と同一名称のものであることを信ぜざるを得なくなった。しかしてそれは飛驒の牛蒡種というような、ある局限的の固有名詞ではなくして、陰陽師や神子と同じく普通名詞であるところに、その普遍的の名称であったことが知られるので、いわゆる護法筋と認められたものが、所々に存在したことの証拠たるべきものと信ずるのである。勿論護法筋のものが必ずしもことごとく憑物系統として、いつまでも区別せられたと言うのではない。それは大和の鬼筋や山城の八瀬童子について、何等そのような信仰のないと同様である。しかし八瀬人が八瀬童子と呼ばれるその名の根原が、果して護法童子の意味であるならば、彼等もかつてはある霊能を信ぜられたのであったであろうが、それは後世忘れられてその、名称のみが残っているのかも知れぬ。ただその中にたまたま飛騨の牛蒡種のみが、何等かの関係から強くこの誤解を受けたのであろう。それはこの人達に取ってまことに迷惑千万なことと同情に堪えないのであるが、或いはこの人達の先祖が里人の圧迫に対して、自ら護法の胤《たね》であることを標榜して、自衛の道を講じたことが子孫に累をなしたのであったかも知れぬ。

七　霊物を使役する憑物系統——自分で憑く物と人に使われて憑く物——

牛蒡種の外に狐持・外道持・犬神筋等、各地その名称を異にし、また幾分その憑依の現象をも異にするものの甚だ多いことはすでに述べた。しかし実際上これら各種の憑物の間にそう著しい区別のないことは、本書に紹介した各地の報告に見ても極めて明白な事実である。ただ飛騨の牛蒡種のみは、人その物が直接に来て他人に憑依すると信ぜられ、他の憑物系統のものは、その系統の人の使役するある霊物が来て、他人に憑依するという点に於いて相違があるのみである。すなわち飛騨の牛蒡種は人その物が直ちに護法であり、普通の物持筋は、その有する護法が他に憑くという点において相違あるのみである。

およそ物が人に憑くというには、ある霊能をなすものが直接に出て働くか、或いは他の人に使役せられた霊物が来て働くか、この二つの場合以外にはないのである。かの鬼神・生霊を始めとして、狐・狸・貉・猫・蛇などの動物の類が来て憑くというのは、この第一の場合である。犬神使い、外法使《げほうつか》い・狐持・外道持《げどうもち》などいわれるものは、この第二の場合である。古い物語や口碑に存するところでは、昔は別に他の紹介を要することなくして、霊物その物が直ちに来て人間に憑くと信ぜられたのが多かったようである。しかしながら、鬼神にしろ、生霊にしろ、また狐・狸・貉・猫・蛇の類にしろ、そう訳もなく人に取り憑いて悪戯をする道理もない。したがって人間の方で前もって用心してその怒りに触れず、その恨みを買うようなことを仕出かしさえせねば、これらの憑物に対してはまずもって無難であると言わねばならぬ筈である。ことに世の中が開けて、狐狸妖怪の棲処が人間近くに少くなり、また、これらのものがそうむやみに人間を誑《ばか》すというような思想が減じて来ては、物の怪《け》の災は多くは噂ばかりであって、実際にはそう度々あるものではなくなって来る。しかしてそれよりも恐ろしいのは、かえって同じ仲間の人間だとなって来るのである。ことにいわゆる「筋」を異にして、平素あまり接触の機会もなく、何となく心を置かれるような人間が最も怖い。ことにそれがある霊物を使役すると信ぜられたものである以上、自分には意識せずとも、何時、何処でどんな恨みを買って、その霊物に追いかけられるかも知れないのである。かくて全く偶発の疾病災禍の場合にでも、しばしば原因をここに求める。その結果としてその伝統が暗示を得た精神病的被害者は、ここに飛んでもない挙動を現したり、思いもよらぬことを口走ったりするものであるから、これを見た単純な頭の人々は、わけもなく直ちにそれに極めてしまうのである。かくてその人が仮りに「物持」であると認められた以上、その系統のものに対しては皆一様に警戒せねばならぬこととなる。ここに於いてか物持筋すなわち憑物系統を恐るるの観念は、遂に世人の頭に染みついて容易に除去し難いこととなるのである。

人に使役せられる霊物にも、生あるものとないものとの区別がある。昔は多くはある咒咀を施した動物の頭蓋骨や、時としてはいわゆる外法頭《げほうあたま》の人の頭蓋骨を秘蔵して、それに祈って第三者に災を与えるという思想の方が多かったもののようである。或いは一種の護符の類、その他守護神として肌身離さず所有する木偶・土偶の類に祈って、いわゆる禁厭咒咀の法によって、第三者に禍を与え得るものだと信ぜられた場合が多かったのである。しかしそれはその霊物とその禁厭咒咀の術を伝えられたもののみに、その効能が継承されるのであって、その伝えを失った場合には、その憑物は通例消滅してしまうべきはずである。したがってこれらは必ずしも子々孫々に渉って、いわゆる筋をなすものではない。しかるにその霊物がもし生あるものである場合には、当人の子孫が繁衍すると共にその霊物も子孫を殖やして行く。いわゆる七十五疋の眷属などと言われるものが、人間の目にこそ見えねその血筋の人の数だけは、常に増殖してついて廻っているものだと信ぜられるのである。したがってここには立派に物持筋が成り立つ。山人や海人など、地主側の同化の機に後れていた人々と里人との間に、接触が多くなればなるほどこの問題は頻繁に起って来る。勿論これらの接触の場合に於いて、その地主側のものが常に物持筋となるには限らぬ。現に阿波の広筋・狭筋のように、ただ「筋」が違うというだけで、通婚の場合にのみ問題が起るに止まる程度の場合もあり、全くその区別が忘れられて、全然同化融合してしまった場合も多いのであるが、それが何かの都合で霊能あるものとして憚られた場合に於いて、いわゆる物持筋は立派に成立するのである。この以外祈禱卜筮等を渡世とする浮浪性の陰陽筋・神子筋・禰宜筋などのものが、足だまりを得て土着した場合に於いて、そのある者がしばしばその仲間として他から見られる結果、いつしか物持筋になる場合の少からぬことは言うまでもない。

八　結論——憑物系統と民族問題——

自分の物持筋すなわち憑物系統の起原に関する解釈は右の通りで、大抵は里人たるオオミタカラが先住民に対して有する偏見に起因するものだと信ずるのである。かく言えばとて彼等があえて里人とその民族を異にするという訳ではない。自分の考察するところによれば、いわゆるオオミタカラなる里人といえども、その大部分はやはり国津神を祖神と仰ぐべき先住民の子孫である。ただ彼等は早く農民となって国家の籍帳に登録せられ、夙に公民権を獲得したがために自らその系統に誇って、同じ仲間の非公民を疎外するに至ったに外ならんのである。一方公民権獲得の機を逸して、比較的後の世までも帳外浮浪の民として遺ったものでも、いつしか里人の文化を享得して一定の住所を有し、いわゆる「新に戸に編せられ」て農民となったものは、大抵は全く区別のないものになってしまっているのである。また最後まで取り残されたものでも、そのすべてが他から異なった筋のものだと認められると限った訳ではなく、恐らくその多数はもとの素性を忘れられて、全く同一のものとなってしまっているのである。ただその中に於いて何等かの事情から貧乏籤を引き当てた、最も不運のもののみが、或いは鬼筋だの、護法胤だのと呼ばれて、他から差別的の目で見られることになるのであるが、それでもなおそのすべてが物持筋として憚られる訳ではない。ただ「筋」が違っているということのために他から通婚を忌まれ、或いは他からこれを忌まれる前にまず自ら他と婚するを拒むようなものも少くない。ことにそれは山間海岸の僻陬村落に往々見受けられるのである。或いは自らこれを拒む意志はなくとも、他からあまり近づいて来ずして、自然に姻戚的交渉を開かない部族も各地に少くない。しかしそれがために今日そう彼此の間の社会的地位に差別があるでもなければ、恐ろしいものとして憚られているもののみでない。かの飛驒の牛蒡種の如く、一村民ことごとく憑物系統だと見られているが如きはよくよくの場合である。尤も『雪窓夜話』にも、中国のある村々は一村ことごとく犬神持だとあるように、他にもそんな例がまんざらない訳ではあるまいが、大抵は「筋」を異にしながら同じ村内に雑居して、他からアレだと指斥される場合が多いのである。しかしてその中の最も不運なものが、物持筋として疎外せられているのである。しかもその物持筋だとして疎外せられるもの、必ずしも皆同一系統という訳でもない。中には急に資産が殖えたがために、他から疑われて誰言うとなくその筋にされてしまうのもあれば、人に恨みを買って中傷された結果、ついにその仲間にされるのもあり、ことにたちの良くない祈禱者などの口から、或いはその祈禱者の暗示をうけた精神病者の口から、本人が一向思いもよらぬ間にその仲間にされているのも甚だ少くないのである。またその物持筋は結婚によって他に伝播すると信じられたが故に、従来全くのシロであったものまでも、その筋のものと結婚したがためについに仲間にされたというものが甚だ多く、なお阿波の広筋・狭筋の関係に於いて、広筋のものが次第に殖えて行くと同じように、物持筋も次第に殖えて行くのである。現に出雲に於いても、村中の住民の過半が狐持であって、いわゆる白米のものは比較的少数だというのが少くないのである。さればこれを民族的に論ずれば、本来彼此の間に何等区別のないものであって、したがってこれを疎外すべき理由は毛頭存在しないものである。しかも今に於いてなおこれを区別するということは、まことにたわいもないことのようではあるが、しかもこの僻見が容易に除去されずして、特に出雲地方の如く頑強にこの僻見を保持している所のあるのは、大正昭代の恨事であり、またその地方民の恥辱であると言わねばならぬ。すでにも言った如く、もし結婚の際などに警戒すべき「筋」がありとしたならば、それは憑くと言われるいわゆる「物持筋」の側ではなくて、自ら憑かれたと信じて飛んでもないことを口走るような、神経中枢のどこかに幾らか欠陥のある患者筋の側になければならぬ次第である。

II

憑きものの歴史

酒向伸行

平安朝における憑霊現象——「もののけ」の問題を中心として——

一 もののけと病者

藤原氏を中心とする平安貴族社会において、十世紀中葉ぐらいから、特定の霊が、特定の個人、あるいは家筋にとりつき悩ますという信仰が登場してくる。その霊は「もののけ」と称され、多くは死者の霊とされている。本稿では、このようなもののけの活動を中心に、平安朝における憑霊現象を分析してみたいと思う。

さて、このようなもののけとしては、藤原元方の霊がよく知られている。『栄華物語』によると、元方の霊は東宮憲平親王をはじめ、その父村上天皇・母安子・冷泉院女御超子らにとりつき悩ましている。たとえば、応和四年（九六四）安子出産時には、「御もののけどもいと数多かるにも、かの元方大納言の霊いみじくおどろおどろしく、いみじきけはいにて[1]」あらわれ、安子を死に至らしめている。この場面において次のような描写がある。

東宮も、御物のけのこの宮に参りたれば、例の御心地におはしませば、いといみじう悲しきことに惑はせ給もあはれに、見奉る人皆涙とゞめがたし。

つまり、東宮にとりつき、彼を苦しめ続けていた元方の霊が、安子出産時に安子の方へ行ったので、その間、東宮は平常の心身状態にもどっていたというのである。このように、もののけはこの世界を自由に移動し、もののけがそのとりついている人物から離れることにより、その人物は悩みから解放されると信じられていたようである。(3)

ところで、この時期の貴族社会においては、人がもののけにとりつかれると、その調伏のためにさまざまな修法が修せられた。よく知られている修法としては不動調伏法や五壇法があるが、(4)ここでは、寛弘八年(一〇一一)一条天皇のあとを受け帝位についた三条天皇の例をみてみたい。

三条天皇は眼病に苦しんだのであるが、これは『小右記』長和四年(一〇一五)五月四日条に、「主上御目、冷泉院御邪氣所為云々、託女房　顕露多所申、々事云々、移人之間御目明云々」とあり、冷泉院の邪気がとりついたためとも、同五月七日条に、「律師心誉加持女房、賀静元方等霊露云」とあることから、賀静や先にも登場した元方の霊がとりついたためともされた。このため、「御目従昨日弥不御覧、御心地不宜、従去夜、以律師心誉、被行不動調伏法」(同五月十六日条)とあるように、律師心誉に不動調伏法を修させた。また、「今日午後御目猶不快、日来歎息御座、可造丈六五大尊之事、幷御修法事等、雖被仰左相府、一切不承者、深似有所思」(同五月十九日条)とあることから、五壇法をも修そうとしたことがわかる。

ところで先の記事に、「移人之間御目明云々」とある。「移人」とは、病者にとりついたもののけをよりましに駆り移す、いわゆる憑祈禱のことであると考えられる。この憑祈禱により三条天皇の目が一旦回復していることは注目される。『小右記』寛仁二年(一〇一八)閏四月廿四日条の道長病悩の記事においても、「重悩苦給声太高如叫、僧等相集加持、霊氣移人被平復」とあり、このような記事は、日記類に多数みることができる。(5)先にも述べたように、もののけが、そのとりついた人物から離れることにより悩みから解放されると信じられていたのであるから、憑祈禱の目的は、まずもののけをよりましに駆り移し、とにかく病者を平常の心身状態にもどそうとすることにあったといえる。これは不動調伏法や五壇法といった調伏法とは、明らかにその目的を異にしている。ここで問題となるのは、もののけと病者、そして憑祈禱におけるよりましとの関係である。そこで、まずもののけがどのような形で人に憑依していると信じられていたのかを考えてみたい。

従来、もののけは病者の体内に憑入すると考えられてきた。(6)しかし、先の三条天皇眼病の記事をみてみると、『小右記』長和四年五月七日条に、三条天皇にとりついた賀静の霊が、よりましの女房に憑いて次のように語っている。

主上御目事、賀静所為也、居御前、巽を開時仁者、御目乎不御覧也、但御運不尽給、仍不着御体、只候御所辺、運命猶強御坐

つまり、賀静の霊は天皇の体内に憑入することはもちろん、天皇の体につくことさえなく、御所の辺にいて悩ましているというのである。(7)すると、この表現によれば、もし霊が天皇の体につくことになれば、病はさらに重くなるであろうことが予測される。『源氏物語』葵巻で、葵の上がもののけに苦しめられている場面に次のような描写がある。

物の怪、生霊などいふもの、多く出で来て、さまざまの名のりする中に、人に更に移らず、たゞ、みづからの御身に、つと添ひたるさまにて、殊におどろ〳〵しう、わづらはし聞ゆる事もなけれど、また、

片時離るゝ折もなきもの、一つあり。(8)

葵の上のために憑祈禱が修されているのであるが、よりましにも移らず、彼女の身体にぴったりとくっついて離れるようすもないもののけ——実は六条御息所の生霊——の姿が描かれている。このようにみてくると、平安貴族社会において、もののけは病者の近くにいて悩ませたり、その身体に密着して苦しめていると信じられていたようである。

憑霊現象において、霊的存在が人間の体内に憑入すると、その人物はトランス状態におちいる。そして、霊的存在がその人物の口をとおして第一人称で自己を表現する。(9) たとえば、新潟県佐渡の外海府地方では、村や家に何か異変があると、相川町のトイギキとよばれる巫者の所へ行き、神仏や先祖をよんでもらい、その吉凶や対処の方法をたずねる。あるトイギキの女性は、死者の霊は自分の身体の中に入りこみ、口寄せの間のことはいっさい覚えていないと語っている。(10) 依頼者の話によると、霊が彼女に憑き語り出すと、彼女の声は変わり別人のようになるという。(11) 平安朝の憑祈禱において、もののけがよりましに駆り移された時、よりましはこのようなトランス状態におちいる。

『枕草子』能因本三一九段に、次のような憑祈禱の記事をみることができる。ここでは、ある家の主人が「物の怪にいたうなやめば、うつすべき人とて、大きやかなる童」(12) が選ばれる。やがて童は「ふるひ出でぬれば、もとの心失ひて」とあり、身体が震えだし正気を失う。祈禱が終わると、童は「几帳の内にとこそ思ひつれ。あさましうも出でにけるかな。いかなる事ありつらむと、いとはづかしがりて、髪をふりかけて、すべり入」ってしまう。したがって、童はこの間のことをまったく覚えていない。また、まわりの人々は、「みずからは苦しからぬ事など知りながら、いみじうわび嘆きたるさまの心苦しきを、つき人の知り人などは、らうたくおぼえて」とあり、苦しんでいるのは童自身ではなく、童に駆り移されたもののけであると理解している。このように、憑祈禱において、もののけは験者の力によってよりましの体内に憑入させられ、よりましの口をとおしてその正体を現わすのである。それに対して、病者自身の口をとおして、もののけがその正体を現わすという例はほとんどみることができない[13]。『栄華物語』巻第廿一「後くゐの大将」の万寿元年（一〇二四）正月の教通室御悩の記事には、「例はさもなきに、御自らもの〻けたゞ出で来に出でくれば、いとかたはらいたしとおぼしめして、猶人に移さばやと宣はす」とあり、病者自身の口をとおしてもののけが現われることは、例外的なことであったといえる。このことは、もののけが病者の体内に憑入することのほとんどなかったことを意味し、やはり、もののけは病者の近く、あるいはその身体に密着することにより悩ますと信じられていたといえる。

二　物気と物怪

ところで、もののけには一般に、「物怪」あるいは「怪」の俗字「恠」を用いる「物恠」の字があてられている。しかし、『左経記』寛仁二年（一〇一八）閏四月十七日条には、「早旦参法性寺、御悩頗宜、御悩物氣云々」とあり、万寿三年（一〇二六）閏五月九日条には、「御悩猶不快、御物氣、幷聖天、貴生䙥明神顕出」とある。したがって、ここではもののけに「物氣」の字をあてているのである。『今昔物語集』においても、もののけを人が病を患う原因としてあげる場合には、すべて「物ノ氣」と表記されている。一方、『今昔物語集』には、「物恠」という用例もみられる。たとえば、巻第二十七―第十三に、

其ノ後、家ニ物恠ノ有ケレバ、陰陽師ニ其ノ祟ヲ問フニ、「其ノ日重ク可慎シ」ト卜《うらない》タリケレバ[14]

とある。日本古典文学大系では「物恠」に「モノノケ」と振り仮名をつけ、注においても「物ノ氣」と同一

に扱っている。それに対し、小学館日本古典文学全集では「もののさとし」とよんでいる。しかし、巻第十四―第卅五の、

其レニ、此ノ事ニ依テ、様々ノ物恠有ケレバ、占トスルニ、異國ノ、軍発テ可来由ヲ占ヒ申ケレバ

という記事においては、大系では「モツクヱ」とよみ、「漢語で、災異、異変を指す。」と注している。一方、全集ではこの場合は「もののけ」とよんでいる。このように、「物恠」のよみ方が混乱しているのに対し、「恠」が単独で用いられている場合には「さとし」とよむのが通例になっているようである。その例をあげておこう。

而ル間、彼ノ□ガ家ニ恠《サトシ》ノ為シタリケレバ、其ノ時ノ止事無キ陰陽師ニ物ヲ問ニ、極テ重ク可慎キ由ヲ占ヒタリ。（巻第二十四―第十八）

家豊ニシテ万ヅ楽シクテ過ケル程ニ、其ノ家ニ恠《サトシ》ヲシタリケレバ、賀茂ノ忠行ト云フ陰陽師ニ、其ノ恠ノ吉凶ヲ問ヒニ遣タリケルニ。（巻第二十九―第五）

大系では「恠」に、「名義抄の動詞訓に基き、かくよむ。不思議なお告げがあったので」と注している。

さて、「もののさとし」という用例は、『源氏物語』や『栄華物語』にもみることができる。たとえば、『源氏物語』薄雲巻には、

その年、おほかた世の中騒がしくて、公ざまにもののさとししげく、のどかならで天つ空にも例に違へる月日星の、光見え、雲のたたずまひありとのみ世の人おどろくこと多くて

とあり、『栄華物語』巻第二「花山たづぬる中納言」には、

世の中正月より心のどかならず、怪しうもののさとしなど繁うて、内にも御物忌がちにておはします。

とある。このようにみてくると、「もののさとし」、あるいは「さとし」という語は何かの異変・不思議・前

兆などの意で用いられていることがわかる。『小右記』にも「物恠」の用例がある。たとえば長保元年（九九九）八月廿九日条に、「外記局物恠、占方進之　去廿七烏日恠」とあり、寛弘九年（一〇一二）六月八日条に、「比叡御社有物恠」とあり、その内容は「比叡御社中、猪数多入来、破損御殿、往古不聞之事也者、彼御殿板敷高、猪不可昇、奇恠事也」ということであった。

以上より、先の『今昔物語集』巻二十七―第十三、巻第十四―第卌五の説話においても、「物恠ノ有ケレバ、陰陽師ニ其ノ祟ヲ問フニ」とか、「物恠有ケレバ、占トスルニ」とあることから、どちらも「もののけ」とよむべきではなく、「もののさとし」とよむべきだといえる。このように『今昔物語集』では「物恠」と「物ノ氣」とは、はっきり区別されているのである。

さて、もののけに対し、『今昔物語集』では「物ノ氣」、『左経記』でも「物氣」の字があてられていた。そこで、「物」と「氣」という語の用例を『今昔物語集』よりみてみたい。まず、「物」であるが、巻第二十七―第十に「延喜ノ御代」に仁寿殿の台代の灯火を盗み去る南殿の「物」を源公忠が蹴りとばして退散させる話がある。ここでは、この正体不明の存在を終始「物」と表現している。ところで、『大鏡』忠平伝によると、忠平は「延喜・朱雀院の御ほど」、つまり源公忠と同時期に、南殿の御帳のうしろに現われた鬼を追い払ったとされている。また、『大鏡』伊尹伝によると、道長は南殿のうしろに「朝成」の悪霊が立っている夢をみている。このように、南殿は怪異なものの出現する場所として当時の人々に信じられていたようであり、それが「物」とも「鬼」とも表現されていることは注目される。巻第二十七―第十五では、ある女が家主の老女が鬼であることに気づき逃げる場面で、「此レハ鬼ニコソ有ケレ。我レハ必ズ被瞰ナム」とあり、次に「然ル旧キ所ニハ必ズ物ノ住ニゾ有ケル。（略）定メテ鬼ナドニテコソハ有ケメ。」とある。このように、

『今昔物語集』では、「鬼」を「物」の顕現化した姿として表現している例が多い。

ところで、巻第二十―第卅三の説話では、子供が急に恐ろしい顔つきに変わるのを母がみて、「汝ヂ何ノ故ニ嗔レルゾ。若鬼ノ託タルカ」といい、この子が母を殺そうとする時に、「我ガ子ハ鬼ノ託タル也。此ヲ、実ノ心ニ非ズ」と叫んでいる。この説話の典拠は『日本霊異記』中巻―第三であるが、そこでの母の言葉は「若汝託鬼耶（若し汝鬼に託へるや）」、「吾子者託物為事（吾が子は物に託ひて事を為す）」[15]となっている。すると、「鬼」と「物」とは同一概念で用いられており、「鬼」という字は『日本霊異記』では「もの」という和語にあてられたということができる。[16]一方、『今昔物語集』には「物ノ託テ」という表現もあり、巻第二十九―第廿七では、源章家が子供が死んだのに狩をし殺生するのをみて、「此レハ只ナラム人ノ可為キ事ニモ非ズ。物ノ託テ坐スルメナリ」といっている。以上より、人にとりついて狂わせたり、人に害を与え怪異を為す存在をかつては「もの」とよび、それに「鬼」の字をあてる時代もあったが、やがて「鬼」は「もの」の概念から独立し、別のより具体的なイメージを持つに至ったと考えることができる。

次に、「氣《け》」の問題を考えてみたい。巻第二十―第十九では、男が病気になると、鬼が「汝ガ病ハ我等ガ氣也。近ハ不可寄ズ。」といっている。つまり、病気になったのは鬼の気の働きによるものであり、近づくと死をもたらすというのである。本話の典拠になった『日本霊異記』中巻―第廿四でも、「汝病我氣故不依近（汝、我が氣に病まむが故に、依り近づか不あれ）。」とある。鬼に近づくだけで病におちると信じられていたことは、巻第十四―第卌二で藤原常行が年少の頃、路上で百鬼夜行に出会い、尊勝陀羅尼の力によって難を免れたが、三・四日程高熱が続いたという説話からも想像でき、巻第二十七―第廿では生霊の道案内をしてやった男が、「其レガ氣」の為に頭が痛くなったとある。さらに、巻第二十―第廿七は長屋王の変に取材した説話であるが、長屋王の骨が流された土佐国で百姓が多く死ぬ。これを「彼ノ長屋ノ悪心ノ氣ニ依ニ、此国ノ百姓多ク可死シ」としている。本話の典拠『日本霊異記』中巻―第一でも、「依親王氣国内百姓可皆死亡（親王の氣に依りて、国の内の百姓皆死に亡す可し）。」としている。

以上より、かつて人々は「もの」と総称しうる霊的存在の「氣《け》」に触れ、その影響力により病気になったり、時には死に至らしめられると信じていたといえるだろう。すると、「もののけ（物ノ氣）」という語は、本来、人間の近くに存在する霊的存在の悪しき影響力を表現する語であったといえる。それが、十世紀中葉以降の貴族社会において、固有の概念を有し、特定の人物、あるいは家筋にとりつき悩ませる存在を指す語へと変化していったのである。しかし、第一節でみたように、もののけの本来の性格、すなわち人間の外部にいて人間に悪しき影響力を与えるという性格はそのまま継承されているといえる。その意識は、「物ノ氣」という用字法にもみることができるのである。

三　護法と憑祈禱

次に、憑祈禱において、もののけをよりましに駆り移すにあたって、験者はどのような力によりそれをなすと信じられていたかについて考えてみたい。この問題に関しては、これまでの諸先学の研究により、「護法」と称される修験の守護霊によるということが、かなり明らかにされてきている。[17] しかし、護法がどのような力を有しているのか、あるいは護法ともののけ、そしてよりましがどのような関係にあるのかは明確になっていない。そこでまず、平安朝の仏教説話集にみられる当時の護法観を分析し、ついで憑祈禱において護法の果たす役割をみてみたい。

『大日本国法華経験記』（以下『法華験記』と略す）では、法華経持経者を守護する護法が登場する。[18] これは、『法華経』巻第八「陀羅尼品第二十六」の信仰によるのであろう。そこでは薬王菩薩をはじめ、毘沙門天王・持国天王・十羅刹女・鬼子母神ならびにその子及び眷属が、法華経を読誦し、受持するものを守護せんと誓願しているのである。『法華験記』巻上―第三十三には、「法華を守護せる護法・聖衆・梵釈・四王、威光勢あり」とあり、巻上―第十七は、山中で法華経を持す沙門に対し、須菩提が十羅刹女を使者として日毎に施を送るという説話である。『法華験記』には、護法の力によって病を癒す法華持経者も登場する。巻中―第六十六によれば、神明寺の睿実法師は、法華経を誦するに、いまだ一品に及ばざるに、護法が病者につき、病悩を除いたという。『続本朝往生伝』には、「阿闍梨叡実は、延暦寺の緇徒なり」とあり、延暦寺を中心として、法華持経者を守護し、また彼等が自在に召し使うと信じられた護法への信仰の存在が想像される。

さて、もう一方に『拾遺往生伝』や『扶桑略記』に登場する浄蔵に代表される護法への信仰が存在する。浄蔵は応和四年（九六四）に七十四歳で没したとされているが、十世紀中頃に成立した『大和物語』に、「中興の近江の介がむすめ物のけにわづらひて、上ざうだいとくを験者にしけるほどに[19]」と、もののけを調伏する験者として登場しており、その験力は当時から有名であったと考えられる。浄蔵は熊野・金峰山・松尾等を歴遊し、京に出て修験をもって名声を博し、玄昭律師について台密三部の大法と諸尊の別法を受けたという。そして京極の更衣の女御（藤原時平女）の所悩に依りて勅喚あった時、浄蔵より先に「本尊の護法かつ行ひて、接縛し平癒」したという。彼は、醍醐内親王腰病に対し不動法を修し、是忠親王を火界の呪をもって蘇生せしめ、天慶三年（九四〇）には平将門を調伏せんがために大威徳法を修したといい、このような台密系の不動尊侍者もまた、自在に護法を召し使ったとされているのである。以上より、平安朝の護法信仰はまず、法華持経者、そして台密系の不動尊侍者の世界において発展していったと考えられるが、この点に関しては稿を改めて論じたい。

ここで、『続本朝往生伝』六の僧正遍照の説話をみてみたい。遍照は慈覚大師の弟子で、寛平二年(八九〇)に入滅している。入滅後、天狗が人に託いて言うには、自分は貞観の世に、右相の家の寝殿に入り、足でその胸を踏んだ。すると、にわかの病ということで家中が大騒ぎになった。[20] そこで遍照が請せられ、護摩壇を築き修法するが、遍照には十余人の護法が副っておりこの護法の力により天狗は、「漸くに足を収めて、意に任すこと能はずして、相忍びて居」ることになる。修法すること七日で病は平癒したのであるが、天狗を伏することはできなかった。これは天狗を病者の体から遠ざけたことにより、病悩からは一旦解放されたが、それをもたらした本体の天狗はそのまま存在しており、この天狗そのものを消滅させない限り、病は再発すると信じられていたと考えられる。そこで次に天狗を鉄の網に入れ、炉壇の火の中に置くと焼けこがれて灰塵となった。これは封じ込めによる調伏法と考えられる。しかし、その灰を厠の辺に置いたため、たちまち食気に就いて蘇生してしまう。しかし、天狗がこの家から出ようとしても、六年の間、「護法独り猶し拘留して敢へて寸歩すること能はず。」というのである。このように護法は、天狗が逃げ出さないよう呪縛するという機能を果たしているのである。先の浄蔵の記事に「護法かつ行ひて、接縛し」とあるように、護法が邪霊やもののけを「接縛する」とか「結縛する」という描写はよくみられ、「縛る」ことにその力を示していると考えることができる。[21] それでは、憑祈禱においてはどうであろうか。典型的な例として、『今昔物語集』巻第二十七―四十の説話をみてみたい。

昔、「物ノ氣病為ル所」で「物託ノ女」に狐がつく。岩波日本古典文学大系では「物託ノ女」に「巫女を指す」と注しているが、このあとに、「験者ニ被追テ狐去ヌ」とあることから、この女は憑祈禱において験者の使うよりましと考えられる。[22] おそらく、物ノ気病する土地に験者がよばれ、憑祈禱を修しているのであろう。狐が女の口をとおして、「此ク被召籠テ侍ル也」と言っていることから、験者の祈禱により、この土地をうろついていた狐は女の体内に呪縛されたと考えられる。狐はその場にいた男に「我レ神ノ如クニシテ和主ニ副テ守ラム」と約束するが、この約束を男は、「此ノ搦サセ給ヘル護法証セサセ給フヤ」と護法を証人にしようとする。この男の言葉より、狐を女の体内に呪縛したのは護法の力ということになる。つまり、憑祈禱においても、護法の果たす機能は「縛る」という点にあるといえる。『今昔物語集』巻第十九―第九に、主人が大切にしていた硯を割ってしまった男の描写として、「護法ノ付タル物ノ様ニ振ヒテ」とあり、同巻―第十三でも帷一つを身につけ、雪の日に掃除をしている男の描写に「護法ノ付タル者ノ様ニ振ケル」とある。先の『枕草子』能因本三一九段の記事で、童が「ふるひ出でぬれば、もとの心失ひて」のあとに、「行なふままに、従ひたまへる護法も、げにたふとし」の文が続く。[23] したがって、憑祈禱において、よりましが正気を失い、身体が震えだすことにより、人々はもののけがよりましに憑入したと理解したのであり、それは護法の力によると信じられていたことになる。[24]

以上をまとめてみると、憑祈禱は、この世界を自由に移動し、その気《け》によって人を苦しめ悩ませ、時には死に至らしめることもあるもののけを、護法の力によってよりましの体内にまず呪縛し、その自由を奪うことにより病者を平常の心身状態にもどし、もののけの正体をよりましの口をとおして明らかにし、その上で調伏するという構造を有しているといえる。次稿では、このような憑祈禱を修する験者の系譜を考察してみたい。

注

（1）『栄華物語』巻第一「月の宴」（以下『栄華物語』の本文は岩波古典文学大系本に拠る）。

（2）『栄華物語』巻第一に、「かくて東宮四つにおはしまし〻年の三月に、元方大納言なくなりにしかば、そのゝち、一の宮も女御もうち続きうせ給にしぞかし。そのけにこそはあめれ、東宮いとうたてき御もの〻けにて、ともすれば御心地あやまりしけり。」とある。

（3）もののけが、この世界を自由に移動すると信じられていたことから、人々はもののけにとりつかれた人物に近づかないよう努力した。たとえば、『栄華物語』巻第一には、「東宮の女御も、宮の御もの〻けの恐しければ、里がちにぞおはしましける。」とあり、安子がもののけに苦しめられている場面においても、「五宮（守平親王）をも、御もの〻け恐しとて、とゞめ奉らせ給つ。」とある。もののけは一人の人物にとりつくのであるが、その周辺の人間にも影響力を有しており、それから身を守るためには、もののけのついている人物に近づかないようにする必要があったのである。巻第三の円融院御悩の記事において、一条天皇がそのもとへ行幸するが、「(円融院にとりついた)御物のけも恐しければ、疾く還らせ給ねとて、返し奉らせ給つ。」とあるのもこのことから理解できる。

（4）不動調伏法、五壇法に関しては、速水侑『平安貴族社会と仏教』（吉川弘文館　昭和五十年十二月刊）に詳しい。

（5）『御堂関白記』長和四年（一〇一五）十二月十三日条に、「臨暁行大将方、悩氣尚重、邪氣重見由、仍令成祈間　遷人頗宜」とあり、『小右記』寛仁四年（一〇二〇）九月廿八日条に、「主上發悩御時、駈移於人之間、已如尋常、有御遊等、移人復例之時、忽むつかり令叫給也、置御邪氣也者、非人之儀、無四天王之護歟」とある。

（6）たとえば、山折哲雄氏は、「(物怪は)その患者の体内に侵入するのである。」（『日本人の霊魂観』河出書房新社　昭和五十一年刊　一七七ページ）とされ、小松和彦氏は、「憑坐は病人の体内にいると観念された物怪を人々に見える状態にする道具、つまり病人の体内にいるものを映し出す《鏡》なのである。」（「北野天神縁起絵巻」・『月刊百科』二二七　平凡社　昭和五十六年刊　三十三ページ）とされている。

（7）『大鏡』では、賀静は桓算供奉とされ、「桓算供奉の御物怪にあらはれて申しけるは、御首にのりゐて、左右の羽をうちおほひ申したるに、うちはぶき動かす折に、少し御覧ずるなりとこそいひはべりけれ。」とある。桓算供奉は三条天皇の身体についているが、体内に憑入してはいない。

（8）『源氏物語』葵巻（以下『源氏物語』の本文は岩波日本古典文学大系本に拠る）。

（9）この点に関しては、佐々木宏幹『シャーマニズム』（中央公論社　昭和五十五年九月刊）に詳しい。

（10）下北イタコである西村りゑ女も、「自分の身体を神にかしてあげることにより、神がその体内に寄り憑き入って物ごとを言うのである。」と語っている（桜井徳太郎『日本のシャマニズム』上巻　吉川弘文館　昭和四十九年十一月刊　一〇三ページ）。

（11）　拙稿「佐渡のトイギキ」（「御影通信」十七　御影史学研究会　昭和五十年九月刊）、および拙著『山椒太夫伝説の研究』（名著出版　平成四年一月刊）第三章第一節を参照されたい。

（12）　『枕草子』の伝本は、三巻本系統・伝能因所持本系統・前田家本系統・堺本系統の四種に大きく分類されるが、ここでは、伝能因所持本系統を底本とする小学館日本古典文学全集本に拠った。なお、「大きやかなる童」は、三巻本系統では「大きなる童女」とある。

（13）　『源氏物語』葵巻では、「のたまふ声、けはひ、その人にもあらず変りたまへり」とあるように、六条御息所の生霊が葵の上の口をとおして現われている。

（14）　『今昔物語集』の本文は岩波日本古典文学大系（山田孝雄・忠雄・英雄・俊雄校注）と、小学館日本古典文学全集（馬淵和夫・国東文麿・今野達校注）とに拠った。ただし、特にことわらない場合は日本古典文学大系より引用した。

（15）　『日本霊異記』の本文、および訓読文はすべて岩波日本古典文学大系（遠藤嘉基・春日和男校注）に拠った。

（16）　馬場あき子氏は、「（鬼字は）ほぼ平安末におよぶまでものとおにと二様によまれていたわけである。しかし、そうしたなかにも、しだいに両者の区別は分明にされてゆき、ものの方は明瞭な形をともなわぬ感覚的な霊の世界の呼び名に、おにの方は、目には見えなくても実在感のある、実体の感じられる対象にむけての呼び名にと定着してゆく。」（『鬼の研究』三一書房　昭和四十六年六月刊　三十五ページ）と述べている。この点および「物」と「気」に関して、詳しくは拙稿「疫神信仰の成立―八、九世紀における霊的世界観―」（鳥越憲三郎博士古稀記念会編『村構造と他界観』雄山閣　昭和六十一年一月刊所収）を参照されたい。

（17）　本稿と特に関連する論文としては次のものがある。

- 小松和彦「護法信仰論覚書―病気治療儀礼における物怪と護法―」（『現代宗教』一―五　エヌエス出版会　昭和五十一年六月刊）。
- 宮家準「修験道とシャマニズム―護法を中心として―」（桜井徳太郎編『シャーマニズムの世界』春秋社所収　昭和五十三年九月刊）。

(18) これ以前の史料としては、『日本霊異記』に護法の記事がみられる。そこでは護法は字義通り、仏法を守護するものの意で用いられている。すなわち、沙弥への迫害、邪淫をはじめひろく三宝を誹謗する者に対し罰を加え、三宝に帰依する者を守護する存在なのである。そして、護法の具体的な姿などの描写はない。

なお、以下『大日本国法華経験記』・『続本朝往生伝』・『拾遺往生伝』の訓読文は岩波日本思想大系『往生伝　法華験記』（井上光貞・大曾根章介）に拠った。

(19) 『大和物語』百五。

(20) この場面の描写に「足を挙げ足を下すに、或は活き或は死す。」とあることからも、第一節で述べたように、もののけは体内に憑入するのではなく、病者の近く、あるいはその身体に密着して苦しめていると信じられていたことがわかる。

(21) 『大鏡』伊尹伝における、花山院の験競べの記事に、「護法つきたる法師、おはします御屏風のつらに引きつけられて、ふつと動きもせず」という描写があり、人々は「院の御護法の引きとるにこそありけれ」と評価している。ここでも御法は「縛る」という機能を果たしている。

(22) この説話の前半部の類話が『宇治拾遺物語』巻第四―一にあるが、ここでは「物の怪煩ひし所に、物の怪渡しし程に、物の怪、物つきに憑きて」とあり、物つきの女についた狐が験者に「追ひ給へ。まかりなん。」といっていることから、この女は明らかに憑祈禱におけるよりましといえる。

(23) 三巻本では、「行ふままに従ひたまへる仏の御心もいと尊しと見ゆ」とある。

(24) 『枕草子』三巻本二十五段（能因本二十二段）の、「験者の物のけ調ずとて、いみじうしたりがほに獨鈷や数珠などもたせ、せみの声しぼりいだして誦みゐたれど、いささかさりげもなく、護法もつかねば」の記事において、小松和彦氏は前掲(17)で、「護法もつかねば」の解釈を「護法も病人に乗り移った様子もないので」と結論づけているが、やはりここも護法がよりましにつかない、つまりもののけが護法に呪縛されることなく、よりましに憑入しない状態を表現していると考えるべきであろう。

なお「呪縛」について詳しくは、拙稿「憑霊信仰と治病―咒護から咒縛へ―」（『生活文化史』十　日本生活文化史学会　昭和六十一年九月刊）を参照されたい。

江戸の悪霊除祓師

高田衛

　江戸時代を通じて、市井の人々の中に分け入り、布教につとめるかたわら、さまざまな奇蹟を行い、多くの下層民衆の渇仰をあつめた宗教者はけっして多くない。ここにとり上げる祐天上人は、たぐい稀なその一人であったが、この人といえども晩年には浄土宗教団の最高職、総本山三縁山増上寺住職となって、一般の人にとっては雲の上の人になってしまった。

　増上寺といえば、周知のように上野の寛永寺と並ぶ、将軍家の御廟所であり、その住職ともなれば江戸城内での格式は大納言に准じ、城内駕籠乗打ちが許され、将軍家から会釈をたまわるという高貴な地位である。その上、幕閣の政策にもとづく宗門惣録所であって、諸国数万の寺院・僧侶を統轄する元締めとしての惣録司を兼任したから、まず江戸の法王のようなものであった。

　正式には明蓮社顕誉上人祐天大僧正というその人は、正徳元（一七一一）年、七五歳にしてその第三六世住職に就任したのだが、もとを正せば岩城《いわき》国の貧しい水呑み百姓の子として生まれた人だから、江戸の人々にとっては太閤秀吉以来の稀有な大出世をとげた偉人なのであって、ますますその人気は上がったのである。

したがってこの人の生涯は早くから伝説化されており、『御一代記』『御伝』と称する数種の勧化本、実録本の主人公として、さまざまな虚構に粉飾されたため、その実跡をたどるのは現在ではかなり困難なのである。

しかし、誰もが否定できないのは、祐天上人の伝説的英雄化と、巷間累《かさね》の怪談として著名な、彼がなしとげた下総国岡田郡羽生村で発生した悪霊除祓《じょばつ》事件との強い紐帯であろう。ことに江戸時代後期の歌舞伎・草双紙で人気を集めた累物狂言では、背景に悪霊調伏者、いま流にいえば〈エクソシスト〉の役割をはたす高僧としての祐天上人の面影がちらついていて、江戸の民衆には、自分たちと同じ下層社会の出身ながら、超越的な霊能力をそなえ、数々の奇蹟を演じた、輝かしいスターとして受けとめられていた。もちろんその声名は生前からかまびすしかった。享保三（一七一八）年、八二歳で死去したが、没後まもなく江戸近郊の目黒村に、彼を開山とする明顕山祐天寺が創設されたけれども、個人の僧号をそのまま寺名とすることなど、あらゆる宗門を通じてきわめて特別なことであって、それだけでも祐天の特異な名声のほどがうかがわれよう。

ところで祐天の名声を高めた、羽生村事件をはじめとする数々の悪霊除祓の行為は、当時寺檀制度を確立しつつあった浄土宗教団にとっては、かならずしも歓迎すべき事柄ではなかったのである。その頃各地で頻発していた怨霊騒ぎとかタタリ騒ぎのような、訳のわからない事態に対処するのは、民間下級の呪術宗教者、たとえば山伏、梓巫子、毛坊主、陰陽師たちの役割であって、権威上、寺院の関知すべきことではなかったからである。僧侶一般が、教団の内で系列化された寺院を拠点とし、民間呪術宗教を排除し、庶民の教化を統制し、各地庶民の生死の動態を把握するという、半ば行政的な機能の一端に化しつつあった時代であったからである。

したがって浄土宗教団の正式メンバーとしての祐天が、悪霊除祓などの土俗宗教めいた行為に走ることは、教団側にとっては違法行為であって、追放に値したのである。そして実際にそれを敢えて行った祐天は、師匠の檀通《だんつう》上人から「勘当」されているし、檀通上人没後の一時期は教団から離脱している。この離脱について『縁山志』をはじめとする浄土宗関係書は、一様に「故有りて」とのみ記して、その理由を明らかにしていない。祐天上人五〇歳、貞享三（一六八六）年のことであった。

教団を離れて僧侶浪人となった祐天は、下総国葛西郡牛島（現墨田区内）に草庵を作り、自由な立場から江戸市中・近郊を遊説し、浄土宗の教義を説き、六字名号念仏《ろくじみようごう》の弘通につとめている。宗論、法論で鍛えた祐天の弁舌はすぐれたものであったらしく、この間祐天自身が説教の中で羽生村事件の体験を公然と語ったりしたようだ。

元禄三（一六九〇）年刊行の『死霊解脱物語聞書』は、残寿なる人物の著作だが、その中に「顕誉上人（祐天）直の御物語を再三聴聞仕り、其外羽生村の者共の咄しをも、ほぼ聞合せ」て記したとあって、この書の刊行もまた祐天の布教事業の一端として、祐天自身の示唆または諒解のもとに行われたとみてよい。

この『聞書』こそは累の怪談の真相ないし原型を、事実に即して詳述した奇書なのだが、これを素直に読むかぎり羽生村事件の本質が、幽霊出現事件ではなくツキモノ騒動であることは明らかである。その概略を示しておくべきであろう。

寛文一二（一六七二）年正月、羽生村百姓金五郎の妻お菊一四歳に奇怪なツキモノがとり憑いて、再三にわたって村を騒がせた。ツキモノはお菊の口を借りて、「我はお菊の父与右衛門の先妻累（の死霊）である」と名のり、「財産めあてで入婿した我が夫与右衛門こそ、我が醜貌を嫌って、我を鬼怒川に水漬けにして殺した本人である」と、目撃者の名前をあげて告発し、「この恨みとして羽生村全体にタタリつづけ、永遠の苦劫をみせてやる」と呪う。死霊に憑かれたお菊は、泡を吹き、顔も身体も異様に屈曲し、のたうちまわり、両眼もとび出すという苦痛ぶりで、喚いては悶絶し、悶絶しては累の呪いを口ばしるという有り様の、その恐ろしさに村中震え上がり、当の与右衛門は剃髪出家して、懺悔し、夫の金五郎は実家へ逃げ帰ってしまう。累の死霊はなおも二月、三月と再三にわたってお菊にとりつく。村の山伏などは死霊の脅威の前には手も足も出なかった。当時三六歳で隣村の飯沼弘経《ぐきょう》寺の学僧であった祐天が、お菊のあまりのむごたらしさを見るに見かね、六人の同僚学僧を証人として、ツキモノの除祓にあたった。祐天は不退転の意志力によって、六字名号を授けて死霊を解脱させたが、四月に四たび菊は死霊にとりつかれる。祐天はこれに立ち向かってそれが累ではなく、六〇年前に先代与右衛門によって非業に殺された助《すけ》という六歳の幼児の死霊であることを突きとめつつ、これも見事に得脱《とくだつ》せしめた、というのである。

一個のみならず二つの死霊が重なって憑いていた故もあって、この除祓修法は困難をきわめたようだ。幾度か修法は失敗に瀕し、その時に祐天が諸民の見る前で、天を睨みあげて「諸天諸仏よ証拠を与えよ。この修法を助けぬならば我が身を引き裂け。でなければ我は魔となって仏道を告発せん」と叫び、再びお菊の髪をつかんで引き据えつつ、念仏の誦呪を迫るくだりなどは、まさに獅子吼する英雄児の趣がある。かくして奇蹟はなしとげられたのであるが、先述したようにその本質はツキモノ落としであった。

一般にツキモノとは、ヲサキ（狐）イヅナ（狐）トウビョウ（蛇）などの動物霊に憑依されて、異常な病態を示す土俗的な疾病である。モノツキともいって本質的には神懸りや言寄せと同根の憑霊信仰に属している。人間の死霊や生霊に憑かれることもあり、同時代の知識人新井白石も『鬼神論』（元禄初年頃成立か）の中で、死霊が人に憑く現象を肯定して、「憑《よ》らるる人、多くは奴婢の卑賤なる、児童の幼昧なるぞかし。しからざれば衰病の人、久しからで死ぬべきの類なり」といっている。お菊の場合、三カ月前に実母に死なれ、二カ月前に結婚したばかりの、一四歳（数え年）の少女であったから、身心の激動の時期であって右の条件を備えていたわけである。

祐天はそのお菊に憑いた二つの死霊というツキモノを落としたわけだが、ここに注意すべきは、祐天が修法とは別に発作沈静時のお菊に対して薬を与え食事を調え、また寝具の世話をするなど合理的な治療を施していることである。除祓修法の内容も六字名号念仏の功徳をひたすら信奉し、熱誠をもって死霊の魔力を退けんとするもので、そこには隠秘的な呪物や秘儀めいた呪法の介在はまったくなかったのである。カトリックなどのエクソシズムと類似していても、その内容は大きく違っている。

ただ『死霊解脱物語聞書』の主旨が、仏教の教化思想でつよく染色されていることは否定できない。ツキモノの土俗信仰を、ここでは先代与右衛門の助殺し、当代与右衛門の累殺しに端を発する因果発現の図式に組みかえ、羽生村共同体に対するタタリの土俗的脅威を、個人的な因縁にもとづく怨霊の発動という、説話的なストーリーに塗りかえてしまったのは、まさに祐天その人の仏教的なイデオロギーのしからしめるところであろう。ともあれこの奇書は、ツキモノ咄が語り手によって怨霊譚に転換されてゆく過程を物語って、興味ぶかいテキストであった。ついでに付記しておくが、この書刊行の元禄三年には、お菊は三二歳、三人の子を持つ母として心安らかに暮らしている。

さて祐天上人の僧侶浪人時代は一二年間で幕を閉じた。元禄一二（一六九九）年二月、突如として幕閣からの指名によって、祐天は香衣檀林生実《おうみ》大巌寺住職に就任したのである。続いて翌元禄一三年七月、羽生村事件の記憶もなまなましい紫衣檀林飯沼弘経寺の住職を拝命した。いずれも関東十八檀林といわれる由緒正しい権威ある寺院である。いったん浄土宗教団を退いた人物が、いきなり檀林寺の住職に就任することなど、教団始まって以来前例のない事であった。浄土宗教団の側に抵抗がなかったわけがないのである。いつの時代でも人事は派閥がらみの力関係によって決まるのが常である。僧侶浪人である祐天にはそのような条件は皆無であった。とすれば、この人事は絶対的な下命、つまり将軍綱吉の直接の指示によるものとしか考えられないのだ。

では綱吉をして僧侶浪人の祐天を指名させた理由は何なのか。この件についての資料は何もないのだが、考えられることは江戸城大奥からの強い意向であろう。具体的にいえば綱吉の生母桂昌院である。この女性については新義真言宗の祈禱僧、亮賢および隆光に入れあげて護持院や護国寺を創設したことが知られているが、『祐天大僧正利益記』等によれば、祐天の僧侶浪人時代、桂昌院がしばしば牛島草庵を往訪したことが述べられている。これは伝説とみるべきであろう。しかし正式な記録によれば、後年（宝永二年六月）桂昌院の命終にあたって、選ばれて祐天上人が臨終の善知識を勤めた事実があり、桂昌院が祐天に深く帰依していたことは、他に証拠もあって疑いの余地がないのである。桂昌院のみならず瑞春院（綱吉側室お伝の方）も祐天に帰依していた。つまり大奥の意向が祐天の浄土宗教団、それも高位への復帰を決定づけたと考えてほぼ間違いないであろう。

その大奥の祐天個人に対する深い帰依をもたらしたのは何であったかを考えるとき、僧侶浪人時代の江戸庶民の中に分け入った祐天の布教活動があらためて注目される。いちいち例をあげないけれど、祐天はそこでも多くの悪霊除祓の奇蹟を行っていた。元禄三年の高輪米屋八郎兵衛妻の蘇生事件、元禄五年の浅草駒形町伊勢屋彦左衛門先妻怨霊の除祓事件など、実録物の記載には信憑性がないけれども、このような霊験は五十数度に及んでいる。いま事実関係は問題ではない。このような奇蹟の悪霊済度者としての風聞が拡大したところに、江戸の人々のメシヤ幻想に応えた祐天の宗教者としての存在があったことに注目したいのだ。

祐天をめぐる、これらの奇蹟・霊験譚の特長も明快である。江戸がまだ新興の首都であって、女性の数が少なく、男性都市という色彩が強かった当時、祐天の奇蹟のほとんどは女人救済もしくは女人成仏を特色としている。先の羽生村事件は、その典型的なケースである。祐天が命を救ったのは、一四歳の農婦お菊であった。そして済度成仏せしめたのは畸型の醜婦累《かさね》の死霊であり、六歳の幼児助《すけ》の死霊である。

祐天自身は「女人成仏」をふりかざしていないけれども、彼が救済の対象としたのは、まだローカル色の残存した江戸および江戸近郊で、苦難の多い「生」を余儀なくされていた女性や子供たち、またその霊たちであったのである。女だけの世界、嫉視や羨望や怨恨の渦巻きがちな江戸城大奥の女たちが、市中の評判をよすがとして祐天に近づき、帰依していった理由も、こうした祐天の生き方を見るならば、わかるように思われる。

祐天はさらに六八歳で大檀林江戸小石川伝通院住職となり、七五歳で総本山三縁山増上寺住職となったことは先述した。宗門離脱の前歴を持つ人物が、浄土宗門の最高職に就いた前例は皆無であり、またこれ以後もない。そして、その翌年の正徳二(一七一二)年に、『死霊解脱物語聞書』は改めて新刻されて、再板として刊行された。ということは、民衆の中では祐天大僧正は、あくまでも女子供の味方としての悪霊除祓師でなければならなかったということである。

祐天は享保三(一七一八)年七月、死去した。八二歳であった。遺体を荼毘に付したけれど、多くの女人を救済したその舌根は、火に焼けず、白蓮のごとく美しい形状で残って今も祐天寺に蔵すると、『江戸名所図会』その他の類書は記している。

一方、羽生村のお菊は七二歳の天寿を全うして、享保一六(一七三一)年に死んだ。その同じ年の盆狂言で江戸市村座は『大角力藤戸源氏』の二番目に、累狂言を仕組み、大当たりをとった。江戸怪談狂言の季節はそこから始まったのである。

狐憑きから「脳病」「神経病」へ

川村邦光

一　狐憑きの民俗

狐憑きの報道

誰もが不思議にも思わず、ありふれたことだと考えているような出来事は、あまり話題にも新聞種にもならないだろう。江戸時代の瓦版でも、明治時代の新聞でも、今でも、それは変わりない。やはり情報の位階（ヒエラルキー）とでもいうべきものに従って、報道の可否が決定されるといえよう。ところが、この情報の位階が度外視されることもまま起こる。情報の位階に変動が生じたのである。たとえば、ごくありふれた事柄が珍奇なものや貴重なものへと変質することがある。あるいはその逆のこともある。感じ方・見方・考え方、つまりパースペクティヴが転換したのである。

一八七六年（明治九）の新聞に「狐憑き」の記事がでている。『新聞集成　明治編年史』を見るかぎりでは、もっとも早い狐憑きに関する新聞記事である。狐憑きはおそらく今日では珍しい部類に入るであろう。だが明治期には、頻繁に起こったとはいえないにしても、誰もが周知の出来事だったと思われる。とするなら、狐憑きのようなありふれた事態が記事にされること自体に、どのような意義があったのだろうか。一八七六年の狐憑きの記事は、「お稲荷様へ郵便で心願」という見出しのついた、次のようなものである。

余り途方もない報知を得ましたからそのまま皆様に五覧《ごらん》に入れ升《ます》。越中○○村内に狐憑人が出来て種々療治祈禱すれども更にその甲斐なければ、挙家あぐみ果て唯心痛して居る折柄、或る人来り申すには、その患者の年齢名簿を認め郵便に托して、伏見の稲荷社へ心願を籠めなば、如何なる狐でも離るべしと聞くより……／取付狐を可離様心願／越中国……／漁業○○／二男○○／年十六年五カ月／此者本年五月八日午後第四時頃風と狐取付き甚難儀仕候。／右稲荷大明神の御利益を以て、速やかに身体を離れ可申様奉神願候也。／明治九年六月十一日認る／裏面に／山城国伏水稲荷神社　御中／……右の信書郵便を以て奉心願候処、不思議なるかな奇なるかな、日数三十日を経ずして狐○○に乗り移り、真の狐の声色にてコン我は五百余年を経たる古狐なり、コン是迄その身に憑《よ》りしところ、コン今度稲荷神社の厳命に寄り、コンここを去りて彼地に至り、二度と再びコンコンと、いうより早く○○は夢の醒たる如く本心となり、病中の次第を聞きて両親へ一礼を述べ実に神妙というべし。日あらずして平生に復し漁業を営み得るは、全く海外第一等の便宜となる郵便の御恩沢の有難さと、同浦の常盤木枝恵という人より報知有り升。（『郵便報知新聞』十月）

この記事では、「余り途方もない」ということばに端的にみられるように、狐憑きと郵便の「恩沢」が結びついたところに、情報としての価値を見出していたといえる。それは新風俗を伝えようとしたものなのだろうか。郵便事業の開始にともない、ハガキによる願掛けという新風俗が生まれ、かなり全国的に流行をみたことは確かなようである（咳止めに霊験のあった東京本郷追分の「とおがらし地蔵」もハガキ願掛けで有名だった。「とをがらし地蔵様……せきでなん中いたしこまりをり三日かんのうちになをし下され度候なをりしたいをれいに来候」柳田国男編『明治文化史 風俗編』一九五四年)。

だが、そればかりでなかった。時は文明開化であった。旧慣・因循/文明・開化の二項対立が記事の構図である。それにもとづいて、狐憑きが位階の高い情報となりえたといえる。旧弊への嘲笑と文明・進歩の謳歌である。狐憑きは対立項を通じて差異化され、貶められるにいたったのである。文明開化期の狐憑き、それはマスメディアの格好の玩具としてクローズアップされた。いわばマス・メディアがミーディアム(霊媒)に取って代るのが、近代文明にほかならない。そして、口伝えや身振りではなく、文字によって、それも一定の型のディスクールを通じて、均一のステロタイプ化した表現が流通することになる。次に、一八七七年(明治十)の「狐憑き退治の迷信」という見出しの付いた記事をあげてみよう。

埼玉県下熊谷駅〇〇母は、夫病死せしより細き煙りにその日を送りしに此ころ病床につき、只訳もなき譫語《せんご》を発する事折々ありけるを、近所の者ども聞きつけて、是は全く狐狸の付きしならんと、病人の枕許にて護摩を焚き室中を煙りに薫すべ、数珠を揉立幣帛《もみたてへいはく》を振散らし、異口同音に真言を唱えつつ、病人を打ち叩けば、病人は苦痛に堪えかね一時遁れに速やかに立ち去りますというと、一同は目をむき出して出て行くならば、証拠を立てろと押し詰められ、病人も当惑し、出鱈目ながら、油揚を持って行きますといいしかば、一同左もあるべしと、病人を野辺に連れ行き無慙やサア去れソレ去れと呵責に及びたり、一天万乗(天子)のお膝元に近き土地にも今の世なお此の様な空気があるから恐れます、しかも揃いも揃いて。(『郵便報知新聞』一月)

この記事では、狐憑きという周知の出来事が〈迷信〉という出来事として構成されている。ここでは、狐という憑依霊を祓うために用いられた方法だけが〈迷信〉とされたのではなく、狐憑きそれ自体が〈迷信〉

とされている。狐憑きと呼び慣わされてきた事柄が、これまでとは異なった見方でみられ、ひとつの出来事、さらに新聞記事としてふさわしい事件に構成されるにいたる。

多様な言動の集合体としてあった狐憑き―憑依現象は、一定のプロセスとして文節化されて、表現されるにいたっている。(1)譫語《せんご》(とりとめのないことば)を発すること、(2)狐憑き＝病気との診断、(3)病人の治療における狐憑きの証明。このプロセスでは、説明不可能な譫語を発する状態が病気とされて、従来の狐憑きというレッテルを貼られ、それが加持祈禱によって証明されている。とはいえ、西洋医学の病気の概念を念頭に置き、狐憑きに適用しようとしているわけではない。狐憑きに対する常識的な眼差しが注がれているにすぎない。この記事の強調点は、狐憑きに対する野蛮な暴力的治療法であり、それが「天子」をシンボルとする「御一新」の世＝文明開化の世と対比されているのである。

狐憑きを別のパースペクティヴからみるためには、これまでとは異なった知覚が必要なのである。その兆しはこの記事のなかにも現われている。狐憑きのプロセスを分割し、観察・分析の視点が導入され、狐憑き＝病人の心身が心理的－生理的な現象として叙述されている点である。もはや心や霊魂ではなく、精神の分析、それも神経や脳に局限された分析が進行していくことになる。それは精神医学の導入によって始まり、そしてマス・メディアによって通俗化され、一般に浸透していくことになる。

近世の狐憑き論

狐憑きを観察・分析しようとするパースペクティヴは、明治期の精神医学の導入によって初めて生まれたわけではない。すでに江戸時代にもそのパースペクティヴは成立していた。とはいえ、当然、両者のそれが同じだったわけではない。まずは江戸時代の狐憑きの観察・分析法をみてみよう。

一八〇七年（文化四）、香川修徳は『一本堂行余医言』（呉秀三編『呉氏医聖堂叢書』一九二三年、所収）という書物を著している。医学史家、富士川游によると、平安時代に『医心方』が著されて以降、この書は「精神病」をもっともよく論述したものである（富士川『日本医学史』一九〇四年）。香川修徳は「俗に狐憑きと称するものを視るに、皆これ狂症なり。野狐の祟るところにあらず。真の狐憑きは百千中の一二なり」と記している。狐憑きを「狂症」とし、狐の祟りではないと従来の常識的な見方を否定したのである。これまでは、多様な心身の「異常な」現象が狐憑きと総称されていた、つまり「異常」を説明する〈民俗の知〉だったといえる。だが、ここでは狐憑きの名称そのものが否認されるにいたっている。

香川は「癇《かん》」を「驚《きょう》」「癲《てん》」「狂《きょう》」に分割している。「驚」とは「いつも驚恐・畏怖」を覚えるような症状をいい、女性にもっとも多く、柔弱の人や男性にも現われるという。「癲」は「癲癇」のことである。そして、「狂」とは、富士川游によると、「精神病」のことである。香川修徳はその症状を実に多くあげている。猜疑心が深くなる、人を恐れ人を拒むようになる、終夜眠られずに妄想にとらわれ深く考え込む、清潔にしすぎる、傲慢で自惚れが強い、憂愁すべきでないことを憂愁する、ひとりで笑い喜び狂乱をなし本心を失う、歌い笑いやっきになって走り回る、高い所に登り垣根を跨ぐ、高貴で才知があると自らおごりたかぶる、自分で経験したこともないことを見たという、低い声で独り言をいい人を避けて隠れる、親疎の別なく罵る、着物を破り器を壊し異常な力を発揮する、着物を着なくても寒さを感じない、よく鬼神をみる、などである。

香川は決して「狂」それ自体を定義しようとはしていない。「狂」という現象を自分の治療経験や中国の医書から修得した知識にもとづいて、叙述している。体系だった樹《ツリー》状の分類が目指されてはいない。分類の意思はもちながらも、自分の見聞きしてきた現象を網羅しようとして、無限に続く現象の羅列が果てしないまでに続くことになる。それゆえ、分類そのものがいつしか忘れられ放棄されることになる。したがって、規格的な定義に比して、実に多様な叙述になっている。多様な眼差しが存在していたのである。

香川修徳の眼差しは、「癲とは、発する時、地に倒れ、涎沫を吐き、覚ゆる所なきなり。狂とは、或いは妄触して走らんと欲し、或いは自ら高賢とし、聖神と称するなり」という平安時代初期の『令義解《りようのぎげ》』の「癲狂《てんきよう》」の規定とさほど変わらない。実証的な観察・分析といった姿勢はみられない。奇異な言動の事態を多様なまま記述することを特徴としている。ひたすら記述していこうとする意思が優先し、いくらでも膨張しかねないリストが生み出されている。とはいえ、香川が放縦な記述に身を委ねていたわけではない。「狂症」をできうるかぎり日常的な用語で説明し、宗教的あるいは〈迷信〉のコンテクストから解放しようとする意思がある。したがって、物の怪や幽霊をさす「鬼神」は残されながらも、狐憑きは「狂症」の事態として否認されている。しかし、いうまでもなく、これが江戸時代の一般的な〈知〉のあり方であったわけではない。医師という専門家の孤立した〈知〉にすぎなかった。

一八一八年（文化十五）に、「狐」を冠した書物が現われてくる。伯耆の人・陶山大禄《すやまだいろく》の『人狐弁惑談《にんこべんわくだん》』であり、頼山陽の序文が付してある。陶山の場合も、香川と同様に、狐憑きそれ自体を認めているわけではなく、「予、俚俗の人狐の所為というものをみるに悉く顕然たる病症なり」（呉秀三編『呉氏医聖堂叢書』所収）、とやはり「病症」とみなしている。陶山は「諸国の俚俗、物怪の虚名に迷い、禍となること少なからず。雲伯二州の俗はこれに迷うこと甚だしく、禍となること最も多し。予、俚俗をして迷わざらしめんことを欲し」、「俚俗のために」この書物を記している。民衆の啓蒙を目指し、読みやすいように「国字」を用いて述べるともいっている。

医療に対する構えが今日とは大きく異なっている。〈専門の知〉の流通化をはかっているのであり、〈知〉の独占への執着がみられない。医療が権力を基盤にした〈制度の知〉として樹立されていなかったためである。心身を管理・統治する社会的テクノロジーではなかった。直接には、民衆の迷妄さを自明のものとし、俚俗の「迷い」つまり信心レヴェルに対する批判・否認である。そこには、陶山自身の〈専門の知〉への優越感がみられるが、〈知〉の交流をはなから無視し、権威的に治療を強制しようとする態度はない。治療を通じた矯正ではなく、治療による「風化」が志向されているといってよい。おそらく根強い「迷い」の世界に対する無力さを抱いた一方で、医術の癒しの力を経験的に信じていたのである。

「人狐」は、出雲では「山ミサキ」「藪イタチ」、陶山の住む伯耆では「小イタチ」、九州では「河太郎」、四国では「猿神」、備前では「犬神」、備前・備中では「日御碕《ひみさき》」、備中・備後では「トウビョウ」と呼ばれているると、呼称の対照が行なわれている。いずれも「人に付きて、人を悩ます」ものであり、呼称は異なっているとはいえ、その「実」はひとつであると「人狐」の本性を追究する。一定の対象・現象の呼び方、つまり「文化」が地域によって異なっているだけなのである。いわば比較文化の視点である。「人を悩ますというとき、いずれもその形、見えざれば」、さまざまな名称で呼ばれることになるという。したがって、実証的な態度が必要なのである。陶山は人狐を実際に目撃したばかりでなく、捕獲すらしている。形は鼬《いたち》に似ているが、小さく、色は成長するにしたがって、黒から黄へと変わっていき、「小鼬」というのがふさわしいという。

国々の俚俗その実をしらず。その呼ぶところを異にす。いずれもその名目あたらず。予をもって、これを観ずるに、みなこのもののせいにあらず。その実は病症なり。しかるに国々の俗、これに迷いて、禍となること、少なからず。(『人狐弁惑談』)

「人狐」を捕獲したことのある陶山は、それが人に憑いて悩ましたりする能力がないことを実証している。「人狐」は病気の原因であり、「迷い」の所産である。だが、あくまでも心(心神)の有り様の問題であり、観念それ自体の問題とはみなされていない。「人狐」はひとに憑いて悩ます、という信念の存在する文化が、狐憑きという事態そして解釈枠組を生み出していると考えてはいない。とはいえ、「人狐の濫觴《らんしょう》を考えるに、祈禱の法者にあり」と断言しているように、「迷い」がシャーマン的な祈禱僧によって捏造されたとする認識はある。それでもなお、「妖僧の祈りに験者の口走りと幣帛の動静はみな妄語・妄事なり」として、「迷い」の世界そのものの分析に立ち入ることはなかった。

陶山は、人間を「心剛き者」と「心柔らかなる者」とに二分している。前者は、心が迷わず、妖僧に悩まされない。一方、後者は「心迷いやすく、病をもって人狐のせいと思う」。この二分法は、精神医学者の人間類型論のように、たんに気質や性向、体型によっているわけではない。おそらく批判的な判断力が問題にされている。しかし、陶山の批判は、「人狐」を三匹殺しても「障り」がまったくなかったといった、かなり即物的なものであり、そこには本草学のエトスが見出されるかもしれない。だが、本草学的な経験主義を突出させて、民間レヴェルの〈知〉のあり方とほとんどまじわることはなかった。

香川や陶山の医者としての眼差しは、多くの症例を羅列して叙述しながらも、それを統合して体系化しようとはしない。複数の症例に対しては複数の対症療法があり、個々のケースに応じてその治療は異なるのである。それは信念・観念の世界を極力排除したものであり、具体性・世俗性を根本に据えた〈知〉の構えだったといえよう。そして、重要なことは、狐憑きとされた「狂症」が決して治癒不能の不治の病いとみなされたのではなく、ほとんど治療可能とみなされていた点である。

生活世界での狐憑き

香川修徳や陶山大禄のように、狐憑きを〈迷い〉として否認した医者は数少なかった。狐憑きは常識として、確固としたリアリティ・信憑性をもって存在していた。金子準二の『日本狐憑資料集成』（一九六六年）には、狐憑きをはじめとする狐に関するエッセーの抜粋が網羅されている。そこから、江戸期の知識人も、それなりに狐憑きを信じていたことがうかがえる。常識としての狐憑きとは、どのようなものだったのであろうか。どのような振る舞いが狐憑きとみなされ、どのように処遇されたのかについてみてみよう。

陸奥・守山領（現在、福島県郡山市）の記録簿である『御用留帳《ごようとめちょう》』が残されている。ここには、一七〇三年（元禄十六）から一八六七年（慶応三）にいたる、藩から領民への触状や回状、また領民から藩への報告書・嘆願状などが収録されている。この史料にもとづいて、近世民衆の医療状況を分析したものに、昼田源四郎の『疫病と狐憑き』（一九八五年）がある。昼田によると、『御用留帳』には「狂気」を示している事例が五十九例記されている。五十九事例中で用いられている用語としては、「乱心」（二十七例）、「酒狂」（十四例）、「狐付」（十例）、「乱気」（八例）、「狂気」（四例）が主なものであり、その他に「物付《ものつき》」「心乱」「気乱」「肝症《かんしょう》」「血方《ちかた》」などもある。これらは何らかの事件を引き起こしたものとか、指籠《さしこ》（座敷牢）入れの願書が出されたものなど、村役人の処置に関わったものであり、社会的・政治的な事件として突出したものである。日常生活のレヴェルではなく、社会的・政治的な秩序のレヴェルに抵触した場合に問題視された「狂気」の振舞い・事態が記されたといえる。

次に、狐憑きがどのような事態として浮上してくるのか、一七四八年（寛延元）の記事をあげてみよう。

A　右、訴え出で候うは、当村喜惣兵衛と申す者の嫁……何方へ参り候うとも、行方相知れ申さず候うにつき、所々相尋ね申し候う所、相知れ申さず候。

B　喜惣兵衛嫁、欠落《かけおち》の儀申し上げ候うところ、夜に入り候うて金屋向い河原にて見付け申し候うて、引き返し申し候うて様子を見届け候うところ、狐にひかれ候う様子、正気もこれ無く候う由申し出で候。

C　右、十賊田村喜惣兵衛嫁草隠れ仕まつり申し上げ候う通り、狐の致し候う儀にや見届け申し候うところ、正気も御座無く候。……病気も同様の儀に候う間……余心もこれ無く狐付の事……。（昼田、前掲書）

Aは組頭、Bは村役人、Cは修験のものである。喜惣兵衛の嫁はふいに村から出奔し、行方不明になった。この女性が発見されたときの様子は、「正気」のない「狐にひかれ候う様子」であった。それは「病気も同様の儀」であり、意図的な「欠落《かけおち》」「草隠《くさがく》れ」つまり逃亡ではなく、「余心」のないものとされ、「狐付の事」とみなされている。昼田は、この状態を「呆然とした昏迷状態」としている。

まず第一に焦点となったのは、この女性の状態と日常的な経験的世界での常態との対比である。その批判にもとづいて、行動の解釈が行なわれる。行方不明という事態を引き起こしたこの女性の様子は、「正気」のない状態と判断され、それが狐にひかれたと解釈された。これが民間レヴェルでの出来事の認知と解釈である。ついで、この出来事が村落の秩序維持‐社会的・政治的レヴェルで、事件として浮上した。行方不明は公的な用語で「欠落」と認知され、その意図の解釈つまり法的な是非の判断が問われることになる。この事件では「病気も同様」であり、「余心」もなく「狐付きの事」であるために、「訴訟」にもならないで許されている。

一七四五年（延享二）の事例では、「指籠入《さしこいれ》」（座敷牢への監禁）の事件にまで発展している。事件の当事者・理八は、「乱気」「狂気」「乱心」そして「狐付の様」といった、多くのレッテルが貼りつけられている。理八は年貢を納めることができず、「気苦労」したためか、「乱気」「狂気」となり、「重く迷惑」をかけ、「狐付の様」であるとともに、「目立ってその意を得ざる様子は平生と打って替り」「難儀」をかけるようになった。兄は病気の母親の看病や農業で忙しく、親類も農業で忙しく、「病気」の理八の「昼夜の番」もままならなかった。理八は「迷惑」をかけ、「色々療治」しても治らず、「片時も油断相成り難き様子」なので、「是非なく縄にて手を結え」たが、この上は「正気」になるまで、「指籠」に入れておきたい、という願書が代官所に出され、認められている。「指籠」に入れられた二日後、理八は「指籠」を破り、「欠落」してしまう。

理八が「指籠」に入れられたのは、「難儀」「迷惑」をかけたからに他ならない。家の生業を妨げ、また村落社会の秩序を混乱させ、許容の限度を越えたため、逸脱者とみなされたのである。「指籠入」は民間レヴェルでも行なわれたが、ここでは公的なレヴェルでの処置として行なわれている。とはいえ、監禁は藩役所-権力によって命じられたのではなく、農作業に忙しい兄が願い出たものである点に注意しなければならない。そして、家族や親族の者、また五人組、村役人の管理に任せられ、公権力の監視体制下にはなかった。「狂気」は「正気」へと復帰することが信じられ、社会秩序への「難儀」「迷惑」に止まり、損傷を与えなければ、処罰の対象とはならなかったのである。

先の事例と比べて、ここでは当事者の心身状態に関してやや詳しく記されている。「平生」とは異なった「目立ってその意を得ざる様子」、「片時も油断成り難き様子」とあり、実際に現われた言動に焦点を合わせて、日常的な心身状態とは異なった状態が叙述されている。「様子」という言葉が用いられているように、それはあくまでも経験的・知覚的な判断にもとづいて行なわれている。

こうした状態がどうして何によって起こったのかを、経験的な因果論にもとづいて解釈することはほとんど不可能である。それゆえに、「様子」つまり現象的な状態・情況の叙述に終始することになる。「乱気」「狂気」「乱心」といった用語は、異常な状態・情況を際立たせて、定義不可能な正常性からのずれ・隔たりを指示するためのレッテルである。ある種の固定した実態を指定しているわけではなく、一定の関係や状態・情況を表示している。それも、「乱」や「狂」そして「気」といった字から推測できるように、変化・推移・流動していくものとしての感覚が内包されているレッテルなのである。ミクロコスモス的な身体運動論とマクロコスモス的な生命エネルギー論とを結合した、状態・情況叙述の言語が心身（また心身の不調＝病気）をとらえるコンセプトだった。

「狂気」や「乱心」といった状態・情況叙述の言語は、どうしてそれが起こったのかを表現することができない。それはほとんど経験的な因果論を越えていた。とはいっても、経験的な説明が不可能だったわけではない。理八の場合、年貢未納による「気苦労」が「乱気」の原因として想定されている。香川修徳や陶山大禄も少なからずこのような「心」または「心神」の有り様に狂症の原因を求めていた。だが、やはり江戸時代の医師も民衆も、突如として起こる「狂気」や「乱心」はどうしても説明不能だったのである。

民間では狐憑きという用語によって、日常的状態から逸脱した不可解な説明不能の状態や振舞いを解釈しようとした。すなわち、狐の憑依をその原因だとしたのである。狐の霊威への信仰に加えて、不可解な振舞いを狐の生態に見立てることによって、狐憑きというコンセプトが成立した。しかし、この知覚、認知の仕方は逆転することになる。不可解な状態・振舞いそのものが、狐による憑依とみなされる。狐が憑いたため異様な振舞いをすると解釈するのではなく、異常な状態・振舞い自体が狐憑きと解釈・判断され、狐憑きのレッテルが貼られるのである。

民俗治療と処遇

ある種の説明不能の不可解な事態をまるごと捉えるための用語として、狐憑きという状態叙述の用語が用いられた。それは経験的な因果論ではなく、いわば超自然的な因果論にもとづいているといえよう。したがって、まず信仰レヴェルの問題としてあり、それを管轄したのは加持祈禱を専門にする僧侶や修験、巫者（巫女）であった。僧侶や修験の場合、寄祈禱といい、験力や呪文の威力によって、狐の霊（また物の怪など）に憑依された者の狐の霊を依坐《よりまし》に移し、さらに依坐に移した狐の霊を調伏して駆逐する。巫者の場合は、直接、憑依された者から狐の霊を排除する。こうした処置から、狐憑きに対して社会的にどのような処遇がなされたかを推測できるだろう。

憑依する狐は可視の実体であることもあれば、不可視のものでもあったが、観念的に実体化された〈モノ〉だった。そして、この〈モノ〉は、人間の心身の働きを混乱・中断させることはあっても、破壊するものとは考えられてこなかった。心身内に侵入することもあれば、また追い払うこともできる。超自然の外在的な〈モノ〉とみなされていたのである。それゆえに、狐（狐の霊）に憑依された者はそれを心身内から排除することによって、狐憑きの状態から常態へと復帰することが可能だった。決して狐憑きは不可逆の治癒不能な事態とはみなされず、世俗的な道徳によって非難されることはなかった。狐憑きに対する処置は、常態への復帰を目指した治療として行なわれたのである。

僧侶・修験・巫者による狐憑きの治療法は加持祈禱のみならず、多くの技法が開発されていった。滝打ちや温泉への入浴といった水治療法、剣による狐の脅迫または峰打ち、松葉燻《いぶ》しなどがそれである。こうした治療技法は、専門的な宗教家のみならず、民間でも簡略化ないし通俗化されて行なわれ、「民俗治療」を作りあげていった。江戸時代には、全国各地にこうした民俗治療法を発展させた、神社仏閣や温泉地がいくつかあり、民俗治療センターの拠点として発展していった。その多くは明治時代にいたるまで存続し、今日にいたっているところもわずかながらある。呉秀三・樫田五郎『精神病者私宅監置ノ実況及ビ其統計的観察』

（一九一八年）、呉秀三『我邦ニ於ケル精神病ニ関スル最近ノ施設』（一九〇七年）には、近世以来続いていた治療所が数多くあげられている。

まず第一に、京都・岩倉の紫雲山大雲寺がある。この寺に観音堂があり、その観音は「狂疾」に霊験あり、また閼伽《あか》の井の泉は平安時代末期より霊泉として知れわたっている。それは、後三条天皇の皇女の「狂疾」がこの霊泉によって治ったとする伝承に端を発している。観音堂に祈願し、籠り堂に付添人と一緒に籠り、霊泉を飲用し、また不動の滝を浴びる者が跡を断たなかったといわれている。やがて病者とその家族を世話する茶屋が設けられ、文政年間、十九世紀の前半には宿泊できるようになった。明治以前には、茶屋や岩倉の農家に滞留する病者は三百人を越えていたという。この岩倉・大雲寺の治療法は、閼伽の井の霊泉の服用、不動の滝の灌水、寺の周囲に広がる田園の散歩である。霊泉にしても滝にしても、霊験譚が効果的に作用したといえよう。そして、この岩倉では、病者が村人たちに受け入れられていた。一種の治療共同体が形成されていたのである。明治維新後、京都府は、病者が茶屋や農家に滞留することを圧迫し、一八七三年（明治六）、京都府癲狂院の設立された一八七九年、そして「精神病者監護法」の制定された一九〇〇年（明治三十三）の三度にわたって、禁止している。しかし、一八九〇年代には保養所四カ所・病者約五十名、さらに一九二九年（昭和四）末には保養所七カ所・病者百名、一九三五年には保養所十一カ所・病者約二百名と次第に増加していったのである。一方、京都府癲狂院は一八八二年に廃止されてしまっている。また、一八八四年に岩倉の四軒の保養所が合同して岩倉癲狂院（後に岩倉精神病院－岩倉病院へと改称）を建てたが、入院患者はきわめて少なかったという。一九二九年には年間わずかに十名にすぎなかった。それは保養所の病者総数百十名の九％であった。岩倉では、精神病院と保養所の連携、また地域社会の支援による地域精神医療体制が形成されつつあったが、第二次大戦中に、岩倉病院は軍に接収され、また保養所は食糧不足のため閉鎖され、岩倉の精神医療の歴史は途絶したのである（小林靖彦「日本精神医学の歴史」『現代精神医学大系　精神医学総論I』一九七九年、川上武『現代日本病人史』一九八二年、参照）。

千葉県の正中山法華経寺（日蓮宗）では、鬼子母神剎堂の広間に坐り、合掌して太鼓に合わせて大声で南無妙法蓮華経と唱える。修法は寺内の院坊で行なわれ、滝はなく、井戸水を一日一回、頭部に注ぐ。一九一七年（大正六）に、鬼子母神剎堂の背後の丘に中山療養院（一九二一年に中山脳病院、一九四八年に中山病院と改称されて存続）が設立され、「加持・祈禱による精神医療法と医学的療法とを並用」した治療を行なっていた。同県の原木山妙行寺（日蓮宗）では、南無妙法蓮華経と題目を唱え、修法・経文の講義・忠孝の講話が行なわれ、修法は鬼子母神を祀った修法所で執行された。この二カ寺を調査した三宅鉱一は、「精神病者に対する処置は、主として宗教的精神療法にして、修法は病気をもって付憑・邪祟となし、催眠術に類する方法を用いて、治療を試みんとするものにして、収容方は開放的制度を採用す。……中山に見たる如き開放的療養所はその監督よろしきをえ、かつ宗教的精神療法と薬理療法とがよく調和を保つにおいては環境の静寂・幽邃《ゆうすい》と相俟って一種の新しき試みなりと思料す」と評価している。

静岡県の穂積神社では、神官が朝夕二回、神前で祈禱し、また神殿の前庭に備え付けた釜に湯を沸かし、湯を患者の頭部に注ぐ、湯祈禱を行なっていた。その他に、修験《しゅげん》の祖父より三代にわたって治療所を開設している岐阜県の神官宅、また徳島県の阿波井神社（一九二七年に隣接して、鳴門阿波井保養院が開設された）などがあり、神社仏閣を拠点とした民俗治療センターが数多くあった（木村健一「静岡県龍爪山穂積神社における「精神障害者」治療とその後」、宮本哲雄「阿波井神社における参籠」『社会精神医学』一九八〇年、参照）。温泉療法では、宮城県の定義《じょうぎ》温泉が有名である。報告者は「精神病者の民間水治療方場として理想に近きものなり」としている。近くには通称「定義如来」という寺院があり、平癒を祈願する。ちなみに、この寺院は徴兵除け・弾丸除けの祈願でも有名だった。

近世の民俗治療センターが明治期にいたるまで存続していたところには、民俗療法によって狐憑きなどの治療が可能だとする経験的・宗教的信念があった。日常的状態から逸脱した心身の状態を狐憑きといったレッテルを貼りつけることによって、隔離しようとしたのではない。それには治療法が連動し、症状は固定されなかったといえよう。そこが近代社会、少なくとも近代医学と異なったところだった。

同じことは狐憑きに対する民間の処遇をめぐってもいえよう。治療的側面が欠如していたとみなされがちな、民間の処置についてみてみよう。(1)放置、(2)桶伏せ、(3)手足の拘束・緊縛、(4)座敷牢への閉じ込め（呉、前掲書、岡田靖雄「わが国精神医療の歴史と現状」『精神医療の展開』一九六九年）。いずれも明治にいたるまで、継続していた処置である。なお公的な処置としては「入牢」「檻入《おり》」（座敷牢への監禁）「溜預《たまり》け」があり、いずれも「火の元等心無き候に付き」という理由から願い出て、これらの処置が行なわれた（山崎佐「精神病者処遇考四」『神経学雑誌』一九三二年）。今日の観点からするなら、非人道的であり、治療をまったく顧みないものと思われるであろう。しかし、今日の見方・考え方とはいくぶん異なっているとも考えられるのである。

呉秀三は「静穏なる患者はこれを放置してまま看護もせず、またその行動の監督もなさず」と明治以前の精神疾患者の放置に関してやや否定的なニュアンスをこめて述べている。だが、放置は監禁・隔離の対極にあり、放置それ自体が「看護」であるといえなくもない。放置とは、家族や地域社会がいわば自然的な治癒を期待して、治療上の処置を取らなかったことを意味するにすぎず、地域のなかに精神疾患者が包摂されていたとみなしてもよい。社会的な役柄を剝奪するのでもなく、またその遂行を中断させるのでもなく、病者としての社会的な立場を与え、その役柄の遂行から解放すること、それが放置された者の社会的な処遇だったといえよう。桶伏せや緊縛、座敷牢への閉じ込めは、身体の拘束による監禁である。呉によると、「躁暴なるものその他、自他に危険なる症状ある患者」の生活世界からの隔離でもある。底のついた大桶を伏せて閉じ込めるのが桶伏せであり、食事を差し入れるために小さな穴が開けられていた。座敷牢・指籠は木造りの格子戸のついたものである。座敷牢を造る余裕がなければ、二階や縁の下に押し込めたり、地下に造った室に閉じ込めて板の覆いをかぶせたりした。

このような処置は、近代医学の導入前にみられた、非人道的・前近代的な虐待だ、と説かれてきた。しかし、処置の実態に対して、別の見方もできる。いずれも監禁であるといえるが、その監禁の意図、あるいは監禁をささえている観念・コスモロジーが今日とは違っていたのではなかろうか。先にあげた『御用留帳』の事例にみられるように、たとえ指籠に閉じ込めたとしても、そこには少なくとも「正気に罷り成り候迄」という意識があったことに注目したい。この事例の場合、指籠を願いでたのは、農作業が忙しくなったため、「狐付の様」また「狂気」になった者の看護ができなくなったという理由である。決して労働能力がないとか、「狂気」から回復することが不可能だとか、個人の内在的な要因によって閉じ込めが行なわれたわけではないのである。「狐付の様」という言い方には、ともかく狐の生態に仮託して心身状態の不調をとらえ、個人に原因を帰属させるのではなく、狐という不可思議な霊的存在に原因を押しつけて、仕方なく分手荒に扱いつつも、事態の推移を見守っていこうとする姿勢がある。

狐憑き、あるいは狐の霊威をすべてが信じ込んでいたわけではない。先にあげた医師のように、即物的・実証的に否定する者もいた。根底的な批判を加えた者として、安藤昌益がいる。『統道具伝』には「狐の人に憑くにはあらず、人の狐に憑くなり」とあり、狐憑きが文化的な病いであることをすでに洞察していた。しかし、医師にしても、狐憑きや狐の霊威・怪異を恐れながら、信じていたといえる。一六九五年（元禄八）、人見必大《ひとみひつだい》の著した大食物百科事典『本朝食鑑』には、江戸時代を通じて常識となる狐の生態に関して次のように述べられている。

狐の疑多き、妖魅媚惑は衆人の常に識るところなり。……およそ昼は穴に伏し、夜は出でて食をぬすむ。声は患《うれ》うるは、児啼くが如く、声喜べば打壺の如し。故に民俗その鳴き声を聞いて、吉凶を卜す。……もし夜行忽ち野火を見るに、その青く燃ゆるは狐尾火を放つなり。或いはいう、狐人の髑髏、馬の枯骨及び土中の朽木を取りて、もて火光を作すと。未だ詳ならず。／人傷寒発狂を病み、或いはつねに思慮し心を労し病を発し、或いは産死の後、怪をなし、或いは夜嬰児をおどろかすの類、多くはこれ妖狐のなすところにして、鬼の乗ずるところなり。大抵狐に妖惑せらる者、児女及び男性の昏愚気怯、狂躁の人なり。その妖怪に遭うて惑う者は、軽浅なれば、巫祝祓にて去る。狐精皮膚の間に入り、瘤塊の状をつくる。よくこれを察する者、強く握出し針及び小刀を刺せば去る。

この『本朝食鑑』の記事は、漢方医の聖典であった『本草綱目』の影響を受けたものだが、寺島良安の『和漢三才図会』、松浦静山の『甲子夜話』などにはほぼそのまま踏襲されている（金子、前掲書）。このような狐の生態また狐憑きのイメージは、民衆の経験的な民俗的知識をベースにしながら、修験・祈禱僧・巫女の言説や儀礼を媒介にして多様な展開を遂げたといえる。

憑依する狐は「瘤塊の状」をした「狐精」として観念的に実体化され、それは除去することが可能であった。この処置としては鍼また灸が行なわれた。また、「つねに思慮し心を労し」た場合、「狐に妖惑」された場合などは、「元気の衰えたるに乗じて」（佐藤成裕『中陵漫録』）狐が憑くともいわれるように、「心」の衰弱・喪失、また一種の心身の生命エネルギーといえる「気」の衰退・変調によると考えられている。民間宗教家の憑祈禱・松葉燻し・蟇目《ひきめ》の法（鳴弦）・能勢《のせ》家の黒礼（栗原東随舎『思出草紙』）・花山家のお礼（『和漢三才図会』)・文覚上人荒行の絵(石原正明『年々随筆』)・東大寺二月堂のお札・煎じた樒《しきみ》の葉の服用・煎じたマチン(番木鼈《ばんぼくべつ》)と鉄粉と黒大豆の服用(小山田与清『松屋筆記』)・峰打ち、犬による脅しなどの治療法がある。いずれも憑依した狐は、駆逐可能だという信念に支えられている(金子、前掲書)。

しかし、ここで留意しておかなければならないことは、『人狐弁惑談』の著者も指摘しているように、狐憑きになりやすい者として、「児女及び男性の昏愚気怯」と子供・女性また個人の気質・性質が特定化されている点である。それは変えることの不可能な本性とみなされがちなものであり、狐憑きの原因が個人の内在的な特性に求められることによって、狐憑きが治療不能だとする見方も現れてくる可能性がある。個人の変化不能な内在的要因や生物学的要因に、狐憑きひいては「精神病」の要因を求めることになるのが、近代精神医学である。こうした見方は、精神医学が通俗化し、民間のなかに浸透していくうえで、効果的であったと推測できるのである。

2　精神医学の狐憑きへの視線

狐憑きのフィールド・ワーク

明治期の医学のみならず学問全般は、翻訳から始まったといえるかもしれないが、少なくとも精神医学ではやや様相を異にしていた。初めは精神医学も例に洩れず、いわゆる御雇い外人の指導から始まり、その模倣を繰り返した。しかし、精神医学には狐憑きのフィールドがあったのである。精神医学は、今日でいう比較文化精神医学・民族精神医学として、狐憑きのフィールド・ワークから開始した。列挙してみると、次の通りである。

E・ベルツ「狐憑病《こひょうびょう》説」(一八八五年)、島村俊一「島根県下狐憑病取調報告」(一八九二〜三年)、呉秀三

『精神病学集要』（一八九四年〔初版〕、一九一六年〔二版〕）、荒木蒼太郎「徳島県下の犬神憑及狸憑につきて」（一九〇〇年）。同「附憑狂につきて」（一九〇〇年）、門脇真枝『狐憑病新論』（一九〇二年）、森田正馬「土佐ニ於ケル犬神ニ就テ」（一九〇四年）、森田正馬「余ノ所謂祈禱性精神病ニ就テ」（一九一五年）。

　諸論文の題名をみてみると、明治初年にすでに「狐憑病」という病名が用いられ、それが継続して用いられている。だが、一八九一年（明治二十四）に、東京大学精神医学教室の初代教授・榊俶《さかきはじめ》は哲学会で「狐憑病」の症例報告を行ない、西洋のLycanthropieつまり狼憑・人狼にならって、それにアロペカントロピー（Alopecanthropie）、狐憑・人狐と名づけている（門脇真枝『狐憑病新論』一九〇二年）。また、呉の『精神病学集要』では、ドイツ精神医学の学術名「憑依妄想（Besessenheitswahn）」もすでに採用されている。そして、狐憑きは森田の「祈禱性精神病」にほぼ統一されていく。具体的・経験的な状態の叙述から抽象的・「科学的」な形態の分類へと、レッテルが変化していったことがうかがえる。

　江戸時代に盛んだった博覧強記の本草学的スタイルをした随筆の伝統は、明治期になると、美文調の紀行文にとってかわり、そこでは狐憑きなぞ見向きもされなくなってしまう。それに目を向けるのは、精神医学と新聞だけであった。何やら象徴的な事態が起こりつつあったといえなくもない。おそらく狐憑きが民衆の観念的な世界・コスモロジーにおいて占めていたレファレンス（座標軸）が変化しつつあった。狐憑きの精神医学化はその病理化を、狐憑きの新聞種化はその道徳化を相乗的に推し進め、生物学的な器質性と心理学的な社会性を、狐憑きひいては「精神病」に刻み込んでいくことになろう。狐憑きは神経・脳システムと道徳・文明の問題として設定されていったのである。

　ちなみに狐憑き・巫俗（シャーマニズム）が民俗学や民族学（人類学）で取り沙汰されるようになるのは、一九三〇年代に入ってからである。それ以前には、柳田国男の「巫女考」（一九一三年）があるが、江戸期の随筆風のスタイルを踏襲して縦横にかかれており、一九三〇年代以降の諸研究とは隔絶している。この時期の民族学での研究は、狐憑きでも日本の巫俗でもなく、海外それも中国東北部・朝鮮の巫俗に集中している。「わが日本の海外発展と並行して」つまり「わが国力が朝鮮、満洲、蒙古と伸展してゆくにつれて、こうした方面への民族乃至民俗の実態調査団が派遣され」ていく（岩井大慧「わがシャマニズム研究の回顧」『民族学研究』一九四九年）。狐憑き研究の蓄積のある精神医学も、これにならって海外の「精神病」調査をするにいたったことは時代の趨勢でもあろうが、必然的ですらあった。まずはこの国での精神医学の誕生－草創期にしばし立ち合ってみよう。

明治期の精神医学は、何よりも江戸期の医療からまったく切断されている（小林、前掲論文）。蘭方との繋がりはややあったといえるかもしれないが、それすらを清算した地平から精神医学は開始された。一八六八年、「西洋医術の儀、これまで止められ置き候えども、自今その所長においては、御採用これあるべく、仰せ出され候う事」と太政官布告で西洋医学の採用が決定された。しかし、和漢方医の方が圧倒的に多い。一八七〇年、相良知安の建議によって、ドイツ医学の導入が決定された。「蘭はすでに国勢弱くして直に独仏の書を読んで翻訳せり、英は国人を侮り、米は新国にして医余り無し、独は国体やや吾に似て且つこの時未だ亜細亜に馴れず、医は意なり、異なり、殊に新異を従い敢えて独を採れり」と提唱されている。医師百人中、西洋医は二十一人の割合で、西洋医も多くは西洋の薬品を漢方流に使用する程度だった（内務省衛生局『医制五拾年史』一九二五年）。しかし、一八七四年（明治七）に医制が発布され、一八七五年には医術開業試験法が布達され、さらに一八八三年には医師開業試験規則が公布されて、和漢方医は制度的に締め出されていった。

精神医学の最初の講義は、一八七五年、警視庁に招かれてW・デニッツが浅草の第五病院にあった裁判医学校で裁判医学を講義したなかで精神病に触れたものだとされている。ついで一八七九年に、内科医のE・ベルツが東京大学で講義した。日本人では一八八六年（明治十九）に榊 俶《さかきはじめ》が東京大学で講義を始めている。とはいえ、医科大学での講義の開始・講座開設・病室の設置は、多く第二次大戦後であり、明治期のものは七校にすぎず、精神医学は臨床医学のなかで差別待遇を受けていた（小林、前掲論文）。このような情況のもとでは、大学で講義された精神医学が通俗化されて、民間のなかに浸透し、広く影響を及ぼすにはまったくいたらなかった。精神医学はごく狭い領域のなかで制度化された〈専門の知〉として営々と蓄積されていったといえる。しかし、精神医学は通俗化され、次第に民間のなかに浸透していく。それは奇妙にも意外に早いのである。

　精神医学の通俗化を担ったのは、精神科医や啓蒙家のようなイデオローグではなく、民間の真只中での咄家や広告屋・コピーライター、また忌み嫌われた巡査や役人、さらに加えると、医療のプロセスそのものと開化の象徴的な建造物である病院であったといえる。とはいえ、この精神医学の通俗化の回路を復元することはかなりむずかしい。まず精神医学者による狐憑きのフィールド・ワークから、狐憑きがどのようにして精神病化されていったのか、またどのようなところに精神医学の通俗化を促進する要因があったのかについて、精神医学者の〈専門の知〉を検討してみよう。

ベルツの狐憑き論——比較文化のパースペクティヴ

　ベルツの「狐憑病説」が記された前年、一八八四年には、松方デフレ政策によって、農村の疲弊が深刻化し、全国各地で負債返弁騒擾が相継ぎ、秩父困民党が蜂起し、その翌年には借金党・小作党などの暴動が静岡・山梨へと拡大していった。秩父困民党の蜂起を揶揄した『時勢阿房太郎経《じせいあほだらきよう》』には、「狐狸《こり》や貉《むじな》に化かされ、今では夢見て覚めたる心で」（色川大吉『明治の文化』一九七〇年）とあり、文明開化の道徳的視点から狐や狸に化かされることが異常な行動を表わすメタファーとして用いられていた。

ベルツは、狐憑きとは「人の思慮とその力とを失い」「精神の平衡を失いたるもの」で、「軽度の精神障害の一種類」だとしている。そして、西欧の魔女狩りを例に出し、狐憑きを確信するときに、思慮が麻痺して、狐憑きが起こるのであり、「信仰なるものは、必ず病の伝染を助くるものなり」といい切っている。

新基督聖書（宗教に興奮せられ、かつ魔神を信じて書かれたるもの）に於いては、おおよそ心中にあらざるの事を言語するものは、人体に宿れる魔神の所為となし、印度・波斯に於いては、これを鬼の所為となし、東方亜細亜に於いては、一二獣類、就中狐狸若しくは犬の所為に帰せり。けだし東方に於いては、人常に此等の獣類を以て、非凡の力を有するものと妄信するによるなり。（ベルツ「狐憑病説」、金子編、前掲書、所収）

ベルツの狐憑き論では、比較文化精神医学のいう、文化結合症候群（culture-bound syndrom）として、狐憑きは理解されていたのである。狐憑きがどのように構成され、どのように当事者によって経験されるのかという、当事者の立場に即した理解に依拠しようとする姿勢を少なくともうかがうことができる。だが、明治期に精神医学が導入され、当事者・家族の〈民俗の知〉による解釈と治療専門家である医師の〈専門の知〉による解釈とは、根本的に乖離することになる。両者がそれぞれの〈知〉、つまり信念と行動のシステムに従って、互いに異なった臨床リアリティ・病気の概念を構成し、狐憑きは狐の霊の侵入／疾病としてまったく異なった解釈が行なわれることになる。とはいえベルツの場合は、次の事例のように病者の〈民俗の知〉を理解して、臨床治療に生かそうとしている。

ある未婚の女性が馬車から落ち、甚だしく「驚愕」し、翌日には「戦慄」「譫語《せんご》」し、親戚一同は「重症の脳病」になったのではないかと心配した。ベルツは往診し、「強く脳の平衡力を震盪《しんとう》したるもの」すなわち驚愕を原因とする「思慮麻痺症」で「歇私的里《ヒステリ》」の一種であると診断し、「確定の約束は思慮の再帰を助くる」という「約期方法」によって、二日後には全治すると約束した。二日後に往診してみると、この女性は回復していた。患者宅では、二日間は医薬を用いないでベルツの指示に従ったが、一方では老婦（巫女）の「誦経及び秘密の法」を行なっていた。ベルツは自分の「約期方法」がこの女性を治したのだと強調しながらも、「一度患者の信仰」を得たならば、子どもであろうともこの老婦と同様の効験を発揮できるはずだ、「人たるものは特異非凡の力を具有せざるも、また種々の麻痺病を治癒せしむるの術ある」と信仰治療－民俗治療を認めている。

ベルツ自身は暗示療法また安心づけによる心理療法の効果を認めていた、あるいは何ら治療を施さなかったといえるが、そこには当事者や家族の狐憑きに対する信念を否定するのではなく、それを前提とした臨床的な姿勢があったといえる。明治初期は、インシュリンショック療法（一九三三年）・電気ショック療法（一九三九年）などの身体療法や薬物療法（第二次大戦後）がまだない時代であり、ベルツ自身、精神医学ではなく、内科学を専門としていたため、異文化の治療法に対してやや寛容であったといえるかもしれない。病気の理解の仕方・病気の体験の仕方・医療の選択法・治療法などは人びとの世界観とも関連しながら、ひとつの文化的なシステムとして樹立されているため、他の文化の医療をそのまま適用しても、効果的に作用しないことがある。ベルツは、今日でいう比較文化精神医学に自覚的であったわけではないが、日本滞在の長期化による異文化への理解や臨床経験の蓄積によって、このような視点が経験的に芽生えていたといえよう。

比較文化精神医学的な視点は、日本の精神医学者にまったく継承されなかったわけではない。だが、ベルツ自身が現代医学として強調する生物学的な生医学的視点が全面的に支配することになる。すなわち、「精神作用」や「神経作用」、「脳中」に焦点が合わせられ、狐憑きは気質性の「精神障害」として論じられていくことになるのである。もうひとつ注目されるのは、「強壮にして、邪道に迷わざるの精神」と対照的な「魯鈍愚昧なる者」や婦女子・少年が狐憑きになりやすいとしている点である。実際のところ、ベルツの場合、西欧における「歇私的里」（ヒステリー）のアナロジーによって、狐憑きが理解されていたといえなくもない。生物学的な性と年齢、そしてどのようにでも価値判断の可能な気質や性格に、狐憑きの要因が割り当てられることにもなるのである。

呉秀三の狐憑き論——精神の啓蒙・訓育

呉秀三はE・クレペリンの身体主義的な臨床精神病学を導入し、長く日本精神医学に支配的な影響を及ぼし続けた。また、精神病院や座敷牢の実態調査を組織し、先にあげた『我邦ニ於ケル精神病ニ関スル最近ノ施設』や、『精神病者私宅監置ノ実況及ビ其統計的観察』を著し、無拘束看護を推進し、患者の待遇や精神病院の改善に力を尽くしている。まず呉の主著『精神病学集要』（初版、一八九四年）の「序」をみてみよう。

夫れ衛生は国家の大事なり。一国の貧富強弱は多くは繫がりてその国民の健疾如何にあり。変質性遺伝性の疾病に至りては国家の最も意を用いて芟伐《さんばつ》すべきものなり。……狂癡《きょうち》の疾たる人間霊智の府たる神経系統を荒敗し、その変質を致し、子孫の遺伝をなすこと多し。これを忽にして阻絶の方を講ぜざれば、その隆癈年に益々多くして、一国の成産功業に至大の影響あるや知るべきなり。

呉秀三の基本的な「精神病」観および精神医学の政治的戦略というべきものをうかがい知ることができる。「精神病」とは「神経系統」の「荒敗」「変質」であり、遺伝する。遺伝によって、「精神病者」はいわばネズミ算式にますます増加する。産業に影響を及ぼし、ひいては国家の荒廃に導くゆえに、「精神病」を「芟伐」すべきであるとしている。「精神病者」が産業‐国家との関連で問題視されたのである。そこから、労働能力の有無が「精神病」の指標として浮上する契機となることは、当然の帰結であろう。呉秀三が「精神病者」の待遇改善の一貫として、作業療法を提唱したのは、少しも不思議ではなかった。作業療法の所期の目的とは裏腹に、生産が至上の価値となり、怠慢者・無能力者とみなされた場合、被収容者の身体に対して、作業療法が懲罰‐監視システムとして恒常的に作動することにもなる。次に「精神病」の概念規定を取りあげてみよう。

昔時、研究方法の完全でなかった頃には、精神病に脳髄の変化を証明することは少なくて……機質的疾病と認められたのは少なかったが、漸次、研究方法の精密巧緻となるにつれて、その解剖的変化を発見することが増してきた。今日に於いては精神病は大脳の蔓延性病患であるとともに、精神病で解剖的変化の見ることのできないそれは、吾人の研究方法の不完全なのであるという見解の正しいことが分かってきた。……要するに精神病は大脳皮質病のひとつである。大脳皮質病がなければ精神障害は起こらない。大脳皮質に病があると必ず精神に多少の障害が起こる。(呉、前掲書、第二版、一九一六年)

『精神病学集要』では、ベルツと比べて、緻密な分類がめざされ、規範的な叙述がなされている。何よりも「精神病」とは「大脳の蔓延性病患」「大脳皮質病」のひとつである、と簡潔に生物学的・生医学的なパースペクティヴから規定している点が特徴である。さらに、この「精神病」には、「脳髄の変化」「解剖的変化」を発見・証明できるものだとしている。脳・神経と精神機能の相関が科学的に探究されねばならない。脳髄の「解剖」こそが、その相関を実証する。とはいえ、「解剖」は治療を目的としたものではなく、病者が死亡した後、「大脳の蔓延性病患」を科学的に実証する手段にすぎないといえなくもない。

呉秀三が狐憑きなどの憑依信仰に関心をもったのは、かなり早い時期である。一八九一年(明治二十四)

に「精神病症候例四則」のなかで「狐憑症」の症状について述べている。この記述は『精神病学集要』の「狐憑症」「憑依妄想」にほぼ再録されている。この書物を出版した二年後には、「『トウビョウ』および犬神に関する見聞文書および各家の実験の寄贈を切望す」（一八九六年）という見出しで憑依現象の報告を呉の出身地の芸備医学会の雑誌に呼びかけている（精神医療史研究会編『呉秀三先生』一九七四年）。そして、「狐つきの話」（一九〇二年）、「狐憑病と『ヒステリー』との関係」（一九〇五年）、などがあり、憑依現象に関連する文献（多くは江戸期の医書）を収録したものに『呉氏医聖堂叢書』（一九二三年）がある。

『精神病学集要』において、大脳皮質病とされた「精神病」のひとつの症候として、妄想があり、それは「弁別および判断の障害」とされている。狐憑きは、この妄想のひとつのカテゴリーの「抑鬱性妄想」のなかで、関係妄想や化身妄想などとともに、被害妄想のひとつとして分類され、「憑依妄想」という名称を与えられている。狐憑きは巨大な樹《ツリー》状の疾病分類体系のひとつとして位置づけられることになる。呉は憑依妄想を「自分の身体または精神に神・仏・悪魔・動物などが憑附《つい》たという妄想で、やはり被害妄想の一つである」と定義し、「精神病があると、直ちにそれを狐憑とさえいうくらいである」という。また、「臓躁《ぞうそう》病者」つまりヒステリーや「精神病性素質のある人」は「殊に智力の不足を兼ねて軽々しく人を信ずる場合に、他人の言動によって遂に自ら狐に憑かれたと信ずる様になることがある」と、狐憑きは精神病質やヒステリー患者と関連づけられている。『婦人衛生雑誌』に発表された「狐つきの話」は婦人衛生会で講演されたものであり、いわば上流婦人を相手にした啓蒙話である。わかりやすく話され、精神医学の通俗化に寄与したといえるが、影響範囲はそれほど広いものとはいえないだろう。とはいえ、精神医学者が自分の専門的な知識を一般の素人に伝えようとする場合、どのような論理構成をとるのか、またどのようなタームを用いて理解させようと試みるのかについて、うかがい知ることができる。この講演では、狐憑きは日本や中国にだけある特別な病気ではなく、似たものは西洋にもあり、それは日本でも地方によって狐や狸が憑くなどと異なるのと同じで、「日本でも西洋でも病気は皆な同じ」だと、比較文化的な視点によりながらも、病理学的な側面の普遍性が強調されている。そして、狐憑きを「狂気の一の種類」とする一方で、身体の病気つまり「癪《しやく》」だとし、それは体内に狐が入っているという「迷信」によるものであるとしている。このように狐憑きを、民間で馴染みのある「狂気」や「癪」という病名によって、新たに定義し直している。

狐憑きの原因としては、簡明にヒステリーがあげられている。ヒステリーというタームはすでにベルツによって用いられていたが、呉秀三はそれを臓躁病と訳していた。西洋の文字は日本人の目になれないため、『ヒステリイ』を臓躁と訳し『ヒステリイ』狂を臓躁狂と訳すべし」と力説していたのである。だが、ヒステリーというタームは、新聞や雑誌の広告に現われ、女性特有の病気を表わす言葉として、通俗化して流布しつつあった。それゆえ、呉自身もこのタームを素人相手には使わざるをえなかった。とはいえ、外来語の新奇さが、医師や素人・上流婦人の進歩や開化の心情を満足させたといえる。その一方で、ヒステリーを病むことは上流婦人の「特権」であり、霊魂ではなく、精神の訓育として、上流婦人の身体が近代医学の対象となったのである。精神衛生の啓蒙はまさしく上流婦人から始まった。女性は性的欲望の対象、また健康と精神的・性的衛生を陶冶する主体として、「女のヒステリー化」（M・フーコー『性の歴史I 知への意志』渡辺守章訳、一九八六年）が精神と性的欲望を監視・管理する精神医学によって着手されたのである。

明治末期には、一種の神秘主義の流行が起こっている。それも霊能力・霊術の獲得をめざした神秘主義であり、そのひとつに催眠術があった（井村宏次『霊術家の饗宴』一九八四年、参照）。それは精神医学の催眠療法の通俗化だったといえる。呉秀三は、狐憑きに催眠術をかけてみると、「自分の平生もっておる迷信」つまり「間違った考え」をいい、「こういう病気の起こるというものは、神主などが神子《みこ》などをまねて種々な事をやって愚民を惑わすので、こういう病気が拡がるのを助け」ているのだ、と狐憑きを〈迷信〉のせいにしている。つまるところは、「日本の各地方にあるところの、一部は癲持、一部は気違いであるところの病人が少なくとも狐がつくというような考え」をなくすように、また「こういう知識を田舎の愚民どもの間に波及するように……諸君にお願い申す」と「愚民」の啓蒙を訴えかけざるをえなかったのである（精神医療史研究会編、前掲書）。

一九〇五年の「狐憑病と『ヒステリー』との関係」（『家庭衛生叢書』）でも、狐憑きがヒステリーを原因とし、〈迷信〉の誘導者によって引き起こされると繰り返されている。呉は、専門的な医書での記述とはやや趣を異にして、啓蒙をめざした講演や文章では、専門的なタームを用いながらも、簡明な解説を行なっている。狐憑きは疾病として新たに定義され、新たなレッテルを身にまとって登場する。医者の〈専門の知〉はエソテリック（秘儀的）な知識・行為（治療）として、民衆から隔絶することになる。医療は専門家の手に委ねられ、あるいはむしろ専門家によって独占・管理されて、民衆が関与することのできない分野として閉じられ、特権的なテクノロジーとして、国家によって権威づけられた〈制度の知〉として確立されていくことになる。

門脇真枝の狐憑き論——精神の解剖・医学化

狐憑きをひとつの「精神病」として体系的に研究したのは、私立八王子精神病院長や横浜脳病院長を務めた、門脇真枝である。門脇は山陰地方（島根県八束郡波入村・大根島）の出身であり、憑きもの信仰には馴染み深かったと推測できる。

門脇は私立医学校の済生舎に学び、医術開業試験に合格した後、精神医学を志して、一八九六年（明治二十九）に東京府立巣鴨病院医局に入局している。巣鴨病院では、狐憑きに関心を抱いていた東京帝国大学医科大学教授の榊俶に師事し、助教授の呉秀三にも指導を受けた。門脇の『狐憑病新論』（一九〇二年）はこの巣鴨病院時代の所産である。この出版の翌年には、第二回日本神経学会で「狐憑症を論ず」を発表している。門脇真枝は病院内であらためて狐憑きに出会ったといえるかもしれない。先に狐憑きに関する諸論文をあげておいたように、十九世紀末は狐憑きの臨床研究ばかりでなく、フィールド・ワークが盛んだった時期にあたる。文明開化と結びついた格好の実践的な課題が身近にあったとともに、独自の精神医学を自前の症例を用いて発展させようとする気運がみなぎっていたと推測することもできる。この情況に遭遇した最適任者が、門脇真枝だったのかもしれない。門脇真枝は近代文明の興隆に身を浸らせつつ、郷里での憑依信仰に思いを馳せて、『狐憑病新論』の緒言を美文調で記している。

文華爛漫たる今日なり。開明の芳香は到らぬ隈もなく、匂いわたり、幾多の妖怪的迷信の次第に失せ行くに拘わらず、今なお深く世人の脳裡に染印《せんいん》せるものは、その狐憑病ならん。あわれ狐憑病よ、こころなき俗人等のこれを信ぜるはとまれ、苟《いやしく》も日新の教育をうけ、自ら社会の上流者をもってゆるせる人達にして、未だなお半信半疑の状態なるは、怪しむべきことというべし。いわんやこれがため社交上に影響を及ぼし、いわゆる狐憑家系として世々これを顰蹙《ひんしゆく》し、大いに交際上の円滑を欠かしむること、例の鳥取・島根地方のごときにいたりては、妄《みだ》りにもまた、甚だしきにあらずや。それ狐憑の淵源や古くその沿革また興味あり。こはとまれ、現時わが精神病理学上よりこれをみれば、精神病の一症候なることはいうまでもなきことなり。

門脇は、狐憑きが〈迷信〉であり、あらゆる社会層に悪影響を及ぼし、社会生活に弊害をもたらしていること、そして狐憑きが「精神病」の一症候であることを、まず力説している。開明と〈迷信〉を対峙させて、社会道徳を向上させる真理の学問として精神医学を位置づけ、故郷の山陰に対しては容赦なく難じている。門脇にとって、狐憑きが〈迷信〉によることは自明だった。〈迷信〉の社会的な弊害―「狐憑家系」の差別について論じられるよりも、人間の「病理」として狐憑きそれ自体の分析・解剖が志向されることになる。精神の解剖には、次にみるように統計的手法が用いられている。言葉によってではなく、数量によって事実を提示して、真理を確立すること、それが新しい〈知〉の形態として生まれてくる。抽象的な「科学的」言語と数値が具体性に満ちた叙述に取ってかわる。おそらく個々人の「痛み」が排除される。精神医学の場合、他とは異なり、症例の記述が重視されているとはいえ、病者の痛みは数量化された症例のなかに隠蔽され、不可視のものとなる。

『狐憑病新論』の特徴は、多くの症例と統計表が掲載されている点にある。すなわち、「狐憑症例表」として百十三名(男六十名、女五十三名)の事例が簡潔にまとめられている(記載項目は、姓・性別・病症・発病年齢・職業・宗教・婚姻・遺伝の関係・気質・既往の病・誘因症候摘要・経過・成果)。次に「狐憑症統計表」として、(1)病症との関係、(2)精神病原症候との関係、(3)年齢との関係、(4)結婚上の関係、(5)宗教上の関係、(6)遺伝の関係、(7)職業の関係についてあげ、それぞれ島村俊一の「島根県下狐憑病取調報告」の調査結果と対照されている。実に統計的手法が際立っているのである。

結論部の要点をあげると、次の通りである。狐憑症の男女の割合は男五三%弱、女四四%弱で、男の方が多い。島村報告では「臓躁狂」(ヒステリー)の女性が多く、逆の結果になっている。門脇は女性の被験者が多かったためだとしている。宗教との関係では、仏教、特に真言宗が多く、「偽宗教家の加持祈禱等により、それを迷信せる知識の浅薄なる人」が多いとしている。遺伝は六三・七%であり、それも傍系遺伝ではなく、直接遺伝と隔世遺伝が多く、島村報告とは正反対の結果である。「遺伝の精神病の発生に関係あることは今更いう迄もなきことなり。随て狐憑症の大多数は遺伝素因あるものに来りしことを了解さるべし」と、狐憑き＝精神病が遺伝性のものであることを自明視している。職業との関係では、「家政をとれる者」いわゆる主婦が二三・九％でもっとも多く、次に農業者（一五・九％）、商人（一七・七％）、職工（一三・二％）である。島村報告では男女ともに農業が多い。門脇は狐憑きが「迷信」と教育の程度に関係しているとしている。

門脇真枝の方法は、今日風にいえば、科学的・実証的である。統計的な手法によっていることが、端的に示している。狐憑きはさまざまな疾病名によって分解され、もはやその狐が憑くという事態や状態には注意が払われていない。それればかりでなく、調査項目が性別や年齢別、結婚の有無、宗教、遺伝、職業といった社会的・文化的・生理学的指標に細分化され、人間の抽象化・差異化が行なわれている。その差異にもっともらしさ・妥当性を与えるのが、数値である。いかに恣意的に思われようとも、あるいはサンプル数がわずかであろうとも、数量化によって、客観性が保証されることになる。こうしたものの見方や感じ方はすぐさま受け入れられたわけではない。おそらくきわめて新しい体験として、人びとの視線に植えつけられていったのである。

統計が初めて用いられたのは、医学の領域ではなかった。当然というべきか、軍隊においてであったらしい。軍隊では「健全な」戦闘要員の確保が焦眉の問題だったのであり、「頭数」を絶えず確認しておかなければならなかった。陸軍衛生部による徴兵適齢者の身体検査において、統計が採用されている。したがって、それは徴兵令が施行される、一八七三（明治六）年のことになる。陸軍軍医総監・医務局長だった石黒忠悳《いしぐろただのり》は、「陸軍のごとき頭数の多きところでは、何事も数字の上で証明せねばならぬ、それにはスタチスティックが肝要だ……学問の深浅にかかわらず、その目的を達し得らるるものは統計だ」（石黒忠悳「統計に就いて」（一九一三年）中川・丸山編『日本科学技術史大系24』一九六五年、所収）と簡明なことばで統計の有効性を説いている。統計は数値化‐差異化による選別‐差別を行ない、監視と管理を容易にしていったことはいうまでもない。それによって人間の非個性化が達成されるというよりも、むしろ個性化が新たに起こったといったほうがよいかもしれない。徴兵検査では、甲・乙・丙・丁（戊‐一八九二年から）といった等級化によって記号的な特性が割り当てられ、それを自分の属性として内面化することにもなろう。近代日本では出自による社会差別が温存された一方で、統計的数値による身体と精神の差別が行なわれた。そして差別と排除にもとづいて、平準化が身体と精神に強制されたのである。

門脇真枝の統計において注目されるのは、遺伝との関係である。呉秀三もそれを指摘してはいたが、精神医学の知識あるいは臨床的経験を通じてであった。それが統計によって証明されたわけである。狐憑きひいては「精神病」が遺伝するという観念が、確定された事実としてたやすく受け入れられ、流布することになった。民間において、この観念の結晶した言葉が「気違い筋」である（「肺病」や「らい病」も遺伝する病気とされ、結婚や交際の面で差別され続けた。ここには、狐憑きが「家筋」によって伝播するという信念、また「精神病」が遺伝するという偏見と深くかかわっていることは確かである。「犬神筋」「トウビョウ筋」などのみられない東北地方のある地域でも、マケ〔マキ〕という一族・一家を意味する言葉を用いて、「肺病」の家筋を「肺病マケ」、「らい病」のそれを「ドスマケ」といい、差別的処遇をした）。それは、地域的に限定された「憑きもの筋」とは異なり、全国に広まっていくことになる。そこには、後にみるように、明治期の「精神病者」に対する画一化された政治的・社会的な差別的処遇やマス・メディアが大きくかかわっていたのである。しかし、注意しなければならないことは、島村報告では遺伝との関係がないとされていたように、統計上の数値は恣意的なものにすぎないにもかかわらず、科学的に実証された事実として受けとめられてしまう点である。家系・家筋によって「精神病」が伝わるとする偏見は、結婚・就職などの面で社会的差別を促進し「精神病者」にいわれない苦痛・苦難を与え続けてきた。こうした「精神病者」差別が明治期の精神医学の導入とともに始まったことに留意すべきである（「遺伝素質」を強調する「精神病質」概念の批判に関しては、青木薫久『保安処分と精神医療』一九七五年、参照。また「精神病」を不治とする精神医学イデオロギー批判に関しては、M・ローテンバーグ『逸脱のアルケオロジー』川村邦光訳、一九八六年、参照）。

門脇などの狐憑き論から新しい知識として浮上してきたのは、「精神」あるいは「心」と関連する知識、つまり人間は知覚を神経によって脳に伝達し、脳が精神作用をつかさどるとする知識である。これは意外に早々と通俗化されている。たとえば、育児に関する啓蒙的な文章には「今より、母たるべき人の、その児を教育する上につきて、責任あることをいうべし。先、第一、小児を教育せんとするには、脳力即ち、智、情、意の三つのものの強固確実ならんことを要す。……脳、または脳のある部分においては、考、望、情などのごとき、働きを為すものなり。……身体中の働きを為す基は、神経質にして、灰白色なるものより組織せられたる脳の作用によりて、なさるることに至りては、皆明白なる道理なるべし」（向井いく「家庭教育」『太陽』一八九八年）、と説かれている。

心臓や胆《きも》（肝）が「気」や「心」や「精神」の働きの中枢、精神の宿り場とみなされていたため、それが神経や脳に移行するのがたやすかったのであろうか。しかし、心臓や胆は、今日のように、解剖学的な内臓器官と同一であったわけではない。もっと心身感覚と連動した生命体・運動体として知覚されていた（たとえば近世の『飲食養生鑑』『房事養生鑑』の人体図、「胆に銘じる」や沖縄のチムサーサー〔気持が落ちつかない〕チムアンマサン〔気分が悪い〕といったことばなど）。

そして、心臓や肝は「気」「精神」の作用体ではなくなってしまう。それは神経と脳に局所化されてしまうのである。したがって、狐憑きは、神経や脳の障害・故障による妄想とされ、狐という霊・生き物は姿を消さざるをえなくなる。神経や脳の病気として、狐憑きは身体の内部に閉じ込められたのである。狐という実体が神経や脳に置き換えられたにすぎないといえるかもしれない。狐は話をしたり、化かしたり、精神的作用をもつものと考えられていた。とはいえ、狐は神経のように網状的なものでもなく、脳のように局所化された物体でもなく、人と等身大にイメージされ、また身体内を駆けめぐる粒子的な運動体としてイメージされていたのである。そして、何よりも狐は人間の身体内から出入り可能だった。治癒可能だったのである。それが治癒不能へと逆転する。神経・脳の病気として、パースペクティヴの転換が一般化・通俗化していくことになる。

3　「脳病」「神経病」のイデオロギー

「脳病」「神経病」の来歴と流布

かつて精神病院は「脳病院」と呼ばれていた。よく知られているように、精神科医にして歌人だった斎藤茂吉は「青山脳病院」の二代目院長だった。北杜夫の『楡家の人びと』に描かれているように、青山脳病院は赤レンガのたいそう奇抜な洋館造りであった。青山脳病院は一九〇三年（明治三十六）に開設され、一九四五年に廃止された。「精神病」を「脳病」といっていたのは、そう古いことではない。現在でも、ときとして「脳病」という文字の記されたものを目にすることがあるほどである。わたしは友人から宮城県のある温泉地の土産として「湯の花」をもらったことがある。そのビニール袋にプリントされた効能のひとつとして、「脳病」があげられていた。それは時代から取り残された前代の遺物のようだったが、今日まで生き続けていた。この忘却された亡霊の来歴を少したどってみよう。

「脳病院」ということばが用いられたのは、十九世紀末（明治三十年代）頃からだと推測される。「脳病」という病名のつく精神病院としては、一八九九年（明治三十二）に、「東京脳病院」と「戸山脳病院」が同時に開設されている。これ以前には、一八七五年（明治八）に京都府癲狂院が南禅寺内に、また一八七八年に加藤瘋癲病院（最初の私立精神病院）、翌年には東京府仮癲狂院と根岸癲狂院が開設されている。明治初期には、このように近世以来の「癲狂」という病名が主に用いられていたようである。だが、次第に精神病名や病院名に「狂」の字は用いられなくなり、明治三十年以降は「脳病」を冠した病院が多くなっている。たとえば、一八四六年（弘化三）に奈良林一徳によって江戸小松川に開設された「狂疾治療所」は一八八〇年に「小松川癲狂院」、一八九一年に「小松川精神病院」となり、さらに一九〇八年（明治四十一）には「加命堂脳病院」と改称されている（小林靖彦、前掲論文）。明治三十年代以降から大正にかけては、全国各地で多くの「脳病院」が設立され、「脳病」ということばが流布していった。

しかし、「脳病」「神経病」ということばはもっと早く現われている。一八七五年の増山守正著『旧習一新』（『明治文化全集20』一九二九年）には、「憑狐と唱えて発狂に似て発狂に非ず……真に野干に精魂を奪わるゝ如き怪状を発する症あれども、これ一種奇症の神経病にして、野狐眩惑に因りて狂言妄語するに非ず」とあり、また挿絵では「憑狐」が「神経脳病の原」とされている。だが、これが一般に流布するにいたるにはもっと歳月を要した。

「精神病」に関する病名が、もっと通俗的な新聞や雑誌の広告、錦絵などのマス・メディアに登場するのは、一八八四年（明治十七）の「しんけい病（かん症）に用いて奇効ある大妙薬」（天野祐吉『もっと面白い廣告』一九八四年）がもっとも早いようである。ついで一八八七年の「精神病の奇薬」「神経丸」があり、その主な効能として「脳病」「精神病」の全治があげられている。翌年には、「長寿丸」、またその翌年には「快脳

『旧習一新』（上）
「本道外画難病療治」（下）

丸」の広告が出ている。一八九〇年刊行の「本道《ほんどう》外《げ》画《が》難病《なんびょう》療治《りょうじ》」と題された錦絵には、「悩病」「しんけい」が新時代の病気として登場している。そこでは、「のうびようにわ、とうなすのごまじるをたべると、すぐさまぜんかいしますとさ、おやおやのうびようかぼちやのごまじる、ぢつにおどろいた」と「悩病」の民間療法が紹介されている。同年には、「脳病療薬　宝健丸」の広告が現われている。一八九二年からは、「脳病の大療良薬」という「滋強丸」の広告が大量に出回ることになる。さらに一八九六年には、「神伝木島幹《かん》枝《し》丸《がん》」の広告があり、どういうわけか胃病とならんで「脳病」の良剤とされている。同年に、「陰茎病・遺精・早漏」などとならんで「神経脳病」の「根治強壮」をうたった「生殖器病専門薬」の広告が出されている。

明治三十年代に入ると、「脳病」「神経病」の広告は多くなる。「脳病神経病全治の良剤」という「健脳丸」の広告が出され一世を風靡している。「脳病」や「神経病」ということばは明治二十年代頃から広く用いられ始め、「脳病院」の登場する明治三十年代には定着していったと推測できる。こうした広告がどのようなコンセプトによって作られたか、またどのように受けとめられたかについては、後に触れることにしよう。

やはり画期的だったのは、三遊亭円朝の『真景《しんけい》累ケ《かさねが》淵《ふち》』だったと思われる。この表題の噺《はなし》がいつ行なわれたのか、はっきりしない。この前身は、安政の大獄のあった一八五九年（安政六）、円朝、二十一歳のときに創作した『累ケ淵後日怪談』であった。文明開化期にいたり、「怪談」というのはおかしいからと、「神経」という意味を重ね合わせた「真景」ということばを、円朝の贔屓であった漢学者の信夫恕軒が造語したといわれる。医学用語の通俗化といえよう。『怪談牡丹灯籠』をはじめとして、円朝の噺は速記されて出版されているが、『真景累ケ淵』の速記本・初版は一八八八年のことである。文明開化にふさわしい『真景累ケ淵』の前口上は、次の通りである。

怪談ばなしと申すは近来大きに廃《すた》りまして、余り寄席《せき》で致す者もございません。と申すものは、幽霊というものは無い、全く神経病だということになりましたから、怪談は開化先生方はお嫌いなさる事でございます。……狐にばかされるという事は有る訳のものでないから、神経病、また天狗に攫《さら》われるという事も無いからやっぱり神経病と申して、何でも怖いものは皆神経病におっつけてしまいますが、現在開けたえらい方で、幽霊は必ず無いものと定めても、鼻の先へ怪しいものが出ればアッといって臀餅《しりもち》をつくのは、やっぱり神経が些《ち》と怪しいのでございましょう。……私共は何方へでも智恵のある方が仰しやる方へ付いて参りまするが、詰まり悪い事をせぬ方には幽霊という物は決してございませんが、人を殺して物を取るというような悪事をする者には必ず幽霊が有りまする。是が即ち神経病といって、自分の幽霊を背負って居るような事を致します。

円朝の噺は諧謔に満ちていたが、円朝にとってもまた聴衆にとっても、幽霊はやはり存在していた。確かに物や情報の流れにおいては、文明社会・都市化が進行しつつ、人びとの心は開化されるべき土壌としてあり続けていた。だからこそ、文明開化や国体思想の説教のために、円朝などの落語家や講談師も国家の要請によって教導職として動員されもした。とはいえ、円朝は『怪談乳房榎《ちぶさえのき》』のなかでは、「決して幽霊がないという限った訳もないとやら、これらはすべて野外の野とか申して学問上の議論で圧倒《おしつけ》る計りにもゆかぬ」とすすんで語ったのである。

「脳病」と「神経病」ということばが、民衆の心や身体のとらえ方、世界観ないしはコスモロジーをどのように変容させたのだろうか。円朝がいうように、「神経が些と怪しい」という感覚が生まれてきたのである。当然、「気がふれる」という言い方もされたであろうが、「神経病」とか「脳病」ということばを用いることが、牛肉や洋装と同様に、ファッショナブルだった、開化の記号だったのである。決して「神経」や「脳」

の実体をいわば認知したわけではないだろう。ある種の状態・症状、これまで「気がふれる」とか「気の病い」「乱心」と称されていた状態・症状に対して、「神経病」や「脳病」ということばがあてはめられ、イメージが形づくられていったのである。そして、このプロセスは逆転されることになる。「神経病」や「脳病」ということばがある種の状態に貼りつけられ、そのことば自体が実体化され、ひとり歩きするようになる。知覚がことばに沿って自律する、いわば〈モノ〉化される。したがって、「神経病」や「脳病」は、神経や脳の障害として知覚され、その箇所が病み、痛むことになるのである。

感覚・知覚の変容

明治期の人びとは「人の魂というものは、頭脳にあるという説が面白い説で、古来胸にあるものとおもうて居る故、胸にある様に思わるゝのじゃが、頭脳にあるという説を聞くと、いかさまそうかとおもわれる」(加藤祐一『文明開化』一八七四年、『明治文化全集20』所収)という感覚・知覚 - 心身の機制の変容を体験した。「脳病」「神経病」とは単なることばではなく、一定の観念が籠もったコンセプトである。それゆえ、ことばは感覚・知覚を変容させるに足る作用をもつ。この新しいことばの登場による感覚や知覚の変容は、先駆的に坪内逍遙の『小説神髄』(一八八六年)にみることができる。「小説の主眼」と題された節では、まず「小説の主脳《しゆのう》は人情なり」といい、この「人情」へのアプローチを行なっている。

人間という動物には、外に現わるゝ外部の行為《おこない》と内に蔵《かく》れたる内部の思想《おもい》と二条の現象《げんそう》あるべきはずなり。……世に歴史あり伝記ありて、外に見えたる行為の如きはおおむねこれを写すといえども、内部に包める思想《しそう》の如きはくだくだしき渉《わた》るをもて写し獲たるはかつて稀なり。この人情の奥を穿《うが》ち、いわゆる賢人君子はさらなり、老若男女善悪正邪の心のうちの内幕をば洩らすところなく描きいだして、周密精到人情をば灼然として見えしむるを我小説家の努めとするなり。

このためには、想像ではなく、「心理学の道理に基づきその人物をば仮作《つく》るべきなり」ということになる。この「心理学」とは「観察」によって「心をこめて写」すこと、つまり「模擬」であり、それによって「人情の真に入る」ことができる。人間において「内」と「外」が分けられ、「内」に「内部の思想」=「人情」=「心理」が仮構されることになったのである。人間のうちに生成する心の機微ではなく、いわば機械論的な心理的作用として「人情」=「心理」があらたに定義し直されている。たとえば、次のような「心理学の道理」による説明はそれを如実に示していよう。

小説は常に模擬を以てその全体の根拠となし、人情を模擬し世態《せたい》を模擬し、ひたすら模擬する所のものをば真に逼《せま》らしめんと力《つと》むるものたり。……人物を仮設《つくりもう》けて、その情《こころ》をしも写さまくせば、まず情欲というものをばその人物がすでに所有したりと仮定《かりさだ》めて、さてしかぐ〳〵の事件おこりて、箇様《かよう》々々の刺戟をうけなば、その人いかなる感情をおこすや……いと細密《こまやか》にさぐり写して、外面《うわべ》に見えざる衷情《したごころ》をあらわに外面《おもて》に見えしむべし。

坪内逍遙は、人間の内部に「情欲」を仮構し、それが刺激によって生み出す感情を「模写」=描写することを、小説家の使命とする。これが逍遙の西洋小説に読み取った「心理」描写であった。「内部の思想」=「衷情」=「心理」が描かれるべき主題として設定される。このような態度は二葉亭四迷に引き継がれ、自然主義小説へと継承されていった。さらにものの感じ方・見方もこのようなことば通りに組織化されることにもなる。ことばの問題だといってしまえばそれだけかもしれないが、ことばによって感性が変容することもまた確かなのである。ことばに病むのが「近代」だといえなくもない。

このような「心理学の道理」にもとづいた知覚の描写は、成功したかどうかは別にして、『当世書生気質』

（一八八五～六年〔明治十八〜九〕）に少なからず描かれている。坪内逍遙は、「夢のしらせ」を「心経の迷」として説明している。「心理学上から考えても、夢のしらせなぞいう事は、あるべき筈の訳でない。そりゃア謬想《まよい》だ……心経の迷であったか」といい、「正夢《せいむ》」が本当にあるかどうか、「哲学者」に尋ねている。「哲学者」によると、夢とは「我心の作用《はたらき》」に他ならない。いつかみた夢が正夢ではないかという「アッソシェイション〔連感〕という心の作用」によって正夢ではないかという「妄信」が起こるのである。

新たなことばによってあらたな認知も表現も生まれてくるといえよう。「ユーアセルフ〔君自身〕には解らないかしらんが、現在学力もさがったようだし、リイゾン〔道理を分別する力〕もよっぽど狂っているヨ。……ちかごろまたブレイン〔脳髄〕が不健《わる》くて……いわゆる神経質の人間だから」という表現に、痛みや障害が特定の器官に局限されて、知覚される認知の機制が形成され、身体のなかに教育‐治療を通じて布置されていったことをうかがうことができる。同じように、「総じて人間という者は、幼少の時からの経験をばみんな脳髄の中に納めて、常に貯えては居ります」といった表現も出てくることになる。経験が「身」につくのではもはやなく、脳髄に貯蓄されるべきものとして、知覚されることが求められ、そして訓練‐教育されることが強制されることになる。知・情・意が脳に集約され、いわば「脳化」人間が誕生する。

このように既成の古い概念が新しい概念によって置き換えられることになる。それに並行して、「顔色《かおいろ》おとろえ、兎角鬱閉勝《ふさぎがち》の様子あるを……こは脳病の再発ならずば、肺を病みそめしにあらざるか」といい、また別の箇所では「顔色」の「憔悴」を「肺病の徴候」、「ふさいでいる」ことを「脳病」の徴候と区別しているように、心身の一定の徴候・症状が特定器官の病気として限定されることにもなる。もはや気の病といった心身相関論的・全体論的な病気の概念は近代の知覚にとっては無用になる。

この小説が開化の病いとして脚光を浴びた「脳病」「肺病」を含めた流行風俗を「心理学の道理」にもと

づいて「模写」したことは、「近代小説」の嚆矢といえるだろう。現代人にとっては、おそらくとうに自明になっている、ものの見方や感じ方がこのとき現われてきた。ある対象が類推や比喩によって他の対象に写し・見立てられるのではなく、対象それ自体にそくして厳密なことばによって記述されなければならないという、構えが生まれてきた。感覚・知覚の場には、「脳」や「神経」という言語を通じて、脳や神経があたかも即物的に実体としてイメージ化されて立ち現われてくることになる。それは、当然、日常の生活空間、またそこでの仕事や振舞いを変貌させることにもなったのである。

「脳病」「神経病」薬の効能

「脳病」「神経病」は遺伝するものであり、不治で死を待つほかないという通念ができあがり、「精神病者」は「狂暴・不潔・無恥・非道徳」といった差別の言説・属性をまとうことになった。しかし、意外にも明治期の広告は、差別表現を用いながらも、これとはまったく異なったイメージで「脳病」「神経病」の特効薬の宣伝を行なっている。「脳病」や「神経病」「精神病」の薬は、現代の新聞・雑誌の広告やTVコマーシャルにはまったくみられないが、明治期の新聞・雑誌にはかなり多くみられる。それも当然のごとく「霊薬」「良薬」と銘打たれ、治癒可能とする広告である。目についた「脳病」「神経病」薬、およびそれと関連する薬を年代順に列挙してみよう。

(A)〔神経丸〕「○主治功能《もっともよききめ》 脳病《のうびょう》○脊髄病《せきずいびょう》○精神病《せいしんびょう》○痙攣《けいれん》○破傷風《はしょうふう》○急癇《きゆうかん》○癲癇《てんかん》(この病に尤《もつと》も大効《だいこう》あり)○喘息《ぜんそく》○歇私的里《へーすてりー》(俗に癇癪《かんしやく》と称し僅な事を気に懸《かけ》悲憤《かなしみいかり》を発する等)○舞踏病《ぶとうびょう》○心機亢進《しんきこうしん》(非常に精神を労し又は劇《はげし》き感動より発する病)○其他神経系脳部より発する諸病に大効あり」(『朝野新聞』一八八七年)

(B)〔神経・脳病・長寿丸〕「本剤は緒方大先生多年の経験に因りて神経及び脳病に著効《ききめ》あることを看認《みと》められたる霊薬なり／◉主治概略／◉依卜昆垤児《ヒポコンデル》HYPOCHONDRIA（俗に癇癪《かんしやく》と称し頻《しき》りに悲憤《かなしみいきどおり》を発する所の神経病）◉歇依私的里《ヘイステリ》（俗に血の道と称し些少《いささか》の事を頻りに気に懸《かけ》人に面談するを嫌い太甚《はなはだし》きは日夜暗処《ひるよるくらがり》に蟄居《ちつきよ》し終に自殺などを為すに至る所の神経病）◉鬱 憂 病《きのふさぎぶらぶらやまい》頻りに精神を労し或いは劇《はげ》しき感動より来る所の心悸亢進《むなさわぎ》◉癲癇◉脳充血◉頭痛◉眩暈《めまい》◉卒 倒《たちくらみ》◉痙攣《ひきつけ》◉麻痺《しびれ》◉魘夢症《おそわれ》◉不眠症《ねむれぬしよう》◉健忘《ものわすれ》◉神経痛◉過房手淫《かぼうしゆいん》により起こる所の痴呆《ばか》◉脱神《きぬけ》◉その他◉陽痿《ようい》◉遺精《いせい》◉夢精《もうぞう》◉搔痒《そうよう》等男女生殖器の病◉総《すべて》神経系脳経の諸病及び◉強壮◉補血の為に用いて偉効あり／… 身体を強壮《じようぶ》にし血を増し腎《じん》を補い一生無 窮《きわまりなき》の快楽《たのしみ》を得べし／長寿堂主　森吉兵衛謹製」（『朝野新聞』一八八八年）

(C)〔快脳丸〕「第一脳髄健全《たしか》ならざれば記憶に疎く判断力に乏しく事に耐ゆるの根気なし … 今の世は脳力を要《もちい》する事多し故にまた脳病を患《うれ》うる人多しここに紹介する快脳丸は元来《もと》名医の処方にして数多《あまた》の人を全治《なお》しその効実に偉大《おおい》なり○少《すこし》しの事務《つとめ》を掌《と》るに当たりたちまち頭脳《あたま》に痛みを覚え何事も倦み易く人と応接《はなし》するも気疎くまたは夜眠れず瑣細の事も気に懸かるなど総て神経系病脳病脊髄病より起こる諸症頭脳逆上《のぼせ》眩暈《めまい》耳鳴などを全治《なお》し脳力をして益々強 壮《つよくさかん》ならしむる古今の良 剤《よきくすり》なり　山崎帝国堂」（一八八九年）（天野祐吉、前掲書）

(D)〔宝健丸〕「脳病療薬／宝健丸は米国有名の医学博士イー、シイ、ウエスト氏の発明に係る神経系病及び脳病療薬にして房事過多及び手淫に原因する歇私的里《ヘステリ》、眩暈、精神不安、記憶衰弱、陰萎、精虫衰弱、精液漏、遺精、脳軟化、早衰その他一切の神経系病に用いて治効確実なり」（『朝野新聞』一八九〇年）

(E)〔滋強丸〕「脳病の大療良薬　日本唯一／無病の人此薬を用いば不可云快を覚／僧侶　官員　代言人　学生その他の坐食者および脳力と神経とを労する人は皆必その衰弱を致し居るゆえに常にこの薬を服用せば

日本臣民命の親
禮狀
腦病の大妙良藥
日本 滋強丸 唯一
即治保證病症
衰弱
保證
便利
本舖
横濱市野毛町二丁目四五番
タイガー商會

大日本帝國腦病院長
獨乙ドクトル齋藤先生御方劑
腦病の大敵……健康の友……
腦丸
腦病一切神經衰弱を全治し腦充血卒中を防ぐ
腦丸を用れば腦、神經を健全にし逆上を下げ通じを快く精神活潑に記憶力を増進するが故
腦丸定價
發賣元 東京神田花房町角 山崎帝國堂
大阪高麗橋二丁目堺筋西 山崎支店

鎮靖丸
本舖
東京牛込上宮比町
藥劑師 尾澤豊太郎

筋肉次第に太り勢気次第に加えて実に名状すべからざる愉快を感ず心神勃如として無限の爽快を覚ゆる特効は従来の実験に徴して顕然たり……／●即治保証病症●記憶減弱●陰茎萎縮●手淫の害●老衰●陽物無力●面貌醜色●遺精●精虫衰弱●腎虚●貧血諸病●子なき女／この外神経と房事に由る病　タイガー商会」（『風俗画報』一八九二年）

(F)〔神伝木島　幹枝丸〕「天下無二◉可驚特効御神薬幹枝剤／胃病　脳病　湿毒　熱塊《ねつかい》　脚気　水気《すいき》　諸病　解毒の良剤なり／右は内国又は外国の謂ゆる「ドクトル」先生の調剤法に非ず　畏くも我神国神通首宇宙一括の大真理たる幹枝術発明立教首大教正木島大照斎先生の特法にて……名誉ある神秘命救の霊薬は独り本剤を置て他に求むべからず」（『風俗画報』一八九六年）

(G)〔保証丸《ほしようがん》〕「●遺精《いんもれ》●陰痒《まえかわく》●陰痿《まえおとろえ》●腎虚《じんきよ》●虚弱《よわり》●瘠痩《やせ》●髪毛変生《かみのけかわり》●面色《かおいろ》あをく●婦人《おんな》の病《やまい》に妙なり……神経●脳病●衰弱《よわり》より発《おこ》る諸病《やまい》に天下無類《むるい》」（『風俗画報』一八九六年）

(H)〔生殖器専門薬〕「陰茎病萎縮●遺精●早漏●房事手淫過度の大害●腎虚●老衰●精液欠乏●精虫衰弱●神経脳病●陽物無力●又は婦人は●子宮病諸症にて気欝衰弱し心経不能●貧血●不妊等総て生殖器病にて数年悩み種々の薬剤又は諸名医の治療等百方手を尽すも効なく身体蒼白を来し欝々として楽まざる人は此薬……服用すれば根治強壮となること請合なり」（『太陽』一八九七年）

(I)〔癲狂丸《てんきようがん》〕「色欲狂●精神病一切の発明特効新薬なり●狂人の親戚一回用ば必ずその症引ことなし／サンダー商会」（『太陽』一八九七年）

(J)〔精殖新剤《せいしよくしんざい》〕「神経衰弱、神経麻痺、身体虚弱等に原因する陰茎病」（『太陽』一八九七年）

(K)〔健脳丸〕「◉神経をしずめ数年難治の脳病を全治す／健脳丸は逆上《のぼせ》●脳充血●頭痛●神経症に尤も適当の良剤《よきくすり》なるは既に実験患者《のみたるひと》の熟知する所にして従来有触《これまでありふ》れたる雑薬《くすり》の類に非ざるなり／事業家の如き

数多《あまた》の事業に関係し常に精神《こころ》を過度に労《つかい》し脳病を患うる人」（『太陽』一八九八年）

(L)〔錦脳丸《きんのうがん》〕「数年不治の脳病特製にて根治す」（『毎日新聞』一八九九年）

(M)〔脳病専門《ぐすり》　神脳丸《しんのうがん》〕（『滑稽新聞』）

(N)〔脳丸《のうがん》〕「脳丸を用《もちゆ》れば脳、神経を健全《じようぶ》にし逆上を下げ通じを快く精神活発に記憶力を増進《まし》するが故に…座業に従事して運動不足の者　…　天授の幸福を得たまう可し」（『日露戦争実記』一九〇四年）

(O)〔鎮靖丸《ちんせいがん》〕（明治中期、天野、前掲書）

明治前には、「脳病」や「神経病」の民間薬が富山で売られていた。猿頭の黒焼・狐舌の黒焼・鹿の胎児の黒焼・蕗の根などである。また、安永年間に永井慈現は越後鵜の森の永井山順行寺境内で精神疾患者の治療を始め、家伝の秘薬「神脳丸」が有名になっている（岡田靖雄『私説松沢病院史』一九八一年）。上にあげた薬のなかで「滋強丸」は明治二十年代後半から三十年代前半、「健脳丸」は明治三十年代以降、特に明治期後半、「脳丸」は「健脳丸」に対抗して日露戦争後の明治三十年代後半、いずれも盛んに広告を掲載し、かなり普及した。とりわけ「健脳丸」は一頁広告を新聞に頻繁に載せ、売薬広告の新時代をつくった（中根栄『日本新聞広告史』一九四〇年）。「脳病」薬や「神経病」薬が数多く出回った背景には、「精神病者」が明治期にいたり増大したことはさておいて、精神医療が未発達だったこと、精神病院のベッド数が決定的に不足していたこと、精神病院の治療への不信といった点があげられる。だが、それよりも「精神病」にかぎらず、売薬・民間薬による治療が従来よりかなり広範に行なわれ、馴染み深かったためだと考えられる。

先の売薬広告の第一の特徴は、一般の薬と同様に、「脳病」「神経病」が何よりも治療可能であることを謳い文句にしている点である。すでに一八八二年（明治十五）に福沢諭吉が「売薬論」で「売薬の万病一薬は甚だ以て受取り難し」と売薬無用論を展開し、また宮武外骨が「広告の数量は増加してもその効能は逆比例の減少をきたす事態になったので、一頁大の挑発的広告で愚衆を瞞着するか、誇大のソソリ文句を並べねばならぬ状勢に陥り、広告心理学の応用、現代式広告術の模倣にもアセラねばならぬ事になって、すべての広告が俗悪、軽佻、虚偽に傾いておる」（宮武外骨『文明開化広告篇』一九二五年）と広告を真摯に批判したように、過度のコマーシャリズムが露骨に現われていた。精神医学の通俗化された知識では不治の病とされていたとはいえ、民衆意識においてはいまだ治癒の見込みがあるとする信念が生き続けていた。薬品産業はこのような意識に依拠していたばかりでなく、おそらくそれを助長したのである。

「脳病」「神経病」薬の効能のコピーをみると、「脳病」「神経病」に限定した専門薬といえそうなものはほとんどない。特定化されない曖昧な幅広い薬、いわば万能薬なのである。このことは「脳病」や「神経病」が脳髄や神経の機能的あるいは器質的な障害と理解されていなかったことを示している。精神医学の概念とはかなりずれていたといってよい。「脳病」「神経病」は多様な病気と関連づけられていたのである。

「脳病」「神経病」の専門薬ではない(H)(J)にも、「脳病」「神経病」の効能がある。生殖器専門薬と称しているが、生殖器の機能障害ではあっても、器官そのものの障害ではなく、いわゆる精力ないし性的能力の減退に対処する薬である。いずれにも「腎虚」と「陰茎病」が共通してあげられている。「陰茎病」とは「手淫過淫の諸害・神経衰弱・神経麻痺・身体虚弱等に原因する」ものとされている。普及したとはいえないが、新しい病名である。「房事手淫過度の大害」や「精液欠乏」「精虫衰弱（不育）」、「陽物無力《ちからなき》」「陰萎」も「腎虚」や「陰茎病」に包摂されるものといえる。「脳病」「神経病」専門薬と一応いえる(B)(D)(E)(G)にも、同様の効能があげられている。これはいずれも男性の性的不能、またその原因になると考えられた「症状」を指している。

一方、女性の場合には、「血の道」（「婦人病」「子宮病」、ヒステリー（歇私的里））や「不妊」が効能としてあげられている。男女いずれも、生殖ないし性欲と関連するとみなされた器官、つまり腎臓と子宮が「脳病」「神経病」と結びつけられ、さらに気のふさぎ（「気鬱諸病《きうつしょびょう》」「鬱憂病《きのふさぎ》」、今日では「抑うつ」として「精神病」に入れられている）といった情緒的・精神的な疾患とも結びつけられていることがわかる（男性の場合、インポテンツのように生殖器の機能障害が性欲の心理的・精神的側面に影響を及ぼすとされている。一方、女性の場合は、ヒステリーや血の道のように子宮そのものの病気とみなされ、性欲の心理的・精神的側面への影響はほとんど無視されている。ここには、女性がいついかなるときでも発情し、性欲を減退させることのない「動物的」存在だとする信念があずかっていたといえる。このような信念は女性を豊饒・多産のシンボルとする神話や子どもを生むマシーンだとする観念、「母性」というフィクション、また強姦をする男性の意識やポルノグラフィーにうかがうことができよう）。こうした生殖器官と関連し、情緒的・精神的疾患とみなされた心身不調が、「脳病」「神経病」のレッテルを貼りつけられたといえる。広告のコピーから推測すると、(B)(C)(D)(E)(G)はこのような心身不調の薬であり、ここでいう「脳病」「神経病」は「精神分裂病」とは無関係なのである。

「脳病」「神経病」の通俗化／イコン

「脳病」「神経病」は、今日の西洋医学の「神経症」あるいは「ノイローゼ」「神経衰弱」と呼ぶことができるかもしれないが、ぴったり重なるとはいえない。「脳病」「神経病」が脳や神経組織の機能不全とほとんど無関係であるように、これまで腎虚、癇癪、血の道、気のふさぎなどといった病気が「脳病」「神経病」に包摂され、「脳病」「神経病」という精神医学の疾病名が通俗化されたということができる。通俗化された病名に、当初は多様な病気が含まれていたかもしれないが、次第にその病名の意味する病気へと変化することになる。すなわち、「脳病」「神経病」は文字通り脳や神経の障害として知覚・認知される独自の病気として構成され、精神医学の疾病を病むことになる。このプロセスが「脳病」「神経病」ひいては精神医学の通俗化ということができる。明治中期は「脳病」「神経病」薬の広告からうかがえるように、この通俗化の過渡期だったといえる。

異文化が導入された場合、このような通俗化プロセスにおいて、文化間の接触‐混淆がたえず起こった。明治期の「脳病」「神経病」薬の広告からみると、「脳病」「神経病」は主に生殖器や内臓と関連づけられた身体的・情緒的疾患としてとらえられていたことがわかる。脳や神経の組織的な損傷および機能不全、また精神内の疾患とは、ほとんど理解されていなかったのである。それゆえ、「脳病」「神経病」には腎虚や血の道が含まれた、というより腎虚や血の道を「脳病」「神経病」、また「神経衰弱」としたのである（台湾でフィールド・ワークしている医療人類学者A・クライマンは、仕事の重圧や内気な性格による不眠症・慢性の胃潰瘍とマスターベーションによる「神経衰弱」で苦しんでいる、台湾の二十二歳の青年の興味深い事例を紹介している。Kleinman, *Patients and Healers in the Context of Culture*, 1980『臨床人類学』大橋英寿他訳、弘文堂、一九九二年）。ここには、おそらく近世以来の養生法の影響があったと推測できる。

貝原益軒『養生訓』の冒頭には、「況（んや）大なる身命《しんめい》を、わが私の物として慎まず、飲食・色欲を恣にし、元気をそこない病を求め、生付《うまれつき》たる天年を短くして、早く身命を失う事、天地父母へ不孝のいたり、愚なる哉」とある。また、「色欲をつつしみて精気をおしみ、時ならずして臥さず。久しく睡る事をいましめ、久しく安坐せず。時々身をうごかして、気をめぐらすべし」ともある。錦絵『飲食養生鑑』『房事養生鑑』によるなら、過度の飲食と房事が気の衰えをもたらし、五臓（肺・心・脾・肝・腎）・六腑（大腸・小腸・胃・胆《きも》・膀胱・三焦《さんしょう》）の不調を引き起こす。とりわけ、心臓と腎臓が「精神」作用をつかさどり、その衰弱によって「気の病」が生じる。「脳病」「神経病」は「気」の違いではなく、「気」の衰えによる精力

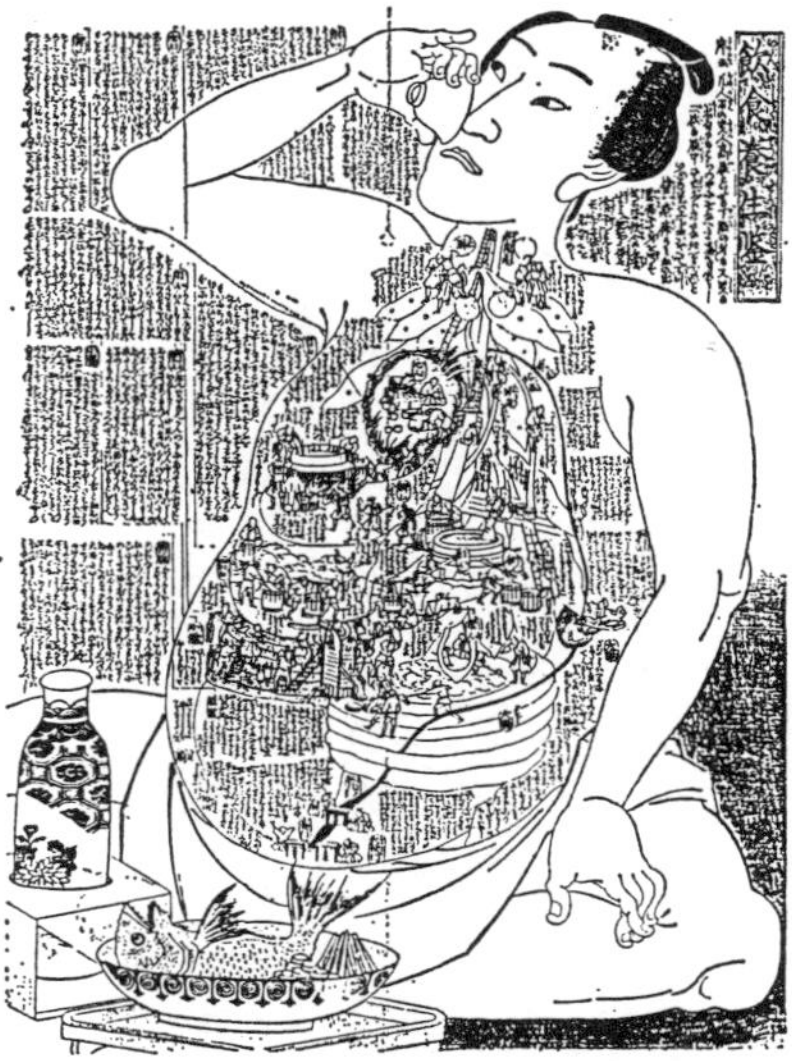

『飲食養生鑑』（上）
『房事養生鑑』（下）

の減退から起こる心身不調を意味していたということができる。したがって、それには腎虚や血の道ばかりでなく、奇妙とも思える胃病までも含まれていたのである（樺山紘一は「公衆衛生の欠如と、医療社会の不安定は、人びとに養生論という出版物への関心をしいている」、また「この私的な、個人的健康管理をますます助長し」「医療と保健との社会的管理」と「個人的管理との平衡」が後者に著しく傾いた結果を後の時代が負いこまねばならなくなり、「日本近代の、あるいは現在にいたる医療と保健の疲弊のおおくは、うたがいなく、近世都市社会に起源している」（「養生論の文化」『化政文化の研究』一九七六年、所収）としている。しかし「医療と保健との社会的管理」をまったく期待できない情況のなかで、養生文化が心身への個人的配慮・自律的医療システムの形成へと導いたとするなら、それは積極的に評価してしかるべきであろう。近代日本の「医療と保健の疲弊」は「私的な、個人的健康管理」の残存、養生の伝統にあるのではなく、医療の担い手として民衆を排除して、素人として位置づけ、西洋医学の修得者・医療行政担当者を中心とした、国家主導による「社会的管理」つまり「公衆衛生」にある）。

興味深いことに、先の広告(B)(E)(K)(N)のコピーにみられるように、僧侶・実業家・官員・代言人（弁護士）・学生などの「坐食者」（「座業」）に「脳病」「神経病」が多かった、あるいは多いと考えられていたことがわかる。『養生訓』では「久しく安坐し、身を動かさざれば、元気めぐらず、食気とどこおりて病おこる」としている。明治期の広告はこのような養生法を踏まえていたといえるが、『養生訓』では家業によく勤めることを奨励しているのであり、特定の職業や病気と結びつけていたわけではなかった。僧侶はともかくとして、実業家・代言人・学生といった文明人が、職業病・文明病として「脳病」「神経病」にかかりやすいという通念が新たに生まれたのである。脳と神経を労することは運動不足による脳と神経の衰弱および消化器系の機能衰弱であり、従来なら「気のふさぎ」というほどのものであったが、「脳病」「神経病」さらに「神経衰弱」「ノイローゼ」というレッテルが貼りつけられることになったのである（台湾でも、民間の通念によると、学者や学生、仕立屋などの一カ所に長く坐り、運動不足の人は、胸の血の循環が悪くなり、胸の圧迫感・呼吸困難・息苦しさ・不眠・精神集中の困難といった症状を示す「鬱傷」にかかるという〔A・クライマン、前掲書〕）。

坪内逍遙の『当世書生気質』の「脳病」もこのようなカテゴリーに属していたといえるだろう。とするなら、「脳病」「神経病」薬のほとんどは、「身体を強壮にし血を増し腎を補い一生無窮の快楽を得べし」(B)、また「筋肉を太め精気を倍する奇効顕る」（〔滋強丸〕『太陽』一八九六年の広告）というコピー通り、今日にいたるまで圧倒的な人気を博している、滋養強壮剤だったのである（一八九〇年の『女学雑誌』には、「近頃男女の書生にノイラステニー〔神経衰弱症〕患者沢山ありますが、主たる原因は、運動不充分・過度の勉強・就眠時の遅刻等です」とある）。

明治期の「脳病」「神経病」薬に、脳・神経の器質的・機能的障害とみなすような徴候がなかったわけではない。(C)の「脳髄健全ならざれば記憶に疎く判断力に乏しく」というコピーは脳の障害を指示し、(I)の「狂人の親戚一回用ば必ずその症引ことなし」というコピーは「脳病」の遺伝性を示唆しているのである。「脳病」「神経病」は単なる気のふさぎではなく、脳・神経の障害として知覚・認知されることになるのである。

さらに何よりもインパクトを与えたのは、やはりイラストレーションであろう。脳の病を端的に指示するイコン（図像）が紙面を飾ったのである。(N)「脳丸」の少年は頭をかかえている。それは頭痛ではなく、脳髄の使い過ぎによる神経衰弱・「脳病」であり、もはや気のふさぎという病気を病んでいないといえる。なかでも(K)「健脳丸」の図像は白眉であるといってよい。あまりに整い過ぎているために、かえって不気味さを漂わしている面貌をした、坊主頭に「健脳丸」と大書きされている。脳は示されていないが、かえって頭のなかの脳の存在を喚起させ、脳のイメージを焼き付けさせる。イコンによって、イメージのリアリティをいっそう増大させているのである。「健脳丸」は新聞紙に一頁広告を頻繁に掲載し、「広告界を独占するかの如き観があった」（中根栄、前掲書）といわれている。この蛸入道のような巨大な頭が新聞紙を占拠し、否が応でも「脳病」「神経病」という病気を病むことをいわば啓示し、人びとは新しい病気の病み方を性癖・常習とするように心身を慣らしていくことになる。

「健脳丸」の影響を受けて、「錦脳丸」「脳丸」などの多くの類似薬が売り出され、その広告も「健脳丸」類似広告になっている。「神脳丸」も「健脳丸」の類似薬であるが、その広告では頭部のなかに大脳が描かれている。若き呉秀三が一八八九年（明治二十二）に『脳髄生理 精神啓微』のなかにカラー図版で掲げた脳髄の解剖図が十年程して通俗化され、大衆的なイコンとして衆目を集めることになったのである。そして、「脳病」も「神経病」ももはや気のふさぎや血の道ではなくなる。新しい疾病名・病像とともに新しい病気が確立していくことになる。脳や神経を病むことを視覚を通じて身につけていくことになったのである。

脳や神経の解剖学的なイコンが一般に流布し、その機能に関する知識が幾分なりとも通俗化されるとともに、どのような事態が生じたのであろうか。霊魂への解剖学的視覚による抽象化であり、それは霊魂の均質化、ひいては霊魂の「精神化」とでもいうべき事態であるということができる。そして、千の霊魂を一元的イデオロギー・ひとつの精神へと収斂させ、霊魂を解体－再編していく基盤が形成されていくのである。

III

憑きものの民俗学

人狐持と大狐持

千葉徳爾

一

「民族と歴史」憑物号（八ノ一）には多数の山陰人の手記を集めてある。その中に、昔からの狐持（大狐持）といわれる家は別として、近頃は生存競争が劇しくなるに従って甲の家が栄えると乙の者がこれを羨み、どうかして陥入れようとして甲の家は狐持なりという世評をつくりだしてしまうのだという意味の記事があるのは私には興味深い。別の人によると簸川郡には狐持の外に大狐持という家系があって一般に豪農であり、一族群居して同族結婚を行っているという。大狐持とは狐持の大きいものとも解されるが、狐持は一般に富裕であり、その点で特に区別されることもないから、むしろ大きな狐を持っているという意味であろう。いわゆる人狐は小鼬ほどの動物だというのがこの地方の常識だからである。

島根県仁多郡八川村の調査手帖によると、ニンコやゲドウの憑いた家筋とは別に、狐は非常な霊獣とされ化かすといわず、人の心をよくさとるものと考えている。以前は冬の夜など里に来て畑など荒したこともあったが容易に捕えられぬ。月夜など遠くから見た姿は一種の神々しさがあるそうだ。兵庫県の西北部から美作一帯では狐はヤテイまたはヤッテイサンと呼ばれて八幡様のお使いだという。この鳴声は身がしびれるようなひびきで、これをきくと村に不吉があると考えられている。広島県山県郡中野村でも犬神持といわれた家の持山の頂に鎖でつないだ狐の像がまつられ、その狐の鎖がはずれると狐憑が出ると評判されたが、別に、狐はあだしがましいものでこれが鳴くと火事があり、狐をかまうと稲が枯れるといって忌む。越後の某村で毎年の初に山から大声で年の吉凶、村の運勢を告げたという白狐の話や、能登の万行、信濃の重柳、津軽の信太の鍋子のように狐女房が家の稲作を保証してくれたという伝承を一方において考えれば、この二種の狐に対する考えかたは同じカテゴリーに属するものとは考えにくい。村や家の幸不幸を予知させる狐と、憑いて人を苦しめる狐とはわけて考えてよかろう。そして前者を積極的に主張する他地方のモチーフの裏がえされた消極面が中国筋の山村では主流をなしているらしい。これは恐らくまぎらわしい第二種の狐が増加して、狐が次第に恐れられ嫌われるものと考えられるようになったので、村や家の幸福を支持するという以前の性格を積極的に強調しにくくなったのであろう。このような考えの残存は例えば兵庫県揖保郡石海村で、オスエサン、オヒデサンなど人の名で呼ばれる狐が村人を保護して他村の狐が化しにくると喧嘩して追払った（故郷見聞録）とか、「コンコン狐は村宝、キャンキャン狐は村騒動」（日野郡史）などの諺に見出される。

美作西部には他地方の人狐に近い性質をもつトマツコという狸があり、その家のために骨身惜しまず働いて暴風等の時に稲が倒れぬように支えてくれる（作西の土俗神）。人狐やカナエゴ狐を説く土地もあるが性質はみな似たもので、岡山県阿哲郡刑部村のように一定の憑く家のない人狐をいう土地もある（山村手帖）。以前に出雲で人狐をヤブイタチと呼び、トマス（鹿児島）、トマコ（阿波）、トバ（加賀）、トマ（上越）などいずれも鼬の方言であることを考えると、作西のトマツコ狸などは狐持の家の田の水をひいたり稲を守ったりするともいう人狐談（出雲民族特輯号）の原型を推定する一資料でもある。

伯耆西部も人狐地帯の一部だが、大山領の守護霊下山狐のように「諸国里人談」にも載せられた有名な霊狐もあって、麓の村々はために犬を飼わなかったというほどの尊敬を受けている（伯耆大山、上）。恐らくこれも普通の大きな狐で人につく鼬のような小形の動物ではなかったろう。「人狐物語」によると人狐の迷信は享保初年に始まったという。享保二年に著わされた「雲陽誌」によると、当時出雲には稲荷の信仰はまだごく一部にあったにすぎない。例えば楯縫郡多久の条に「大慶寺、法華宗（中略）、此辺に大船明神拝田明神の社あり、俚俗明神の使者といひて白狐あり、今にいたりて多久谷の吉凶を明神より告たまふに白狐来（り）当時の住持へ知せりといふ」。つまり多くの地方で狐使いと混同される法華僧が、この頃までは白狐の挙動で村の吉凶を卜しても怪しまれなかったことがわかるので、狐が村の運勢を守る神の仮の姿と認められたらしい。松江の殿様は寛永十七年に寛永十五年までの前領地信州松本城で祀っていた白狐を夢みて、早速天台宗の普門院に命じて稲荷をまつらせた。故に雲州侯も狐持なりという説すらもこの地方にはあったそうだが、駿河の今川氏、秋田の佐竹氏などをはじめとして、城内に狐を祀って家の守護としていた例は柳田先生も「狐飛脚の話」で説かれた。中世末近世初頭の名家に狐を守護霊とする家が少なからずあったことは、つまりこの時代までは一般に狐はやたらに人に憑いて悪をなすものとは認めていなかったからであろう。この類の狐も特に形が小さいといわず、毛色が白く、走ることが速い、姿をかえるのが巧みといった特徴だけが語られている点からみて、やはり普通の日本狐といわれるものと同じ姿と考えられたらしい。

二

以下は私の仮定説であり、その当否を判断して下さるのは出雲の同志の採集結果である。短く述べれば大狐持とは即ち中世の旧家で、日本霊異記の美濃の狐値のように嘗て祖先に霊狐の血統をひくと伝えられた一族であって、それが同族結婚をしたのも或時代にはむしろ平凡なる家系でないという誇りからではなかったかということである。少くも狐に憑かれることを志望した人々が、明治初年までは島根半島の裏側にはまだ残っていた（山陰の民俗）。鳥取市附近では狐をつけてもらうと運が向くといって望んでつけてもらう人があるという。そうだとすると通常の狐持即ち人狐の憑いた家は或時代の新興の富家であって、むしろ村では新来者的な存在ではなかったろうか。

例えば、今まで貧しかった家が急に財産をもつと、この家にトウビョウ狐がついているという（東伯郡大誠村）。狐つきは働くので財産家になる（隠岐島村）。犬神持は栄えるときは朝日の昇る勢だが、一度衰えるとまたたくうちに没落する。現在村でも屈指の財産家に犬神持が多い（邇摩郡某村）。祖先が苦心して一代に数千金を貯え、二代も蓄産した家がゲドモチである（同郡某村）。狐持は財産家のみで、もと貧しかったのが急に財産家になったものをいう（安濃郡某村）。金持が一朝に零落しても怪しいといわれる。貧しい家が豊かになると狐が嫁ぐといった（西伯郡春日村）などの報告にみられる急激な貧富の交替現象は、自給経済を中心とする純農社会では発生しがたい。どうしても交換経済が進んで、資本の蓄積と消費とが急速に行われる社会においてはじめて注目される現象である。しかも新経済機構についての無知のために、狐のような家の守護霊の神秘力をも信ずるといった過渡期の段階が、こうした迷信の温床となるのであろう。

以上の前提が承認されれば「憑物号」に報告された次の例は極めて注目すべきものである。曰く、ある家の先祖貧しくて紙屑買を業としたが、山道で狐が現われて自分を大切にしてくれれば金持になる法を教えるといった。これを約すると「枡を作って売れ」と教え、その通りにして金持になった。この家では今も神棚に枡を飾って昔を忘れぬように努めていると。別の報告では〇〇という富豪、もと枡屋であって狐に商売繁昌を祈った。ところが金持になっても狐に礼をするのを忘れたので狐が怒ってとりついたともいう。「出雲民俗」の特輯号に簸川郡の例として出ているのは、某家は最初貧乏であったが祖先が行商先で白狐をみつけ、つれ帰って特別の座敷に入れて飼ったところ次第に数がふえ、それが金をくわえて来て金持になったという。これらは同じ話ではないかと思うが、そうでないとすればこのようなモチーフが憑物の家となる一つの動機として人気あり信じやすいものであったのだろう。

話の中に出てくる枠と行商という点とが一つの注意してよい所だと思われる。行商は農村に貨幣経済を導入する機となり、その品物が枠であったというのは即ち自給衣料から購入の木綿へと家庭衣料と経済労働事情の変化した時期を示すからである。枠は即ち木綿糸を紡ぐ道具であって、その需要が古くないことはちょうど人狐という名が二百年内外の歴史しかもたないのと同様であった。

寛保二年の「伯耆民談記」によると、生綿の生産は米子のみに限られていたが、百年後の「伯耆志」では木棉栽培は弓ケ浜から大山々麓一帯に拡がり、日野郡の一部に及んでいる。織物は明和安永の頃から次第に盛になったと天保の答申に米子周辺の村々では貨幣経済が浸透し、小作関係は純然たる貸借関係に入っていた。一方日野郡の山間部には昭和になっても地頭名子的な小作関係が残っている（鳥取県ニ於ケル小作権売買ニ関スル調査）（日野郡史）。

出雲地方は詳しい資料がないが、事情はほぼ同じらしく、「雲陽誌」でみると飯谷・大原等の山間諸郡で紙漉が行われ、鉄山が稼行されたに止まり、近代的貨幣経済に入っていたとはいえないようである。それから数十年もたった宝暦の頃から松江城下に狐憑が盛になり、明和に至って減じたと「人狐物語」には記しているが、寛政三年に「狐無之儀御触書」が出され、文政元年には「人狐弁惑談」が著わされているのをみると、在方では引続いて人狐が繁殖していたことがわかる。文化十一年この地方を通過した一修験者が、村落といわず都市といわず金銭物慾の強い人々の多いのを歎じているのをみると、この頃既に貨幣経済が浸透して社会構造が動揺しつつあったことが推測される（日本九峯修行日記）。鉄山経営豪家の土地兼併、農業技術の未発達による凶作の頻発、それに伴う農民借財の増大、人口増殖と山林境界問題などの社会不安の基盤の上に、山伏や行者が宣伝の手をのばしたようである。これが新しく小さな狐持即ち人狐の憑物を増加させた原因であったように思う。八束郡の某家は祖先が文化年間上講武の庄山争いに三講武の総師として活動し、反対派に憎まれて狐持とされてしまった（出雲民俗憑物特輯号）。「人狐物語」は「何を借り何をもろうた、田畑山林の境に付喧嘩せし故来たなど、理非もわかぬ事のみにして」と記している。憑かれた者の言は要するに当人の見聞想像の範囲を出ない。特に我が家の盛衰に偏執する女性が憑かれ易く、語りごとがそこに落ちて行ったことは精神医学の常識からも判断してよかろう。

三

「出雲民俗」の憑物特輯にのせられた会員の共同報告による狐持の存在量は、推計学の方法で検定してみると出雲に多く岩見に少ないということがほぼ断定できる。これは眞宗門徒の多少に関係があるかと思われ、北陸に憑物がないのと考え合せるべきことであろう。また簸川郡では山間農村と平地農村と商業地とそれぞれ有意な地域差がみられ、この順に存在量は減じている。これは馬庭克吉氏が簸川郡西部のX村で行なった実態調査からも裏書される。この資料は少しでも怪しいといわれる家まで含んでの話だから、血縁同族関係によらず、単なる経済事情によって増加した狐持は、貨幣経済の侵入が遅れた山間農村に現在多いということが確かめられたともいえよう。X村でも狐持で同族団をつくっているのはJ姓のみということで、Jといえば誰でも狐持と認めるそうだが、或はこれがもとの大狐持ではなかったか。この点馬庭氏の再調査に期待したい。

また同氏は資産の点からも持筋を検討され、微弱ながら上層階級である地主及び自作に多く小作に少ないことを指摘された。しかし同氏がこれから何等の推論も下し得ぬとされたのは誤りであって、現在（農地改革前）資産を有する者に持筋といわれる家が多いという通説は、この資料からは九五％以上の確実さで断定してよい。山村調査、海村調査の資料からみて、この地方の村々では家の盛衰は極端に急激ではないらしい。X村でもその位置などから判定して資産状態は人一代の間に激変したのではなく、明治以来の大勢はまずここから推定して大差ないのではなかろうか。これは更に広く調査検討する必要があるが、以上述べた事を考慮に入れて今後の調査を計画してみたい。即ち憑物成立の要因と不成立の要因とがいくつか考えられるが、それらを組合せた各種の模型的な場合を想定し、この模型に適合した経済的な場所的事情、社会的階層、歴史的家格、来往経歴などをもつ実例を求めて調査し、我々の推定が正しいか誤まっているかを確かめてみるという方法である。

動物憑依の諸相

——佐渡島の憑霊信仰に関する調査中間報告——

中西裕二

1　序

日本の民俗社会における最も馴染み深い動物として、我々は狐と狸を挙げることができよう。この両者の性質には類似点が多い。その中でも、従来の民俗学・文化人類学の研究は、共に人間に憑依したり人間を化かすという超自然的な能力を持つ、いわゆる「憑きもの」動物であるという点に注目してきた。[1] 憑きものの動物としての狐狸《こり》は、地域によって狐狸の名称や形態に偏差があるという点（オサキ・イズナ・犬神・人狐等）、そしてある地域では家と複合した「憑きもの筋」「憑きもののもち」という家筋を形成するという二点を特徴としている。しかしながら、現地調査に基づいて特定社会の文化体系における狐狸と人間との関係を扱った研究は残念ながら少ない。民族誌的研究としては、憑きもの筋の社会的意味を記述した民俗学者・文化人類学者による若干の報告が存在するだけである。[2] これらの民族誌的報告は、村落構造やその動態と憑きもの筋あるいは憑きもののもちの家との関連を、社会学的・文化人類学的視点を用いて分析している点で、高く評価されるべきである。

本論は、佐渡島の一地域（本論ではN町と呼ぶ）において貉《むじな》と呼ばれる動物による「憑きもの」の事例を取り上げながら、N町において諸々の形態をとる「憑きもの」現象の中でも、特に貉という動物が原因とされる事例について述べ、若干の考察を加えることを目的としている。(3) 貉のような、いわゆる狐狸のカテゴリーに属する動物による「憑きもの」を分析する際、従来の分析方法は、憑きもの筋の家が存在する場合は前述の視点から、そうでない場合は憑依現象とその治療者（巫女、行者など）に関する宗教学的・民俗学的分析が中心であった。しかし本論では、貉は家筋の観念と複合せず、従って社会構造と結び付かないという点、また、貉に関する観念や「貉憑き」を理解するためには、まず初めに調査地の文化的枠組の中での検討が不可欠であるという点から、従来のアプローチは採用しない。本稿では、貉の諸特性と貉憑きという現象を通して、日本のある民俗社会における「憑きもの」現象の一端を示すことを目的とする。

2　貉の属性

佐渡島においては、狸のことを貉と呼ぶと言われているが、貉と狸は全く別種であるという観念が調査地の人々には強い。貉について述べる際、人々が「ムジナ」と呼ぶことはまれで「トンチボ」「ムイナ」という呼称を用い、また「十二さん」「山の神」とも呼ばれる。筆者が調査したN町では、ほとんどの人が「トンチボ」という呼称を用いている。

貉は中型の犬とほぼ同じ大きさで、毛の色は茶・赤みがかった黒・よもぎ色などであり、尾が太いと言われている。貉の形態上の特徴として最も多く語られるのは、狸の顔は丸いが、貉の顔は細長い、あるいは口先が尖っているという点である。この顔付きの相違が、貉と狸は別種であるという理由になっている。貉の住む場所は主に山であるが、正確には穴に住むという点を特徴としている。そのため、里に近い所の穴や海岸沿いの岩礁地帯の穴が貉の住家とされる場合もあり、厳密に山の動物とは断言できない[4]。人がよく貉と出会う時間帯は、明け方・夕方・夜・雨の日などがある。好物は揚げ物・魚・小豆飯・酒などとされ、この点は狐と類似している。

貉について語る場合、その顕著な特徴の一つは、貉は現地の動物分類においては、他の哺乳類と同様「四つ足」「畜生」のカテゴリーに分類される一方、超自然的能力を持ち、しばしば神として祀られる点である。伝説においては、貉は狐との化かし合いに勝ち、それ以来佐渡には狐が一匹もいないと言われており[5]、貉に化かされたという類の伝承は、島内に無数にある。N町においても、貉に憑かれた、化かされたという伝承は数多く、現在においてもそのような経験をした人は多い。それとは逆に、貉は現世利益的な生き神として、佐渡島内において広い信仰を集めている。佐渡島内にある十二社権現は、一般に貉神を祀る社と言われており[6]、その他にも貉神を祀る神社は数多い。相川町相川の二ツ岩大権現はその代表的なものであるが、参道に奉納された百数十本の鳥居の列は、その信仰の広さを物語っている。また、佐渡島内には「アリガタヤ」「ドンドコヤ」と呼ばれる、問い聞きや憑きもの落としを行なう宗教職能者がいるが、アリガタヤの中にも貉神を祀る者が多く、彼らはその力を借りて依頼者の願いに答える。このように、貉の超自然的能力に関しては、憑く・化かすというネガティブな側面（貉に化かされた話は、もちろん幾分ユーモラスに語られることもあるが）と、現世利益的な生き神としてのポジティブな側面が共存している。だが、貉神を祀るアリガタヤや貉神の信仰者の中には、この両面を貉の種類の違いと見なす人もおり、人に憑いたり化かしたり貉はいわば「野良の」貉であり、神としての貉は人格を持ち悪さをしないという。しかしそう語る人々も、貉神は他の神々と比べて位が低い神だという点は認めている。

貉のもう一つの特徴は、貉の属性や生活が人間のそれと類似しているという点である。具体的に言うと、まず第一に、神として祀られる貉や再三人間を化かす貉には、名前があるという点が挙げられる。前述の二ツ岩大権現には「二ツ岩の団三郎」という貉が住んでおり、信仰の対象になっている。その他、「関の寒戸」「東光寺の禅達」「高橋のおろく」など、名前を持つ貉の数は多く、佐渡全島ではその数は百数十匹にものぼる。(7) 第二点として、特に名前を持つ貉同士の関係はハイアラーキカルであるという点を指摘することができる。二ツ岩の団三郎は、佐渡貉の頭領あるいは親分と考えられており、彼は多くの貉を眷族として従えているとも言われている。また、佐渡全島にまたがる、一種の貉のランキング表とも言うべき「佐渡貉番付」も作られている。(8) 第三の特徴は、貉は家族や家を形成すると考えられている点である。これはN町とは別の地区の話だが、貉は母貉一匹と子貉二匹で行動するという。また名前を持つ貉の話の中には、しばしば分家や婚出など、人間の「家」を連想させるものがある。例えば、二ツ岩の団三郎の妻は新穂村大野の「高橋のおろく」という貉で、その嫁入りの時は提灯の火が長く続いたと言われ、その貉の子は新穂村潟上の「湖鏡庵の財喜坊」であるという伝承がある。(9) 筆者が調査したN町の貉神を祀るある神社も、二つ岩の団三郎から嫁が来て、その嫁入りの際に持ってきた樽が神社に残されており、そこで生まれた雌の貉三匹は、それぞれ他村の貉に嫁入りしたという。また、佐和田町上矢馳にいたと伝えられる「初右衛門貉」は、一族が繁栄し、佐渡中に三八軒の分家を持つようになったという記述があり、(10) 西三川村椿尾の貉「鵜掛の長老」は、分家ではないが四ケ所に移り住んだといわれる。(11)

以上に述べた超自然的属性と、一種の社会性とでも言うべき属性は、貉について語る際不可欠な要素である。この点をより明確にするために、貉と他の動物と比較してみよう。村落レベルにおいては、「憑依し化かす動物＝貉」という等式が成立するが、アリガタヤにおいては若干異なる。あるアリガタヤによれば、貉以外に憑依する動物には牛・猫・蛇等がいて、基本的に四ツ足の動物は全て人間に憑く可能性があるが、それでも人間に憑くのは貉が圧倒的に多いと言う。また、貉以外の動物に化かされたという伝承はほとんど無く、調査においてもそのような話は耳にしなかった。しかし、貉と他の動物の決定的な差異は、やはり貉の持つ社会性であろう。貉以外の動物には、上述の名前、階層、家という要素は登場しない。また、貉の行動には、指先が達者である、子供を背負う、後ろ足で立つ、こちらを振り返ってお辞儀をする等の、人間的なしぐさが目立つが、他の動物にはそのような点は認められない。

以上の点から、貉は基本的に「畜生」「四ツ足」のカテゴリーに分類され、そこでは動物／人間の差異が強調されるが、一方でその社会的属性においては動物／貉の差異が強調されている。従って、貉は両義的あるいは多義的性格を持つ動物と言えよう。N町の現地調査中、貉は「ケモノであってケモノでない」動物だと言う説明をしばしば受けた。これは、右の点を見事に指摘している。

3　貉と人間の諸関係

前章では貉の一般的属性について概略したが、本章においては人間と貉についての関係について、「憑きもの」現象を中心に現地調査で得た具体的な事例を提示していくことにする。

調査を行なったN町は、佐渡島内でも貉神の神社や小祠が比較的多く、貉に関する伝承・経験談を多く得ることができた。調査で得られた「憑きもの」現象の事例は全部で六六例あり、その半数が貉と関係し、残りが生霊憑き・呪詛・死霊憑き・神の祟りなどとなっている。

まず調査地での最初の驚きは、必ずしも全員とは言えないものの、人々が貉について忌避的な態度で語ることが少ない点である。これは、他地方の憑きもの動物（例えばオサキ、犬神など）の調査においては、調査地でそれらの動物の名を口にすることさえタブーとされる点と対照的である。[12] ここから、N町の人々は貉についてネガティブな感情を強くは持っていないとも考えられる。次に、N町の人々の貉の認識であるが、彼らにとって貉は決して想像上の動物ではない点を強調しておくべきであろう。貉に化かされたり憑かれたりすることは、勿論彼らにとっても異常で非日常的な経験であるのだが、貉を見かけること自体はごく日常的な経験なのである。

さて、本章において取り上げるのは、N町の人々が貉との間に実際に相互作用を経験した事例、あるいは直接経験した人から聞いたり、その事態を見た人々の事例である。その相互作用には、大きく分けて(a)貉が憑く、(b)貉に化かされる、(c) a、b以外の貉との接触、の三つのパターンがある。本稿においては、この三つの形態を貉による「憑きもの」現象と捉えることにする。以下、順を追ってこれらの事例を示していく。

(a) 貉が憑いた事例

本調査において、この事例は一六例が収集できた。一般の人々と、憑いた貉を落とす役割を果たすアリガタヤの間には、貉の憑依についてある程度共通した認識がある。それは、異常な行動や精神錯乱をしばしば貉が憑いた兆候だと見なすという点で、これを調査地の人々はよく「貉がさわっちょる」「馬鹿になる」などと表現する。具体的には、訳のわからないことを喋る・話しかけてもボーッとしている・四つ足で走る・部屋の中で排便をする等、異常な行動や動物的なしぐさのほとんどは、貉が原因だと見なされる傾向にある。その他に特徴的な症状は過食であり、貉に憑かれた人は異常な量の食べ物を欲しがり食べるという。それは、貉が食べ物を欲して人間に憑いたのであり、そのような場合は食べ物を食べさせるだけ食べさせれば貉はじき落ちる、と言われている。

これらの点に留意しつつ、調査から得られた一六例のデータの内容を見ていこう。まず貉に憑かれた人の内訳は話者本人四例、話者の親族・親戚五例、話者の住む村の人六例、村外の知人一例となっている（故人を含む）。貉は男性より女性に憑き易いと言われるが、この一六例のうち、女性に憑いたケースは五例に過ぎない。次に貉に憑かれた症状であるが、上記の精神異常を引き起こしたケースは一六例中五例に過ぎず、七例は病気などの身体的不調で、その他はその後の不幸（二例）、病気で死亡（一例）、その他（二例）となっており、必ずしも貉憑き＝精神的異常と見なすことはできない。ここで、具体的に幾つかの事例を示そう。

〔事例1〕　Aさんが子供の頃、山の桜の木を折って持ち帰った。帰宅してからもボッとして、人の話しも聞こえないようである。馬鹿になって駄目になってしまった。（親が）アリガタヤと一緒に、貉神を祀る祠に行き拝んでもらった。するとトンチボ（貉）が出て「俺の遊び木を折ったな」と言った。そこで小豆飯を炊いて魚を添え、例の桜の木のところへ持って行って謝った。家に戻ると彼女は治っていた。

これは貉に憑かれ「馬鹿になった」、即ち精神的に異常な状態になった事例である。次の事例も精神に異常をきたした女性の例である。

〔事例2〕　B峠の細い道の頂上に地蔵があり、昔は道中そこで休むものだった。煙草屋の亡くなったバアチャンがC地区に行き、お土産をしょって帰って来てそこで休んでいた。D地区から帰って来たEさんの娘と一緒だったので、そこでお土産を開けて食べた。食べる前に（土産の一部を）後ろにめくる（＝投げる）ことになっていたが、それをやらなかった。そのバアチャンは家へ帰ってから気が触れてしまった。アリガタヤに見てもらうと、峠の頂上で娘さんがやれというのにやらなかったためである。

この事例では具体的に貉は出てこない。だがこれは貉憑きの例として語られており、その特徴をよく示している。N町には、人が食べ物を持って歩く際、貉が住むとされる、あるいは貉がよく出る場所に差し掛かると、持っている食べ物を分けるべきだという観念がある。また、山仕事をする際も、昼食の弁当を少し貉に分けるという。事例2の舞台となるB峠も、貉が住む場所だと言われている。基本的に貉は食べ物欲しさに人に憑くという説明を受けるが、貉に憑かれたケースの中で、食べ物が原因となっている例（五例）の全てが、上記のルールに従わなかったためとされている。この例を見る限り、貉は食べ物が欲しくて人を騙すと言い切ることはできない。むしろ、貉のいる場所を通る時は貉に食べ物を与えるべきなのである。だが、基本的に貉のこの性質は、調査地においては否定的に受け取られる傾向にある。即ち、貉が人の食べ物を欲しがるのは、貉の持つ妬み心や貪欲さから来ると解釈されている。

次に、精神的異常を伴なわない身体的不調の原因が貉憑きであったケースと、「憑きもの」と分類するのが妥当かどうか判断のつきかねる、いわば「境界例」のケースを示そう。

〔事例3〕 四、五年前、F家の者が急病になった時、アリガタヤに見てもらった。すると貉が出て「山で寝ているところを起して邪魔した上、魚を持っていたのにちっともくれなかった」と言った。それでお供えを夕方、人目に付かないようにして、指示された場所へ供えてくると病気は治った。

〔事例4〕 GさんとHさんの乗った車が、I地区のちょっとした坂で動かなくなってしまった。故障もないのにおかしいと思ったら、トンチボがうろうろして邪魔をしている。GさんがHさんに聞いてみると、実は魚を預かっているという。トンチボが十二さん（貉神を祀る祠）に魚をあげてこいと言うので、魚を半分あげると車は動いた。

事例3で示したような、病気の原因をアリガタヤに調べてもらうと、貉が憑いている、あるいは貉が直接出てきて（アリガタヤに憑依して）原因を話すケースは、身体的不調の原因が貉憑きとされる場合の、典型的なプロセスである。このケースは七例あり、病気で死亡（一例）、その後の不幸（一例）というケースを含めると、全部で九例ということになり、前述した精神的異常のケースより多いことが分かる。また、事例4のケースは、本人の身体的不調ではなく、彼の乗っている車の不調の原因が貉ということになる。同様の事例はもう一例あるが、どちらも当事者の車の故障ということなので、本人の身体的不調と同義と解釈し、「貉憑き」に分類することにした。

(b) 貉に化かされた事例

貉に化かされたという伝承は佐渡島内には枚挙に暇がなく、N町においても豊富である。また、現地調査においても、貉の話を始めると即座に帰ってくる言葉が「化かす」であるが、その内容は「昔は」貉に化かされる人が「多かった」というものが大半であり、その詳細に関しては不明な点が多い。そのため貉に化かされた話は、性格上民俗学で言う世間話に属するものが多く、インフォーマント本人やその知り合いが貉に化かされたと明確に言える事例は、本調査では一三例に過ぎない。これらの事例の中にも、世間話的な話が三例あり、その内の一例は以下の通りである。

〔事例5〕四、五〇年前のことである。I地区のJという男がこの辺を通った時、かすりの着物を着た小さな男の子に会った。Jはその子に案内され、立派な家の中に入った。が、気が付くと現在井戸のある辺りで寝ていた。その後、Jはそこに祠を建て、貉を祀った。

貉の化かし方については、伝説と経験の間にほとんど差はない。川や肥え溜めを風呂だと思って入る、女性に化けた貉に騙される、食べ物がなくなっている、同じ所をぐるぐると回っている、貉に供応される等で、これらは佐渡の民話・伝説集の中にも登場するモチーフであり、調査で得られた事例においても登場する。そこで、残りの一〇例を見ていこう。

一〇例の内、化かされた人の内訳は、話者本人六例、話者の世代の上の親族一例、話者の村落内の人二例、その他一例である。貉に憑かれる人は女性が多いと言われるが、化かされる人間には一定の傾向はないようである。しかし調査事例の中で、女性が単独で化かされるという話は一例のみであり、化かされるのは主に男性に多いようである。以下に、事例を幾つか見ていこう。

〔事例6〕　Kさんが妻とともに山に入った時、辺りが急に暗くなった。すると遠くで貉の遊ぶ声が聞こえる。藁に火をつけようと思ったがなかなかつかない。林道に下がったら暗いはずなのに明るかった。その時初めて貉の仕業だと分かった。これは、妻が持っていた食べ物を貉にやらなかったからである。

〔事例7〕　Lさんが貉を蹴ったら、仕事の帰り、お堂の所で牛をいっぱい連れた馬喰に会ったという。それがLさんの前を通り過ぎては消えていったという。

その他の事例での貉の化かし方は、貉を鉄砲で撃とうとしたら自分の子であった、同じ所をぐるぐる回る、食べ物を取られる（二例）、女性に化けた貉と会う（二例）、追っかけられる、山の御殿に案内される、知り合いが死んだと言われる、となっている。貉に化かされた場合は、憑かれるのと異なり、本人が直接物理的・身体的被害を被ることはない。そのため、一種の笑い話のように語られるケースも出てくるのであろう。

(c)　a、b以外の貉との接触

人間と貉の相互作用のほとんどは「憑く」か「化かされる」かであり、その他のケースは少ない。これに分類される事例は五例あるが、その内、二例が貉の嫁入り行列や、その松明《たいまつ》の火を見たというものである。残り三例のうち、一例は貉に遭遇した例で、それは以下の通りである。

〔事例8〕　今から五〇年ほど前、Mさんという貉捕りの名人がいた。ある穴に白いたすきを掛けている貉がいるという話を聞いて、犬を二匹その穴に入れた。しかしながらなかなか犬が戻らず、結局二匹共くたくたになって戻ってきた。そのあと、貉の本尊が出てきて、Mさんを睨みつけた。彼は腰が抜けてしまい、それから貉捕りを止めてしまった。

最後の二例は、いわば貉の恩返しの事例である。これは次の通りである。

〔事例9〕 Nさんは貧しかったが、山道を歩く時はいつも「何か食え」と言って、貉に食べ物をやっていた。するとある晩、貉が目を光らせて、帰り道を案内してくれた。畜生も馬鹿にすべきではない。

〔事例10〕 貉神を祀る神社の屋根の葺き替えをした時、屋根の上に四ツ足が出て来て、人足に御礼の挨拶をしたという。畜生でも感謝の気持があるものだと、感動のあまり涙が出た、とその人足が語っていた。

この事例9と10の貉の性格は、前章で指摘した貉の社会的性格を示すものと考えられる。この「貉の恩返し」の話は伝承においても多く存在する。(13)

(d) 事例からの若干の分析

ここでひとまず、これまでの事例から可能な分析を試みてみよう。第一点としては、貉が憑いているかいないかの判断に、アリガタヤという宗教職能者が深く関与している点を指摘することができる。特に貉憑きのケースにおいては、精神的異常の症状が認められればその判断は容易であるが、身体的不調の原因を判断するのはアリガタヤであり、クライアントではない。よって貉に対する信仰は、アリガタヤを通じて強化され、再生産されていると言える。

第二点として、上記の(a)、(b)の事例に関して、貉とそのような相互作用を持つに至った原因を考察する必要があろう。貉に憑かれた(a)の事例に関しては、一〇例の災因が分かっており、その内訳は、①貉の領域を荒らした（工事をしていた場所が貉の巣だった、貉の遊び木を切った、貉が寝ているのを邪魔した等）……六例、②貉に食べ物を与えるべきところを、与えなかった……三例、③食べた貉が神様だった……一例、④貉の祠をきちんと祀っていなかった……一例となっている（一〇例の内一例が①と②が災因だったため、合計すると一一例になる）。(b)においては、原因の分かる事例は四例しかないが、①貉に食べ物を与えるべきところを、与えなかった……二例、②貉捕りをしていた……一例、③貉を蹴り飛ばした……一例という結果になっている。両者を合わせるとその災因の大半が、貉の領域を荒らした、あるいは貉に食べ物をあげなかった、ということになる。

しかしながらこの災因の結果を考察する上で、これらがN町の文化体系の一端を示すものと見なすことが可能であるか、という問題が残されている。災因は常に解釈であり、その解釈を行なう主体者の多くは特殊な宗教職能者である。しかも、彼らあるいは彼女らが、クライアントと同一の文化体系・観念体系を共有しているとは限らない。逆に、外部の知識を積極的に受け入れ、それを元に災因を解釈するという可能性も大きいのである。N町においても、貉との関係の解釈においては、上述の通りアリガタヤという宗教職能者が深く関与している。しかしながら、N町のアリガタヤはほぼ全員がN町で生れ育ち、同様な生活史を持つアリガタヤの下で、N町において修行をしたという経緯を持つことから、上記の災因の解釈をN町の観念体系の一部と見なすことが許されるだろう。

まず、貉の領域を犯したことが災因とされる事例であるが、これらは主に山中で起きた出来事から貉憑きという判断が下されている。この点においては、貉は山のカテゴリーに属し、それは人間の住む領域としての村と対立する概念である点が読み取れる。また、これらの災因はクライアント自身の行為が直接の引き金となっており、貉がむやみに人に災いをもたらす訳ではない、という点も指摘できる。以上の点から、人間は自己のカテゴリーと貉のカテゴリーの区分を認識し、それに従い行動を行なえば不幸には陥らないことを示していると言えよう。

もう一点の、貉に餌をやらなかったということが災因とされる事例だが、この事例は一体何を意味しているのだろうか。我々の調査したN町の村落は、海岸線にそって点々と散在し、どの村も背後に山々が迫っているという景観を持っている。このような環境では、人々は当然生活の糧を海と山に求め、実際山は現在でも彼らに重要な生活手段を与える領域である。また、人が村を一歩でも離れて、隣村にでも行こうものなら、峠を越さなければならない。つまり彼らは日常生活の諸場面において、常に貉と出会う状況の下で生活をし、貉のカテゴリーを侵犯することになる。そこにおいて、餌を与えるという行為は、二つの機能を持つと考えられる。一つは、人間／貉のカテゴリーが明確になる点である。換言すればこのカテゴリー間の差異は、餌を与えるという行為によって初めて認識可能なものになるといえよう。第二の機能は、この行為によって人間は貉を自己の論理の中に組み込むことができるという点である。なぜなら、貉は家畜のように与えられた食べ物をただ食べるのではなく受け取るのであり、事例9で示した通り、その行為に対する反対給付をすることさえある。また、貉のネガティブな面、即ち人の食べ物を狙う妬ましさも、こちらから先に食べ物を出してしまえば避けることができる。よって、この餌を与えるという行為によって、人間は初めて貉との間に文化的コードを設定することが可能になり、また、貉を自らの論理に組み込むことが可能になる。しかしそれを行なわなかった人間は、貉の前で無防備なままなのである。

4　考察

これまで、佐渡島の人々の貉に関する認識と、人間と貉との具体的な相互作用としての「憑きもの」現象を、N町の調査事例から示してきた。これまでに提示したデータでは、十分な考察は不可能であるので、本章では、幾つかの分析枠組を提示し、それらの方法論の妥当性を検討しつつ、この奇妙な動物について考えてみたい。

貉の特性に関し前章まで繰り返し論じた点を、ここで一旦整理してみよう。まず初めに、N町の貉の認識には、動物種としての貉は「四つ足」「畜生」のカテゴリーに分類される一方、人間に憑く・人間を化かす・人間に益をもたらす「ケモノであってケモノでない」存在である、という二つのレベルがある点を指摘した。そして貉の属性には、他の動物にはない社会的性格がある点も強調した。つまりN町の人々が貉について語る際、その中には常に、いわば貉の超自然的性格と社会的性格というべき主題が見え隠れしている点が指摘できる。そして貉と人間の具体的な相互作用としての「憑きもの」現象を分析すると、「村」と「山」という、人間と貉のカテゴリーの区分が存在する点、貉憑きの原因は、貉のカテゴリーを侵犯した人間と貉の貪欲さ・妬み心の二つに求められる点を述べた。

まず上記の点は、我々を構造分析に誘うに十分な魅力を供えている。まず初めの、N町における貉の認識は、M・ダグラスの言う「変則性」の概念を想起させる。貉は確かに「ケモノであってケモノでない」動物である、という点では変則的である。しかしダグラスが変則的動物としたセンザンコウと貉では、なぜ変則的なのか、という点が大きく異なる。センザンコウは、レレ族においては、森に住みながら森の動物の持つ形態上・行動上の分類特性と整合しない、重複しているという点で「変則的」なのであるが、貉は動物分類上はあくまで「四つ足」「畜生」に分類されるのであって、むしろその変則性は他の動物との分類上の差異ではなく、観念上の人間との類似性に求められている。これらの点から、貉を変則的動物と安易に見なすのは危険である。

次に、貉が若干「境界」の観念と結び付く点を考察してみよう。時間的に見れば、貉は朝夕に出やすいと言われるし、空間的には、村境や峠に出現しやすいという説明をよく受ける。しかし、そこにも幾つかの問題点が存在する。細かなデータを提示するのは別の機会に譲るとして、これまでの調査では、具体的な個人の経験のレベルにおいて、貉と時間的・空間的境界との相関は見出せない。むしろ貉は伝説などのテクストにおいて、境界性と結びつけられる傾向にある。だが、この問題を考察するのは本稿の目的ではないので、これ以上は論じない[14]。ただ明確なことは、たとえ貉を境界的な動物と見なせたところで、それと貉の特性や貉憑きの現象との間に、一定のある関係性を設定することが不可能であるという点である。

もう一つの可能性としては、貉／人間::山／村という対立するカテゴリーから構造分析を行なう方法が残されている。村落空間論的枠組では、村は人間の支配する世界であり、村外は人間の統制がきかない自然の世界である。即ちこの文脈では村／山の対立は文化／自然の対立と言うことができる。ただ、このモデルを人間／貉の対立に当てはめると、またしても厄介な問題に出会ってしまう。それは貉の社会的性格である。嫁入りをしたり、名前があったり、親方がいるという貉の特性は、明らかに動物種として「自然」ではない。

ここで、貉の属性や由来を外的環境の分類に求める作業を中断して、もう一度貉の属性について再考してみよう。

山や峠で貉に餌をやらなかったことが「貉憑き」現象が起こる原因の一つであり、貉は食べ物が欲しくて人を騙すとも言われる。また、貉が憑いた状態としてしばしば指摘されるのは、過食である。このように、貉の話には食べ物が関係することが多い。その理由として頻繁に言われるのは、貉の持つ貪欲さである。貉は貪欲で執念深く、人が食べ物を持っているとそれのことを「妬んで」人に憑く、とも言われる。この貉のネガティブな側面は、N町の人々の間に根強いものがある。このように、貉は自己の欲望や感情を押えることができないのである。しかしながら、これらは狢独自の属性と言うことはできない。何故ならば、これまでの議論を含め、狢について多く語られている属性とは、ほとんど全てが人間の属性だからである。

人間の貪欲さ・妬み心は、呪詛やwitchcraftという形態を取ってしばしば現われる。あるインフォーマントは、自分の家に良い事が起きても、それを他人に話してはいけない、言うと妬まれ横車が入る、即ち呪詛を受けたり生霊に憑かれると言う。また別のインフォーマントによれば、呪詛の知識は村落内の人々に共有された知識である。具体的な数は定かでないが、我々の現地調査においても、呪詛とwitchcraftの事例は一〇例以上あり、実際呪詛によって肉親を失った人もいる。あるアリガタヤは、この人間の側面を次のように言う。「人間には訳のわからないところがある。それは動物の感情、即ち妬む心だ」と。

ここにおいて、我々はN町の「憑きもの」現象の構造に一歩近づくことができる。即ち、狢の特性とは同時に人間の特性でもあり、狢が人間に憑くのと同じ理由で、人間も人間に憑くのである。よって、狢に関して述べてきた問題は、人間に内在するある特定の感情や行為を意味しているとも言える。狢は、山に住む「四つ足」のカテゴリーの動物であるが、その社会的性格によって他の動物から差異化されるのと同時に、妬むという感情により他の動物からも差異化されるという、一種の「両義的存在」である。しかし、この論理は同様に人間にも適用され得るものなのである。

以上の議論から指摘できる点をまとめてみよう。理論的には、我々は環境認識を基礎としたカテゴリー論や境界論に対し、注意深く接せねばならないという点である。確かにN町においても、村／山：：文化／自然というパラダイムを提示することは、民族誌的事象から可能であろう。だが、そこから直接、人間の領域である村／狢の領域としての山：：人間／動物：：文化／自然というモデルが構築不可能である点を、我々は再認識しなければならない。狢に関して言えば、その属性は分類論に基づくのではなく、「超自然的」あるいは

「社会的」行為と感情に基づくのである。そしてもう一点として、「貉憑き」現象それ自体を単独に分析することでは、この現象の正確な把握が不可能である点を指摘したい。N町においては、貉とは人間の鏡であり、人間と貉の「憑きもの」を含む相互作用は、人間同志の相互作用の変形である。すなわち、「貉憑き」現象において問われているのは、一種の「人間性」とでも言うべき問題なのである。

5 結語にかえて

前章の考察において、貉という動物と「貉憑き」現象を分析する際の枠組を、若干ながら提示してきた。だがこれらの議論は、N町における人間と貉という動物の相互作用、そして全般的な「憑きもの」現象を分析する入口に過ぎない。まだ多くの問題点が残されている。それは、大きく分けて二点あると思われる。第一点は、何故貉に人間の属性が付与されたか、という問題である。今後の調査如何によっては、貉を巡る歴史的視座を導入することも必要であろう。もう一点としては、呪詛・生霊憑き、更に他の民俗事象との比較を、より記述的に行なう必要がある。しかしながら、その点に関しては、紙面の都合上別の機会に譲ることにする。

注

(1) 日本民俗学における初期の事例研究としては喜田編(一九七五年)がある。また、日本の憑きものの体系的な整理は、石塚(一九五九年)、吉田(一九七二年)の研究がある。

(2) 石塚(一九五九年)、吉田・綾部(一九六七年)、吉田・上田(一九六九年)、吉田(一九七二年)、石毛・松原・石森・森(一九七四年)、吉田・板橋(一九七五年)、板橋(一九七八年)など。

(3) 本稿で取り上げるN町の調査は、一九八五年〜一九八八年にかけて、文学部吉田禎吾ゼミナールが行なった調査実習のデータに基づいている。筆者は、本調査のチューターとして、計五回の現地調査を行なった。調査は、N町の複数村落にまたがり実施されたため、本稿ではN町という表現を用いたが、以下の事例は全てある特定の地区からのものである。

(4) これらは穴グマの形状や行動と非常に類似しているため、筆者は貉=穴グマと同定してよいと考える。宮沢(一九七八年、一七頁)参照。

(5) 佐和田町史に、昭和三三年から三四年にかけてホンドギツネを何度か放獣したが、定着しなかったという記述がある(佐和田町史編さん委員会、一九八八年、一八四頁)。

(6) 両津市郷土博物館編、一九八六年、二一三頁。

(7) 山本によれば、約一〇〇匹の貉の名が報告されている(山本、一九八八年、二一七〜二二五頁)。

(8) 山本、一九八八年、二五九頁。

(9) 前掲書。七六頁。

(10) 前掲書。二五三頁。

(11) 前掲書。二二三頁。

(12) 吉田禎吾氏からの個人的示唆による。

(13) 山本(一九八八年)には、七つの類話が載せられている。

(14) この議論に関しては、Needham, 1979, pp. 43-47 参照。

参考文献

メアリー・ダグラス　一九六六年(一九八五年)『汚穢と禁忌』塚本利明訳、思潮社。

石毛直道・松平正毅・石森秀三・森和則　一九七四年「カミ・つきもの・ヒト―島原半島の民間信仰をめぐって―」『季刊人類学』5(4)、三〜七一頁。

石塚尊俊　一九五九年『日本の憑きもの』未来社。

板橋作美　一九七八年「群馬県南西部におけるオサキモチ信仰とサンリンボー信仰の社会的意味」『民族学研究』43(2)、

一五六〜一八五頁。
喜田貞吉編、山田野理夫補　一九七五年『憑物』宝文館出版。
クロード・レヴィ゠ストロース　一九六二年（一九七六年）『野生の思考』大橋保夫訳、みすず書房。
宮沢光顕　一九七八年『狸の話』有峰書店新社。
Needham, Rodney 1979 *Symbolic Classification*. Goodyear Publishing Company, INC.
両津市郷土博物館編　一九八六年『海府の研究―北佐渡の漁撈習俗』両津市郷土博物館。
佐和田町史編さん委員会編　一九八八年『佐和田町史　通史編Ⅰ』佐和田町教育委員会。
ロイ・ウィリス　一九七九年（一九七四年）『人間と動物』小松和彦訳、紀伊國屋書店。
山本修之助　一九八八年『佐渡貉の話―伝説と文献』佐渡郷土文化の会。
吉田禎吾　一九七二年『日本の憑きもの―社会人類学的考察』中公新書。
吉田禎吾・綾部恒雄編　一九六七年「西南日本村落における秩序と変貌」『九州大学教育学部比較教育文化研究施設紀要』18、一〜一〇六頁。
吉田禎吾・上田将編　一九六八年「憑きもの現象と社会構造―社会人類学アプローチ」『九州大学教育学部紀要』14、一二五〜一四三頁。
吉田禎吾・板橋作美　一九七五年「群馬県Y部落における憑きものと社会構造」『民俗学研究』40（2）、一四六〜一五〇頁。

筆者補注

この論文を執筆した当時、私は貉＝穴グマではないかと考えていた（注4参照）。しかし、その後の調査、ムジナの剝製などからわかったことは、貉は明確に狸である、という点である。ここに訂正する次第である。

波平恵美子

「いのれ・くすれ」

——四国・谷の木ムラの信仰と医療体系——

病気治療というものがその社会的・文化的・経済的状況によってその内容が規定されるものであり、また治療行為や疾病観念はかならずしも首尾一貫したものでなく、特に患者の側には矛盾した態度や考え方が見られることはこれまでも述べてきた。しかしその矛盾とは、むしろ治療者、特に近代医学の領域における治療者の側から見た場合の「矛盾」なのであって、被治療者にとっては病気が治るためにさまざまの異る種類の手だてを取るということにすぎないのかもしれない。治療に当る側の者が、自分が精通し、熟達している知識や手段とはまったく異る領域で、患者が治療を期待しているのを観察すると、それを矛盾した態度と考えるのである。次に示す事例は病気治療のために近代医学と民間信仰の双方に、その村落のほとんどの人々が程度の差こそあれ、係わっている興味深いものである。

「サワリ」の病気

四国南西部の農山村である谷の木ムラ（仮称）の調査が行われたのは一九六五年（昭和四〇年）秋から翌

年夏にかけてであった。[1] その当時、百戸近くの村落の成人のほとんどは、多かれ少なかれ、病気はさまざまな種類のカミや死霊や生霊の「タタリ」や「ツキ」によって起ると信じていた。この村落の調査は、吉田禎吾先生を指導者とする九州大学の文化人類学研究室グループによって行われた。当初は、西南型村落の一つのタイプとして、村落規模や社会地理的条件のうえで、集中的な村落総合調査を行うのに理想的ムラとして選ばれたのであった。しかし世帯調査を始めて間もなく、人々が盛んに病気のことを話題にすることに、つまり、このムラの人々にとって、病気はもっとも関心のある話題の一つであることに調査メンバーたちは気づいたのである。[2] どの家の誰がいつ頃どのような病気をしたか、どのような治療をどこで受けたか、その以前にもその家の誰がどのような病気をし、どのような経過を経、治癒したか等々を詳細に知っていた。

このような病気に対する強い関心は、病気が個人の心身の一時的不調であるというような認識とはまったく異る認識である。つまり極言すれば、人間関係や家族・親族組織、生業と結び付いた諸活動、日常生活の諸行為、そして信仰が、直接病気と結び付いているという認識から発していたのである。モーリィは伝統的社会と産業社会の医療体系の違いは、後者の世界観は細分化されている (compartmentalized) のに対して、前者の世界観は細分化される度合いが低いということによる、[3] と述べている。その意味では、谷の木ムラの場合は伝統的認識が強いと言えよう。

人々の認識では、病気には二種類あり、一つは「普通の病気」であり、他の一つは「サワリ」である。サワリにはさらに二種類あり、それは「タタリ」と「ツキ」である。サワリとは、カミや祖霊や死霊、生霊その他の、人間の存在や能力とは異質なもの (それを「超自然的存在」と便宜上呼ぶが) がひき起したところの心身の不調である。病気になった場合、それが「普通の病気」か「サワリ」かを判断するのは病人やその家族、または親族の人々も行うが、決定的な判断はこのムラに生れて育った「タユウ」と呼ばれる宗教職能者が行う。彼は当時七十二歳であり、盛んに祈禱行為を行っていた。全戸調査によると、人によっては病気はすべてサワリであると考える場合もある。それは、その人が過去において何度も自分や家族の病気がタユウによってサワリであると診断された経験によるものであった。しかし、一般には次のような場合に人々はサワリと考えてタユウの所を訪ねる。

(1) 病気が長びく場合。医者の治療を受けても回復がはかばかしくない場合。

(2) 発病が突然で、夜中の発熱や突然の痛みなどが起った場合。特に、子供が昼間元気で遊んでいたのに夜発熱した場合などほとんどサワリだと考える。

(3) 精神障害。

人々が自らサワリだと考えると、病院へ行く途中やその帰途に病人自身がタユウの所に寄り、祈禱によって判断してもらうことが多い。しかし時には、病人は病院へ受診のため出かけている間に、その家族やあるいは親族の一人がタユウの所へ行ってその判断をあおぐこともある。当人がサワリと考えた

表1　タタリ・ツキのエージェント

ツキのエージェント	生　霊
	死　霊（肉親の祖霊、奉公人）
タタリのエージェント	権現様（氏神の正八幡宮） 大神宮（大神宮のお札） 地蔵尊 金　神 若　宮 イワイ神 屋敷内の墓 誰とも知れない人の無縁墓 長袖（仏僧・神官・医師）の墓 武士の墓 死　霊（祖霊、家とゆかりのある者の死霊、ミサキあるいはハカゼ） オツグロ（田の中や側に祀られている塚や木） カイザン様 ヒビセキ様（火の神） 神　木 山の神

吉田禎吾・綾部恒雄編「西南日本村落における秩序と変貌」1967）pp. 96〜8 の表 28 より作製。

場合の多くは、タユウによってもそれがサワリであると再確認されている。しかしまれには、病人や周りの人々がサワリと考えてタユウの所へ出かけて行っても「ただの病気だ」と言われ、納得せずに他村のタユウを訪ねて占ってもらうが、やはりサワリはないと言われることもある。

サワリを起すと信じられている超自然的存在は表1に示す通り実に多様である。それぞれの超自然的存在――ここではサワリのエージェントと言うことにする――によって起される病気にはいくらかの特徴があると考えられているようだ。たとえば、金神は突然の発熱や痛みなど「激しい怒り方」をするカミであり「もっとも恐しい」という。生霊や先祖の霊のひき起す病気は長びくような病気が多いという。

祖霊と死霊とは区別されており、死霊は誰のものともわからぬ死者の霊ないしは先祖の誰かと縁のあった人の霊である。「ミサキ（ハカゼ）」も死霊の一種であるが、山野をあちこち徘徊し、たまたま出会った人にとり付いてサワリをもたらすのであって、死霊のようになにかの「縁」が元来あって、それによってサワリという形でその存在を示すのではない。墓というのも死霊の一種であるが、これは塚と同じように墓という聖物に主体があり、それに祀られた人の霊の存在はほとんど意識されていない。墓も武士の墓とか長神(4)の墓など、墓そのものより、そこに祀られている死者の個性や属性が意味を持つこともある。神木とみなされている木は大木や遠くから目立つ木、枝振りのよい木、谷間や峰に一本だけ立っている木である。それらは「山の神の眷族」が止る木だから神木である、と人々はいうが、それを山の神と同一視はしていない。

このように、病気をひき起すエージェントは多様で複雑な関係を持っており、少しも体系的ではないように見える。しかし後の事例で述べる通り、彼らは病気の原因を、それに先立つ数日ないし数週間の自分や家族の行動と結び付けて見出すのである。つまり彼らの信仰は観念的でなく、むしろ極めて具体的なものであり、日常生活に融け合っているためにエージェントは結果として多様になる必要があると言えるのではないだろうか。次に示すいくつかの事例は採集できた多くの事例のうち、人々の疾病観念あるいは病気と治療についての医学と信仰との関係をよく示すと考えられるものである。

生霊のツキ

〔事例①〕　昭和二十年代。戦地から復員してきた息子（当時二十歳代）が悪性の結核にかかった。総合病院に一年あまり入院して治療を受けていたが少しも病状は好転しなかった。担当の医師は親に、手術しか方法はないがどうしても手術に耐え得るほどの体力がつかず困っていると告げた。親たちは当時では入手が難しかった栄養価の高い食物を買って入院中の息子に与えたが、それでもなかなか体力がつかぬまま数カ月がすぎた。そうした中で在村のタユウに占ってもらったところ、「サワリがある。サワッているのは生霊である」といい、まずその生霊が誰かをつきとめるための祈禱が行われた。タユウは隣村の霊媒（「ダイニン」と言う）を呼び、呪文を唱えるうちに、そのダイニンに生霊がのり移ったかのようで、隣家の老女そっくりの声（と臨席した人々には思われた）でさまざまのことを話し始めた。そこでタユウは「生霊おとし」の祈禱を行った。庭の物干などに病人の着物を干し、呪文を唱えたあとその着物に向かって矢を射かけ、「出て行け」と叫んだ。ダイニンは座敷から庭に飛び出して行った。

その祈禱のあと、しばらく病人の様子を見たが少しも変化がなかった。そこで、「あまりに強い祈禱なので滅多にはやらない」と言われている「生霊封じ」の祈禱を行うことになった。それは竹の筒に呪文をかけた木綿針を十本入れ、それに封をして、生霊とみなされている人がよく通る道に埋めるという方法であった。それから間もなく、病人の症状は急に好転し、めきめき体力がついたので医者は手術に踏み切った。そして退院し、普通の生活に戻ることができたが、それと前後するように隣家の老女はそれまで非常に元気であっ

たにもかかわらず急に病みつき、やがて死んでしまった。人々は生霊封じにやられたのだと噂している。(5)

〔事例②〕　昭和二十年代。当時三十歳代半ばの女性が婦人病で医者にかかっていたがいっこうに治らなかった。あちこちの婦人科へ行き治療を受けたがはかばかしくなく、また医師によっては病名も違うため、ある医師から手術をすれば治ると言われても迷っていた。しかし、ほかに方法もなく手術を受けることにした。入院の手筈もすっかり整えた時点で、この女性の夫はどうも気が進まず、妻を説得して、町のある有名な易者にみてもらうように勧めた。妻はこのような迷信じみたことを嫌う人であったが、説得されて易者に会った。易者から「この病気はサワリモノだから刃物を当ててはいけない。生霊が憑いているのだから医者にかかっても治らない」と言われた。

そこで在村のタユウに祈禱を頼んだ。彼は三日三晩泊り込み、夜半に外に聞えないようにして祈禱をした。三晩目に隣村から、事例①にも述べられている女性をダイニンとして招き、その人と病人がそれぞれに御幣を持ち、その間を紐でつないだ。タユウが錫杖を鳴らして祈禱をすると、次第に生霊が紐を通してダイニンへ移って行ったのだろうか、ダイニンはひとりごとのように次々と語り出した。その内容や音声から、自分たちに土地を売った隣家の老女が生霊であることが、周囲の人々にはわかった。それから一時間もすると「病人の身体の汁を充分吸ったのでもう去《い》ぬ。去ぬけん戸を開けてくれ」とダイニンが言うので、戸を開けてやると、ダイニンは戸のほうへぽんと跳びばったり倒れた。それから間もなくして、この女性の婦人病は治った。なおこの生霊とみなされた女性は昭和三十九年に再びこの婦人の夫に憑いて、頭痛や気分のいら立ちなどをひき起したと信じられている。

〔事例③〕　昭和二十年代。当時三十歳代の男性。肛門の調子が悪く、いくつかの病院で診てもらったがはっきりしなかった。在村のタユウに祈禱を頼むと、近くのムラの人（事例①、②とは別の人）をアイカジ（ダイニン）に呼んで祈禱をした。すると生霊が憑いているということがわかった。タユウは床の間のほうへ向って坐り祈禱をした。すると、病人は立ち上がりくるくると回り始めた。その向いて止った方角に生霊が住んでいるということであった。あくびをすると生霊が病人の身体から出て行くというので大きなあくびをした。その後しばらくは調子がよかったが、「こんなことでは充分には治り切らない」ということで、肛門の専門病院で手術してもらった。この事例を提供してくれたインフォーマントは、この家へ嫁に来たばかりであったため、生霊とみなされた人が誰であったのかわからなかったが、家人にはわかっていたらしい。

〔事例④〕　昭和二十年代。当時四十歳前半の女性が出産後身体の調子が悪く、この地方の政治・経済の中心地にある病院まで治療に通っていた。なお各家庭に自家用車がゆき渡る前は、このムラからは一日がかりの仕事であった。一時はよくなるかと思われたがまた悪化して一年あまりも病床に就くなど、数年にわたってよかったり悪かったりの状態が続いた。そこで家族は何かマギレ（サワリ）があるのかもしれないと思いタユウに祈禱を頼んだ。タユウは事例①、②で使った隣村の女をアイカジに連れて来て「弓打ち」の祈禱をした。これは弓の弦をビンビン鳴らしながら行う祈禱である。すると、アイカジは憑かれた状態でいろいろなことを口走った。その声をよく聞くと、また、その内容からも、隣家の男性であることがその場にいる人々にはわかった。

　タユウがアイカジに「なぜ喰いついたか」と聞くと「この家は暮しがよいので妬んで来た」と答えた。タユウが「そんな悪いことをしたらいかん。早う去ね」と言うと、アイカジは「すまん。去ぬ去ぬ」と言った。

表2　生霊ツキの事例

発生時期	憑かれた人			憑いた人
	性別	病状	処理	性別
昭和 20 年	女	婦人病	封じこめ	女
39 年	男	頭痛	祓い落し	〃
26 年	男	肝炎・発熱	〃	〃
大正 4～5 年	女	眼病	〃	〃
昭和 16 年	女	?	〃	〃
37 年	女	腰痛	祈念	?
37 年	男	?	〃	?
22 年	〃	?	〃	?
大正 4～5 年	〃	発熱	〃	?
昭和 22 年	〃	肛門の病気	祓い落し	?
28 年	〃	腰痛	〃	女
28 年	〃	結核	封じこめ	〃
21 年	〃	頭痛	祓い落し	〃
36 年	〃	〃	〃	〃
22 年	女	微熱	〃	男
27 年	男	中耳炎	〃	〃
39 年	男	?	〃	女

吉田禎吾・綾部恒雄編、前掲論文、p. 69 の表 27 より作製。

これで、この女性に憑いていた生霊は去ったと考えられていたが、その後病人は結局死んでしまった。

以上、生霊つきによって病気になった事例を四つあげたが、われわれが採集し得た事例は全部で十七例あり表2の通りである。生霊ツキの場合は病状は一進一退を繰り返し治りにくいと信じられ、その症状が頑固であるほど、憑いている生霊の性根が悪いと信じられている。人々の一般的な考えとして、憑くのは中年から老年の女が多く、若い女や男は少ない。また、憑かれるのは男女どちらも起りうるが、どちらかと言えば男が多いという。

タユウの行う生霊落しの祈禱は、病状や、病人およびその家族の、タタリ・ツキに対する信仰の態度、過去の経験をさまざまに考え合わせたうえでタユウが選択している。家族の多くがこのような信仰にあまり共感していない場合には占いだけで「生霊が憑いている」と告げ、簡単な御祓ですますこともある。

アイカジ（ダイニン）を招き、泊りこみで大がかりな祈禱をする時は周囲に知られてはならないと、夜半ひそかに行われる。しかし、その場に親族が臨席することや、今夜のおかずが何であるか、また預金残高がどのくらいであるかまで隣家の事なら何でもわかる、とムラの誰でも言うほど、近隣関係が密接（親しいという意味ではない）な状況で生霊落しの祈禱をやると、いつの間にかそれはムラ内に知れ渡り、生霊とみなされた人が誰であるかまで噂として流される。タユウにしろアイカジにしろ、一言も具体的な名前は言わない。病人やその家族が、自分たちを取りまく人間関係、家関係の中から、そしてわずかに与えられるヒントによって選び出すのである。

憑いたと目された人が判明している事例を見るかぎり、①ムラはさらに三つの下部単位である「クミ」に分れているが、いずれもクミ内で憑いたり憑かれたりしており、唯一の例外はクミは異るが、隣り合う家同士で憑いたり、憑かれたりしている。②親族間で起ったケースは一例のみで、それも同族関係ではない。残りはすべて、非親族間で起っている。③女が女に憑くケースが三例、男が男に憑くケース一例、女が男に憑くケース七例、男が女に憑くケース一例で、女が男に憑くケースが多い。タユウやダイニンの言葉から推すと、生霊となって憑いた直接の理由は、妬みや羨望が多く、けんかは二例のみである。

以上のことから、アフリカの妖術（ウィッチクラフト）の報告でよく見られる通り、人間関係の葛藤の一つの表現として生霊憑きという信仰があることがわかる。生霊落しや生霊封じの儀礼はその葛藤を明らかにし、何らかの形で解決に向わせようとするものである。生霊落しの儀礼の中でダイニンは、なぜ自分が恨んでいるのか、何が妬ましいのかを述べる。それらはいずれも憑かれて病気になった人やその家族にも思い当ることが多い。自分たちが知らず知らずのうちに、周囲の人々に反感を抱かせる行為をしたり、そういう存在になっていたことを知らされ、それまでの身の処し方に反省を強いられることになる。周りの人々の評価は、「憑く人も憑かれる人も悪い」というものである。

夫婦そろって同じ人の生霊に憑かれ、長年病気で苦しんだ人は、終戦前まで貧しい小作人であった。しかし戦後の混乱期に闇商売で金をもうけ、没落した人の土地を買って急激に農地を増やした人である。農地の所有反別が少なく、全般的に貧しいムラで急に金を得るということは、全体に勤勉であるが、しかし人より働きすぎると評判を落すということと同じく、ムラの人々の反感を買うことになる。タタリ・ツキの信仰の中でも、生霊ツキは直接人間関係を表明するものだけに、タユウの占いや祈禱は他の場合よりも慎重であるように見える。そして、いずれの場合も病気が長びき、病人本人も家族もすっかり困り果てた段階で「生霊ツキ」という診断が下されていることが注目される。

祖霊のタタリとツキ

次に示す事例は祖霊のタタリである。生霊はもっぱら「ツク」のであって「タタル」ことはない。しかし、死霊にはツキとタタリの双方があり、ムラの人々にもその間の相違がはっきり認識されていないし、われわれ調査者もそれを明確にすることができなかった。ただし多くの事例からみると、タタリやツキによって病気になることを「サワリ」とか「マギレ」とか言う。その中でも特に「オトガメ」とか「オシラセ」とか言う時には、何か不敬行為をし、それに対しての処罰を下されたという考え方がある。「ツキ」によって病気になった場合は、それを「オシラセ」、「オトガメ」とは受け取らず、一方、「タタリ」の場合は病気という形で処罰された、という認識がいくらかあるようだ。死霊にはさまざまな種類があるが「ツク」と言う場合は、それをいくらか理不尽なこと、納得ゆかないこと、運が悪くたまたまそのような不運に遭った、と受けとめることが多い。また死霊が「タタル」という場合は、その処罰を当然のこととして受けとめるという傾向がある。

〔事例⑤――祖霊のタタリ〕　昭和二十年代。当時中学生の女の子が病気がちで寝たり起きたりしていた。総合病院で心臓弁膜症と診断された。病名はわかったものの病状に変化はなく、親たちは「なぜ自分たちの娘だけが、こんな妙な、あまり聞いたこともない病気になったのだろう」と不思議に思った。そこでタユウに聞くと、祖先の霊（詳しい関係は不明である）がマツリ不足（もっと丁寧に頻繁に祀ってくれと不満を持っていること）だからというので祟っていると告げられた。そこでタユウに祈念してもらったが結局娘は死んでしまった。

〔事例⑥――祖霊のタタリ〕　調査当時七十歳代の女性。実家も婚家も裕福であったが、結婚後夫の病死や四人の女の子のうち二人までが盲目という不運が続いた。次第に田畑や屋敷までも手放し、経済的にも行きづまっていった。結婚後のこのような長年にわたる不幸や子供や夫の病気は、夫の母の死霊が、この女性を苦しめるために祟っているのだというのがムラの人々のほとんど一致した見方である。この姑は盲目であったため家事の手伝いも農作業もできなかった。そのためか、この女性は姑につらく当り、姑は首を吊って自殺していた。その死霊が祟っているのだという。

　死霊、特に祖霊が「タタル」という場合は、子孫が充分にその先祖の霊を祀る行為をしないとか、死者に対し、現在生きている子孫がよくない感情や記憶を持っているなどの場合が多い。次の祖霊の「ツキ」の事例は、憑かれた者はそれを当然の処罰とは考えていない場合である。

〔事例⑦――祖霊のツキ〕　昭和二十年代。その家の幼女が熱を出しあっけなく死んだ。家族はタユウに頼んで占ってもらったところ、祖霊がマツリ不足のためその幼女に憑いたのだという。家族は思い当るような先祖がなく不思議に思っていたところ、タユウが家に来て仏壇の奥から真っ黒になった位牌を取り出し、この人の霊が憑いていると言った。家人は、仏壇の中にそのような位牌があることさえ知らなかった。それは、この家の主人の妹で、他村へ嫁に行ったが離縁になり、この家に戻って来て死んだ人であったことがわかった。しかし、誰も生存中のその人を知らなかった。また離縁になったとはいえ、一度は他家へ嫁に行った人であったから、その人の霊が憑いたことに皆は意外の念を持ったという。

カミのタタリ

次にあげるいくつかの事例は「カミ」が祟った事例で、いずれも人の不敬行為をカミがとがめた結果病気になったと信じられている。

〔事例⑧——山の神（神木）のタタリ〕 昭和三十年代。三十歳代の男性が四国巡礼から帰って二日ほどして「自分は脳が悪くなった」とうわ言をいい始めた。タユウの所へ相談に行った病人の親族は、タユウから「切ってはならない木を切ったとサイコロの占いに出ている。方角は真北」と告げられた。谷の木ムラ周辺の山野には数多くの切ってはならない木というのがあり、それらは「マツリ木」とか「イワイ木」とか呼ばれる。病人は以前それらの木を切ったらしい。それから三日たっても治らずますます様子がおかしくなるのでタユウに御祓を頼んだ。ところが他のタユウに相談したほうがよいと拒否されたので、やむをえず病人の家が所属するクミ（三十余戸）の人々が総出で「ニンギトウ」（後述）をすることになった。一方、再度タユウに御祓を頼むとアイカジの女性（事例①②④の女性）を連れて家へやって来た。その場には親類の人々のみが集ってきた。その折のタユウとアイカジのやりとりは次のようなものである。

タユウ「どうしてこの男は病気になったのか」。

アイカジ「お前はわしの休み木の榊を切ったであろうが」。

（その間、病人は「火事だあ、火事だあ」と叫んでいた。）

そこで同席の人々は、病人の持ち山で山火事があり、そこに「窓木」（枝振りが窓のように開いている木）があり、それが燃えた。病人はそれは枯れているのだからサイワイ木であろうと構わん、と言って切ったことがあると説明した。

それからタユウは病人の上にまたがり、胸の上に剣で何かの字を書いた。すると、それまで暴れていた男がすっかりおとなしくなり治ってしまった。その窓木は、かねてからこの男の父が切ってはならぬと注意していた木であった。

〔事例⑨――金神のタタリ〕　昭和三十年代末。息子が炭焼きガマを作った直後に、急にその父の首が回らなくなった。おかしいと思いタユウに相談したところ、土を取らなかったかと問われた。父の首が回らなくなったのは金神さまのタタリだと告げられ「コトワリ」（御祓）をしてもらい、カマの所へお札を立てた。その二、三日後に父の首は元通りになった。この人は炭ガマを作る時、北の方角がいけないということは知っていたし、自分の家の大黒柱から見て炭ガマの方角は真北になることもわかっていた。しかし、うちの財産なのだから問題はなかろうと思って炭ガマを築いたのだという。金神は季節によって居場所が移り、春は西、夏は南、秋は東、冬は北とまわるので、三月まで待てば北から西へ移動するのだったがそれを待たなかったし、あらかじめ御祓もしなかったために祟られたのである。

〔事例⑩――イワイ神のタタリ〕　イワイ神は先祖神としての性格を一般に持つのであるが、谷の木の場合は、先祖そのものよりも、先祖とかつて何らかの縁を持っていた人間や動物の霊を祀るものである。死霊が祟ったために、タユウの示唆もあってイワイ神に「祀りあげ」をし、さらにそのイワイ神が祟ったために再び祀りあげをして若宮さまとして祀るという例が見られ、イワイ神は祟り神としての性格が強い。

昭和三十年代末。五十歳代の男性が頭が痛くなった。医者に診てもらうと「脳が悪い」と言われた。医者に通ってもなかなか治まらない。バスの運転手が病院に通う車の中で、ある行者がよくあてると教えてくれたのでそこへ行くと「つつかれん所をつついた」と言った。ムラのタユウに聞くようにとも言われたので訪れると、畑にある墓をかってに移したのが悪かったということであった。御祓をしてもらったら頭痛はピタッと止った。この墓は先祖がイワイ神として祀っていたもので、偉い人の墓だということである。この附近は寺であったという。

谷の木ムラの信仰と医療

谷の木にはかつて医者がいたと言われているし、その屋敷もわかっているが、名前もどのような人であったかもわからず、七、八十年も前のことだったと言い伝えられている。したがって半世紀以上も無医村であったわけで、ムラで病人が出るとバスで三十分ほどの隣村へ出かける。そこには三軒の開業医がいて、内科、産婦人科を開業している。少し重い病気になると一時間ほどかかるこの地方の中心地まで行き、そこの市民病院へ行く。病気になるとまず医者に診てもらうのだが、病院へ通うのは一日がかりで身体的にも経済的にも大変で、病気が少しばかり長びくと通院するのが次第に負担になってくる。一つには、それが病気の背景に何かのサワリがあるのではないかと考える理由である。

いまの一つの理由は、病人が身体的苦痛や経済的負担にもかかわらず病気を治したい一心で通っている病院の医師から、病気についての説明や治療法の説明をほとんど与えてもらっていないことである。山間の村で、戦前は米を売ってイモを主食としていた。調査当時は米を主食に野菜が副食のほとんどを占めていた。海が近いにもかかわらず交通の便が悪いため、魚も塩物、干物を時々食べるくらいで、その一方、密造酒を作って大量のアルコールを摂取していた。頭痛、めまい、頭が重い、気分のイライラなどを経験する人は多く、患者のほうの理解不足もあるのだが、事例にも示したように、それらに対して医師が「脳病《のうびょう》」だと告げることが多かったらしい。精神科病院の入退院を繰り返し、年に数回は錯乱状態になるような人が、かつてもまた調査当時もムラにいた。それも「脳病」だと言われていたので、医師から「脳病だ」と告げられることは本人や家族には大きな不安をもたらした。

ムラの人々が医療にまったく接しないわけではない。しかしそれが中途半端であるためにかえって不安をかきたてられることになる。「なぜ自分がそのような病気になったのか」という疑問をタユウに解明してもらい、それに対する手段をも講じないと病気は再び起ると信じている。ある人が医師から検便をするので便を次回は持って来るようにと言われたが、その人は検便の経験がなかった。しかし医師も看護婦も検便がどのようなものであるかを患者が理解していないなどとは思いもよらず、何も説明しなかった。そのため、この中年の男性は大量の糞便をサトイモの葉にくるんで病院へ持って行き、その総合病院ではその後しばらくの間笑い話の種になったということである。これはむしろ、医療や保健の知識を与えられないまま、病気になれば大きな経済的負担を負わなければならない谷の木ムラの人々が置かれている悲劇的状況を示す話ではなかろうか。

第三の理由として、谷の木ムラのみならず、四国の山間部に現在もなお根強く存在するタタリ・ツキの信仰があげられる。この信仰は、かつては日本全域に広がっていた日本の基層的民間信仰の一要素であったろうと考えられる。一般に「憑きもの信仰」と呼ばれ、石塚尊俊の『日本の憑きもの』（一九五九年刊）、吉田禎吾の同名の本（一九七二年刊）および小松和彦の『憑霊信仰論』（一九八二年刊）などに詳しく記されている。

谷の木ムラの場合は、「犬神筋」と呼ばれる特別な家筋の存在によって、そのタタリ・ツキの信仰はいっそう根強く残存したと考えられる。犬神筋とは、山陰地方の犬神筋や狐持ち筋、北関東の狐持ち、トウビョウ持ちなどと同類である。ある家筋に生れた人には、その人が好むと好まざるとにかかわらず、また、その人が意図するとしないとにかかわらず、その人の霊が他人に憑く。そして憑いた相手を病気にしたり、怪我をさせたりする霊的能力を潜在的に持つと信じられている家筋のことである。(6) 人によっては、その能力は生涯顕在化しないままのこともあるが、いつ、どのような形でその能力が発揮されるかわからない。また一般に、結婚によって双系的に子供に伝えられると信じられている。

以上のことはまったくの迷信であって、何の客観性もない。しかし、この地方の人々は成人する頃までに、その地域のどの家とどの家とは犬神筋であると聞かされる。また、そこの家の人々は上記のような特別な能力を持つと信じられており、しかもその能力は結婚によって伝えられるから、通婚はできるだけ避けたほうがよい、というようなことを、親や年上の親族の人々からそれとなく教え込まれる。多くの人は、その家に生れた人はみな人に憑いて病気にすることができる、というようなことは迷信で、そんな馬鹿なことは起り得ないと信仰の側面では否定する。しかしいざ、自分や自分の子供の結婚となると、それらの家を通婚忌避の対象とする。通婚忌避の現象が残り、どの家が犬神筋であるかのアイデンティティが存在するかぎり、「人の霊魂が憑く」という信仰自体もなかなか消滅しない。

ある特定の家が犬神筋あるいは狐持ち筋であるとみなされるようになる過程は、次のように考えられる。石塚や吉田が指摘するように[7]、閉鎖的な村落社会に、しかも開墾することが可能な土地がない地域に、何らかの事情で外来者が入ってきた時。そしてまた、従来からそこに住んでいる人々が、外来者を名子や奉公人として経済的・社会的に抱え込むほどの余力もなく、また、明確な階層化も起り得ないほど、経済的に余力がない場合。こうした場合、外来者を通婚忌避の対象とすることによって、親族関係に断絶を持ちこみ、それによってからくも階層化を果そうとする。その地域に、従来から憑きもの信仰があれば、それらの家を単に「外来者」として差別するより、憑きもの信仰と結び付けて、「憑きもの筋」として差別するほうがより有効であり、このような制度ができ上がったのだと理解できる。

アフリカ社会で広く見出せる妖術（ウィッチクラフト）と日本の憑きもの信仰は類似した点も多い。しかしアフリカのウィッチはその能力が個人的であったり、母から娘へと伝えられることがあるが、日本のように「家」が枠組となり、その家に生れた人は男女を問わず憑く能力を持つと認識されているのは、日本の社会の中で家制度が持つ社会的機能が信仰の内容と強く結び付いた例と考えられる[8]。

谷の木ムラにタタリ・ツキの信仰が根強く存在することと、犬神筋と呼ばれる家筋がムラの四割以上を占めているという社会的現象とは強い相関関係にあると考えられる。つまり犬神筋の人々を通婚忌避の対象とする一般の人々（自分たちのことをかれらは「シロ」と呼び、犬神筋の人々の「クロ」と対置している）は、タタリ・ツキの信仰の存在によって、自分たちの差別的意識を正当化しようとする。大正期までは犬神筋の人々が非犬神筋の人に憑いて病気をひき起したといわれる事件が頻繁に起っていたとムラの人々は語るが、昭和期に入ってからは一例のケースもない。しかし、タタリ・ツキの信仰が発病という具体的な現象と結び付いて存在するかぎり、憑きもの信仰と犬神筋との関係は人々の認識から消えないことになる。

小さな閉鎖的な社会で、日常の相互扶助抜きには生活が成り立たないような状況で、ムラの戸数の四割以上がムラ内および周辺のムラの家から通婚忌避の対象にされていることは社会的・心理的緊張を人々に強いることになる。しかし、それが両者の間の表立った対立に発展しないのは、非犬神筋の人々がしばしば口にする「犬神筋の人を怒らせたり反感を持たせるような行為をしてはならない。もしそのようなことをすれば憑かれて病気になるかもしれないから」という言葉がその事情をよく表現している。つまり憑きもの信仰が、非犬神筋の人々の犬神筋の人々に対するあからさまな差別行為を抑止する社会的機能を持っていると考えられる。

タタリ・ツキ信仰の社会的機能

病気がタタリやツキによって起るという信仰は「迷信」であり、生霊の本人だなどと見られた人にとっては人権侵害とも言えるような被害を被ることもある。一九七〇年代末に奄美諸島の徳之島で、ある人が自分の息子が精神障害になり病院に入院しなくてはならなくなったのは、隣家の犬神筋の人の「クチイレ」(呪い)が原因だとして訴えた事件が起った。谷の木ムラの場合はこのように表面化することはないが、陰でこそこそ噂をされたり、それとなく態度で示されたりして不愉快な思いをさせられる。それが通婚忌避と結び付くとなれば大きな社会問題であり、このような迷信は極力消滅されるよう努力しなければならないであろう。しかし、このような迷信が、アフリカなどの社会における妖術や邪術と同じく、人々の社会的関係を調整し、規範を守らせ、よりよい人間関係を保とうとする社会的機能を持つ一面が存在することを否定することはできない。

谷の木ムラで生霊とされた人で判明している限りでは、いずれもムラ内での評判のよくない人で、①人づき合いが悪く、人から陰気であるとか真意がわかりにくいとかの反感を抱かれている。②男女関係で、あるいは経済的な状況において嫉妬しやすい人。③表面的にはあいそがよくても誠意がなく、底意地が悪い。④根性が曲っている、などの印象を人々に与えているような人である。一方、何度となく憑かれたり祟られたりするような人は人から同情されもするが、彼らの行為に何かの落度があるからだとみなされており「病気」という形で処罰されるだけでなく、噂によって周囲の人々からそれとなく非難されるのである。

当時三十歳代のある人が「自分はタタリやツキで病気になるなどということはまったく信じていない。しかし、たまたま病気になった時、あれは祟られたか憑かれたかして病気になったのだと噂されるのも嫌だし、人が病気になった時、自分が生霊だと言われたりするのはなお嫌だ。だから自分の言動には日頃から気をつけていて周囲の人々を怒らせたり、反感を持たれたりしないようにしている」と述べた言葉が、この種の信仰の持つ一つの側面をよく説明している。

なかにはこのような信仰に真っ向から反対し、神木と言われているような木をわざとのように切り倒したり、ムラの内ではタブーとされていることを次々とやってみる人もいた。彼は当時六十歳代後半であったが、谷の木の人々は、彼を「勇気のある人」だとか「進歩的な人だ」とは決して評さず、非常な変り者とみなしていた。その人の家族内の不幸——妻が病弱なこと、息子が大怪我をしたこと、娘が結婚式の前日に自殺したことなど——はすべて、かれが犯したカミや祖霊への不敬行為に対する処罰であると考えられていた。

谷の木の人々の信仰の特徴は、その信仰の対象となるもののほとんどが日常ふだんの生活の中で信仰行動の対象となってはいず、病気という形で人が「処罰」（トガメ、シラセ）を受けて初めて儀礼の対象となるという形をとることである。「ツグロ」と呼ばれる田の中にある由来不明の塚や、山中にある、いつごろ誰のために建てられたかわからない墓などはもちろん、先祖の墓さえも、できれば触れないでおきたいという気持が強く、いわば忘れられた状態にある。鎮守の社さえ、用事のない時にはなるべく行かないし、そこを通る時には本殿を直視しないように目を伏せて通ると言う。つまり、タタリやツキという形で初めてそれらは力を持ち得るし、その存在を人々に思い起させることになる。言い換えれば、谷の木ムラの人々の信仰はそれほどタタリ・ツキの信仰としての強い傾向を持っているということである。

生霊ツキはもちろん、死霊のタタリ・ツキも、現実の人間関係に強い緊張をもたらし、それが新たな人間関係の葛藤をひき起すことはあり得るので、タタリ・ツキの信仰がマイナスの社会的機能（社会的統合力を弱め、混乱や争いや葛藤をもたらすこと）を持つことも無視してはならない。それにもかかわらず、タタリ・ツキの信仰が存続しているのは、谷の木ムラが次のような社会的特徴を備え、その状況にあっては、このような信仰がよく社会的規制力を発揮するからであろう。

つまり、①閉鎖的な小規模社会であり、婚姻関係、相互扶助の関係、日常のつき合いなど、幾重にも密接に結び合わされた人間関係、家関係が錯綜している。②全体的に他の近隣村と比べた場合、貧しい。しかしまったく平等というわけではなく、ムラ内の人々の目には明瞭に見て取ることのできる貧富の差がある。③その差は小さいため、病気などの不運が続くと、容易に経済的階層の順位は上下が入れ替る。④谷の最奥にあり、犬神筋の占める割合が高いため他の村落の人々からはやや特別視される傾向にあり、それだけに、自分の住む村落を一つの完結した世界として見る認識が顕著である。たとえばわれわれが本調査を始める直前に、警官十余名が明け方のムラに入り、密造酒の現場を押えて、酒を密造していた十名ほどの人々を逮捕するという事件があった。調査当初、ムラではその話でもちきりであったが、人々の関心は「ムラ内の誰が警察に密告したか」ということであり、酒の密造が法律によって禁止されていることや、逮捕された者のその後の処置などは関心の外であった。

人間関係が密接であればあるほど、他の人の行動を規制したり非難したり処罰したりする制度は、公的であったり、あからさまであったりすることは難しくなる。あるいはまた、けちであるとか無愛想だとか、人より働きすぎであるとか金儲けがうまいなどの、それ自体かならずしも「悪」であるとは言えない事柄が、先に述べたような特徴を持つ社会では人間関係に葛藤を持ち込む大きな要素となる。タタリ・ツキの信仰は、以上のような、権威の所在があいまいで、上下関係が明瞭でなく、したがって社会的統制や規制が働く機関が未発達な社会では社会的機能を持つ数少ない制度として存在することになる。

祈禱師の役割

タタリ・ツキの信仰を以上のように理解すると、このムラに祈禱師がいるからこのような「迷信」が存在するのだという説はかならずしも成り立たない。調査当時に活躍中の祈禱師（タユウ）は犬神筋の出身で、生家が貧しい小作人であったので少年の頃から奉公に出ていた。若い頃から身体が弱くさまざまの病気をしたという。ただし本人の話では夢をよく見るとか頭がボーッとするとか、自分で自分がわからなくなるというような精神障害を思わせるような症状はなかったという。病気になると隣村の山伏のところで治してもらっていたが、十九歳の頃から少しずつ弟子のような形で手伝うようになった。中年以降は独立して病気治療を行っていたが、人が評判をききつけて来村を依頼し、遠くのムラまで出かけるようになったのは六十歳以降のことであるという。外で評判を聞いて谷の木ムラの人々が治療を頼むことが頻繁になったという面がなくもない。昭和三十年代中頃、それまで神社の神官を兼任してくれていた他町の神社の神官が老齢のためにムラの祭りに来てくれなくなったため、一部ではあるがムラの金で援助をし、それによって彼は神官の資格を取った。それ以来「タユウ」と呼ばれるようになったが、以前は「ヤマブシ」あるいは「オンミョウジ」

（陰陽師）と呼ばれていた。

私が調べた限りでは、彼も含めて谷の木には過去に少なくとも六人の祈禱師がおり、明治初期まではその活動をさかのぼることができた。注目されるのは、彼らはいずれも男性で犬神筋の出身者だったことである。また、現在（調査当時）の状況を例外として、それ以前にはいずれも主に活躍する祈禱師がいて、その弟子ないし補佐役の祈禱師がムラ内に併存するという形をとってきた。現在の祈禱師も、先代の祈禱師が生存中はそれほど目立った活動はしていない。しかしこの祈禱師には弟子はなく、彼の代でこのムラの祈禱師は絶えるのではないかと考えられている。

谷の木ムラの人々と祈禱師との関係は、当人たちが軽い病気と考えたり、それとなく病気の原因となったタブー侵犯に思い当る時はムラ内の祈禱師の所へまっすぐに相談に行く。ところが病気が重いとかなかなか治らないなどの場合は、ムラ内の祈禱師は避けて他村の祈禱師やこの郡の最大の町であり行政や経済の中心地である三条市（仮称）に住む祈禱師たちの誰かに相談する。中には高知市まで出かけて行った例もある。このような行動は奄美におけるユタとクライアントとの関係にも見られ、自分が住む所から遠い所のユタの言葉ほど信用する傾向がある。とはいえ、谷の木ムラの祈禱師はムラの人々の多くから篤い信頼を受け、「マッポシ」とあだ名されている。その意味は「まことによく当る」というものである。ムラの人がよその祈禱師の所へ行くと一応の占いや簡単な祈禱はする。しかし再度にわたって行う祈禱や生霊落しのような時間がかかるものは、かならず谷の木ムラの祈禱師にみてもらうようにと勧めている。

谷の木の祈禱師は、クライアントの病状を詳しく聞くと、神に向って祈願して教えてもらう（お告げ）、サイコロで占う、筮竹で占う、という三つの方法のどれかによって、その病気がサワリであるかどうか、また何のサワリであるかを知ることができるという。次に、クライアントへの問いかけによって、また彼自身ムラ内のできごとに熟知しているので、それとなくヒントを与えながらサワリがなぜ起ったかをより具体的に示してゆく。

治療儀礼はお札を与えそれを神棚に上げて拝めとか、金神の祟りのように、土を取った場所に立てて拝めと指示するといった簡単なものもある。また墓の祟りのように、自分が自ら出かけて行ってそこで御祓をすることもあり、先述のように、生霊落しでは霊媒を招き、弓打ちや矢を射かける等々の複雑な儀礼を行うこともある。あるいは、それまでの祠は「イワイ神」としてのものだから、「若宮」として祀るためにはもっと立派で大きな祠を作るようにと指示することもあり、その場合はかなりの出費を伴うこともある。水や神酒、何らかの薬を与えて、これを飲めば病気が治るという示唆をすることはない。むしろ、病気の時には医者にかかり、医師の指示通りに薬を飲み養生するようにと勧める。このような病気治療の様式を「いのれ・くすれ」と谷の木ムラの人々はいう。その意味は「祈禱をし、薬を飲んで（医者にかかって）病気を治せ」ということである。

谷の木ムラの疾病観

以上述べてきたことから、谷の木ムラの人々の病気と治療に関する考え方をまとめると、次のようなことが明らかになる。

(1) 病気という現象は、単なる身体の不調ということもあるが、時にはカミや祖霊などさまざまな超自然的存在が自分の意志を人間に示す手段として人の身に起すこともある。

(2) 後者のような病気（サワリ）の場合は、医者の行うどのような治療手段もそれのみでは有効ではなく、信仰によって（タユウの指示する信仰領域での手段によって）治さなければならない。そして、その手段

（具体的には御祓などの儀礼）を講じて初めて、医師の治療が効果をあげはじめる。

(3) サワリは、超自然的存在が人間に対して怒ったり、不満を持ったりした場合、それを示す一つの形であるが、サワリ（発病）はかならずしも、その怒り不満の引き金となった人へ直接に現われるとは限らない。親の不敬行為が子の病気に、子のそれが親に、あるいは夫のそれが妻に、発病というトガメが現われる。家族内であれば、あるメンバーへのタタリ・ツキが家族の別のメンバーの誰にでも現われる可能性がある。家族外のメンバーにまで及ぶことはない。

このような考え方があるため、家の中で誰かが病気になると病人以外の人が祈禱師の所へ出かけて行って占ってもらったり、場合によっては御祓を受けたりする。事例①の生霊ツキの例のように、生霊となっている人の妬みが家全体に及んでいるような場合は、病人は入院中で不在であっても、ほかの家族員がいればそれらの人を対象に儀礼が行われている。

(4) 祈禱師の行う治療儀礼は、したがって病気そのものよりも、病気をもたらしている超自然的存在を対象にしており、それらに対して、それを慰撫したり、祀り上げたり、封じたりすることによって病気を治そうとするものである。サワリには「病気治癒の妨害となっているもの」という意味もある。祈禱師が近代医学と対立したり、医師の治療行為を軽視したりせずに、時には適当な病院の方角や医者を変えたほうがよいかどうかなど、クライアントの要望があれば占ったりするのは以上のような考え方にもとづいている。事例④のように、生霊が病気そのものをひき起すのではないが「病人の身体から栄養を吸い取って病人の治癒力を奪う」という形で病気をもたらすという信仰もある。エヴァンス゠プリッチャードの報告するアザンデ族の場合とその考え方はよく似ている。

(5) (3)の考え方の別の表現とも言えようが、病気を治す力は病人以外の人の助力によって増大させられ得るという認識がある。そのもっとも端的なものが「ニンギトウ」（人祈禱）と呼ばれる儀礼である。病人が重篤におちいった時、ムラの下位単位であるクミの人々が集って、鎮守の杜でかがり火をたき、「お伊勢音頭」と呼ばれる歌をうたって祈願する。病人が大きな手術を受けるような時には、その時刻に合わせてニンギトウをする。一般には夜集り、明け方まで行う。

言葉を換えれば、人々は病気とは病人の個体の中だけに起っている現象とは考えず、多かれ少なかれ、病人と密接な関係にある人々と共有され得る現象であると認識しているのである。したがって、病状が重いほど係わってくる人の数が増え範囲が広がるのである。

谷の木ムラの人々の疾病観や病気治療の考え方の中核には、このムラの祈禱師の存在があることは明らかである。彼の告げる診断の内容や占いの仕方、治療儀礼の詳細が人々の観念の形成や体系化に大きく影響している。しかし、彼の祈禱を信頼しその治療に頼る人々の存在こそが、彼の存在を許し活動を認め支持していることも事実である。代々の祈禱師が犬神筋で小作人であったことは注目される事実である。つまり、社会的・経済的な地位の高さはその信仰上の権威とはまったく関係の無いこと、祈禱師への信頼や敬意はもっぱらその占いや病気治療の能力へ向けられていたことを意味する。それだけに自分の治療上の能力には絶対の自信を持ち、人々の評価に対してもたえず配慮している。奄美のノロが患者の様子を見てすぐに「これはカミザワリではないので自分には治せない。すぐに医者に見せなさい」と告げ、治療効果があがりそうもない患者を斥けるのと同様、谷の木ムラの祈禱師も自分の経験に照らして、治療が可能かどうかを見極める。

精神障害は多くの場合サワリとみなされ祈禱の対象となるが、この祈禱師が「これは普通の病気だ」と言って決して祈禱に応じない例がある。ある三十歳半ばの男性は、思春期頃から家の中で乱暴するようになったが、落ち着く時期もあり、結婚し子供も生れた。しかし、三十歳代に入って再び精神状態が不安定になった。労働はほとんどせず、ふさぎ込むかと思うと妻を猛烈に殴るなどの行動があり、精神科に何度か入院した経験がある。家族からの依頼を断った理由を私が祈禱師に尋ねたところ、「サワリでないものは治せない」という答であった。

タユウの治療能力がどの程度のものであるかを正確に計ろうとする考え方は、谷の木ムラの人々にはないように見受けられる。タユウの祈禱能力によって病気がこれこれのプロセスを経て治ったという話は多く聞いた。しかし祈禱してもらっても治らなかったからといって、タユウを非難する声はほとんど聞くことができなかった。

先にも少し触れたように、祈禱によっても回復がはかばかしくない時に、タユウは次のような手段を取る。たとえば、ある人の病気が墓の祀り不足によると考えられた場合、墓に参り、きれいに掃除し、タユウの清め祓いを頼む。この第一段階で治らなければ、タユウは「墓のまま祀られているのは不満なのでサワリが取れない。墓をイワイ神に祀りあげたほうがよい」と言う。小さな祠を作り、毎月の祭日を定めて、その日には参拝し、水と柴を捧げるよう指示する。それでもなお病状がはかばかしくないと、第三段階となる。「イワイ神では位が低すぎると言っている。若宮様に祀りあげをしたほうがよい」と言って、それまでの藁で作った小さな祠を、コンクリート造りのやや大きな祠にし、柴の代りに榊を捧げるように指示する。その間に数年が経過することもある。あるいは、生霊の場合には、事例にも記したように、「性根の強い生霊なのでなかなか病人から離れない」と告げ、何回も生霊落しや生霊封じの儀礼を行う。祖霊が祟ったり憑いたりした場合には、「祀り不足だ」と言って、家族にもっと頻繁で丁寧な先祖祭りをするように指示する。

一般的な見方からすれば、以上のような言動はタユウが自分の治療能力の欠如について言いのがれをしていると受け取れなくはない。しかし、谷の木ムラやその周辺の人々はそのような考え方をしない。ごく少数の、タユウの治療行為を否定する人は、タタリ・ツキの信仰そのものをも否定している。つまり、いく分でもタタリ・ツキの信仰を持つ人は、タユウの上記のような行為は当然のことと考えている。そして当然のことながら、病気が治らないと人々はいっそう熱心に病院通いをする。つまり、客観的に見れば、谷の木ムラのタユウの祈禱行為は近代医学との二人三脚的存在なのである。

本節のタイトルに示した「いのれ・くすれ」という言葉は、「病気になったら、いのれ、くすれだよ」というような表現に使う。近代医学に接する以前はどのような医療行為が見られたのか今ではもう明らかではないが、いまの時点では谷の木の人々にとって、祈禱と近代医学による医療は、彼らの医療体系の二大要素となっている。

伝統的社会におけるツキモノ信仰

谷の木ムラのタタリ・ツキの信仰は現在の時点で取り上げると、いかにも限られた地域の特異な信仰のように考えられがちである。しかし日本の伝統的な民間信仰の中では、タタリ・ツキの信仰は大きな比重を占めており、かつては日本中どこにおいても見出せたことは疑いもない。平安末期から鎌倉時代初期にかけて日本社会をゆさぶった御霊信仰を持ち出すまでもなく、天神信仰、祇園信仰の分布の広さを考えれば明らかである。江戸時代には、江戸の町は当時としては世界一の大都市(9)であったが、そこでも憑依現象が起り、タタリ・ツキの信仰が一般的であったことがうかがえる。

寛政から文化年間に江戸町奉行であった根岸鎮衛が記した『耳袋』にはいくつかの狐憑きや猫憑きの話が見られる。その一例を紹介してみよう。

ある同心（武士）の家に物売りが来て、その母が買いに出たところ、物売りはその顔が猫そっくりだったので恐怖にかられて逃げ出した。そこへ息子の同心が帰宅し、一眠りして起きて母の顔を見たところ、猫になっていたので切り殺してしまった。そしてよくよく見ると、やはり母であったのでその場で自殺してしまうという事件があった。これはもともと、狐や猫が人に憑くという信仰を持つ人が武士階層も含めて広く存在し、そこへ、物売りが一種の精神錯乱の状態から、同心の母に猫がのり移ったと騒ぎ立てた。息子の同心もそれに即座に感応して、眠りから醒め切れない状態で、物売りと同様の錯乱状態におちいったものと推測できる。それだけ、江戸の町においても根強い憑霊信仰があったと見ることができる。

鍋島藩の化猫騒動も、当時の知識層であり儒教によって教育された人々が憑霊信仰を持っていたことを示している。しかも、それは鍋島家がその主家筋であった竜造寺家を滅亡させたことの祟りであるという、一種の御霊信仰と結び付いて起った騒動であった。

タタリ・ツキの信仰は明治維新を境とする急激な近代化の中で薄められてはいくものの、まったく消滅してしまうことはなかった。そのことは、都市の祈禱師の存在や、近年全国的に盛んになっている水子地蔵の信仰、あるいは「新興宗教」の教えの中に、タタリ・ツキの信仰が残存し、形を変えながら補強され再生産されていることで証明されている。谷の木ムラの場合、かつては全国をおおっていたタタリ・ツキ信仰が、さまざまの条件が重なって色濃く「残存」しているとも、また、それらの条件が重なった結果の社会的・文化的状況が、この信仰を絶えず補強してきたとも言える。

いずれにしろ、近代医学が発達しても、病人やその親しい人々に、「なぜ自分は病気になったのか」という疑問には近代医学は答えないのに対し、タタリ・ツキの信仰は、何らかの意味づけをするし説明をしているのであり、その点では明白な因果関係を人々に提示することができるのである。

注

（1）谷の木ムラの調査は、一九六四年に、吉田禎吾教授に与えられたウエナー・グレン基金の調査資金によって行われた人類学的調査の一環である。参加者は吉田禎吾、綾部恒雄（一部期間）、江渕一公、上田将、丸山孝一、上田冨士子、筆者である。筆者はその後単独で、一九六六年、七二年にも調査を行った。

谷の木ムラについては、「九州大学教育学部附属比較教育文化研究施設紀要」第一八号（一九六七年）に報告されているし、吉田禎吾先生著の『日本の憑きもの』（中公新書）および *Ethnology* vol. 6. 'Mystical Retribution, Spirit Possession, and Social Structure' に報告されている。

（2）病気が最も「人気のある」トピックである状況は、石塚道子の一九八二年の論文「アンチール諸島クレオール社会構造研究」の中でも生き生きと詳しく述べられている。

（3）Morley, P., 1978, 'Culture and the Cognitive World of Traditional Medical Beliefs' in *Culture and Curing*, ed. by Morley, P. & R. Wallis, Peter Owen.

（4）医師や神官、仏僧のように労働着ではなく長袖の衣服を着ていたことからそのように呼ばれる。医師などは、普通の人と違って死後も霊的力が長く残り、タタリの力が強いと人々はいう。

（5）事実関係を調べると、隣家の老女が病気がちになり死亡したのは、生霊封じの儀礼が行われてしばらくしてからであった。人々の話の中では、生霊封じ即、生霊の死亡、となっており、物語り作りが行われていて興味深い。

（6）犬神筋については石塚尊俊『日本の憑き物』（未来社、一九五九年）、吉田禎吾『日本の憑きもの』（中公新書、一九七二年）に詳しい。

（7）それぞれ前掲書。

（8）非犬神筋の人が犬神筋の家へ嫁に来ると、本人は非犬神筋であり、憑くとは考えられていないが、社会関係においては犬神筋の家のメンバーであるため、「灰色」、「まじり」とみなされやすいという。灰色というのは、犬神筋は「クロ」、非犬神筋は「シロ」と隠語で呼ばれているからである。

（9）ただし、江戸という町は多分に農村的要素、地方的要素の強い、「民俗社会」であるという解釈が、アウエハントの『鯰絵』では示されている。

「イズナ」と「イズナ使い」

——K市における呪術—宗教的職能者の事例から——

佐藤憲昭

一　はじめに

岩手県のK市周辺には「神憑り」的状態になりながら、依頼者の欲求を充足させている民間職能者が在住している。彼（彼女）らは超自然的存在と直接交流をすることのできる職能者であるから、シャーマン的職能者の枠に入れることができる。当該地域の住民は、これらの職能者を「カミサン」、「オガミヤ」、「センセイ」などと呼び、また盲目の女性職能者に関しては「イダッコ」と呼んでいる。本稿ではこれらを総称して「カミサン的職能者」と呼ぶことにしたい。

カミサン的職能者の主たる役割は依頼者のもつ現実的な苦悩、苦痛、不安、その他の問題に回答を与えることである。依頼者の依頼要件には様々なものがあるが、最も多いのは「病気に関すること」である。[1] 病気に罹ったとき、依頼者はまず病院を訪ね、医学（科学）的に治そうと試みるが、これが予想通りにはいかないことが分かると、つぎはカミサン的職能者を訪ね、呪術 - 宗教的に治そうと試みる。依頼者のこうした行動には当該地域の病気観がよく反映されているといえよう。すなわち、当該地域では病気には、医学で治癒できる病気と、そうでない病気との二通りがあると認識されているからである。

後者の病気、すなわち医学で治癒できない病気とは、通常「障りの病」と呼ばれている病気である。障りの病は分析者の視点からみれば、超自然的世界に属する現象である。超自然的世界とは、いうまでもなく科学的諸法則や原理とは違った、別の諸法則や原理に従って秩序づけられた世界をいうわけである。(2) したがって、障りの病は医学で治癒することが不可能であるとみることができるはずである。ところが当該地域の住民にしてみれば、かかる論理は経験的に分かるわけである。つまり、障りの病は医師が治す病気ではなく、呪術‐宗教的職能者が治す病気であると認識しているからである。

さて、依頼者自身が障りの病であると思っても、これはあくまでも予想の域をぬけでるものではない。なぜなら、障りの病であることを判断するのは呪術‐宗教的職能者だからである。依頼者に何が障っているのかその内容を判別し、障っているものの正体をつきとめる役割を演じている呪術‐宗教的職能者は、主としてカミサン的職能者である。このほかにも、若干の「霊断師」（＝マジシャン―プリースト）や「別当」（＝プリースト）などがその任に当たってはいるが、数の上でも影響度においても、カミサン的職能者のほうがはるかに大きいとの印象を筆者はもっている。

かかる呪術‐宗教的職能者は、依頼者に障っている超自然的存在の正体を明らかにし、つぎにこれを祓い除いてやるのである。祓い除くことによって病気は治癒するとされているからである。ということは、呪術‐宗教的職能者には、何が障っているのかその種類を判別する役割と、判明した超自然的存在を除祓する役割とがあることを意味している。この二つの役割は、一人の呪術‐宗教的職能者が自身で兼ね行っている場合もあれば、他の呪術‐宗教的職能者と分担し合って行っている場合もある。いずれの場合であっても、障っているものを発見し、これを除祓するという論理に基づいていることに異なることはない。

依頼者に障って災をもたらす超自然的存在には、死霊、生霊、神霊、ヘビ、キツネ、イズナの六種類がある。ところが、すべての呪術‐宗教的職能者がこれら六種類の存在を発見できるというのではない。カミサン的職能者に限定していえば、現役のカミサン的職能者八人のうち、三人はイズナを発見することができないのである。

イズナを発見できるカミサン的職能者と、発見できない職能者との違いは、イズナに対する認識の違いにその差異を求めることができる。すなわち、イズナを発見できるカミサン的職能者は、現在もなおイズナは活発に発現していると認識しているのにたいして、イズナを発見できない職能者は、過去においてはイズナは発現したが、もはや現在はそのようなことはまったくありえないと認識しているのである。このように、カミサン的職能者には、超自然的存在のイズナをめぐって、その認識に若干の差異がみられるわけである。

ところが、このようなイズナへの認識の差異は、右にみたように、単なるイズナ観の有無という差異にとどまらず、それ以上に著しい違いとなって展開していくことになるのである。

ではイズナとは一体何であろうか。以下では超自然的存在のうち特にイズナを取り上げて、呪術‐宗教的職能者のイズナ観を報告しながら考察をすすめていくこととしたい(3)。

二　イズナの輪郭

当該地域において、イズナに関する詳しい知識を有している人たちは、一般人にはほとんどなく、呪術‐宗教的職能者に限定されるといってよい。しかも、すでに述べたように、呪術‐宗教的職能者の中においてさえ、すべての職能者がイズナを知っているわけではないのである。このような情況であるから、ごく限られた呪術‐宗教的職能者に限定されるということになる。筆者に情報を提供してくれた呪術‐宗教的職能者は、シャーマン的職能者七人（現役のカミサン的職能者五人、死亡したカミサン的職能者二人）、プリースト六人（仏教僧侶五人、別当一人）の計一三人である。彼（彼女）らの情報をもとに、まずイズナの輪郭を明らかにしていくことからはじめていくこととする。

イズナは半キツネ半ネズミのような動物であるが、どちらかといえばネズミに近い。色は白色または灰色で、大きさは一寸四方くらいであるが、最も活躍するイズナはマッチ箱に二匹入るくらいの大きさのものである。肉づきがよいのでまんまるいかたちをしている。

寒さに弱いので炉の下やこたつで飼うといわれている。ネコはイズナを食べるので、イズナを飼っている家ではネコを飼うことができない。イズナは食欲も旺盛であるが、繁殖力もきわめて旺盛なため、ふえすぎたときには、あみ笠の中に入れて海に流して処分する。

飼い主の命令を忠実に守る性質をもっている。とてもすばしっこい動物である。イズナを見ることができるのはカミサン的職能者だけで、それ以外の人は見ることができない。

以上は情報提供者にほぼ共通するイズナの一般的観念である。カミサン的職能者の一人は、イズナを見たときの様子をつぎのように語った。「四センチくらいの大きさで、もくもくとしたネズミの肥ったようなものでした。耳を見るとキツネに似ていました。色は白いようなネズミ色のようなものでした」。また、別のカミサン的職能者は「茶色のネズミのような感じで、尾は太く薄茶色をしていて、梅干くらいの大きさでした」という。このように、カミサン的職能者はイズナを見ることができるわけである。ところが、イズナの障りを専門に除祓している呪術‐宗教的職能者の一人は、つぎのようにすればカミサン的職能者以外にもイズナを見ることができると教えてくれた。それによると「イズナは日光と電燈の光のもとでは人間の目をくらまして姿を見せないけれども、山に咲くクゾフジ（藤）の花を陰干にしたものを燈心としてゴマ油にひたし、暗室で火を点すと、イズナがサーサーと動いているのが見える」というのである。

いずれにしても、並の人や通常の状態ではイズナを見ることはできず、霊的動物として捉えられているという点では、すべて一致しているといえよう。

イズナにとり憑かれると、二十年ほど前までは気が狂った症状を呈したという。イズナが障って狂人症状を呈した場合には、イズナを除祓して常人にかえしてやらねばならないが、狂人症状から常人にかえった彼らに感想を求めると、異口同音に「自分の意志とは別の何かにふりまわされていた。だから自分がどのような行動をしていたのか、すべて覚えている」と答えたという。イズナの障りによる狂人行為と、イズナ以外の障りによるそれとの明確な違いは、常人にかえったとき、狂人行為を覚えているかどうかにあるといわれている。

現在では、イズナの障りによって狂人行為を示すという症状を呈することはまったくなくなり、これにかわって、病気になる、金遣いがあらくなる、色情にはしる、大食漢になる、などの異常な症状を呈すといわれている。一例を挙げてみよう。

小学六年生になる男子がいた。彼は日に二度ずつ、息が止まるくらいの腹痛に苦しめられていた。激痛は一分位の間で、それが過ぎると腹痛はおさまるのであった。両親が彼を病院に連れて行ったことはいうまでもない。医師の治療にもかかわらず、治る気配をみせなかった。両親は人づてに別当のことを耳にし、さっそく彼を連れて行った。鑑定の結果、イズナが災をもたらしていることが判明した。別当から除祓してもらったら、腹痛は治り、すっかり元気になった。

イズナが原因で病気をひき起したときには、事例にみるように、異常な苦しみかたをするのをその特徴とする。

通常、イズナを除祓する場合には数回にわたって除祓儀礼を行わねばならないとされている。それは超自然的存在による障りの中で、イズナの除祓が最も困難だからである。この点に関して、イズナ以外の超自然的存在の障りの正体と比較をして、除祓の困難な理由を探ってみよう。

死霊の障りは、主として年回法要を怠ったり、水子供養を忘れていたというように、いわゆる供養不足が原因で、死霊が家族の注意をひこうとして災をもたらすという場合である。生霊の障りは、土地問題や恋愛関係のもつれなどが原因となって、負者の生霊が勝者に乗り移り、その結果災をもたらすというものである。神霊の場合には、祀ってはいけない神を祀っていたとか、神霊の鎮座する場所とは知らずに不浄なことをしたというような原因によって、神のおしかりを受けたものである。また、ヘビやキツネの場合には、かってそれらの動物をいたずらしたとか、殺したということが原因となって、ヘビやキツネの怨をかったというものである。このように、死霊、生霊、神霊、ヘビ、キツネといった超自然的存在が災をもたらす場合には、災をうけている本人自身にその非があるわけで、したがって、非をあらためれば不幸の状況から救われるという原理がはたらいているわけである。

ところがイズナの場合には、これらとは事情が著しく異なっている。イズナが障るという現象は、イズナを自在に操ることができる専門家によって、意図的にイズナを憑けられたのだからである。かかる専門家は「イズナよ! 憑いたら絶対に離れるでないぞ!」と命じてイズナを飛ばすといわれている。飛ばされたイズナは、主人の命令を忠実に守るから、いったん憑依すると少々のことでは離れない。したがって、一回くらいの除祓儀礼を行っても、イズナを除去することはできないわけである。かかる理由からイズナの除祓はすこぶる困難であると信じられているのである。

ところで、これまで「障り」という語で表現をしてきたが、当該地域では「障り」という語のほかに「祟り」の語も若干使用されている。両者はほとんど同義語として用いられているのである。だが、イズナ以外の超自然的存在の場合には「障り」と表現をするほかに「祟り」と表現をすることはあるが、これ以外の表現は見あたらない。これにたいして、イズナの場合には「障り」と表現することがあっても「祟り」とは決して表現をしないのである。そして「障り」のほかに「憑く」「チョウされる（＝いたずらされる、いじくられる）」「やられる」などの表現がみられる。こうした表現方法の差異からみても、イズナが他の超自然的存在に比して、特異な存在であることを物語っているといえよう。

三　イズナ使い

当該地域では、イズナを自在に操ることができる呪術-宗教的職能者を「イズナ使い」と呼んで、恐れている。通常イズナ使いというとき、それは悪のイメージにつつまれている。イズナそのものは善でも悪でもない存在である。だが、イズナは主人の命令を忠実に守るので、主人の命令次第で善にも悪にもなりうるわけである。

カミサン的職能者の一人、白井ガミ（仮名）はイズナを操った経験をもっている。彼は十六歳のときから修行を重ねていたが、二十歳のときにイズナが憑いた。当時まだ、これがイズナであるとは知らなかった彼は、神に憑かれたものだと思い、これを機会にカミサン的職能者として商売をはじめたのである。イズナから聞いたことを依頼者に話すと、それは百発百中であった。そのときの様子を彼はこう述懐する。

依頼者から「何某の土地を買いたいと思っているのですが買っても大丈夫でしょうか」という依頼を受けると、私は目をつむるのです。心の中でイズナに聞いてみるとイズナはスーと出て行き、しばらくすると、イズナは膝からスーと入って来て、耳もとで話すのです。ちょうど電話で聞くような感じです。耳もとではイズナがつぎのように話すわけです。「タバコ屋の向かいが自転車屋で、その隣りが空地となっている。空地は百坪である。この土地を買いたいと言っているが、すでに何某の抵当に入っているから買ってはいけない」と。私はいちいちうなずいてイズナの言葉を聞くわけです。全部聞き終えると、おもむろに依頼者に答えるのです。「いま連絡が入ったから教えます」。そう言って、イズナの言葉を伝えるのです。

これが全部当たっているので、依頼者の間では、「大変な神童だ」といううわさとなり、私も天狗になって、ヒゲをのばし、羽二重の着物を着て威儀を正していました。依頼者は後を絶たず、お金はどんどん入り、贅沢三昧をしていました。ところが、二年ほど経過するとまったく当たらなくなったのです。それで今まで神だと信じていたのが実はイズナであることに気づき、私は再び修行に入って真実の神の声を聞いたのです。

神の言葉は決して難しい言葉ではなく、一般的・通俗的な言葉で、尾をひくような切れ目のない言葉です。ズシーンと重みのある荘厳な声がスーと腹の底から聞こえてくるのです。神の言葉が聞こえている間は、きれいな黄金の波が波うっていますが。神の言葉が終ると黄金の波も消えていきました。

はじめて神の声を聞いた時に、神の存在を知って今までの自分から目がさめ、信仰というものは精神の浄化である、と悟った白井ガミは、こうしてイズナ使いから脱却して、大日命大神を守護神とするカミサン的職能者に生まれかわり、今日に至っているのである。

さて、この事例ではイズナはカミサン的職能者にも依頼者にも共に感謝される存在であることがわかる。ここには悪のイメージなどまったくない。ところが、イズナによる百発百中の状態がそう長くつづいたのではない。二年後には、まったく当たらなくなってしまったのである。

このように、イズナを使って商売をしている呪術―宗教的職能者の特徴は「盛衰の差がきわめて激しい」といわれている。事例のように、イズナを使って当たっている間は、善きイズナ使いとして感謝されているわけで、決して恐れられるということはない。だが、これが当たらなくなると恐るべき悪のイズナ使いに変身するといわれている。すなわち、イズナ使いは依頼者の謝礼で生計をたてているわけであるから、当たらなくなると依頼者が激減し、直接生活にひびくわけである。そこでイズナ使いは、かつて依頼者として訪ねて来たことのある人たちにイズナを飛ばして病気にさせ、再び足を運ぶようにしむけるのである、と信じられている。この間の事情を「白い呪術」「黒い呪術」という術語にならって表現をするとすれば、イズナ使いは人助けの「白いイズナ使い」から人を苦しめる「黒いイズナ使い」へと変身するということになる。こうして悪の恐るべきイズナ使いが誕生するというのである。

黒いイズナ使いは、自己の利益のためにかつての依頼者たちを再び来るようにしむけているわけであるから、結果的には、イズナ使いは再び繁栄をするということになる。いったん衰えた商売が再び盛んになるわけである。しかしこの場合には白いイズナ使いの場合とは違って、依頼者からできるだけまきあげようとする欲望にかられているわけである。また、彼自身がイズナを飛ばしているのであるから、依頼者から依頼内容を聞かずとも不幸の原因を当てることができるわけである。こうしたことから「一回で病気を治すカミサン」「よく当てるカミサン」「神様が希望しているといって寄付を要求するカミサン」「金取り主義のカミサン」「あくどいやり方で商売をしているカミサン」などは、イズナ使いではないかと見られるのだという。したがって、イズナ使いという悪のレッテルをはりつけられているカミサン的職能者は、一般に素行が好ましくない、評判の悪い職能者であるといわれている。

当該地域において「イズナ使い」として有名であったカミサン的職能者の一人に黒田ガミ（仮名）がいた。彼は数年前に亡くなったが、彼がイズナ使いと目された発端は、つぎのようなことがあったからであるという。

彼は市内のとある飲み屋で日本酒を飲んでいたが、かなり酔いがまわった頃「眷属がふえてこまるから明日はあみ笠を持って海へ行かねばならない」とつぶやいた。隣席でこれを聞いた人が「眷属って何のことかね」と尋ねると、「これこれ」と言いながらイズナのまねをした。このことは、またたくまに呪術 - 宗教的職能者のあいだに広まり「やはりイズナを使って商売をしていたのか」ともっぱらのうわさになったのだという。

黒田ガミは気ままな性格の持主で、拝みたくない依頼者にはどなりかえしたり、寄付ばかり要求したりしていたといわれ、素行がかんばしくなかったので概して悪評をかっていた。したがって、彼がイズナ使いであるとうわさされたとき、他の職能者は「やっぱりそうか」と受けとめたという。

この事例は当該地域でいわれているイズナ使いの悪の側面を示す典型的なものであるといえよう。すでに述べたように、イズナはネコに食べられるので、イズナ使いの家ではネコを飼うことができない。そこでカミサン的職能者の中には、自分は決してイズナ使いなどではないということを証明するために、ネコを飼っている者もある。

さて、みてきたように、黒いイズナ使いは自己の利益を得るために邪術を施行しているわけであるが、このほかに、依頼者に依頼をされてイズナを飛ばし、依頼者の憎むべき人物を不幸に陥れるという、もう一つの邪術を施行する側面がある。つぎにこの点を垣間見ることにしたい（図1）。

AとBとがけんかして、Aが勝ちBが負けた（①）。Bはくやしくて仕方がない。何とかしてAに仕返しをしたいと考えた。そこでBは職能者M（＝イズナ使い）にAを苦しめてほしいと懇願した（②）。通常職能者への謝礼は千円であるといわれている。ところが憎むべき相手を苦しめる依頼の場合には、二〇万円から三〇万円の謝礼が相場であり、最低でも一〇万円は必要であるといわれている。Bは相場通りの金額を支払って依頼をした。依頼を受けたMはイズナに「Aを苦しめろ！　決して俺の所には帰って来るでないぞ！」といい聞かせて、Aにイズナを飛ばした（③）。

その結果Aは病気となった。イズナにやられているとは知らないAは病院を訪ねたが、一向にはかばかしくならない。病院で回復しないことをさとったAは、障りの病ではないかと思い、職能者Nの門をくぐった（④）。Nが拝んでみるとイズナにやられていることが判明した。Nは数回にわたって除祓儀礼を行い、Aからイズナを退散させるのに成功した。こうしてAは健康をとりもどした。

Aの体から離れたイズナは、主人であるMから「帰って来るでないぞ！」と命じられているためにMのもとへは帰れない。このようなときにはイズナは主人に依頼した人の所に行くといわれている。したがって、Aの体から離れたイズナはBに憑依した（⑤）。

イズナに憑かれたBは病気に罹った。並の病気ではないと感じたBは職能者Nに診てもらうことにした（⑥）。Nはイズナが原因であると診断して、除祓儀礼を数回実施し、イズナを退散させた。その結果Bの病気は治癒した。Bの体から離れたイズナはもはや住みつくところがない。あてのない流浪の旅

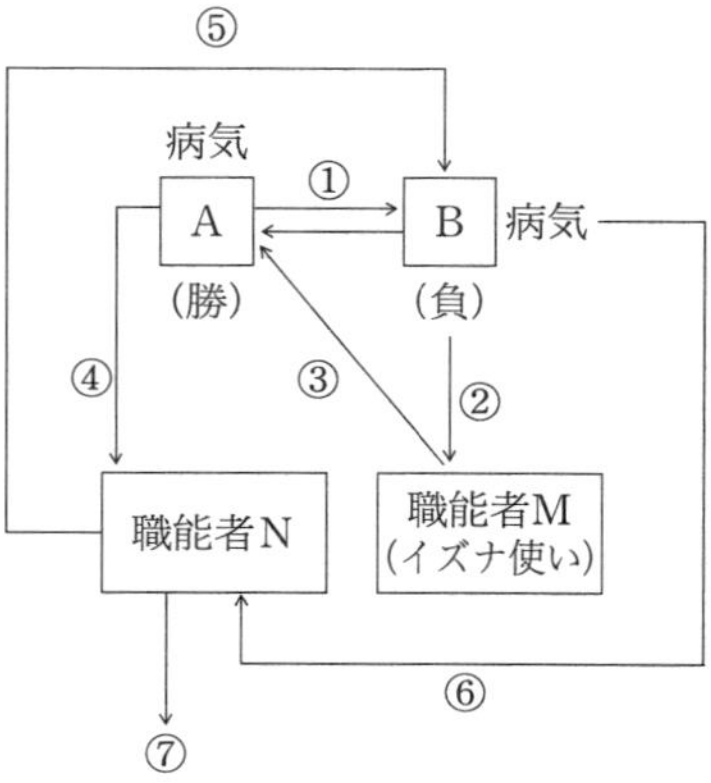

図１　イズナ使いとイズナの行方

に出ることになるという(7)。

さて、右の事例から、われわれは依頼者から依頼を受けたイズナ使いがイズナを飛ばし、依頼者の憎むべき相手を苦しめている様子をはっきりと認めることができる。イズナ使いは依頼者の代行として悪のはたらきをしているわけである。この邪術的側面がなお一層イズナ使いの悪のイメージ作りに効果をあげているわけである。

ところで事例はイズナの行方についても伝えている。イズナ使いによって飛ばされたイズナは、一応その任務を全うするが、最終的には拠り所を失ない、流浪の旅に出る結果となる。定住する場所を失なったイズナは、この世に無数に存在するといわれている。かかるイズナは、命令を下す主人を失なっているので、人間に危害を与えることは決してなく、つぎの使い者が出現するまで、放浪しながら待機しているのであるという。

イズナ使いがイズナを獲得するのは、(一)放浪中のイズナを呼びよせる、(二)イズナを飼っている人からもらいうける、(三)修行中にイズナにとり憑かれる、などであると信じられている。イズナを所有しているイズナ使いが死亡すると、イズナは(一)主人と共に死ぬ、(二)新たな主人を求めてさまよい歩く、との二通りがあるといわれている。したがって、イズナは「筋」を形成しない、というのが呪術―宗教的職能者の一致した見解である。

事例はさらに職能者の両義性についても伝えている。すなわち、Aから依頼を受けた職能者Nは、イズナのために病気になっているのだと診断を下し、除祓儀礼を行ってイズナを退散させるのに成功した。その結果Aは健康をとりもどした。ところがこれによってBを病気にさせることとなったわけである。したがって、職能者Nの呪術は、Aにとっては白い呪術であるけれども、Bにとっては黒い呪術ということになる。とするならば、Nはまさしく両義的呪術師であるといわなければならない。さらにこの点を理解するためにつぎの事例を紹介してみたい(図2)。

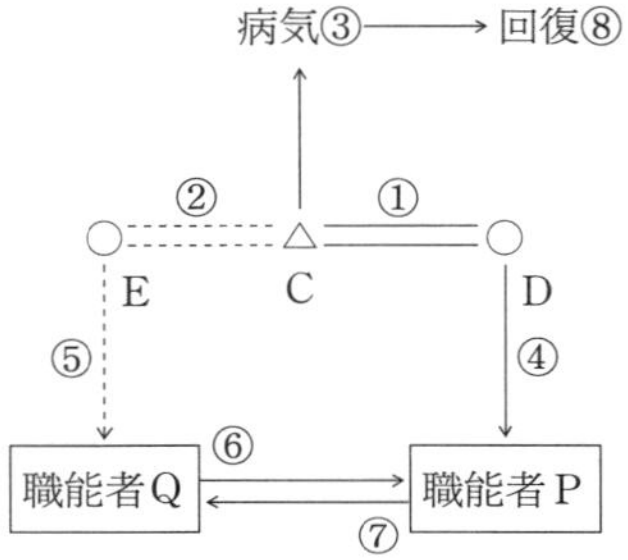

図2 職能者の両義性と依頼者の代行

C（主人）とD（本妻）とは婚姻関係にある（①）。Cは社会的に地位が上昇したとき妾Eを囲い、自宅を出て妾宅で生活を営むようになった。したがって、CとEとは内縁関係にある（②）。この関係を何とかしてやめさせようとした本妻は、ある日、主人にじゅんじゅんと諭した。自己の非を詫びた主人はEとの関係を断ち切るために妾宅を出て、本妻のもとに帰ってきた。元通りの生活が始まってしばらくした頃、Cは原因不明の病気に罹り、ついに入院することとなった（③）。入院加療をつづけているのにもかかわらず、一向に治る気配をみせない。そればかりか日に日に悪化し、高熱にうなされる日がつづいて、生命をも危やぶまれる状態となった。主人の病気を心配した本妻は職能者Pを訪ねた（④）。

拝んでみた結果、つぎのことが判明した。EはCを心から愛していたのにもかかわらず、Cは本妻のもとへ帰っていった。愛をうらぎられたEはCに対して憎悪の念でいっぱいだった。そこでEは復讐をしてやろうと思い、職能者Qに依頼（⑤）して、イズナをCに飛ばしてもらった。その結果Cは病気に罹り、高熱にうなされているというのである。

主人の病気の原因がイズナであると分かった本妻は、Pに依頼してイズナを除祓する儀礼をしてもらった。翌朝四時頃、Pは夢の中で自分に襲いかかってくるQの姿を目にした（⑥）ので、九字で切り返したところ、Qはバタンと倒れた(7)。ちょうど同じ時刻に入院していたCの高熱は下がり始め、数日後には退院することができた(8)。

さて、右の事例には興味深い問題をいくつか含んでいるが、さしあたり、職能者の両義性の点からみていくこととする。Pは夢の中でQに襲われ、九字で切りかえすことによってQを倒し、Cの病気を回復させた。したがってPの呪術はCにたいしては白い呪術であるが、Qにたいしては黒い呪術であるということになる。また、本妻に依頼されたPは白い呪術の施行者であるのにたいして、妾に依頼されたQは黒い呪術の施行者であるが、しかし状況によっては立場が逆転することも十分ありうることである。このようにみるならば、職能者は白と黒との両方の性格を兼ねているといえるであろう。

事例でなお注目したいところは、職能者は共に依頼者の戦いを代行しているという点である。依頼者が職能者を媒介として戦いを行う場合には、依頼者どうしの即物的な悲劇を生むことはまずない。両義性を有している職能者たちは依頼者の代行として、一方では九字で切りつけ、いま一方では九字で切り返すという目に見えぬ戦いをしているわけである。われわれはこうした、職能者が依頼者の代行をするという役割を看過してはならない。

さて、これまでイズナ使いが悪として捉えられている点として、(一)自己の利益のためにイズナを飛ばして不幸に陥れる局面と、(二)依頼者から依頼をされてイズナを飛ばし不幸にさせる局面とがあることを明らかにしてきた。通常、当該地域において「イズナ使い」という言葉を発するときには、この両局面の視点から発しているのであって、決して善なるイズナ使いを指しているのではない。それ故にイズナ使いとは、恐るべき悪の呪術者として理解されているのである。

四　イズナ使いの意味するもの――ひとつの視点

これまでに、われわれはイズナ使いの恐るべき悪の側面を垣間見てきた。これほどまでに恐ろしい呪術―宗教的職能者が存在していると信じられている事実を、われわれはどう理解したらよいのであろうか。イズナ使いが悪として恐れられている局面の一つに、自己の利益のためにイズナを飛ばして不幸に陥れるという局面があった。かかる局面はいうまでもなく私腹をこやすことが主たる目的なのである。とするならば、私腹をこやすことはなぜ悪なのであるかが問われねばならないことになろう。これを明らかにするために、カミサン的職能者においては、誰が誰をイズナ使いだと見ているのか、その実態を押え、これを通して考察していくこととしたい。

さて、かかる実態を示したのが図3である。

図3に示した実線は系譜関係を、そして点線は誰が誰をイズナ使いであると見ているのかを、それぞれあらわしたものである。ここでいう系譜関係とは、㈠師弟関係、㈡修行中に強く影響を受けた関係の両者を含めた関係を指している。そしてキョウダイ弟子の場合には、タテに配列してある。

さて、図3が示しているように、M・N・Oの三人は死亡したカミサン的職能者である。その死亡の年代は、Nは一九七五年であり、OとMは共に一九七八年である。Oの死後、彼女の弟子であったPとQが一九七八年に相次いでカミサン的職能者として誕生した。再生産されたPとQは、調査時（一九七八年八月並びに一九七九年九月）においては、誕生してまだ日が浅いということもあって、他の職能者はいまだ評価を与えておらず、また、PとQも他の職能者を見るだけのゆとりをもっていなかった。したがってPとQは共に、同業者をイズナ使いと見たりあるいは見られたりするという関係はない（今後の追跡調査の結果を待ちたいと思う)。

新たに誕生した職能者を除くと、他の職能者（二人のプリーストを含む）のあいだではイズナ使いとして見たり見られたりする関係が生じている。だが、同じ系譜内ではイズナ使いとして見たり見られたりする関係は生じていないのである。これは吉田禎吾氏が指摘するところの親方子方関係における憑く憑かれるの関係にきわめて類似しているといえよう。すなわち高知と島根で集めた事例によれば「憑いた方と憑かれた方は、すべてそれぞれ違った親方に所属しており、両方とも子方層に属している。親方と子方とのタテの関係においては、憑く、憑かれるという現象はみられない」と吉田氏は指摘するのである。(4) ただ図3は「親方―子方」関係に相当するような明確な系列ではないので、単純な比較は危険であるが、それでもきわめて類似している点は注目すべきであろう。

このように、タテの関係においては職能者のあいだではイズナ使いとして見る、あるいは見られるという関係はないものの、そのほかではイズナ使いとして見る、見られるの関係が生じている。その特徴的なことは、特定の職能者だけをイズナ使いとして見ているのではなく、おたがいにそれぞれイズナ使いとして見たり、見られたりしている関係にあるという点であろう。このことは、彼（彼女）らがそれぞれ比較的近距離の場所にまとまって居住している事実と関係があるように思われる。彼

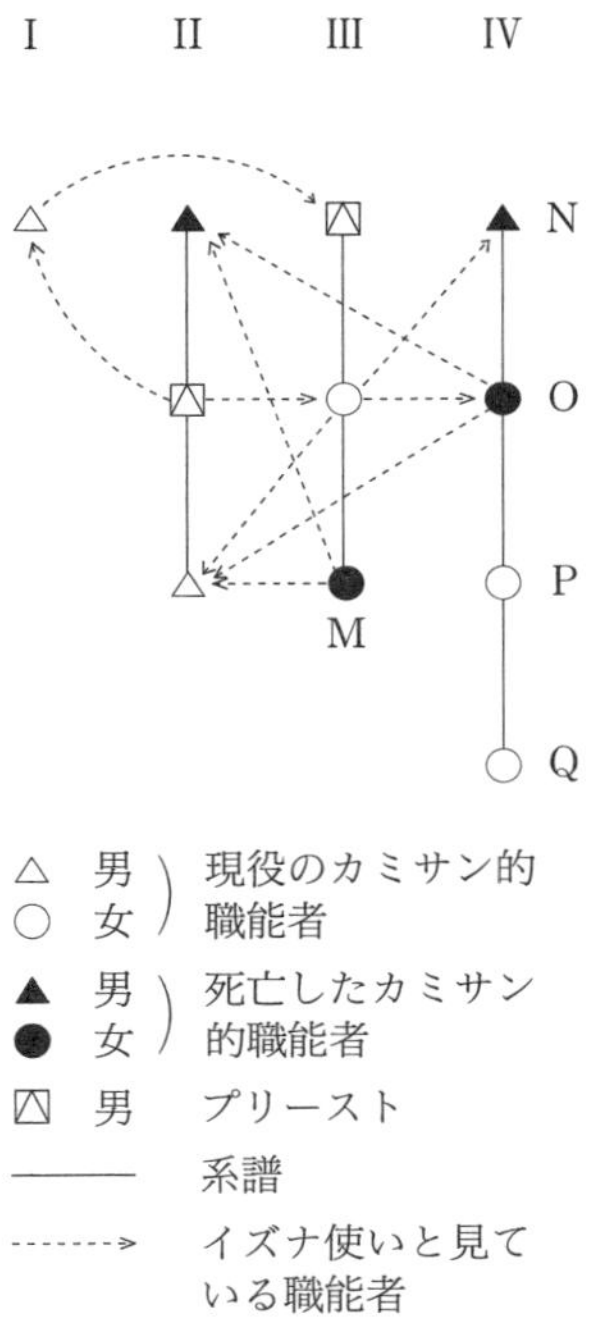

図3　イズナ使いと見ている職能者

(彼女)らは同業者に関する様々な情報を直ちに耳にすることができる範囲に居住しているのである。良きにつけ悪しきにつけ同業者に関するいろいろな情報を得ることができるわけである。

彼(彼女)らの主要な関心事は、依頼者の動向である。身近に居住している同業者が「よく当たる」とか「依頼者が大勢行っている」というような評判をたてられれば、決して愉快なことではない。まして、ある同業者だけが並はずれて繁栄をするとすればなおさらのことである。ぬきん出て繁栄する同業者がでてくるということは、単なるねたみ以上の問題となる。それは、限られた空間に複数の同業者が共存しているのであるから、特定のカミサン的職能者にだけ依頼者が集中することは、他のカミサン的職能者にとっては依頼者を奪われることになるからである。そうなれば商売ができなくなり、生活を営むことも困難になってくる。したがって、同業者の評判が上がることを最も恐れているのである。それにもかかわらず、同業者の中から「よく当たる」との評判のカミサン的職能者が出現してくると、それは他のカミサン的職能者にとっては悪の出現でしかない。それ故に彼(彼女)らは、かかる職能者を指して「イズナを使っているから当たるのだ」とみることになる。つまり、イズナ使いという恐ろしい悪のレッテルをはりつけるわけである。こうすることによって、ぬきん出て繁栄する同業者をたたきつぶそうとするのである。

また、イズナ使いと目される指標としては、「よく当たる」ということのほかに「寄付を要求する」「金取り主義」「あくどいやり方で商売をする」などの諸点であったが、これらの事柄はもしも実行するとすれば、依頼者から多大な収益をあげることができるはずである。特定のカミサン的職能者だけが、並以上の収益をあげることは、依頼者の獲得の場合と同様に決して好ましいことではないのである。そこで、このようなカミサン的職能者がでてくると、「イズナ使い」という悪のレッテルをはりつける。そうしてこれを抑制しようとするわけである。したがって同業者からイズナ使いと見られないようにするためには、並以上の依頼者の獲得や収益をあげることはさけるように振舞うことが肝要となる。この論理に反すると直ちに「素行が悪い。イズナを使っているからだ」と悪人にしたてられてしまう結果となる。

こうして図3のカミサン的職能者は、おたがいにそれぞれ敏感に反応しあいながら生活をしているわけである。すなわち、彼（彼女）らが特定の職能者だけをイズナ使いとは見ないで、おたがいにそれぞれイズナ使いとして見たり、見られたりしている関係にあるということは、並以上の依頼者の獲得や利益の獲得をしないように、抑制し合っていることを意味するものであろう。とするならば、恐ろしい悪のイズナ使いとは、カミサン的職能者を共存させるための必要悪なのであり、同業者社会における社会的制裁の機能を果たしているのである、と理解することができよう。(5)

つぎに、依頼者の依頼によってイズナを飛ばして不幸に陥ると信じられているイズナ使いのいま一つの悪の局面は何を意味するのであるかが問われねばならない。すでに述べてきたように、かかる局面は依頼者のもつ悪をイズナ使いがかたがわりをしているのである。イズナ使いは依頼されるままに、イズナを操作して「あるがままの事象」を悪なる「あるべき事象」へと変えている。彼（彼女）らの悪なる行為は依頼者の悪なる行為そのものである。とするならば、恐ろしいイズナ使いのいま一つの顔とは、社会の悪を代行している機能を果たしているといえよう。

このようにみてくると、イズナ使いの存在は、カミサン的職能者にとっては共存する役割を、そして依頼者にとっては代行する役割を、それぞれ果たしていると理解することができるであろう。

五　おわりに

以上、「イズナ」と「イズナ使い」に関して若干の報告と考察を試みてきたが、要約すればつぎのようになろう。

イズナという超自然的存在は、死霊、生霊、神霊、ヘビ、キツネなどの超自然的存在と同様に、障りの病の正体の一つとして、災をもたらす存在であると信じられている。したがって、「障りの病」と一口に言っても、その正体の内容からみるならば、六種類の障りの病が数えられるということになるはずである。

依頼者に障って災をもたらしている六種類の超自然的存在は、主としてカミサン的職能者によって判別される。だが、すべてのカミサン的職能者が六種類の超自然的存在を判別できるというのではない。現役のカミサン的職能者八人のうち、三人はイズナを判別することができないのである。それは、三人のカミサン的職能者にはイズナ観が枯渇しているからである。すなわち、カミサン的職能者には、障りの病の正体としてイズナを判別できるカミサン的職能者と、イズナを判別できないカミサン的職能者との二つに大別できるわけである。

イズナ観の発達しているカミサン的職能者のあいだにおいては、イズナが障るという現象について、それはイズナ使いと呼ばれている呪術-宗教的職能者によってイズナを飛ばされたからであると信じられている。したがって、イズナの障りは、死霊、生霊、神霊、ヘビ、キツネなどが障った場合とは著しく異なっていると考えられている。

かかる情況から、本稿では、イズナそのものの報告よりも、イズナを自在に操るイズナ使いに関する報告に力点をおいて、イズナ使いの悪の側面を垣間見てきたわけである。その結果、イズナ使いが存在すると信じられている事実は、㈠カミサン的職能者にとっては共存する役割を果たしている、㈡依頼者にとっては悪を代行する役割を果たしている、と解釈することによって、恐るべきイズナ使いの存在する意味を明らかにしてきた。もちろん、かかる解釈はあくまでも一つの視点から試みたものにすぎないのであるから、これとは別に、より深い意味を有しているのかも知れない。だが、詳しい分析については、今後を待つしかない。

とにかく、イズナ観の発達しているカミサン的職能者のあいだでは、イズナは単なる障りの病の正体の一つであるということ以上に、その存在は深い意味を孕んでいたことが明らかとなったわけである。

ところで、イズナ観の発達しているカミサン的職能者と、イズナ観の枯渇しているカミサン的職能者とを比較してみると、前者のあいだでは、商売の繁栄度がほとんど同程度であるのにたいして、後者のあいだでは、繁栄の差がきわめて著しいという事実を指摘することができる。そしてまた、前者は市街地の中心部に比較的まとまって居住しているのにたいして、後者は市街地の周縁部に遠く離れて居住しているという事実をも指摘することができるのである。

かかる事実は、これまでの考察の延長上からみるならば、イズナ観の発達しているカミサン的職能者のあいだでは、イズナ使いという悪のレッテルをはりつけることによってぬきん出て繁栄する同業者を抑制するという原理がはたらいているために、彼（彼女）らの繁栄は同程度であるのにたいして、イズナ観の枯渇しているカミサン的職能者のあいだでは、かかる原理が欠落しているために、彼（彼女）らの繁栄の差は著しいのである、と解釈することができよう。すなわち、カミサン的職能者のイズナ観の有無は、同業者を共存させる原理をもっているか否かにかかわってくるといえよう。とするならば、障りの病の正体の一つとしてイズナを発見できるカミサン的職能者と、発見できないカミサン的職能者との違いは、単なる障りの病の正体を発見できるか否かという以上に、依頼者を獲得するという繁栄の差にまで及んでいるとみることができよう。

いずれにしても、イズナ使いに関する調査研究は、まだその緒についたばかりである。今後さらにきめの細かい調査によって補なっていかねばならない。この意味において、本稿は「イズナ」と「イズナ使い」に関する調査研究の序論的性格をもつものである。

注

（1）拙稿「カミサン的職能者とその依頼者について」『宗教学論集』第九輯、駒沢大学宗教学研究会、一九七七年、一二八頁。

（2）大塚和夫「超えられる〈自然〉について」『社会人類学研究会報』第九号、東京都立大学社会人類学研究会、一九七四年、六〜七頁。

（3）最近ではイズナに関するまとまった報告は見あたらない。したがって、本稿でイズナを取り上げることは、それなりの意味があると思われる。

（4）吉田禎吾『日本の憑きもの』中央公論社、一九七二年、一二八頁。

（5）小松和彦「つきもの——人類学からの視点——」田丸徳善・村岡空・宮田登編『日本人の宗教 第一巻 情念の世界』佼成出版社、一九七二年、一六三〜一七五頁。

主な参考文献（注に挙げたものは除く。）

石毛直道・松原正毅・石森秀三・森和則「カミ・つきもの・ヒト」『季刊人類学』第五巻第四号、京都大学人類学研究会、一九七四年。

石塚尊俊『日本の憑きもの』未来社、一九五九年。

小松和彦「鬼を操る陰陽師」『公評』第一一巻第七号、公評社、一九七四年。

近藤喜博『古代信仰研究』角川書店、一九六三年。

佐々木宏幹『人間と宗教のあいだ——宗教人類学覚え書——』耕土社、一九七九年。

西村康「シャーマン文化と精神医療」荻野恒一編『文化と精神病理』弘文堂、一九七八年。

宮本袈裟雄「飯綱信仰試論」『日本民俗学』第七一号、日本民俗学会、一九七〇年。

吉田禎吾『魔性の文化誌』研究社、一九七六年。
Tokutaro Sakurai 'The Characteristics of Shamanic Possession in Japan' in: *The Idea of Soul in Asia*, Kyung Hee University, Seoul, Korea, 1979.

付記

本稿は、一九七八〜九年度文部省科学研究費（総合研究A）助成金による「日本のシャーマニズムに関する調査研究」（代表・愛知学院大学教授小口偉一氏）の成果の一部である。

松岡悦子

キツネつきをめぐる解釈
――メタファーとしての病い――

まえがき

本論は、「キツネに憑かれている」と信じている女性Kさんが、つきものを落すために行者のもとで、供養や行を行う過程で、キツネについて語った内容を考察したものである。「なぜ、つきものなのか」「本当にキツネが憑いているのか」「キツネが祓われれば病いは治るのか」と、つきものの存在自体が不思議に思われる一方で、つきものの存在を信じ、説明し、つきものへの対処法を共有する人々がいるのも事実である。したがって、つきものに憑かれる体験は、本人にしかわからない個人的な体験でありながら、まったくの個人の異常ではなく、一つの文化的出来事なのである。私はこの事例に接して以来、キツネを病いの原因と考え、因果関係で理解することが当を得ているのかと、疑問に思っていた。ちょうどその頃、因果律によらない思考法について書かれたものを読み〔ユング・パウリ、一九七六、河合、一九八六、Meier, C. 1963, プロゴフ、一九八七、渡辺、一九八三、一九八四〕、病気になる、あるいは病気が治ることを、自然科学的な因果関係にとらわれずに理解することは、重要なことではないかと考えるようになった。
そこで本論ではまず、Kさんという物音や声に悩む女性の語り（narrative）を述べ、それに対する民間治療及び精神医学の解釈を並行させて記述する。その上で、これら三つの解釈をさらに調査者の視点から考察する。その後以下の三つのテーマで、Kさんの事例とその解釈について検討する。まず第一にそれぞれの解釈はKさんの病いのそれぞれのレベルへの移しかえ、つまりメタファーだとみなす。そしてキツネつきは、日本においてある経験や感情が集約されたシンボルであり、Kさんはそのシンボルを用いて、自らの過去、現在、未来を語ったのだと考える。第二に、Kさんがクライアントからシャーマンへ転換する点に注目し、それが一種の自己治療であることを示す。第三に、病いを意味づけることは、秩序化と同時に、病いに過剰な意味を与える傾向も含んでいること。そして病いを意味づけることが、病いを別の具体的なもので思考する、つまりメタファーの働きであるとするならば、病いの理解においては因果的思考よりも、メタフォリカルな思考のほうが有効であることを示す。

民間治療（A行者・Mさん）**とKさん**　A行者は修験道行者の免許をもつ六〇歳代女性の祈禱師であり、札幌市中心部の自宅で月一回のお祀りを開くほか、不定期にクライアントの相談を受け、先祖供養などの儀礼を行っている。A行者はクライアントの訴えを聞き、トランスに入って[1]原因となる霊を明らかにし、供養や行（写経、滝行など）などの必要な処置を指示する。
さて、このA行者の他に、Mさんという代表格の信者が重要な役割を果たしている。Mさんは霊感が強く、夢で多くのことを知るとされている。例えばもし、あるクライアントに対して供養が行われることになれば、Mさんの夢にそのクライアントに関係のある霊が次々に供養を望んで現れるとされており、Mさんはそれらの霊の特徴を紙に書きとめておく。(2) したがって、供養はA行者に降りた霊だけでなく、Mさんの夢に現れた霊に対しても行われる。また、Mさんは新しいクライアントに行のやり方を教える他、トランス中のA行者とクライアントの間をとりもち、霊のことばを伝えたり、クライアントの質問を霊に伝えたりする。いわばMさんは、A行者の集まりにおいて、助手兼、A行者とクライアントとの仲介役を果たしている。

さて、私がこのA行者のところで調査をしていた昭和五八年十一月に、「キツネが騒いで困る」と訴えてKさん（当時43歳）が訪れた。その供養が始まるまでの数日間に、Mさんたちは、野ギツネのせいだとして供養を行うことになった。Kさんの話を聞いたA行者及びMさんの夢にKさんに関すると思われる何十人もの先祖の霊が現れ、Mさんはこれらの霊のせいで、頭痛や腰痛など体の不調を訴えていた。また、Mさん以外の信者たちも「Kさんのキツネのせいで体のあちこちがおかしい」と述べていた。

供養は七日間にわたって行われるが、初日に供え物を供えてお経をあげ、七日間の満願の日には、慰められた霊がA行者の体に降りて、供養の品々を受けとり、満足した旨をクライアントに告げるものとされている。Kさんの一回目の供養は、キツネとタヌキの霊と稲荷大明神に対して行われた。その初日の供養の時、A行者がKさんのためにお経をあげている最中、階下でガタンと音がした。供養が終わった後で、信者の一人はKさんに次のように語った。「あなた、一週間の供養では許してもらえないんじゃない。邪魔されるよ。さっきも下でガタンて音がしたでしょう。キツネが邪魔して騒いでいるんでしょう」。また別の信者は、自分の家が地震のように揺れるのだが、それが一つの部屋だけで、他の部屋はまったく揺れないので、「これは地震じゃないな、と思ったけど、やっぱりキツネだったのかい」と納得したように言う。それを聞いたまだ新しい信者は、「えっ、あのオカルトみたいに、家が揺れたりするんですか」と尋ねるが、Mさんたちは決してオカルトではなく、本当に起るのだと真剣である。Kさんは「そうでしょ。もうアパートでもひどいんだから。アパートの人から文句言われるし。私が腹立てるとキツネもよけいに騒ぐんです」と、わが意を得たように同意した。

このようにして、Kさんの訴えに対して、信者らはそれを否定するどころか全面的に肯定し、体の不調まで共有することになった。Kさんはこのような仲間を得たことで安心し、A行者による二回の供養で回復に向うかと思われた。Kさんの期待は高まり、MさんたちもKさんがA行者のもとに通い、行に励めば、キツネは祓われるものと考えていた。ところが、それから約三カ月たったある日（五九年二月）、Kさんに突然の変化が訪れ、その後、A行者とKさんの間にはずれが生じはじめた。それと共に、KさんはA行者の所から足が遠のいていった。私はその後、昭和六三年までKさんのアパートを訪れて、それまでのおいたちや病気の話を聞くことになった。そこで次節では、Kさんの語る話を述べ、それを民間治療と精神医学がどのように解釈したかを記述し、最後に調査者の考察を加える。

1　Kさんの病いをめぐる解釈

Kさんの話　昭和五一年に両親が相次いで死んでから、耳にいろんなことが聞えるようになって、気持ちが落ち着かなくなった。でも爆発的に出るようになったのは、昭和五四年七月に恐山に行って両親の霊を降ろしてもらってからだ。とくにこのアパートに引越してきてすぐ、家の中にいると、突然「Kさん」って呼びかけられた。何が何だかわからなくて、自分から精神科に入院した。七カ月間いたけれど、薬が強いのでフラフラになった。その時は、つきものだとは全然わからなかった。[3] でも薬で良くなるわけがないし、霊障なんて医者ではわからないものだから。その後いろんな拝み屋に通ったけれど、あまり良くならなかった。ある拝み屋には、私が二七歳の時、山で怪我をした時に野ギツネが腰から入って、今までじっと体の中で機会をうかがっていたと言われた。また、ヘビが憑いていると言われたこともある。それに恐山の神が憑いているとも言われた。

キツネが騒いで困るっていうのは、例えばバスに乗っていると、大声でキツネが喋っているので他のお客さんに気づかれてしまったり、風呂屋に行くと大声で話しかけられて、恥しい思いをするってことさ。アパートにいても窓をガタガタいわせたり、天井や床を走りまわるので、近所の人にも気づかれて困っているのさ。

【五八年十一月、一回目の供養が終わり、私と連れ立って帰るKさんは、次のように述べていた】

「A先生で七人目、私の話を聞いたら一代記が書けるぐらい、あちこちの祈禱師をまわったよ。ほんとはあんまりあんなとこ（A行者のような祈禱師）に出入りしないほうがいいんだけどね。やっぱり他人のつきものに憑かれるってことがあるし。こんなこと（供養）ってお金がかかるのよね。」

〈A先生の所でよくなるかしら〉

「さあ、わからないね。」

〈どうしてキツネだってわかったの〉

「キツネの姿が見えたんだよ。こんな小さいのだけどね。霊だから。」

【その後二回目の供養が終わり、Kさんは A行者を通じて蔵王権現から申し渡されたという百日行にとりくんでいた】

「だいぶ良くなったよ。まだガタガタ音はたてるけどね。今、毎晩寝る前に、心経百巻をあげ、写経は毎日一巻している。」

〈百日行が終わったら良くなるかしらね〉

「希望が出てきた気がするよ。とすればA先生は大した神通力だ。ここまでくるには、すごい時間がかかったよ。でもこれで、やっと先が見えてきた気がするよ。」

【ところが、五九年二月末、私がKさんのアパートを訪れると、Kさんは二月八日の突然の金縛りのことを話し始めた】

夜、風呂屋から帰ると急に頭が痛くなって、金縛りのようになって動けなくなったんだ。その間キツネがひっきりなしに話しかけてきたんだ。[4] 私は寝たきりの植物状態のようになってたけれど、このままではだめになると思って無理に起きたんだ。キツネの言ったことは嘘かもしれんから、半分本当と思って聞いててほしいんだけど、この時はキツネはいつもと違う調子で話しかけてきたんだ。「化かしているんではないぞ。よく聞けよ」って言って、重大なことを明かしたんだ。その重大なことっていうのは昭和二七年に私の家から火が出て、大火事になったんだけれど、それが実は放火だということ。それからK家は実は浅野内匠頭や天皇家とも関係のある高い身分の出だということ。それと、私は独身で、こんな風にびっこをひいていて、小さい頃のやけどの跡もあって、呪われた存在だってことだ（Kさんはこのことを半紙何十枚にも走り書きしていた）。

以前、私の家は夕張で何十人もの炭坑夫をかかえる大きな寮を経営していたんだ。父は炭鉱の労務をしていて、遠くからも炭坑夫を集めてきて、羽振りがよかったんだ。ところがあの火事で炭住一二〇何軒もが全部焼け、私らは村中からつまはじきにされ、米も一升買いするほど落ちぶれて、大変な苦労をした。[5] あの辛さは忘れない。となりの親父は火災保険をかけていて、火事のあと新しい家を建ててとても裕福になっていた。あの親父が怪しいと思う。キツネが言い出すまで、私は火事のことはすっかり忘れていたさ。キツネはこのことを私に知らせるために憑いていたので、これをきちんと解明しないことには、私から離れないと言っている。キツネはキツネでも、私にはボスキツネがついているのだから。それにキツネは神さんの眷属だから、何でも知っているはずでしょう。

【三月半ばに、Kさんがそれまでずっと励んできた百日行が満願になった。その後に私が訪ねると……】

百日行は終わったけれど、あまり以前と変わらない。放火については、キツネは私に何か知らせたいのか、恨んでいるのかどちらかだと思う。知らせるっていうのは、放火だからその恨みをはらしてほしいっていうことで、恨んでいるというのは、私の所が火を出したので恨みに思っているということさ。三月末にA行者の所で放火のことを尋ねたけれど、稲荷大明神がA先生に降りて、「そなたは惑わされておる」って言って、否定されてしまった。神さんでも三〇年以上も昔のことだから、見えていないんだと思う。別の祈禱師には「もう三〇年前のことなんか言いだすんでない。お父さんもあの世でそんなこと喜ばない」って言われた。どこかに三〇年前のことでも見える祈禱師はいないのかしら。A先生の所の供養もあまり効果はなかった。また、以前通った滝へも行ってみようと思う。キツネは相変わらず昼間から戸をガタガタさせたりする。キツネはいろいろ教えてくれるから便利なこともあるよ。でも化かされることだってあるから。本当かどうか信じられない。

【五九年十月、Kさんはこの何カ月間かアルバイトをしており、元気そうにしていた。この間もA行者の所へは、毎月通っていたらしい】

キツネはもう神さんに変わったよ。キツネには違いないけれど、行をしたので神につかわされるキツネになった。今でも耳元で喋ったりはするけれど、キツネは何でも教えてくれるようになった。火事はやっぱり失火だったのかもしれない。今は火事で焼け出された人たちに、護摩(6)で謝っているのさ。

【六〇年六月、Kさんはアパートで編み物をしながら、テレビをつけっ放しにしていた。私がいろいろ尋ねようとすると、「そんな根掘り葉掘り聞かないでよ」と言われた。他人と喋るより、テレビに集中していたいようだった】

私ね、A先生に腹の立ってることがいっぱいあるよ。私は、A先生が信者の一人をびっこにしたのを見破ったさ。それに去年の暮れ、グリコ森永犯の犯人も当てたんだ。それでそのことをA先生に言うと、「そんなこと言ったら殺されるから黙ってなさい」って言われた。なのにA先生からテレビ局に電話が行って、犯人がテレビにも出たんだ。A先生はそれでお金をもらって、家を改築したんだから。私の霊感が当るようになって、A先生より早く見抜いたりすると、それがA先生の気に触るようになったみたい。いろんなことが当るようになってから、A先生との仲がおかしくなった。A先生とMさんたちの仲も本当は良くないんだよ(このことは後になって本当になった。Mさんたち中核となる信者は、その年の暮れにA行者の集まりから抜けた(7))。今はいつもキツネと喋っているから淋しくない。そのうちキツネをお祀りするつもり。今はお金がないからできないけれど。でもキツネったって、神さんだからね。

【六一年五月、私がKさんのアパートに行くと、Kさんは、「あと四、五年で日本は戦争にまきこまれるよ」と喋り出した】

ソ連の原発事故は、大韓機を撃墜したたたりだ。大韓機撃墜と日航ジャンボの墜落も関係があって、ジャンボの墜落はレーガン大統領が爆発(物)をしかけたのだと思う。だから、この間日本でサミットがあった時アメリカは何だって一番のはずなのに、レーガン大統領は一番最後に歓迎されたでしょう。それが(レーガン大統領が怪しいと)わかって警察に言おうかどうか迷ったけれど、思い切っておまわりさんに言ったら、

「それは警察の見方と同じだ」って言われた。

去年の十一月から二月まで、また百日行をしていた。一日五、六時間も坐っている。百日行が終わったこの二月以来、パッと太陽が射したように良くなった。以前はつきものしてるから、外にもあまり出歩けないと思っていたけれど、もう今は何ともないよ。バスに乗るのも銭湯に行くのもこわくない。キツネじゃないね、私は最初からキツネじゃないと思っていたんだ。まわりが皆、キツネ、キツネって言うから私も合わせていたけれど、私は違うと思ってたんだ。蔵王さんよりもっと位の高い神さんだと思う。だって、A先生だってわからないグリコ森永犯を当てたってことは、私に憑いている人が蔵王さんより上だってことでしょう。つきものは最初の頃は行が足りないから騒いでいたけれども、一所懸命、行をしたから、位の高い神さんに変わったんだと思う。お稲荷さんとも違うと思う。

この前、私また当てたんだよ。初めてのお得意さんだ。会社の同僚の友だちの兄さんか姉さんが、突然いなくなったんだって。私の後ろに憑いているものが「捜してやれ」って言うんだわ。それで、東北あたりにいるって言ったんだ。お金（お礼）なんかもらわないよ。だってまだ当るかどうかわからないし、お金より信用だよ。今に見てて。私五〇になったら運が良くなるって、言われたことあるんだ。今も毎日自分で行をしてるよ。今までこのやり方で行してきてここまでになったんだから、このままでいいってことでしょう。

民間治療（A行者・Mさん）**の解釈**

【Kさんが A 行者のもとを初めて訪れた直後、A 行者らは次のように述べていた】

「Kさんは本人が、前生でキツネやタヌキを殺生しているし、先祖もキツネを殺生している。また先祖代々からの水子や供養の足りない先祖がたくさんいる。これだけ因縁が深いと、Kさんは二回の供養では許してもらえないかもしれない。また、供養で霊を祓っても、憑かれやすい人はまたすぐ拾ってしまう。でも蔵王権現は、Kさんが百日行をすれば許すと言っているんだから、大丈夫でしょう。」

【だが、二月のお祀りの日、Kさんは走り書きした半紙をA行者の所に持参し、自分は浅野内匠頭と関係があるなどの話をした。そのことがあった後、A行者は……】

「Kさんは変なことを言い出した。もうあまりつき合わないほうがいいかもしれない。」

【三月のお祀りには、Kさんは放火のことをA行者に尋ねた。トランスに入ったA行者に、稲荷大明神が降りて、次のようなことを、Kさんに強い口調で述べた】

「キツネの言うことに耳を貸すんでない。そなたは惑わされておるのじゃ。しっかりしなされ。心をしっかり持って、魔物の言うことなんぞに耳を貸すんでないぞ。」

【また、Mさんら中核となる信者らは次のように述べていた】

「Kさんは、ここ以外にもあちこちの祈禱師に行こうとしているが、心がフラフラしている証拠だ。もっとしっかりしなくてはだめだ。Kさんにあまり関わらないほうがいい。」

【六一年三月。MさんはA行者の集まりから完全に抜けていた。MさんはKさんについて、次のように述べていた】

「Kさんの場合、あの人個人の因縁がきつすぎて、二回の供養では祓われなかったのだろう。動物霊は口がきけない分だけ人間霊より恨みがきつく、しかも野ギツネはどんどん増えるので、きちんと供養しないと大変なことになる。」

〈Kさんは、キツネにいろいろ教えてもらえるようになったと言っていますが、そんなこともあるんですか〉

「野ギツネが音をさせたり、耳元で喋ったりするのはあり得ることで、それはおかしくない。そして行をするうちに、霊が浄化されて、いろいろ教えてもらえるようになることはあり得ることだ。でも、霊の位が上がってお稲荷さんになれば、始終耳元で喋ることはあり得ない。私の目から見て、Kさんはフラフラしていて不安定な感じがする。キツネの言うことを、普通なら常識に照らしておかしいと思うはずなのに、Kさんはそれを真に受けてしまっている。」

精神医学の解釈⑧　Kさんがキツネに憑かれていると思い、一度はキツネの姿を見たと言っているのは憑依観念で、幻聴、幻視があると言える。五八年十一月の段階では、憑依人格は外から働きかけている。五九年二月の金縛りのような状態は、不穏状態、憑依状態と言え、自動書記も見られる。この時になると、憑依人格はKさんの中に入ってKさんを翻弄している。そして放火を証明しなくてはならない、系図を作らなくてはならない、などの使命感が見られる。やがて、キツネがKさんにとって便利なものになるのは、憑依人格と共存するようになったものと言える。

六〇年六月には、A行者とMさんの仲がうまく行っていない、また、グリコ森永犯を当てたと言っているが、これは関係妄想と言える。この頃は無口でテレビに集中する傾向が見られる。六一年五月になると、キツネは神となり、つきものはしていないと述べるようになって、憑依人格がマイナスからプラスに転化されて、親和性をもつようになっている。分裂病の慢性化傾向が見られる。また、自分に憑いているものはキツネではなく、蔵王権現よりもっと位が高いものだった、などの誇大妄想もある。この頃は多弁である。なお、Kさんの姉もこの十年間くらい、精神科に入院している。

調査者の解釈　Kさん、民間治療、精神医学と、Kさんの病いに対するそれぞれの解釈を述べてきたが、それをまとめたのが表1である。この表をもとに、文化人類学的視点から考察を加えていきたい。

Kさんは最初、耳に物音や声が聞こえてきた時、恐しくて病院に助けを求めているが、その時はまだ、つきものという考えは浮んできていない。しかし、いくつかの祈禱師を回るうちに、ヘビやキツネの話が形をとり始め、A行者の所を訪れた際には「キツネが騒いで困る」と述べて、すでにキツネの話を信じるようになっていた。A行者のもとでは、原因はキツネだけでなく、タヌキや水子、先祖の霊とされ、これらの霊を供養で慰め、その怒りを解けば、つきものはKさんから離れるはずだとされた。Kさんの訴える「キツネが騒ぐ」という現象はA行者のもとではまったく異常視されず、野ギツネ特有の症状として、他の信者らにも共有されるものになったのである。バイオメディカルには個人の異常とされた症状が、A行者の所で意味づけを与えられ、さらにキツネの存在を証明するかのような物音や身体症状まで信者仲間に確認され、KさんはA行者のもとで治っていくかに思われた。しかし、Kさんの病いの根はもっと深い所にあったようだ。

百日行を三分の二ほど終えた五九年二月のある夜、突然キツネが集中的にKさんに話しかけ、Kさんに重大なことを明かしたとされる。今や、Kさんにとって、キツネは憑くべくして憑いていた存在となる。それにつれ、キツネは単なる野ギツネではなく、ボスギツネと言い換えられるようになっている。この二月の時点までは、Kさんの病いはさまざまの民間治療の側から意味づけを与えられていたのが、ここに至りKさん自身が意味を産み出すことになる。だが、それはKさん自身ではなく、あくまでキツネが語りかけてきたという形をとる。そしてこれ以後、Kさんの目標はキツネを祓うことではなく、キツネの明かしたことを証明することへと変わる。

Kさんにとって、心の傷《トラウマ》の根源ともいえる火事の件を証明することが先決となる。そこで、A行者をは

表1

	【K　さ　ん】	異常の意味づけ	【民　間　治　療】	【精　神　医　学】
昭和51年 36歳	両親が相次いで死ぬ。 耳に音や声が聞こえるようになる。	混　沌		幻　聴
54年7月 39歳	恐山に行った後、引越す。耳に爆発的に聞こえるようになる。 • 精神科に入院。 • 数カ所の祈禱師を回る。	ヘビ、キツネ 恐山の神		幻　視
58年11月 43歳	A行者を訪れる。 • 2回の供養と百日行を言い渡される。 • 希望が出てきたような気がするよ。	キツネ、タヌキ 水子、先祖	• Kさん本人と先祖が前生でキツネとタヌキを殺生している。 • 先祖代々の水子や、供養の足りない霊がたくさんいる。	憑依観念 憑依人格が外から働きかけてくる。
59年2月	突然、金縛りのようになり、キツネがひっきりなしに話しかけてきた。 重大なことを明かした。 • 昭和27年の火事が実は放火だった。 • 私は高い身分の生まれだ。 キツネはこのことを知らせるために、憑いていたのだ。 放火を証明し、系図を作らなければならない。	ボスギツネ 神さんの眷属	• Kさんは因縁が深い。 • Kさんのつきもののおかげで、皆心身が不調になっている。 • キツネの言うことに耳を貸すんでない。	不穏状態 憑依状態 自動書紀 憑依人格がKさんの中に入ってKさんを翻弄する。 使命感
3月 44歳	放火については、A行者に否定されてしまった。どこかに30年前のことでも見える祈禱師はいないだろうか。		• あちこちの祈禱師に行くのは、心がフラフラしている証拠だ。	
4月	キツネはいろいろ教えてくれるから、便利なこともあるよ。でも化かされ		• Kさんは変なことを言い出した。Kさんに	憑依人格と共存するようになる。

	ていることもあるし。 A行者の所の供養もあまり効果はなかった。		関わるんでないよ。	
6月	修験道の得度を受ける。			
10月	キツネはもう神さんに変わったよ。 キツネは何でも教えてくれる。	神さん		
60年6月 45歳	A先生より早く見抜いたりするので、A先生との仲がおかしくなった。 • グリコ森永犯の犯人を当てた。 • A先生が信者の1人をびっこにした。 • A先生とMさんたちの仲が良くない。 →		(60年10月頃からMさんたちとA行者の仲は悪化し、61年1月には完全に両者は離れてしまう。 ——Mさんによれば)	関係妄想
	そのうちキツネをお祀りするつもり。 キツネったって神さんだからね。 キツネといつも喋ってるから淋しくない。			憑依人格がマイナスからプラスに転化されて、親和性をもつようになる。
61年5月 46歳	ソ連の原発事故と、大韓機撃墜事件と、日航ジャンボの墜落は関係がある。 百日行が終わって、すっかり良くなった。もうつきものはしていない。 キツネじゃない。私は最初から、キツネじゃないと思っていた。		• Kさんの因縁がきつすぎて、2回の供養では祓われなかった。 • 野ギツネの供養はむずかしい。 • 野ギツネが耳元で喋るのはありうることで、	分裂病の慢性化傾向
	蔵王さんより位の高い神さんだと思う。	蔵王権現より位の高い神	行をするうちに霊が浄化され、キツネに教えてもらえるようになることはある。	誇大妄想
	はじめてのお得意さんができた。お金より信用だよ、今に見てて。		• Kさんの場合、キツネの言うことを真に受けてしまっている。	

じめ、何カ所かの祈禱師を訪れるが、いずれでも否定され、それでもあきらめきれないKさんは、どこかにもっと力のある祈禱師がいるはずだと期待を持つようになった。ここでもし、放火を肯定してくれる祈禱師が現れるか、あるいはキツネの話をさらに意味づけてくれる祈禱師が現れたならば、キツネの物語はさらに増幅され、より混み入ったものへと発展していった可能性がある。しかし現実には、Kさんの周囲の祈禱師は、キツネの話を否定し、Kさんの話がより膨らむことを抑える働きをした。ここに至ってKさんは、民間治療の文化で共有される範囲を越えて、自ら意味を産み出し始めたといえる。

従って、この時点までは、Kさんの病いをめぐって、Kさんと民間治療の解釈は一致していたが、これ以後、Kさんと民間治療の解釈はずれていくことになる。A行者は「Kさんは変なことを言い出した。あまり関わるんでない」と、Kさんが自分たちの持つつきもの文化からはみ出してしまったことを述べている。この時点から、Kさんはキツネを祓うために行をしているのか、キツネを祀るために行をしているのか、わからなくなってくる。だが、キツネはまだ神として拝むほどの力は持ち合わせていない。キツネはKさんにとって、いろいろ教えてくれる便利な存在ではあっても、化かされることもある不安定なものである。そして、A行者の供養もあまり効果はなかったと述べ、以前に通った祈禱師や行場へも通うようになる。そして、そのことはA行者には「お見通しのはずだから」、KさんはますますA行者の所へ通いにくくなっていったものと思われる。

五九年六月に、Kさんは修験道の得度を受けた。これによって、Kさんは法名をもらい、正式に修験道に結ばれたことになる。

五九年十月、Kさんは「キツネはもう神さんに変わった」と述べている。これはキツネが相変わらず騒ぐものの、話が当ることができてきたからだ、とKさんは考えている。

六〇年六月には、Kさんは他人とあまり喋りたがらず、むしろ自分の殻の中に閉じこもっていたいようだった。それでも、A行者の集まりでこれまでに感じてきた疎外感や、A行者への怒りを、体を震わさんばかりに表現していた。例えば、A行者が信者の一人をびっこにした、あるいはA行者とMさんたちの仲が実は良くない、また、本来自分が当てたグリコ森永犯の犯人を、A行者がテレビ局に連絡してお金をもらった、などである。そしてA行者がKさんを疎んじ出した原因は、Kさんの霊感がA行者より当るようになったからだと考えている。この頃から「キツネったって神さんだからお祀りするつもり」と述べ、キツネはそれまでの両義的な性格から、より神に近いプラスのものへと転化されている。

さらに六一年五月になると、キツネと思っていたのが実はキツネではなかった、自分は最初からキツネとは思っていなかった、として物語が変形され始めている。そして、「もう、つきものはしていない。すっかり良くなった」と述べ、つきものと思っていたのが実は位の高い神で、自分に霊感を与えるための存在だったのだ、と考えるようになっている。そして会社の同僚から家出人の居所を尋ねられたことが、Kさんの霊感の存在を他人も認めた証拠だと考え、祈禱師として生計を立てていくことを夢見ているようであった。Kさんにとって、つきものという病いは今や消失し、行の効力で得た霊感が残されたことになる。つまり、Kさんにとって、この病いとそれを乗り越えるための行は、祈禱師になるための、まさに通過儀礼だったわけである。

表1に示した、Kさんにとっての異常の意味づけを見ていくと、まったくわけのわからない混沌から、キツネ、ヘビ、恐山の神々へ。さらに、キツネ、タヌキ、水子、先祖へと至り、やがてKさん自身の中では、キツネの中でもボスギツネ、神さんの眷属、神さん、位の高い神へと移ってきている。そして最終的には、もともとキツネではなかったとして、キツネの名残りを否定しようとしている。

このように、Kさんにとっての病いが、祈禱師になるためのいわば通過儀礼だったととらえられる一方で、精神医学的には、Kさんの症状は憑依観念から憑依状態を経て、分裂病の慢性化傾向へと悪化してきた過程ととらえられている。また、民間治療の側からすれば、つきものの観念は共有しえても、Kさんはつきもの祓いに失敗し、キツネにもて遊ばれてしまった存在、ということになるであろう。

2　キツネつきの意味

さて、病いをKさんが感じている経験のすべて——感情、人生のストレス、過去の記憶、周囲の人々との関係など——と規定すると、バイオメディカルな解釈はKさんの訴える病いのレファラント（referent）として生理的レベルを考えていることになる。つまり、「臨床医学がまず第一に行う解釈は、患者の訴えをその底にある病気の実体に結びつけることである〔Good, B. & M. Good, 1982 : p. 144〕」、あるいは、Kさんの病いをレファラントと考えれば、バイオメディカルな説明は生理的レベルへのその病いの移しかえである。それに対して民間治療では、病いをキツネや先祖の霊などのコスモロジーのレベルと結びつけている。このように病いを何と結びつけ、どんな言い方で語るかを考えた時、この病いとその対応物を結びつけているのは、メタフォリカルな関係ではないだろうか[9]。それはフェルナンデスが述べる、わかりにくいことを具体的に把握するためのメタファーであり（注（9）参照）、バイオメディカルなコンテクストでは医学上のことばを用い、民間治療においてはその信仰上重要なシンボルを用いて表現しているのである。

このように考えた時、バイオメディカルに規定された疾病（disease）は、病いの生理学的側面への移しかえであり、「ありのままの病気」や「本当の病気」などとは無関係なものである。グッドは、病いを経験の症候群ととらえ、そこにはある文化の人々が共通に経験する独特の意味が集約されているとした。例えばイランの fright illness や heart distress を理解するためには、イラン文化の中で fright や heart といった核となるシンボルが持つ意味を分析する必要があると、彼は述べる〔Good, B., 1977, Good, B. & M. Good, 1982〕。またカフェラーは、スリランカの悪魔憑き（demonic illness）において、「たとえこの病いの基礎に、生理的、精神的、社会的に客観的な病気があるとしても、一たびそれが悪魔憑きとされると、その病いの持つ意味はすっかり変わってしまう」〔Kapferer B., 1983 : p. 88〕と述べ、したがって悪魔憑きは生理学的、心理学的、社会学的いずれのレベルにも還元できないとしている。悪魔とは、シンハリ社会において、破壊と混乱とひいては死や宇宙的崩壊をも呼び覚ますような強力なシンボルであり、心身や社会的不調が悪魔のメタファーにもなれば、悪魔がそれら不調のメタファーにもなるとしている。とするならば、このKさんの病いをバイオメディカルな分裂病に還元することに意味があるのではなく、むしろこれがキツネつきであることの意味を探らねばならない。

小松によれば、つきものの「もの」や「つき」は、日常的思考によって秩序づけられている意味体系が侵された時に用いられる概念である。そして「もの」は「マナ」同様、本来何も意味しない空虚なことばであり、そこに呪術師や宗教者がキツネや犬神などの意味を与える。したがって、もともと空っぽの概念である「つき」現象は、コンテクストに応じて善にも悪にもなるのだとされる〔小松、一九八四〕。人間は太古から、動物と自分とを引き比べ、動物の真似をしたり、動物のメタファーで自分たちを語ってきたとされるが〔Fernandez, 1974, 1986〕、キツネつきも、日常とは異なる異常な状況を、動物が憑くというメタファーで語ったものと思われる。いくつかの文化で憑くとされている *zar* や *junn* (*Jinn*)、*saka* などのスピリットは、気まぐれで、物を欲しがり、邪険に扱われると恨みを持ち、人間の健康や行動に影響を与えるとされている〔Boddy, J., 1988, Crapanzano, V., 1977, Harris, G., 1957〕。人間はこれらのスピリットを完全に追い払うか、または共生関係に入るかするが〔Crapanzano, 1977〕、完全に追い払うのはむずかしく、たいていはむしろなだめ、喜ばせて共生関係を保つことが多い。

さて、日本のキツネもこれらのスピリットと同様の特徴を持っているが、日本ではキツネということばから、どのようなことをイメージするであろうか。まず、キツネのもつ両義性（神の使いであると同時に、人を化かすこともある）、神の属性の一部である霊感、人間のコントロールに従わない性質（野ギツネ）[10]、そして憑かれた人の責任が免除されるなどのことであろう。また、日本のつきものの特徴は、タテの祖先や血縁の観念としっかり結びついていることである。つきもの筋を問題にしない都会にあっても、キツネは先祖に殺生されたキツネであり、憑く霊は何代も前の血縁が子孫を頼って憑くものとされている。したがって、憑かれた人は先祖の不満や罪が自分に集積しているように感じ、自分をタテの血縁関係の中に位置づけるようになる。そして、これらのつきものを祓うために行われるのは、先祖供養や、先祖からの因縁を切るための行となっている。

このように考えると、日本のつきものが問題にしているのは、先祖と子孫、死者と生者、過去と現在などの枠組であり、日本人の感情に深く根ざした血縁の観念であろう。つまり、つきものとその治療としての先祖供養は、日本文化に共通の経験や感情を呼び起すシンボルであり、個々の日本人が先祖との関係の中で自分をとらえ直す、reflexive symbol ともいえよう〔Ohnuki-Tierney, 1987〕。したがって、憑かれているというのは、先祖―子孫のつながりが病んでいることのメタファーとなる。つきものの中でもキツネに憑かれることは、これらの感情にさらにプラスの意味では、神の意志や霊感、マイナスの意味では、人生のコントロールの喪失をつけ加えることになる。

ここでKさんにとって、キツネがどのような意味を持ったかに戻ってみよう。キツネは三〇年前の火事が放火だったと語る。この火事こそKさんの人生を狂わせた根源であり、それさえなかったら、現在のKさんのように、職がなく足が悪く貧しいことにならなかったであろう。火事が放火だとすることで、Kさんは過去を否定し、現在の自分の淋しい生活を説明し、かつそれはまちがった不当な生活だとして異議を申し立てることができる。またキツネは、Kさんが高い身分の出だと明かしたが、つきものが血筋を問い直すものであるならば、Kさんがここで自分の出自にこだわるのは当然のなりゆきといえる。従って、Kさんにとって系図を作りそれを証明することは、先祖と自分を共に位置づけ直す作業となる。このようにキツネは、Kさんに過去、現在、さらには祈禱師の可能性という未来を語り、K家の血筋を明らかにし、これらの内容に、神の使いのことばとしての真実味を添えることになった。

以上のように、キツネつきであることには、クライアントと先祖との関係、クライアントの過去、現在の意識的・無意識的経験、他人との関係、社会的状況などが含まれているわけである。言いかえれば、キツネつきはそれらのことを表現しうるシンボルであり、Kさんはそのシンボルを用いて、彼女の過去、現在、未来をメタフォリカルに語ったのである。このようなことからも、病いを生理的、心理的などの一つのレベルに還元することは、その病いのもつ独特の意味や広がりをそぎ落とし、単純化してしまうことになるであろう。

3　クライアントからシャーマンへ

次に、Kさんがつきものをマイナスからプラスの存在へと転換させた五九年二月の出来事に注目したい。この転換がどのような意味を持つのかを、以下に検討する。まずキツネに関して言えば、それ以前はただ騒ぎ立て、邪魔な存在でしかなかったキツネが、この一週間の間に重大なことを告げるキツネへと変わる。ただし、Kさんにとってのキツネの意味づけが、すぐさま百八〇度転回したわけではなく、キツネが「いろいろ教えてくれる」のか、「化かされている」のかわからない両義的状態は、その後半年くらい続いている。この間のあいまいな状態は、Kさんがキツネを祓うために行をするのか、祀るために行をするのか、自分でもわからない状態に対応している。そしてこの両義的状態を経て、キツネは神へと転換させられるが、それを可能にしたのは、Kさんによれば厳しい修行だとされる。そして、このキツネの悪から善への転換が、とりもなおさず、Kさんのクライアント、病人としてのネガティブな存在から、シャーマンとしてのポジティブな役割への転換に対応している。

ここで民間治療とKさんとの関係を整理すると、五九年二月以前は、民間治療の側がKさんの病いへの意味づけを与え、Kさんもそれをほぼ全面的に受け入れていた。たとえ、民間治療ごとの意味づけに矛盾があろうとも、そのいずれもが可能性のあることとして、Kさんの中で並行して信じられていた。ところが二月の出来事以来、Kさん自身が受け取る側でなく、意味づけを与える側にまわったと言える。それまでの物語が、現在の物音や声の意味を説明するものでしかなかったのに対し、Kさんの産み出した物語は、Kさん個人の過去と深い関わりを持つ通時的な物語となった。これは民間治療が産み出し得た以上の物語であり、その点で、Kさんは彼らを乗り越えたと言える。Kさんにしてみれば、病いをめぐる意味づけは、欠如から過剰へと転換したのである。

さて、レヴィ＝ストロースが正常な思考と病的な思考とを対比させ、病的な思考は意味の過剰を利用すると述べたことを思い出してみたい〔Lévi-Strauss, C., 1972〕。レヴィ＝ストロースは、シャーマンが意味の欠如に悩む病人に、自らの過剰な意味を与えることで、病人の欠けた宇宙を満たし、治療へと導くと述べた。この考えに立てば、Kさんは意味の欠如から過剰への転換を自ら行い、同時にクライアントからシャーマンへの転換を遂げたことになる。Kさんの転換は、言わば自己治療であり、まさにwounded healerというシャーマンの本質を示す例と言えよう。

ここに至り、KさんがA行者より以上の意味を持つようになったことが、以後のA行者とKさんの関係を微妙なものにする。今や、KさんがA行者同様、シャーマンへの道を歩み出したとするならば、二人が同業者として互いに反目し合うのは当然の成り行きである。Kさんにしてみれば、「私の霊感が当るようになってA行者の気にさわるようになった。霊感ってこわい」、ということになるのである。このように、より多くの意味を産み出したほうがシャーマンになるのだとすれば、シャーマンとクライアントとの関係は微妙なバランスの上に成り立つものであり、クライアントがシャーマンへ転換する可能性は常に開かれていると言える。つまり、クライアントは潜在的シャーマンである。このことは、Kさんが五九年六月に得度を受け、修験道の行者への道が開かれたことや、またA行者の中核となる信者が、やはりクライアントとして訪れて以来、霊感を持つようになったことにも示されている[11]。民間治療においては、クライアントになることはシャーマンとしてのイニシエーションであることが多く、その後の修行が直接的には病気治療や心身の浄化を目的とするものではあっても、間接的にはシャーマンになるための修行の役を果たしていたとされることが多い〔波平、一九八八、Lewis, I., 1978〕。このように考えれば、Kさんが修行を積んでキツネの位を上げ、自らを祈禱師にまで高め上げたと、病いの体験を自分なりに解釈することは納得しうるものである。以上のようにこの五九年二月の出来事がもたらした

表2

つきもの	悪	⟶	善
Kさんの位置づけ	マイナス	⟶	プラス
Kさんの役割	クライアント	⟶	シャーマン
A行者との関係	良	⟶	悪
過去のトラウマ	無意識	⟶	意識
物語	共時的	⟶	通時的
物語	外から与えられる	⟶	内から産み出す
意味	欠如	⟶	過剰

さまざまな意味の転換を示したのが表2である。

憑依されたクライアントが、その文化的位置づけをプラスの存在へと転換させる例は、さまざまの社会に見出される〔Obeyesekere, G., 1977〕。また、同様のことを精神医学の立場から考察した例として、大宮司及び田中は、幻覚やつきものの妄想のある男性が八回の入院体験を経た後、信仰治療の布教所を始め、それ以後六年間、症状の再発をきたしていない事例をあげている〔大宮司・田中、一九八六〕。また、リトルウッドは、疎外された人間に残された道として、日常の価値規範の転倒があると述べ、その例として精神病や文化結合症候群をあげているが〔Littlewood, R., 1983〕、憑依も前節で述べたように、日常の価値、秩序を転換させる機能を持っていた。したがって、Kさんが八方ふさがりの状況から再び文化的に統合されるためには、価値の転換は不可欠のことだったと見ることもできよう。だが、このようにして産み出された価値の転換を、現実社会での生き方につなげていけるかどうかは、つきものを「神ごと」〔松岡、一九八二〕としてとらえる文化があるかどうかだけでなく、その他多くの要因に関わる問題である。(12)

4 病気の意味づけ――メタファーと因果性――

病いを意味づけ、病いについて語ることが、それを無意味なカオスとしてではなく、意味のある経験として受け入れられるものにすることは、これまでにも強調されてきた。民間治療はこの体験の秩序化、無意味と思えた経験の再解釈を与えることで、クライアントを治療へ導くものとされている〔波平、同書〕。だが、このKさんの事例に接し、私は語ることが、他方で別の方向を持ちうるのではないかと思い始めた。例えばKさんがより多く語れば語るほど、あるいは他者から語られるほどに、ますます事態がカオスに向いそうな危機的な状況に思えた時がある。例えば、最初に異常を感じはじめた五四年七月頃、Kさんは物音や声の説明を求めて六カ所もの祈禱師をまわっている。そしてあちこちでいろいろな物語を与えられ、どこでもたいした効果は現れず、Kさんの中で複数の話が並行して、どれも可能性のあることとして膨らんでいった。また五九年二月の金縛りの後、放火の件を証明してもらおうと、Kさんがあちこちの祈禱師をめぐったことがある。この時もし、放火の出来事を肯定しキツネの物語をさらに増幅させる祈禱師が現れていたならば、キツネの物語はますます枝葉をつけて拡大されていった可能性がある。そうなれば、Kさんは一方でキツネを祓おうとしながら、他方でキツネの説を確認し、結果としてキツネの存在を再確認し、病いを存続させるという非常に複雑なことに陥ってしまう。

このように、民間治療が単に秩序づけるだけでなく、クライアントに過剰に意味づけを与えることで、逆に病いを産み出す世界観を再生産し、結果としてクライアントの病いを存続させていることもありうる。この場合、民間治療も、つきものが善悪いずれにもなり得たのと同様、病いを治すと同時に病いを作る、という両義的性格をもつことになる。

以上のように考えると、病気を意味づけることには、秩序化の方向と同時に、もっと複雑な過程が含まれているのではないかと思われる。これは二つの視点から考えられるのではないか。まず第一に、意味づけることが語ることであるとすれば、語られたことはいずれも現実のメタファーであり、そこにはいくつものヴァージョン（異話）が生じる可能性がある。Kさんの例で言えば、わけのわからない物音や声はヘビに憑かれた話ともなれば、若い時に腰から入ったキツネの話とも、先祖が殺生したキツネの話とも、あるいはバイオメディカルには幻聴ともなる。これらはいずれも、Kさんの病いの現実に対するさまざまなレベルでのメタファーであり、いずれもが並行に、アナロジカルに存在すると見ることができる。このように考えると、病いを語ることは（特に複数の文化が共存する現代では）、複数の話が並行して産み出される可能性をはらんでいると言えよう。

第二に、病いとその意味づけを、レファラントとメタファー（あるいはシンボル）の相互の転換という点から見ることができる。今、Kさんの例で言えば、Kさんの経験する症状、社会状況、人間関係などを含む病いの現実に対して、キツネつきというメタファーが当てられたことになる。その際レファラントになるのは病いの現実である。次に、一たびキツネつきと意味づけられると、こんどはそのことばがKさんの経験を形作るようになり、「そう言えばあんなこともあった。あれもキツネに憑かれている証拠だ」として、こんどは経験がキツネつきを表わすメタファーとなる（図1）。

例えばKさんは、物音に悩まされて何カ所もの祈禱師をまわったが、その間に祈禱師からヘビが憑いていると言われれば「そう言えば、ヘビを踏んだこともあった」と

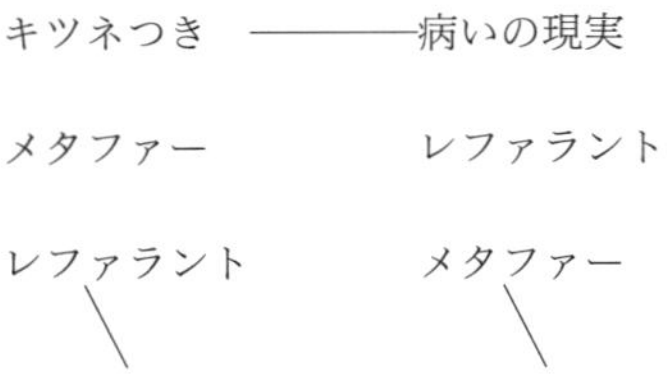

図1

一つの経験を思い出し、その他のヘビに関する記憶や出来事を呼び戻す。また、A行者の信者たちは、Kさんにキツネが憑いているとされると、階下のガタンという物音を、キツネが供養を邪魔しにきた印と解釈し、家が揺れたのも、頭痛や腰痛もキツネのせいだとみなし、各々が「そう言われれば、私もこんな目にあったけど、やっぱりキツネのしわざかい」と、さまざまな経験をキツネつきを表わすものとして持ち出してくる。ここには、キツネつきというシンボルをますます拡大、豊かなものにしていく相互作用が働いている。病いの経験のメタファーであったキツネつきが、こんどはレファラントになり、そのキツネつきを示すものとして、さらに大きい経験が引き出され、その広がった経験を表わすものとして、キツネつきの意味はさらに広がり、それを表わすための一層多くの経験が語られ……と、レファラントとメタファーの転換は続いていく。

このプロセスが、Kさんのキツネの物語を拡大させた原動力であり、病いに過剰な意味づけを与えるプロ

セスではないだろうか。病人はもはや意味の欠如に悩むのでなく、意味の過剰に悩む、と言われるような状況が生じる〔Scheper-Hughes, N. & M. Lock, 1986〕。また、ロラン・バルトは、医学において、症候（生の事実）から徴候（病名がつけられたもの）への変形がなされると、同様の所記と能記の転換が果てしなく続くと述べ、この転換を停止させるのは、医学上の実践であると述べている〔バルト、一九八〇〕。このように見てくると、病いを語ること、意味づけることは、かならずしも秩序づけの方向のみに向わず、病いをより豊かに繁殖させる方向を持ちうると言えよう。病いを意味づけることが、それを別の具体的なものに固定させるように思われる一方で、その置き換えられた具体的なものを理解するために、また別の物を持ってくるというような思考が働くのであろうか。あるいは、病いを意味づけるために持ってこられたシンボル（例えばキツネつき）の力が強大で、それが人々の感情や経験などをぐんぐん引き入れる力を持つのであろうか。

さて、病いを意味づけること、つまりわけのわからない経験としての病いを理解するために、人は具体的なものでそれを理解する、つまりメタファーを用いる、と述べてきた。レヴィ＝ストロースが具体の科学と述べたように〔レヴィ＝ストロース、一九七六〕、病いは身のまわりにあって、考えるのに都合の良い動物や植物で語られることが多い。このようなメタファーによる具体化は、バイオメディシンも同様であり〔van der Geest, S. & S. Whyte, 1989, Wright, P. & A. Treacher, 1982, Helman, C., 1986〕、現代では第二の自然になってしまったテクノロジーや機械のメタファーで語られることが多い。このように考えてくると、ある病いをキツネつきとすることは、得体の知れないわけのわからない経験を、キツネという動物で具体的に把握しようとしたものと言える。(13) キツネつきという命名は、あたかも病因を指すようであり、現にKさんも他の信者も原因としてキツネを考えていたと思われる。しかし因果を追求したいという欲求のはざまを、メタファーやメトニミー（換喩）で置き替えていることが多くないだろうか。(14) あるいは、因果のようでいて、実はメタファーやメトニミーだということはないだろうか。また、かならずしも病いを因果的に理解しなくてもいいのではないだろうか。

渡辺は、病いを解読するコードとしての因果性に疑問を持ち、病いはまず語られるものであり、その際あたかも病因のように語られることがらは、むしろ物語の発端として理解したほうがよいと述べる〔渡辺、一九八三、一九八四〕[15]。また、ファンデアギーストは、メタファーの他に、メトニミーによる関係づけも、病気理解に働いていると述べる〔van der Geest, S. & S. Whyte, 同書〕。例えば、病気を、誰か他人やスピリットのしわざと見る見方は、結果あるいはでき上がった物を、原因または作った人で表わすメトニミーだとされる。つまり、因果的に思える病因の探求も、あいまいな現実をある一点に具体化させたメトニミー的思考と見ることができるわけだ。少くとも、病気とあたかも病因のごとく語られることがらとの関係づけは、メタフォリカル（メトニミーも含む）なものと考えたほうが、理解しやすいのではないだろうか。「人間の概念システムが大部分メタフォリカルだとすれば、われわれの考え方、経験、ふるまいの多くがメタファーに基づいている」〔Lakoff, G. & M. Johnson, 1980 : p. 3〕のである。人が病いを理解しようとする時、因果的に原因を知りたいという欲求は強い。だが他方で、原因はいつも病いになってから、ふり返って探られるものであり、しょせん真の原因かどうかわからない。それよりも、その病いをよりわかりやすくしてくれるもの、考えるのに便利なもの、その文化の人々の共通の経験を呼び覚ますものなどで、病いを意味づけることのほうが理にかなっているのではないだろうか。そして現に、人々は病いについて語る時、因果性よりメタファーに頼っているのではないだろうか。

ある文化特有の病いを、医学的に理解するのではなく、その社会のコスモロジーや社会経済的状況（例えば飢餓）のメタファーと見ることはすでに行われている〔Tousignant, M., 1979, Scheper-Hughes, N., 1988〕。

Kさんの病いも、そこに医学的実体や因果関係を探るより、Kさんの心身の状況や社会関係のメタファーとして理解したほうがよいものと思われる。

あとがき

その後Kさんは、昭和六二年五月に会った時には、以前口にしていた霊感やキツネを祀ることについては、否定するようになっていた。しかし、つきものについては、依然としてキツネではないものが憑いているが「今は言えない」と言っていた。六三年六月には、Kさんは過去の出来事を今までになく自然に思い出して語るようになっていた。「十二歳の時の火事は失火で、家で雇っていた女の子が火を出したんだ。タバコだよ」と言い、A行者が一人の信者をびっこにしたと述べていたことについても、「そんなことないでしょ」と言うようになっていた。だが、高い身分の出だということについては以前と変わらず、「つきものは、こんな炭坑夫の娘なんかになってるけど、本当はすごい家だってことを知らせるために憑いていたんだ」と語っていた。

注

（1）ブルゴニョンの分類によると、ポゼッション・トランス（PT）である。憑依するのは神（稲荷大明神、蔵王権現など）、仏（死者の霊）や動物霊である。

（2）Mさんは夢で霊の姿を見、自らの体に現れる症状で、霊の存命中の体の悪い所を知る。例えば、頭の痛み方で、その霊が脳溢血で死んだか、偏頭痛に苦しんでいたかなどを判断する。そしてこのような霊の特徴を、例えば脳溢血の人、首吊り自殺した人、色情の男女などと紙に書きとめておく。

（3）Kさんがキツネに憑かれていると思うのは、ブルゴニョンの分類でいけば、ポゼッション・ビリーフ（P）であり、トランスを伴うわけではない。
（4）この時の状態は、ブルゴニョンの分類でのPTである。
（5）Kさんは六人きょうだいの末子。昭和二七年の火事が事実であることは、北海道新聞で確められた。
（6）修験道では護摩は重要な行事である。護摩木に願い事を書き、火にくべることで、病気治癒やその他の願い事に効果があるとされる。
（7）Mさんは、A行者は霊感の強いMさんたちを日頃から疎ましく思い、追い出そうとしていたと言う。
（8）Kさんの事例を二人の精神科医に話し、解釈をしてもらった。北海道大学医療技術短期大学の大宮司信氏、及び北海道精神衛生センターの七田博文氏である。
（9）ここでメタファーということばは、「一つのことをもう一つのことで理解したり、経験したりすること」〔Lakoff, G. & M. Johnson, 1980〕、また、「異なる領域の経験を認知的、また感覚的類似に基づいてつなぐこと」〔Fernandez, J., 1974〕の意味で用いている。さらにフェルナンデスは、メタファーを、わかりにくい状況について述べ、行動に導くための戦略、言いかえれば、わかりにくいことを別のわかりやすい具体的なことで理解すること、だとしている〔Fernandez, J., 1986〕。そして例として、ことわざ（二つの領域の経験の類似に基づく）や、幼い子供が動物の真似をして遊ぶことなどをあげている。
（10）キツネは古くは田の神の使いとされ、中世以降稲荷信仰と結びついた。中村によれば、キツネは犬と似ていながら人に従わず、家にも住みつかない、分類し難い動物であり、また昔から食用にされなかった点なども、キツネを神の使いとみなすのに一役買ったものとされる〔中村、一九八四、一九八七〕。
（11）ある信者は子どもの病気のことでA行者を訪れ、一年くらいたつ頃から霊感が出、夢の解釈ができるようになったと述べる。他の信者もA行者の集まりで、互いに夢を出し合い、解釈し合ううちに、霊的な面が開かれてきたと述べている。
（12）シャーマン個人のパーソナリティの他に、信者や弟子が現れるか、信者を組織していく人が存在するかなどが、シャーマンとして自立していけるかどうかに関わってこよう。前出の七田博文氏は、クライアントがどんな幻聴を持とうと、それで社会生活ができるかどうかを問題にすると述べ、「それでメシを食っていけるか」とクライアントに問うと述べている。

(13) つきものが憑く、あるいはそれを祓うの他にどのような言い方がされているかを見ると、憑く：〈もらう、拾う、依る、くっつく〉、祓う：〈落す、とれる、離れる〉など、あたかも、もらったり、落したり、拾ったりする物のように扱われていることがわかる。

(14) フェルナンデスは、メタファーは離れているものどうしをつなぎ、因果の欠けている部分を橋渡しすると述べている〔一九七四〕。

(15) 二つの物を関係づけるのに、連続や因果に基づく。例えば、部分で全体を、作った人ででき上がった物を、物でそれを使う人などを表わすような関係である。

文献

バルト・ロラン、一九八〇、「記号学と医学」、安藤俊次訳、『現代思想』六月号。

Boddy, J., 1988, Spirits and selves in Northern Sudan : the cultural therapeutics of possession and trance. *American Ethnologist* Vol 45 No 1.

Bourguignon, E., 1978, Spirit Possession and Altered States of Consciousness : The Evolution of an Inquiry. In *The Making of an Psychological Anthropology*. (ed.) Spindler, G., University of California Press.

Crapanzano, V., 1977, Mohammed and Dawia :Possession in Morocco, In *Case Studies in Spirit Possession*. (eds.) Crapanzano, V. & V. Garrison, John Wiley & Sons.

大宮信司・田中哲、一九八六、「信仰治療をはじめた非定型精神病の1症例」、『臨床精神病理』第七巻四号、星和書店。

Fernandez, J., 1974, The Mission of Metaphor in Expressive Culture. *Current Anthropology* Vol. 15, No. 2.

——— 1986, *Persuasions and Performances*. Indiana University Press.

Good, B, 1977, The Heart of What's the Matter : The Semantics of Illness in Iran. *Culture Medicine & Psychiatry* 1.

Good, B. & M. Good, 1982, Toward a Meaning-centered Analysis of Popular Illness Categories : "Fright Illness" and "Heart Distress" in Iran. In *Cultural Conceptions of Mental Health and Therapy*. (eds.) Marsella, A. & M. White,

D. Reidel.
Harris, G., 1957, Possession "Hysteria" in a Kenya Tribe. *American Anthropologist* 59.
Helman, C., 1986, *Culture, Health and Illness.* Wright.
ユング・C・G、パウリ・W、一九七六、『自然現象と心の構造――非因果的連関の原理』、河合・村上訳、海鳴社。
Kapferer, B., 1983, *A Celebration of Demons.* Indiana University Press.
河合隼雄、一九八六、『宗教と科学の接点』、岩波書店。
小松和彦、一九八四、『憑依信仰論』、ありな書房。
Lakoff, G. & M. Johnson, 1980, *Metaphors We Live By.* The University Press of Chicago.
Lévi-Strauss, C., 1972, *Structural Anthropology.* Penguin Books.
レヴィ＝ストロース・C、一九七六、『野生の思考』、大橋保夫訳、みすず書房。
Lewis, I., 1978, *Ecstatic Religion.* Penguin Books.
Littlewood, R., 1983, The Antinomian Hasid. *British Journal of Medical Psychology* 56.
Meier, C., 1963, Psychosomatic Medicine from the Jungian Point of View. *Journal of Analytical Psychology* Vol. 8.
松岡悦子、一九八二、「カミによる病気治し――修験道の世界観を中心として――」、『年報人間科学』第三巻、大阪大学人間科学部。
中村禎里、一九八四、『日本人の動物観――変身譚の歴史』、海鳴社。
――――一九八七、『日本動物民俗誌』、海鳴社。
波平恵美子、一九八八、『脳死・臓器移植・がん告知』、福武書店。
Obeyesekere, G., 1977, Psychocultural Exegesis of a Case of Spirit Possession in Sri Lanka. In *Case Studies in Spirit Possession.* (eds.) Crapanzano, V. & N. Garrison, John Wiley & Sons.
Ohnuki-Thierney, E., 1987, *The Monkey as Mirror : Symbolic Transformations in Japanese History and Ritual.* Princeton University Press.
プロゴフ・イラ、一九八七、『ユングと共時性』、河合隼雄・河合幹雄訳、創元社。

Scheper-Hughes, N., 1988, The Madness of Hunger : sickness, delirium, and human needs. *Culture, Medicine & Psychiatry* Vol. 12 No. 4.
Scheper-Hughes, N. & M. Lock, 1986, Speaking "Truth" to Illness : Metaphors, Reification, and a Pedagogy for Patients. *Medical Anthropology Quarterly* Vol. 17 No. 5.
Tousignant, M., 1979, Espanto : A Dialogue with the Gods. *Culture, Medicine & Psychiatry* (NS) Vol. 3 No. 4.
van der Geest, S. & S. Whyte, 1989, The Charm of Medicines : Metaphors and Metonyms. *Medical Anthropology Quarterly* Vol. 3 No. 4.
渡辺公三、一九八三、「病いはいかに語られるか」『民族学研究』四八巻三号。
——— 一九八四、「病いと象徴」、『現代のエスプリ・象徴人類学』、青木保編、至文堂。
Wright, P. & A. Treacher, 1982, *The Problem of Medical Knowledge : Examining the Social Construction of Medicine.* Edinburgh University Press.

香川雅信

登校拒否と憑きもの信仰

——現代に生きる「犬神憑き」——

一　はじめに

人間に憑依する超自然的存在＝「憑きもの」に対する信仰は、近代化・都市化による「民俗の伝承母体」としての村落共同体の変容に伴って、急速に衰退し消滅しつつあるといわれている。そのためか、近年では、憑きもの信仰の現状に関する報告や研究論文の類を目にすることは非常に少ない。(1) しかしながら、このような状況の中で、筆者の調査地である徳島県K町においては、「犬神」に対する信仰は現在でも根強く残っている。しかも、興味深いことに、ここではしばしば犬神が「登校拒否」というきわめて現代的な「病気」の原因とされているのである。そこで、本稿では、登校拒否を犬神の憑依によるものとする神秘的説明が出現した背景を、K町における憑きもの信仰のあり方に求め、それを踏まえて、なぜ憑きもの信仰が現在も存続しているのかについて考察してみたい。

徳島県K町は、四国山地の東端部の盆地に位置する町である。海岸部にあるP市に出るための道は、現在は舗装整備されているが、昔は険しい渓谷に沿った狭い道しかなかったため、海岸部への荷物運送には、K町を横断する川を利用するのが最適とされていた。

K町では、就業者の約三分の一が農業を営んでいる。主要な商品作物はみかんであったが、昭和四十年前後からの全国的な生産過剰、輸入みかんの優勢、さらに昭和五十六年の寒波などのためにしだいに低調となり、ゆず・すだち・イチゴ・シイタケなどの商品作物への転作や、畜産を始める者も少なくない。専業農家の数も激減しており、嫁不足の問題も加えて、現在、K町の農業は深刻な状況に立たされている。

信仰の面では、ほとんどの家が真言宗であり、町内には四国八十八か所の札所もある。また、創価学会、天理教、大本教の信者以外は、どの家も必ず町内のいずれかの神社の氏子になっている。神棚や床の間には天照大神、出雲大社などのお札も祀られ、台所に「お荒神さん」を祀っている家も多い。

筆者はこのK町で、平成三年五月から十二月にかけて断続的に、約四十日間の聞き取り調査を行なった。以下で扱うデータはこの調査によって得られたものである。なお、「憑きもの」という現在でも社会的緊張度の高い問題を扱っているため、インフォーマントの氏名はすべて仮名を用いていることをあらかじめお断りしておく。

二　犬神憑きと登校拒否

K町では、現在も犬神の信仰が根強く残っている。多くの家の戸口に、「犬神除け」の呪物として、賢見神社の札、赤い色の御幣、打ち上げ花火の殻を何個か連ねたものなどが掲げられていることからも、そのことは容易にうかがえる。

民俗学の知見によれば、犬神は四国・中国・九州にわたって広く信じられている憑きもので、特定の家筋の人間によって祀られ使役される犬もしくは未知の動物の霊とされている。[2] しかし、K町における犬神は、動物霊ではなく、むしろ人の「生霊」のようなものと考えられている。つまり、「犬神筋」とか「犬神系統」などと呼ばれる特定の家筋の者が他人に恨みや妬みを抱くことがあると、その人の「生霊」である犬神が相手に憑依し、さまざまな病気をひき起こすのである。[3]

犬神を取り憑かせる能力は、犬神筋の人間の中でもとくに女性に伝えられることが多く、血のつながりのない嫁にもこの能力は受け継がれるという。また、こうした能力を持つ人は決まって妬みの念や競争心が強い人であるとされ、他人が自分よりも良い生活を送っていると腹を立てるような人だという。

犬神筋は「筋が悪い」「血統が悪い」とされて、そうでない家筋から婚姻を忌避されている。現在では通婚圏の拡大により、婚姻忌避の問題が表面化することは少なくなっているが、K町の犬神筋でない人々、つまり非犬神筋の人々は、今日でも犬神筋の者との婚姻を避ける傾向が強い。

日常生活の上では、非犬神筋の人々は、犬神筋の人々に対してごく普通のつきあいをしており、講組のつきあいや日頃の挨拶などに関しては、非犬神筋の人々に対するそれと何ら変わるところはない。むしろ、非犬神筋の人々は、犬神筋の人々に対してより気を遣い、時にはお世辞を言ったりして不興を買わないように努めてさえいる。もちろん、非犬神筋の人々がこうした態度を取っているのは、犬神に攻撃されることに対する恐怖心からである。もっとも、K町では犬神の憑依に対する恐怖はいまだに残っているのだが、最近では、実際に犬神に憑かれるということは、発生件数としては少なくなっているようである。

ところが、その一方で、新しいタイプの犬神憑きが現れ始めているのである。それが、犬神の憑依によって子供が登校拒否になる、という興味深い現象である。

最初に、K町の「犬神憑き」の実態を知ってもらうために、以下に、その具体例を紹介しよう。

事例1 （話者　小山勝重、男性、明治四十二年六月二十二日生まれ）

私の二番目の息子は、K町の中学校で一番の成績を取るほどの頭のいい子であったが、中学二年の二学期から、犬神に憑かれて学校に行かないようになった。また気が狂ったようになっていがったり（叫んだり）するので、徳島市の市立の精神病院にしばらく入院させていた。また、徳島大学の医学部の助教授にも見てもらったが、「医学上はどこも悪くない」と言われた。精神病院を退院した後は、親戚の家に預かってもらって徳島市の中学校に通うことになった。しかし、高校の入試の前にも、一ヵ月くらい続けて学校に行かなかったので、担任の先生と校長先生が家まで来てくれたが、話しかけても返事もしなかった。高校は小松島市の高校に進んだが、やはり学校へはあまり行かなかった。それでも試験の平均点数は七十五点以上あり、担任の先生は天才だと言っていた。憑いているものが何であるかがはっきりわかったのは、取り憑かれて八年以上も経ってからであった。息子の同級生のお母さんが、自分の家の子が勉強ができないので、息子の頭がよすぎるのを妬んで、憑いたのであった。小松島市のオナゴ（女性）の「ギョウジャサン」（祈禱師）に祈ってもらったところ、ギョウジャサンが、息子に取り憑いている人と同じ声で話し、私（話者）が「何で取り憑いたのか」と聞くと、「恨みはない、妬みじゃ」と憑いた理由を語った。その時、うちの村からオナゴの人が拝んでもらいに来ていたが、私の息子が拝んでもらっているところをずっと聞いていて、終わってから、その人に「（憑いた人に）声まで似とるな」と言われた。さらに、阿南市のオナゴのギョウジャサンにも祈ってもらったところ、憑いた人の姿から心の奥底まで言い当て、「顔形と心は全然違う。心は鬼より怖い夜叉じゃ」と言われた。憑いた人は私もよく知っている人で、その人は外見はにこにこしていて、上手に物を言う、人ざわりのいい人だが、根性が悪い人であった。ギョウジャサンの言っていることは寸分も違っていなかった。穴吹の脇町のオナゴの年寄りのギョウジャサンに最後に拝んでもらったが、憑きものが憑いてから十何年も経っていたから、「ちょっとでは退《の》かん（離れない）」と言われた。ギョウジャサンに拝んでもらってから三、四日は正常なのだが、憑いている人が近くに住んでいるのですぐにまた元に戻る。結局、息子はなおらないまま若死にしてしまった。易者にずっと見てもらっていたが、一番運勢の悪い時間に生まれてきたので長生きできんと言われていたから、すでに諦めていた。運勢の悪い者には憑きやすいらしく、憑いている人までギョウジャサンの口を借りて「この子が一番憑きよい」と言っていた。死んでからもう十三年ぐらいになる。

事例2（話者　小山勝重、男性、明治四十二年六月二十二日生まれ）

十五、六年前から二十年前、阿南市の私の母親の実家にいるイトコの子が、宮崎大学の農学部の水産科の試験を受けて、それに合格して四月に宮崎大学に入学した。ところが、十日もしたら格別理由もないのに戻ってきた。再び行かせても、また一週間したら戻ってくる。ちょうど私の長男が大学を卒業したばかりであったから、大学というのはどんな所かを説明してもらおうと、親がその子を私の家に連れてきた。そこで二時間半か三時間半か話して聞かせたところ、本人は得心してすぐに宮崎に戻った。しかし、また一週間して帰ってきた。親から電話がかかってきて相談を求められたので、仕方がないから、穴吹の脇町のギョウジャサンの所へ行けとすすめた。そして二晩、ギョウジャサンに拝んでもらったら、それ以後、理由もないのに戻ってくることはなくなった。それもやはり犬神が憑いていたのであり、すぐ西の方の家の女の人が来ていたらしい。早めに拝んでもらえばすぐに離れるということである。

事例3（話者　川尻信子、女性、昭和八年生まれ）

私の夫の姪は頭のいい子で、今では国立大学を出て教師になっているが、高校の試験を受ける前に、登校拒否のようになった。朝、学校に行く前になると決まって熱が出るのである。お医者さんに行っても「どこも悪い所はない」と言われた。当時、近くに祈禱師が住んでいたので（この祈禱師は「オショウデンサン」と呼ばれる男性の祈禱師であった。現在は、奥さんが亡くなってから郷里の息子の所へ帰ってしまったためK町内にはいない）、本人の知らない間にその子の下着を持っていって拝んでもらったら、祈禱師の声が変わって、取り憑いていた者の声でしゃべり出した。その子がよくできる子であったため、競争心のある同級生の親が、「はがい（歯痒い、腹立たしい）」と思って取り憑いたのだ、ということが明らかになった。憑いていたものは生霊あるいは犬神といい、人の魂のようなものだという。祓ってもらって戻ってきたら、その子はすぐに学校へ行くようになった。

このような事例からわかるように、K町では、登校拒否を犬神の憑依によるものと説明するわけであるが、それでは、どうしてこのような説明がなされるようになったのだろうか。それを明らかにするためには、K町における犬神信仰のあり方について考える必要がある。

三　病因論としての「障り」の信仰

K町においては、犬神はまず病気をひき起こすものとして現れる。つまり、K町における犬神信仰は、病気にかかわる信仰だということができる。しかし、病気をひき起こすとされる超自然的存在は他にもいくつか考えられており、それを無視して犬神だけを取り出して考えるならば、犬神信仰の本質を見逃すことになってしまうだろう。したがって、以下では、犬神信仰を、K町における病気の説明体系すなわち「病因論」の中に位置づけて考えることにしたい[4]。

K町の人々は、病気への対応のしかたとして二通りの方法を持っている。一つは、現代人の多くがごく普通に行なっている方法、つまり近代医学による治療である。K町には明治期より開業医が存在し、また昭和二十四年には町立病院が設立され、K町唯一の総合病院として現在に至っている。交通の便が良くなってからは、海岸部のより大きい総合病院にも通院できるようになり、医療環境はさほど悪いものではない。

それにもかかわらず、多くの人々は近代医学とはまったく異質な、もう一つの方法を選択することがある。それが、宗教的職能者の祈禱などの宗教的・呪術的な病気なおしである。もっとも、病気になるとただちにこうした宗教的・呪術的な治療手段に頼るわけではない。人々はまず近代医学による病気の治療を試みる。それで治療がうまくいけば、その病気は「普通の病気」であり、何も問題は生じない。ところが、病気の原因がわからない、あるいは長く治療を続けているのにいっこうに回復しないなど、近代医学によってもうまく対処できない事態に直面した時、人々は次のような疑問を感じ始める。これは何かの「障り」ではないのか、と。

「障り」とは、「憑き」とか「祟り」といった言葉よりも広い内容を含む概念で、超自然的な存在や力の影響を受けて何らかの支障をきたしている状態を漠然と指し示す言葉である。小松和彦は、「憑きもの」という言葉を構成する「つき」や「もの」という語が、日常的思考によっては把握しきれない非日常的な現象が生じた時になされる見せかけの民俗的説明概念であることを明らかにした[5]。K町においては、この「障り」という言葉がそうした非日常的現象を指示し、「憑きもの」がそれをひき起こした原因の役割を果たしていると考えられる。

通常、K町の人々は近代医療体系を、生起する病気に対して有効な処方箋を与える正当な権威を持つものとして信頼している。ところが、ひとたび近代医学によってもうまく対処できない病気に直面すると、人々は問題解決の方向性を失い、不安と困惑のただ中に放り出される。その際に、人々はその病気を「障り」とすることによって、その病気が現代医学によってもうまく対処できないという事態を説明しようとするのである。しかし、「この病気は障りである」としただけでは、それは「この病気は異常である」ということの単なる言い換えに過ぎず、何の解決にもなってはいない。「障り」という言葉を持ち出す時、人々は単にその病気の一時的な説明をしているだけではなく、次なる対抗措置への移行の必要をも宣言しているのである。

病気は「障り」とされることによって、日常的コンテクストから超自然的コンテクストへと移行する。こうしたコンテクストの移行は、近代医療体系の正当性を何ら損なうものではない。その病気は、近代医療体系が扱う病気とは別種のものとされるからである。そして新たに、宗教的職能者による病気なおしが治療の手段として選び取られるのである。このことから、「障り」の信仰は、近代医療を補う形で存在しているといえるだろう。つまり、K町の人々にとっては、病気には「普通の病気」と「障りの病気」の二種類があり、それに対応する形で近代医療体系と宗教的・呪術的医療体系とが併存しているのである。「医者は科学的になおす、ギョウジャ（祈禱師）は霊の世界でなおす」とあるインフォーマントが語ったように、人々にとってその二種類の医療体系の併存は矛盾するものではない。(6)

ただし、現在、K町内には病気なおしを標榜する宗教的職能者はほとんどいない。以前は何人かの祈禱師が町内に住んでいたらしいが、いずれも跡継ぎのないまま亡くなってしまったり、他の土地へ移ってしまったため、K町の人々が病気なおしの祈禱を受けるには、町の外に出て行かなければならない。K町の人々がもっともよく訪れるのは、徳島県三好郡山城町にある賢見神社である。ここは犬神落としの神社として有名で、多くの人々が年に一度ここで祈禱を受け、犬神除けのお札を貰ってくる。賢見神社行きのバスツアーも組まれており、犬神落としの一大センターとなっている感がある。この他にも海部町の石切神社、牟岐町の正観寺などが、このような「祈禱センター」的な宗教施設として人を集めている。もちろん、このような比較的規模の大きい宗教施設ばかりではなく、祈禱を行なっていることをその付近の人々しか知らないような宗教的職能者の所へも、口コミで訪れる人が多い。

どの宗教的職能者に病気なおしを頼むかは、人によってまちまちであるが、その病気なおしは、大体において同じような手順を踏まえたものとなっている。まず、その病気が何の「障り」であるかを突き止めることが最初に行なわれる。K町の人々は、「障り」をひき起こす超自然的存在としていくつかのものを想定しており（表1）、それらは固有の性格づけがなされている。

たとえば、狐に憑かれると、病人はアブラゲなどの食物をしきりに求めるという。これに対し、狸に憑かれた場合には、病人は小豆飯を欲しがる、とK町の人々は考えている。「オカミサン」とは神のことであるが、これには神社に祀られているものから、小さな祠に祀られているもの、ある家の屋敷神（ヤガミ）などがある。また、「金神さん」は家の周囲の土地を一定の周期で回っているオカミサンで、この金神さんのいる方角の土地をいじったりすると、急に腹が痛くなったりする。この金神さんの「障り」に対しては、傍の者が箕をふるうようにするとなおるといわれている。「イキアイ・アタリガミサン」は、朝早く道を歩いているとこれらに行き当たって、頭や体が痛くなったり、熱が出たり、転んで足を捻挫したりするというものである。「ホトケサン」というのは死霊のことである。これには「先祖の霊」と「ガキボトケ」とがある。先祖の霊が「障り」を起こすのは主に供養不足が原因である。一方、ガキボトケは祀られない死霊であり、祀り手を求めて憑くことがある。

K町の人々は、こうした「障り」をひき起こす超自然的存在について、それぞれの性格や特徴などを知っており、「オカミサンが障ったら頭や胸が痛くなり、ホトケサンが障ったら腹が痛くなる」といわれることがあるように、症状による類型化もなされている。しかし、多くの場合、そうした類型的表現と実際の病気の症状とは一致せず、人々は症状からその病気が何の「障り」であるかを確定することはできない。たとえば、犬神の憑依によるものとされた病気の具体的な症例を見てみると、筆者が聞いた限りでも、①高熱、②抑鬱症、③精神異常、④頭痛、⑤足の病気、⑥登校拒否、と実に多様である。しかも、これらの症例は必ずしも犬神の憑依に特有のものではなく、その他の超自然的存在の「障り」でも、同じような症状を呈すると考えられている。そのため、「障り」をひき起こしている超自然的存在の確定は、主に宗教的職能者の判断に委ねられている。

犬神
狐
狸
オカミサン（神）
金神さん
イキアイ・アタリガミサン
鬼門
ホトケサン（死霊）
神聖な木

表1　「障り」の主体

「障り」をひき起こしている超自然的存在を、宗教的職能者が確定する方法には、二通りのものがある。一つは神の託宣あるいは占いによって「障っているもの」が何であるかを判断するという方法である。もう一つは、憑依したものと病人の口を通じて問答を行なう中で、徐々にその正体を特定していく方法である。これら二つの方法は、どちらか一方が用いられるというよりも、併用されることの方が多いようである。いずれにしても、宗教的職能者は、患者の症状からその病気が何の「障り」であるかを判断するわけではないのである。

このように、祈禱師によって病気が何の「障り」であるかが確定されるのと同時に、なぜ「障って」いるのかということも明らかにされる。この時、それまでは理解不能だった病気がここで初めて意味づけられ、一つの因果関係を持った「物語」としての姿を現わしてくるのである。

四　「障り」の物語の生成

ここでは、そうした祈禱の場において生成される、K町の人々が語った「障り」の物語をいくつか見てみることにしよう。

事例4　（話者　香川英子、女性、大正八年三月十三日生まれ）

私の祖母は色々な町や村を回って興行する歌舞伎の一座の衣装係であった。その人が興行で池田か阿南に行った時に、田んぼの端でおしっこをしたら、にわかに寒気がして寝込んでしまった。電報でそれを知った家族は祖母を家に連れ帰ったが、祖母はぶるぶる震えながら「ぬくいご飯を炊け」とか、「アブラゲを食わせろ」とかうわ言を言う。そこで、オガミヤさんに拝んでもらうことにした。オガミヤさんは、剣山から「護法剣」という剣の形をしたお札をもらってきて、それを祖母の頭の上に乗せて、「はらいたまえ、きよめたまえ」と唱えて、「何で憑いた」と尋ねた。取り憑いていたのは狐で、「子供を連れて日なたぼっこをしていた時に、頭から小便をかけられたので怒って憑いた」と答えた。「ぬくいご飯とアブラゲを食わせてくれたら帰ってやる」と言うので、ご飯とアブラゲを枕元に置くと、それを食ってから長女の肩をつかんで田んぼの方へ歩いていき、そこで飛んでから倒れ込んだ。その後は普通に帰ってきて、「私どないしょったん」と言った。

事例5（話者　大庭良道、男性、明治三十六年生まれ）

ある家に病人が出た。祈禱師に見てもらうと「天神さんが障っとんじゃ」と言われた。天神さんが歩く道に納屋を建てたので、怒って憑いたのであった。

事例6（話者　香川英子、女性、大正八年三月十三日生まれ）

私の祖父が用事で親戚の家へ行っていた。戻ってくる途中で眠たくなり、乗っていた自転車を置いて道端の草むらで寝ていた。すると寒くなってきたので、驚いて家へ戻ってきた。祖父は帰ってから「寒いわ、寒いわ」と言って、布団を何枚もかぶって寝込んでしまった。その上、「あの隅から、髪を振り乱した女が見ている」とうわ言を言うので、近所で郵便屋さんをしながらオガミヤもやっているお爺さんに見てもらうことにした。剣山の護法剣を頭の上に乗せて拝んでいると、昔そこで行き倒れて死んだ六部が誰も祀ってくれないので乗り移ったのだということがわかった。「ぬくいご飯を炊いてくれたらもう帰る」と言うので、ご飯を炊いて食べさせたら、けろりとなおった。また、祖父が倒れていた草むらの所には祠をこしらえ、「六部権現」と書いた旗をたてて六部の霊をお祀りした。その近所の人は霊験あらたかだと言って、今でもお祀りをしている。

事例7（話者　上杉幸子、女性、明治四十四年六月一日生まれ）

犬神に憑かれると急に変な病気になる。昔、足が下の方から麻痺してくるような感じになって、歩けるうちにと近くの医院に通いつめていた。ある時、娘夫婦が賢見神社へ行こうと言い出し、車で連れて行ってもらうことになった。ところが、賢見神社へ通じる山道を登っている途中で、急に苦しくなってきて我慢できなくなった。戻ってくれと訴えたが、ここまで来たのだからと言われ、結局、賢見神社まで連れて行かれた。そこで多くの人と一緒にお祓いを受けることになったが、宮司さんの手にした金の御幣が体に触れた途端に、ひとりでに「ウオーウオー」といがり（叫び）出した。意識ははっきりしていて、他の人も大勢いたので恥ずかしかったが、口が勝手にいがっていがってしょうがなかった。お祓いをしてもらった後、足は良くなった。私は主人を早くに亡くしているが、娘は学校の教頭、婿養子は校長をしていて、家も大きく裕福である。孫も男の子は関西大学を出て銀行に勤めているし、女の子は奈良女子大学の理工科を出て、今はニューヨークの大学の博士課程にいる。この辺でも大学を出ているのはうちの家だけで、皆幸せである。そのために他の人から妬まれやすく、こうした悪いもの（犬神）に憑かれるのである。

こうした「障り」の物語が、近代医療の実証主義的な因果関係による言説とは異質のものであることは、一見して明らかであろう。近代医療の病気に対する言説は、患者の身体という一つの系列の内部で完結する物語である。それに対し、「障り」の物語の中では、病気は身体という閉じられた系を越えて、病人を取り巻くより広い状況の中で起きた出来事として位置づけられる。

たとえば、病気が病人の過去の行ないに対する超自然的存在による報いや罰として語られることがある。すなわち、狐におしっこをかけたため（事例4）、天神さんの歩く道に納屋を建てたため（事例5）、先祖の供養ができていなかったため、神聖な木を切ったため、あるいは金神さんのいる土地の土をいじったため、等々の理由から「障り」が起きたと語られるのである。また、超自然的存在の側からの働きかけで「障り」が起こる場合もある。狐・狸が突発的に取り憑いたり、祀られぬ死霊が祀りを求めて憑いた（事例6）という場合である。

また、「障っているもの」が犬神ならば、憑かれた者およびその家族と犬神筋の者との間に何らかの葛藤があったことが語られる。たとえば、土地や金銭の問題で犬神筋の者と争ったため、恨みを買って、犬神に取り憑かれたといったようなことが語られるわけである。しかし、現在ではそうした恨みよりも、犬神筋の者の一方的な妬みによって取り憑かれることの方が多いようである。特に幸福な生活状況にある人は妬まれやすく、したがって犬神に憑かれやすいと考えられている（事例7）。

科学的・合理的思考を植えつけられた多くの「現代人」に言わせれば、病気をこのようにとらえる考え方は奇妙なものでしかないだろう。しかし、本来、病気とは単なる個体の異常としてではなく、宇宙論的あるいは社会的秩序の乱れを反映したものとして把握されていたことは、さまざまな歴史資料や民族誌の教えるところである。むしろ、それを病人の個体の内部だけで完結させてしまう近代医学の病因論こそが特殊なのだといえよう。

K町においては、「障り」の信仰の存在が病気と病人を取り巻く周囲の状況とを関係づけ、それをひとつの物語として成立させていると言うことができる。つまり、「障り」の信仰は、浜本満の表現を借りて言えば、「文化的に制度化された物語発生装置[7]」なのである。

ところで、このように、病気と病人を取り巻く周囲の状況とを結びつけ、ひとつの物語を作り出すためには、「障り」の主体の確定が必須の条件となる。なぜなら、「障り」の主体の性格と「障り」の物語の内容は密接にかかわっているからである。

狐が取り憑くと病人はご飯やアブラゲなどの食べ物を求めるとされているが、たとえば、事例4では、「障り」の主体が狐であると確定されることによって、病人も周囲の人々もそうした狐の性格を踏まえて行動し、狐の「障り」という物語の生成に参加しているのである。事例5のように、オカミサンが「障り」の主体とされた場合には、非は病人の側にあるとされることが多く、病人およびその家族の行動歴をさかのぼって、過去にオカミサンに対する侵犯行為があったことが追及される。また、祀られぬ死霊であるガキボトケは、祀ってくれそうな人がいると、その人について行くというが、事例6で、六部の霊が取り憑いたのも、やはり祀りを求めてのことであったとされている。「障っている」ものが犬神であったならば、病人およびその家族と犬神筋の者との間に何らかの葛藤があったことが語り出される。とくに、犬神筋の者が抱く妬み、恨みなどの邪悪な感情は、犬神の「障り」の物語を成立させる重要な要因である。「障り」の物語は、このように、それぞれの「障り」の主体の性格に応じて形づくられるのである。

「障り」の主体の確定と「障り」の物語の生成においては、明らかに、宗教的職能者の下す託宣や病人との問答などによって与えられる情報が重要な役割を果たしている。しかし、それらは宗教的職能者によって恣意的に、また一方的になされるわけではない。たとえば、事例7では、宗教的職能者による「障り」の主体の確定は行なわれてはいない。病人の家族が、なかなかなおらない足の病気を「犬神のせいではないか」と予測して、賢見神社に病人を連れて行っている。これは病人の家族が、自分たちの家が幸せな生活を送っていて、他人から妬まれやすいことを明確に意識しているためと思われる。この場合は、犬神落としの神社である賢見神社で祈禱を受けて効果があったという事実そのものが、「障り」の主体を犬神と確定することになり、犬神の物語を形成することに成功していることになる。(8)

また、次の事例のように、宗教的職能者の祈禱を介さず、「障り」の主体の確定が行なわれることもある。

事例8（話者　上井フサ子、女性、昭和八年生まれ）

甥が三つか四つの時、突然ぐったりとして寝込んでしまった。その子が屋敷神の前で遊んでいたのを思い出し、これはきっとオカミサンの怒りを買ったのだろうと思って、屋敷神に塩と米を供えると、甥の体の具合は元に戻った。

この事例において、子供の体の異常がただちに「オカミサンの怒り」と判断されたのは、病人の回りの人間が、子供の体の異常と子供が屋敷神の前で遊んでいたという事実との間に明らかな対応関係を見いだしたためである。

このように、「障り」の主体の確定、そして「障り」の物語の生成は、病人を取り巻く状況を参照した上で行なわれ、病人やその家族の見解も如実に反映したものとなっているのである。あるいはむしろ、病人を取り巻く状況こそが「障り」の主体を確定し、「障り」の物語の内容を規定するというべきかもしれない。宗教的職能者も、祈禱の場において、病人やその家族の思い返すさまざまな状況を踏まえながら、「障り」の主体の確定と、そして「障り」の物語の生成を行なっていると思われる。すなわち、「障り」の主体の確定、そして「障り」の物語の生成は、宗教的職能者と病人およびその家族との共同作業によって行なわれるといえるだろう。

さて、ここで確認しておきたいのは、「障り」の主体が犬神であると確定し、物語の生成をうながすような状況とはどのようなものか、ということである。土地や金銭の問題で犬神筋の者との間に争いがあったとすれば、もちろん、それは明らかに「障り」の主体を犬神と確定し、犬神憑きの物語の生成をうながす有力な根拠となる。しかし、そのような犬神筋の者との明確な葛藤の事実がない場合でも、「障り」の主体を犬神と確定し、犬神憑きの物語の生成をうながすような状況もあることが、事例7からもわかる。つまり、病人およびその家族が、物質的なものであれ象徴的なものであれ、他の人々から抜きん出るようなものを有している場合では、それが犬神筋の者の妬みを買う危険性をはらんでいるといえよう。

すでに述べたように、犬神筋の人々は他人が自分たちより良い生活をしているのを見ると腹を立てるような人々だと考えられている。たとえば、他家が家を新築した、新車を買った、あるいは嫁をもらったのを知って「はがい（腹立たしい）」と思うのが、犬神筋の人々である。したがって、自分たちが他家よりもすぐれたものを持っているということは、犬神の「障り」の物語の生成をうながす契機となりうるのである。

ところで、速水保孝の研究によれば、出雲におけるキツネモチの信仰の場合、憑きもの筋とされる家はしばしば他の家に比べて裕福であるという。裕福であるがために、他の人々の反感や妬みを買い、憑きもの筋のレッテルを貼られて差別され排除されたわけである。(9)

しかし、K町における犬神信仰の場合、この出雲の場合とまったく逆転した関係図式になっている。犬神筋の家の方は裕福な家でなく、むしろ犬神に憑かれる人々の方が裕福な家であることが多い。つまり、出雲のキツネモチの信仰が非憑きもの筋の人々の妬みの表れとすれば、K町の犬神信仰は非憑きもの筋の人々の妬みに対する恐怖の表れということができよう。

五　登校拒否という「障り」

これまでの説明で、K町における「障り」の信仰の概観を理解したので、以下では、本稿の目的である、登校拒否が犬神の憑依によるものとされていることについて、筆者なりの考察を試みてみよう。

「登校拒否」(school refusal) は、当初「学校恐怖症」(school phobia) と呼ばれ、強迫神経症の一種と理解されていた。だが、今日では、登校拒否が必ずしも恐怖症のメカニズムでは説明できず、家庭環境や学校状況などのさまざまな要因が絡み合って起きるものであることが明らかになっている。(10)

子供の登校拒否は、家族の目にはまったく不可解なものとして映る。とくにその子が成績のいい子供であった場合はなおさらである。家族は「今まであんなに頭のよかった子がなぜ突然学校へ行かなくなったのか」と困惑する。実際には、登校拒否はそれまでの人格形成、つまり家庭でのしつけに問題があることがほとんどなのだが、家族にはそれが理解できないことが多い。

事例1のように、家族はまず登校拒否を「病気」、とくに精神病ではないかと疑って子供を病院へ連れて行く。しかし、登校拒否を「病気」と見なすべきかどうかは医師にとっても難しいところであり、極端な場合には、事例1のように、「医学的にはどこも悪くない」とされることもある。また、その治療は長期にわたることがほとんどなので、家族の目には治療が効果的に進んでいないように見えても無理はない。

したがって、このような登校拒否が「障り」によるものと判断されるようになるのは、むしろK町の「障り」の信仰のあり方にとっては自然なことであった。理解不能な病気、近代医療がうまく対処できない病気に直面した時こそ、「障り」の信仰が持ち出される機会だからである。こうして、登校拒否という「病気」は超自然的コンテクストへと移され、宗教的職能者によって対処される問題となるのである。

星野晋は、いわゆるシャーマニック・ヒーラーが扱う事柄は、近代医療が対象とする事柄よりも論理階型が上位であるとして、シャーマニック・ヒーラーが扱う事柄を包括する概念として、「病気」「異常」に代えて、「suffering」という語を用いるべきである、と提案している。この「suffering」という概念は、外在的な事象や状態の総称ではなく、「人が何かを苦しいと感じていること」つまり「個人の主観的リアリティとしての苦」を意味する。(11)

登校拒否は、狭義の「病気」ではないかもしれない。しかし、登校拒否には「苦しみ」、すなわち星野のいう「suffering」が、厳然として存在しているのである。とくにこの「suffering」は、登校拒否を続けている当人よりも、家族の方が大きいといえる。そして、そうした「suffering」に直接対処することができるのが宗教的職能者なのであり、またそのために宗教的・呪術的な病気なおしは、近代医療の補完物たりうるのである。こうして、登校拒否という「病気」に悩む子供とその家族が、宗教的職能者のもとを訪れ、祈禱を受けることになるわけである。この祈禱の場において、子供が登校拒否を起こすようになった経緯が、「障り」の信仰に基づいて語り出されることになる。

しかし、ここで注意しなければならないのは、登校拒否という「障り」の主体となりうるのは、犬神ばかりではないということである。次の事例では、登校拒否が狐の憑依によるものとされている。

事例9　（話者　川尻信子、女性、昭和八年生まれ）

私の娘と同い年で、今は三十六歳になっている人だが、小学校の時に突然学校に行かなくなった。今でいう登校拒否である。そしていくら木登りの達者な人でも登れないような高い柿の木のてっぺんに登ったり、おかしな目つきになったりする。また、稽古もしていないのに、運動会の踊りで上手に踊ったり、成績も普通より下だったのに、よくできるようになり、笛なども絶対に間違わない。ギョウジャサンに見てもらうと、狐が取り憑いているとのことだったので、しつこく拝みに来てもらっていたら、学校に行くようになった。

登校拒否が犬神の憑依によるものとされる場合と、狐の憑依によるものとされる場合とがあるのは、何か理由があるのだろうか。この事例9と、事例1、2、3とを比較してみると、次のような違いがあることに気づく。

まず第一に、狐に取り憑かれた子供は、成績が「普通より下」であったのに対し、犬神に取り憑かれたのは、いずれも「成績のいい、頭のいい」子供であった。第二に、犬神が取り憑いたのは、子供の成績がいいのを妬ましく思ったためだとされているが、狐の取り憑いた理由は、事例9においては明確化されていない。この相違は、「障り」の主体としての狐と犬神の性格の相違に対応している。犬神は、恨み、妬みの感情を契機として「障り」を起こす。つまり、犬神に憑かれる者の側には、犬神筋の者に恨まれたり、妬まれたりする理由が何か存在しているのである。すでに述べたように、病人およびその家族が、他の人々に比べて何か抜きん出たものを有している時、その病気は容易に犬神と結びつけられる。事例1から事例3の場合では、それが「学校の成績がいい」ということであった。とくに家族の間には「あんなに頭のよかった子がなぜ急に学校へ行かなくなったのか」という思いが強くある。それは、子供の「学校の成績がいい」という象徴的価値を奪われた喪失感と言い換えてもいい。それゆえに、宗教的職能者の祈禱の場において、そうした喪失状況が思い返され、子供の「学校の成績がいい」ということが犬神の憑依の発端として語られることをうながしたと考えられる。

一方、事例9の場合、登校拒否を起こした子供は、成績が「普通より下」であり、他に妬まれるような理由も見当たらない。そのために、とくに必然性もなく人に取り憑くことの多い狐が「障り」の主体として想定されたのではないであろうか。

ここで注目しておくべきは、学校の成績がいいことが犬神筋の者に妬まれる理由となっているということである。これは、学校が地域社会の人々の葛藤の場としての性格を持っていることを反映しているように思われる。

K町内の家々は、近隣の何軒かが集まって「お大師講」や「お時講」といった講行事を行なう単位である講組を形成してきた。それはまた、葬式、タテマエ（棟上げ）、家普請などに関する相互扶助の単位にもなっていた。そのため、講組の成員である隣近所の人同士の接触の機会は多く、犬神筋の者との葛藤の機会もまた多かった。たとえば、近所の犬神筋の者が手伝いを頼んできた時に、多忙を理由に断ったため、「はがい」と思った犬神筋の者が取り憑いたことがあったという。また、犬神筋の人はよく人におすそ分けや贈り物をするが、それを断っても、またお返しをしなくても、怒って取り憑くという。まさに吉田禎吾が指摘するように、憑く、憑かれるという現象は「互いに知りあい、相互にいろいろなことを期待しあい、権利と義務の関係によってしばられ、長期にわたって交誼と互助が要請されるような」[12]人間関係の間に起こるのである。

しかし、そのような人間関係としての講組の紐帯は、最近では弱まってきている。まず、市街地に働きに出る者や、多くの副業を抱えている者など多忙な者が増えたために、講行事そのものが次第に行なわれないようになっている。さらに、講組の互助組織としての性格も、葬式の準備などを専門の業者に任せるようになってからは希薄化していると言っていい。また、講は人々の交流の場という性格も持っていたが、それも新しく形成されているカラオケの会、俳句の会、詩吟の会などの趣味の集まりに取って代わられている。こうした趣味の集まりは気の合った者同士で催されるため、妬みや恨みの感情が強く、つきあいにくいとされる犬神筋の人々は、自然とその中からはずされる傾向にある。また、話は電話で済ますことが多くなり、自動車で移動することも多くなったので、近所の人と道端で立ち話をすることも少なくなったという。このような社会変化のために、現在では、日常生活の中での人々の接触の機会が減少し、それに応じて葛藤の生じる機会も減少しており、したがって、犬神に憑かれるということも昔に比べて少なくなっているのである。

ところが、そのような状況において、学校はその地域社会の子供たちが毎日顔を合わせ、集団生活を営む一種の地縁組織として機能し続けているのである。[13] そこに学歴社会の先鋭化という問題が結びつくことになる。親たちは、いい学校に進学させるため、いい会社に就職させるため、子供の成績に異常なまでの関心を寄せる。そのため、成績のいい子供は他の子供の親たちの妬みの対象となりうるのである。つまり、学校は、子供たちばかりではなく親たちの葛藤を生み出す機会をはらんだ場ともなっているわけである。子供に取り憑いた犬神が、その子の同級生の親とされた事実はそれを端的に示している。

このように、学校という場は、犬神の憑依についての物語の重要な要素である「妬み」の生ずる可能性を十分に備えたところとなっている。それゆえに、登校拒否と犬神の憑依が結びついた物語が生成されてくる。説明の与えられていない個別の病気に対して、それを意味の世界へと回収する物語の生成によって、「苦しみ」は軽減されることになる。すなわち、物語の生成それ自体が、同時に「治療」ともなっているのである。

また、物語はその場限りで消滅するわけではない。「『障り』によって登校拒否になった」という物語は、「登校拒否は『障り』によるものである」という新たな認識の図式に転化する。こうした認識の図式は、次に登校拒否が起こった時に、それをより容易に超自然的コンテクストへと移行させることを可能にするのである。たとえば、事例1の話者である小山勝重氏は、次男の登校拒否が犬神の「障り」によるものであることが明らかになった後、同じように子供の登校拒否を経験している親戚に対して、ギョウジャサンの祈禱を受けるように薦めている（事例2）。これは小山氏が、「次男が犬神の『障り』によって登校拒否になった」という経験を経て、「登校拒否は何かの障りだ」とする認識を得たからであった。このように、他人への忠告として、「登校拒否は『障り』によるものである」という認識の図式が広められていく事態も見逃してはならないだろう。

賢見神社の宮司の話によれば、賢見神社に連れて来られる子供たちの多くは、登校拒否や非行などの問題を起こした子供だという。このことは、多くの地域社会で登校拒否や非行という現代の問題が、伝統的な「障り」の信仰、憑きもの信仰の中に位置づけられつつあるということを示しているのではないだろうか。

諸外国に比べ、日本における登校拒否児の増加は世界に類例を見ないといわれる。その背景となっているのが、昭和三十年代後半より急速に進んだ高度経済成長である。この高度経済成長期以降、日本人の生活は豊かになっていったが、その反面、親が子供を甘やかすという風潮が広まった。これにより子供の自主性の発達が阻害されることが多くなり、そのことが登校拒否を生み出す大きな要因となっていったのである。また、自動車・テレビの普及は、戸外での遊び場を奪い、子供を家に閉じこもらせることになり、これもまた子供の自主的な活動を減少させる結果を招いた。一方、高校への進学率が高まることによって、進学競争が激化し、子供たちはその中で様々な挫折に遭遇することになった。そうした中で、自主性の未発達な子供たちは、登校拒否や非行といった問題を起こすことになるわけである。

このように、登校拒否の増加を招いた高度経済成長期は、奇しくも民俗学が対象としてきたような民俗事象が急速に衰退・消滅していった時期でもあった。憑きもの信仰もまた、衰退し消滅していく民俗事象の一つと考えられてきた。しかし、実際には、憑きもの信仰は、ここで挙げた事例のように、高度経済成長期以降の変化により発生した問題にも対応し得るものとして生き残っているのである。この事実を我々は無視してはならない。

上田紀行は、スリランカ南部の祓霊儀礼が、近代化、急激な資本主義化による村落共同体の解体、個の阻害といった現代的状況から発生した病気に対処しているという「逆説的な現象」について報告している。[14]この「逆説的な現象」は、K町における憑きもの信仰についてもいえることである。我々は、伝統的治療儀礼をともすれば現代とはかけ離れた所で行なわれているものと見なしがちである。しかし、こうした「逆説的な現象」もまた起こっていることを見過ごしてはならない。

憑きものは、決して時代遅れの、古臭いテーマではない。病気という人間にとってもっとも切実な問題とかかわる憑きもの信仰は、ある意味で、現代という時代の抱える問題を如実に映し出す鏡のようなものだといえよう。高度経済成長期以降の生産様式・生活様式の急激な変化は、近代医療によっても対処することの難しいさまざまな現代病・奇病を絶えず生み出している。こうした病気や苦しみの解消を求めて宗教的職能者のもとを訪れる者がいるかぎり、憑きもの信仰は今後も生き続けるのではなかろうか(15)。

注

（1）憑きもの信仰の研究史については、小松和彦「『憑きもの』と民俗社会—聖痕としての家筋と富の移動」（『憑霊信仰論』ありな書房、一九八四年）、同「憑霊信仰研究の回顧と展望」（小松和彦編『憑霊信仰』雄山閣出版、一九九二年）参照。

（2）石塚尊俊『日本の憑きもの』（未来社、一九五九年）などを参照。

（3）これを現代において動物霊のイメージがリアリティを持ちえなくなったことによる変容ととらえることは、保留しておく必要がある。なぜなら、文化十年（一八一三）頃に江戸幕府の奥儒者である屋代弘賢によって行なわれた一種の民俗調査である『諸国風俗問状』に対する阿波国の回答『阿波国風俗問状答』には、「稀に犬神筋とや申者ありて、恨募れば生霊人を悩し申なり」とあり、阿波においては、近世より犬神＝生霊とする観念が存在したことをうかがわせる。ただし、犬神を落とすための祈禱を受けている人が犬のように吠え立てたり、あるいは犬のように四つん這いになることは多く見られ、幾分かは犬としての性質を持ったものと考えられているようである。

（4）日本の伝統的社会における病因論を考える上で、憑きもの信仰は大きな比重を占めていると思われる。そうした視点から憑きもの信仰をとらえようとした研究には。吉田禎吾・綾部恒雄編「西南日本における秩序と変貌」（『九州大学比較教育文化研究施設紀要』第一八集、一九六七年）、石毛直道・松原正毅・石森秀三・森和則「カミ、つきもの、ヒト―島原半島の民間信仰をめぐって」(『季刊人類学』第五巻四号、講談社、一九七四年)、小松和彦「説明体系としての『憑きもの』―病気・家の盛衰・民間宗教者」(『憑霊信仰論』ありな書房、一九八四年)、波平恵美子『病気と治療の文化人類学』(海鳴社、一九八四年)などがあるが、今後はとくに医療人類学の立場からも重要なテーマとなってくることが予想される。

(5) 小松和彦「『憑きもの』と民俗社会―聖痕としての家筋と富の移動」(『憑霊信仰論』ありな書房、一九八四年)。

(6) このように、ある社会において、近代医療体系と伝統的医療体系、あるいはその他の医療体系がどのように受け入れられ、またそれらがどのように関係しあっているか、という問題は、医療人類学にとって重要なテーマの一つである。また、これらの医療体系がある社会の中でどのように順位づけられているかという問題を、ロマヌッチ＝ロスは「治療手段選択における順位づけ」(hierarchy of resort) と呼んでいる (L・ロマヌッチ＝ロス、D・E・モアマン、L・R・タンクレディ編著『医療の人類学』(波平恵美子監訳、海鳴社、一九八九年参照)。

(7) 浜本満「フィールドにおいて『わからない』ということ」(『季刊人類学』第二〇巻三号、講談社、一九八九年) 四八頁。

(8) 賢見神社では、一度に大勢の人間を相手に祈禱を行なうということもあって、何が「障って」いるかを確定するという作業がなされないことが多い。また、占い師などに判断してもらってから来る人も多く、この場合、宗教的職能者の役割が「障り」の主体の確定と「障り」の除去に分化しているともいえる。

(9) 速水保孝『憑きもの持ち迷信』(柏林書房、一九五七年)、同『出雲の迷信』(学生社、一九七六年) 参照。

(10) 登校拒否に関しては、以下の著作を参考にした。平井信義『登校拒否児―学校ぎらいの理解と教育』(新曜社、一九七八年)。清水勇『なぜ学校へ行けないのか―登校拒否児の理解とその援助』(ブレーン出版、一九九二年)。

(11) 星野晋「『病気』というカテゴリーをめぐって―suffering 論序説」(波平恵美子編『病むことの文化』海鳴社、一九九〇年)。

(12) 吉田禎吾『日本の憑きもの―社会人類学的考察』(中央公論社、一九七二年) 一三六頁。

(13) 学校が地域社会と密着しており、住民の地縁的紐帯の一端を担っていることは、同窓会やPTAの活動、あるいは学校の運動会が地域社会の年中行事となっていることからもわかるであろう。また学校を一つの「民俗の伝承母体」

としてとらえる視点は、これからの民俗学にとって見逃せないものとなるであろう。

(14) 上田紀行「伝統的治療儀礼の患者像とその変化」(『民族学研究』第五五巻三号、一九九〇年)二九〇頁。

(15) 本稿の脱稿後、金城正典・大橋英寿の「非行への家族の対応行動と伝統文化―シャーマニズムへの依存を手がかりにして」(『犯罪心理学研究』第二五巻一号、一九八七年)という論文があることを知った。これによると、沖縄の那覇少年鑑別所に収容された少年の保護者のうち、少なくとも六割が非行に関連してシャーマン的な宗教的職能者である「ユタ」のもとを訪れていたという。伝統的医療体系が登校拒否と並ぶ現代的な問題である非行に対処していることを示す興味深い研究であるといえよう。

Ⅳ　憑きものの精神史

狐憑きの心性史

昼田源四郎

はじめに

今日では狐といえば、北海道の北キツネを連想する程度である。しかし、かつては狐はわが国の山野にひろく棲息する、人びとにとって身近な動物のひとつだった。とがった顔、すらりとした胴体、房のように長い尻尾、抜け目のなさそうな目に敏捷な身のこなし、そんなところからの連想だろうか、人びとは、キツネがヒトを化かしたり、ヒトに憑いて迷わせたりする霊力をもつ存在であると、いつしか信じるようになった。やがて稲荷信仰が盛んとなるにつれ、狐は稲荷神の使いとして取り立てられ、社の敷地内に居をしめるまでになった。身に余る出世におごり高ぶった狐は、江戸時代になると、虎の威をかる狐ならぬ稲荷の威をかる狐として、ヒトに憑いたり化かしたり、その悪逆の限りをつくした。

日本人にとって憑く、あるいは化かす狐とは、いかなる存在だったのか――わが国において展開された、狐と人間のあいだのドラマの歴史を少しばかり紐解いてみよう。

一　憑依するものの時代的変遷

古代（七一〇〜一一八五）、すなわち奈良、平安時代には、人に憑依するもの（憑依者）には神、鬼、物の怪、狐などがあったが、狐はまだまだ脇役で、憑依の主役は物の怪だった。

それでも狐は、かなり早くから人里におりてきては人と交流をもったものらしい。たとえば『日本霊異記』（八二二頃）には、狐を妻とし、子を生ませた男の話（異類婚姻）や、狐の子を串に刺したため、母狐に自分の子を串に刺された話（狐の仕返し）など、狐と人のさまざまな交流譚が物語られている。こうした記載から、当時すでに、狐は人に化けたり憑いたりする特異な霊力を備えていたことがうかがえる。狐憑きに関しては、次のような記事がある。

〔事例1〕　殺された狐、人にとり憑き怨みをはらす（日本霊異記）

熊野の村に病人がいた。禅師・永興がよばれ祈禱をすると病人はよくなるが、やめると悪化するという具合に、一進一退をくり返した。永興が意を決して祈禱をはじめると、病人にとり憑いていた狐があらわれ病人の口をかり、「自分は狐だ。たやすくは降参しない」と宣言した。永興がそのわけを訊くと、「この病人は前世で自分を殺したので、報いをしている。この男も、死ねば犬に生まれ変わって自分を殺すだろう」といった。狐は離れないまま、病人は死んでしまった。一年後、その病人が死んだ部屋で、禅師の弟子が病気で寝ていた。ある人が犬をつれてくると、その犬が吠え、鎖をひきちぎらんばかりに走り出そうとする。ようやく犬を放すと、犬は病気の弟子の部屋に駆け入り、弟子に憑いていた狐を引き出して嚙み殺してしまった。それで狐に殺された先の病人が、犬に生まれ変わって怨みをはらしたのだとわかった。

『源氏物語』（一〇〇六〜一〇一一頃）のなかでは、狐憑きは登場せず、もっぱら物の怪の活躍ぶりが目立つ。

物の怪には生霊、死霊の他、魔性のものとあったが、物の怪にとり憑かれると病気になったり狂気したり、ときには命を落とすこともあった。

〔事例2〕　物の怪のため急死（夕顔）

源氏は乳母の病気見舞いに訪れた際に隣家の夕顔の花に見とれていると、その家の女から花によせた歌を贈られる。源氏は女に興味をいだき返歌をやり、身分を隠したまま女のもとに通う。源氏はある夜、女を廃院にいざない、一夜をともにすごす。源氏が寝入ると枕上に美しい女がたち、「自分がお慕いしているのに、こんな女をひき連れているとは恨めしい」と恨み言をいう。悪夢にうなされる心地がして源氏ははっと目覚めて魔除けに太刀を引き抜くが、隣に寝ていた女はすでに息絶え、冷たくなっていた。源氏は「物の怪に魅入られたものであろう」と泣きまどう。

その事件後、源氏自身も物の怪のため重い病気にかかり、祭り、祓い、修法などをさんざん受けたのち、ようやく快方にむかう。

〔事例3〕　生霊のため死亡（葵）

六条の御息所は、源氏の冷たい態度に思い悩んでいた。賀茂の祭りの日、行列のなかの源氏のすがたを一目見たいと出かけた御息所の車と源氏の妻・葵の上の車が出合い、御息所の車は無惨に押しのけられる。車争い以来、御息所の恨みはつのり、煩悶のあまり魂もあくがれる心地となるうちに、産褥の葵の上は物の怪に苦しみ、さめざめと泣き声をあげるようになる。物の怪は密教の加持祈禱でも調伏されず、憑坐《よりまし》にも移らず執拗にとり憑いていた。さかんな加持祈禱の結果、ようやく名乗り出た物の怪は、なんと御息所の生霊だった。葵の上は物の怪のため死亡。御息所は我が心の浅ましさに苦しみ、世間の評判も気にして、やがて娘のいる伊勢へと下向する。

〔事例4〕 物の怪により狂気（真木柱）

玉鬘は、無骨な髭黒と意にそまない結婚をする。髭黒には、すでに子どものある年上の北の方がいるが、長年、執念ぶかい物の怪のために常人の態ではない。まして、髭黒が若く美しい玉鬘を家にいれることへの嫉妬、夫に捨てられ実家にもどる世間体のわるさに北の方はいっそう思い乱れ、ときどき常軌を逸した振舞いをしめす。ある日、玉鬘のもとに出かけようと着物に香をたきしめている髭黒に、北の方はとつぜん火取りの灰をあびせかける。物の怪が、こんなことをさせるのだと、女房たちもいたわしく思う。僧が呼ばれ加持祈禱をするが、北の方にとり憑いた物の怪はわめきつづける。物の怪を調伏するため、僧などが北の方を引き回し打擲《ちょうちゃく》しつづけると、ようやく明け方になって北の方は静かになる。激怒した北の方の父・式部卿の宮は北の方を引きとる。

『源氏物語』のなかでの物の怪の登場場面はまだまだあるが、例示はこれくらいでいいだろう。当時、物の怪は厳然たる存在感をもって人びとを畏怖させていた。物の怪の活躍ぶりにくらべると、狐の出番は少なく、大部屋役者のひとりという程度の影のうすい存在だった。

夕顔の巻で、身分を明かさず忍んでくる源氏に、夕顔が「なんだか恐ろしいですわ」というと、「ほんとうに、どっちが狐なんだろうね」と切りかえす。ここでは狐は人に化け、人を化かす存在であるという観念が背景にある。同様の用例は、「荒れはてた所では、狐などが人をおびやかそうと、薄気味悪くおもわせるのであろう」（夕顔）とか、源氏の訪れのなくなった末摘花の廷内は荒れはてて、狐、木霊が跳梁《ちょうりょう》するほどになるが、源氏の命をうけて様子を見にきた惟光を、人びとは「狐の変化か」と怪しむ（蓬生）、などにも見られる。

〔事例5〕 狐・木霊は人の正気を失わせる（手習）

宇治川に身をなげた浮舟は奇跡的に助かり、意識不明のまま木の根元に横たわっているところを発見される。夜の闇のなかで人びとは不気味に思うが「狐が変化したものだろう。憎らしい、正体をあばいてやろう」と近づこうとする男をひきとめ、魔性のものを退散させる印をむすぶ。僧都たちが呼ばれ、「狐・木霊のようなものが、人をたぶらかし正気を失わせ連れてきたものであろう」との推測をのべる。宿守も、「狐のしわざです。一昨年の秋にも、二歳の男の子を、正気を失わせて連れてきたことがありました。狐は、そうして人を恐がらせたりしますが、どうということもない奴です」という。

ここで狐はすでに、(1)自分自身が人のすがたに変化・変身する能力をもつ、(2)人間の正気を失わせ連れ去ることがある、との観念が人びとにより共有されている。しかし、狐が変化することは観念としては知られても、実際に体験されることではなかったことは、僧都の「狐が人に変化することは昔から聞いているが、まだ見たことはない」ということばに表現されている。

古代の末になり中世にちかづくと、狐憑きの記事が徐々に増えてくる。たとえば、『今昔物語』（一一〇八以後）には、つぎのような事例がある。

〔事例6〕 強者にはしたがう狐、被憑依者の口をかりて用件をつたえる（今昔）

利仁という武士が三津の浜にくると、一匹の狐が走りでた。利仁は馬で狐を追いつめ捕えると、「今夜のうちにわしの家に行き、急に客人を連れ帰ることになったので、明日の巳の時に高島まで馬二疋をひいて迎えに来るように伝えよ。もし伝えなければ、ひどい目にあわせるぞ」と言い渡して狐を放した。はたして、つぎの日、指示どおりの場所と時刻に、馬二疋をひいた家来が迎えにきていた。家来は、前夜、利仁の奥方がにわかに、「殿が客人をともない急に帰宅することになった。明日、巳の時に馬二疋をひいて高島まで迎えに出よ。遅れては、わたしが勘当をうける」と騒ぎたてたので、男どもに出立の用意をさせたところ、いつもの様子にもどったことを報告した。

〔事例7〕　人と取り引きする狐、守護霊になる（今昔）

狐が、もの憑きの女の口をかり、「自分は狐だが祟りをしようとするのではない」と正体をあかす。その女が懐からとりだした玉を、若い武士が取りあげてしまう。「その玉を返してくれなければ、永くあだになるが、返してくれれば、神のように側にいて守ろう」といった。狐の懇願を聞きいれ玉を返すと、狐はその後、その武士を数々の危機から守った。

事例6・7は狐が人に憑依した事例であるが、いずれも被憑依者は狐の意志をつたえるメッセンジャーとしての役割をはたしている。

〔事例8〕　杉の巨木へ変身、矢を射られ死亡（今昔）

中太夫は従者とともに馬で外出したが、山の中で夜になってしまった。おぼろ月夜のなかに巨大な杉の木が立っている。中太夫も従者も、見たことのない大杉である。さては迷わし神にあって、思いがけない所にきたものらしいと考えた二人は、目印に矢を射っておいて夜が明けてから調べようと、いっせいに矢を射った。矢が当たったとみると、たちどころに杉の木は消えてしまった。翌朝、二人が昨晩の場所にきてみると、毛もなく老いた狐が、杉の枝を口にくわえ、腹に矢を二本射られて死んでいた。

〔事例9〕　美女へ変身、刀で脅され正体をあらわし逃げる（今昔）

近衛の舎人がいた。ある月の晩、舎人はこの上なく美しい女の童が一人で歩いているのに出あう。舎人は自分の家にこないかと女を誘うと、艶かしい応対ぶりである。舎人はふと、（人をだます狐があるというが、これがそうではないか。扇で顔を隠しているのが怪しい。脅して試してみよう）と考える。舎人は女を捕まえると、「じつは吾は追い剝ぎだ。さあ、着物を脱いでおいていけ」と刀を抜いて女の首にあてると、女はひどく臭い尿をひっかけ、たちまち狐のすがたにもどって逃げていった。

〔事例10〕ある男の妻に変身、刀で脅され正体をあらわし逃げる（今昔）

ある雑役夫の妻が夕方でかけたまま、なかなか帰ってこない。やがて妻が帰りしばらくすると、同じ顔の、有り様もそっくりの妻がもう一人帰ってくる。男はどちらかが狐が化けたものと思い、まず後から入ってきたのが怪しいとにらんで刀で切りつけようとすると、女は「何をするのですか」と泣く。そこで前の妻を切ろうとすると、こちらも手をすり泣く。それでも前の女が怪しいとおもい捕らえておくと、女は何ともいえないほど臭い尿をひっかけ、男がひるむすきに狐の正体をあらわし逃げていった。

〔事例11〕美女へ変身、男、知らない場所に迷わされる（今昔）

ある川のほとりで夕方、若い女が馬に乗せてくれというので乗せてやると、しばらくして狐になって逃げていくとの評判がたった。滝口の警護の武士たちがその噂をしていると、若い武士がその狐を捕まえてみせるといって出かけた。川のほとりに女がいて、馬に乗せてやると、若い武士は女の腰に鞍を結わえつけた。土御門の前にきて従者を呼ぶと、一〇人ばかりが出てくる。従者が火を明るくともし、「皆で射るから女を放して」と弓をかまえたので女を放つと、女は狐の正体をあらわし逃げ去った。従者もかき消え、男は知らない場所に迷わされていたことに気づく。男は生きた心地もなく、家に帰ると寝込んでしまう。気を取りなおして若い武士は出かけ、こんどは逃さず、狐を火で焼き、さんざん苦しめて放してやる。

事例8から11は、いずれも狐の変身する霊力がテーマとなっている。変身の対象は、若い美しい女というのが多いが、事例8や10のように杉の巨木や人妻ということもある。いずれも人間を化かすのだが、いずれ人間に見破られ、コウコウと鳴き声をあげて逃げさるか、あるいは殺される。挑んでくるのは狐のほうで、狐と人間の力は徐々に拮抗しつつあったが、まだ少し人間の力が勝っていた時代であった。

中世（一一八五〜一六〇〇）、すなわち鎌倉・室町・安土桃山時代の状況を見てみよう。『宇治拾遺物語』（建保年間＝一二一三〜一二一九）には、つぎのような話がある。

〔事例12〕 狐、女に憑いて餅をくう（宇治拾遺）

昔、物の怪が憑いたので憑坐《よりまし》に移したところ、「おのれは狐だ。しとぎ餅を食わせれば帰ろう」と憑坐の口をかりていうので、米の粉でしとぎ餅をつくると、うまいうまいと食った。「子どもにも食わせたいので土産にしてくれ」というので紙に包んで渡した。「では、帰ろう」といって憑坐は立ち上がると、がばと倒れた。やがて起きあがると、懐の紙包みはなかった。

『武徳編年集成』は徳川家康の一代記、『本朝通鑑』は神武天皇から慶長までの史書でともに江戸時代の作であるが、それぞれ中世の「史実」として以下のような話を収録している。

〔事例13〕 秀吉、憑いた老狐に立ち去れとの手紙をだす（武徳編年集成）

天正十九年（一五九一）のこと、利家の妻が妖怪におかされ悩乱した。老狐の仕業ときいた秀吉が、「備前宰相の女どもに物の気が憑いているが、狐の仕業である。曲事ではあるが、このたびは許す。もし速やかに去らなければ、日本国中、毎年狐狩りをする。委細、吉田の神主に申しわたすものである」と、狐に速やかに立ち去れと命令する手紙を稲荷の祠官に渡した。

〔事例14〕 将軍・義持、妖狐を使って呪詛される（本朝通鑑）

応永二十七年（一四二〇）のこと、室町幕府四代将軍義持の病は狐魅のせいであり、医師高天《たかま》が妖狐を使う術をつかって義持を呪詛しているのだとの噂が流れる。夫人栄子はこの噂を信じ、僧に加持をさせた。すると二匹の狐が義持の寝室から逃げ出したので捕まえ、打ち殺した。義持は大いに怒って、妖狐を使った俊経と高天を讃岐に流刑に処した。

事例12・13では、狐はみずからの意志で人に憑依しているのにたいし、事例14では、呪詛のため、いわゆる黒魔術により憑依させられていることに注目したい。この「狐使い」の事例は、近世になるといっそう増加する。

以上は、いずれも「狐憑き」の例だが、もちろん「化ける」という「変身」のテーマもつづいていた。たとえば、狂言で有名な「釣狐」では次のような物語が語られている。

〔事例15〕 狐、坊主に化けて意見する（釣狐）

狐の罠をかける男がいた。このままでは一族が絶え、しかも安心して餌をとりに出られないと考えた狐が、男の伯父の坊主に化けて男に意見をし、やめさせようと謀る。坊主に化けた狐は、「稲荷五社の明神というように、そもそも狐は神である。狐は仇をなせば仇をなし、恩をみせれば恩で報じる。執心の恐ろしい物なので、罠は即刻、捨てたらいい」と説教する。男は表面的には従いながらも疑いをもち、ひそかに若鼠の油揚げを餌に罠をしかけておくと、伯父に化けた狐は、まんまとその罠にかかってしまう。男が見つけて追いかけ、狐は逃げまわる。

ここでも一旦は人間が狐に騙されるが、最終的には人間の知恵が狐を上まわり狐が追われる、という筋立てになっている。

中世は、狐憑きの心性史のなかでは、大きな移行の時代といってよい。それは古代の物の怪の支配する物憑きの時代から、狐が我がもの顔に跳梁跋扈《ちょうりょうばっこ》する近世に移行する時代の節目であったということだ。古代の末期に散発的に見られた狐憑きは、中世になると物憑きをしのぐほどに増加してくる。

近世（一六〇〇～一八六八）には憑依をめぐって、いくつかの特徴的な変化があらわれてくる。これを列記すると、以下のようになる。(1)中世まで見られていた物の怪や物憑きの記載がほとんど見られなくなり、狐が憑依の主役におどり出る。(2)狐や蛇のほかに、犬神やイズナなど、想像上の動物までが憑依しはじめ、憑依する動物霊の数が増える。(3)狐憑きの集団発生例が出てくる。(4)中世にもみられた「狐使い」など、黒魔術の事件数が目立ってくる。

近世になると、じつに多数の狐憑きや狐に化かされた話が記録されるようになる。ここで紹介するのは、そのごく一部にすぎない。

【事例16】狐、鳥撃ちを恨んでその妻に憑くが、脅され逃げる（甲子夜話）

濃州岩村城下に善九郎という鳥撃ちの名手がいた。大円寺村に昔から白い老狐がいて常に人を化かすので恐れられていたが、ある日、善九郎が出かけ、これをしとめた。またある時、狐の子を捕まえて食ってしまった。すると狐の親が善九郎の妻に憑き、医薬、祈禱も効かない。怒った善九郎は妻を角場につれだし、的にして撃とうとすると、妻は「許して、いま立ち去る」と泣き逃げまわった。善九郎が許すと、狐がおちた。

【事例17】狐憑きの男、供え物を要求（守山藩御用留帳）

稲荷宮の祭礼のさいに、卯伝次が稲荷宮の託宣があったと騒ぎ立て、その神憑りは文右衛門、久左衛門の二人に「伝染」する。卯伝次らは火つるぎの神事をおこない、甚介の狐憑きをおとしてやると手荒にあつかい、神職、村役人に悪口雑言をあびせる。やがて他の村人も「伝染」する様子があったため、藩はきびしく弾圧をはじめた。村人たちは、まもなく正気にもどる。卯伝次は「自分は二本松領の神明守子についていた狐だが、供え物をして大川に流してくれれば立ち帰る」と述べる。妙音寺の祈禱で本性にもどった卯伝次は、事件中のことは憶えていないと主張したが、イズナの法をおこなった咎で所払いとなった。

【事例18】飯綱使い、処罰される（江戸にて狐付奉行御捌之伝）

手遊渡世をしている勝蔵の妻・とりが、血の道のような奇妙な状態となった。医師に相談したが、変病というだけで薬もくれない。善兵衛という評判の祈禱師がいるので紹介しよう、という人があったので頼んでおいたが、その祈禱師が来ないまま日がすぎた。そのうちに病人は、「我は勝蔵の妻ではなく、白衣観音である」と叫びはじめた。狐狸妖怪であろうと問いつめると、ついに白状におよんだ。それによれば、憑いていたのは善兵衛という御岳山先達祈禱者に召し使われている狐で、船橋といった。善兵衛は表向きは紺屋渡世をしているが、じつは十四の狐を飼い慣らしては人に憑ける狐使いで、そうやって狐を憑けておいてはその家にいき、祈禱してみせて奇瑞《きずい》妙をあらわし人びとの信心をほしいままにしている、との告白である。

善兵衛はさっそく縄付きとなり、白州で狐・船橋と対面させられた。善兵衛は知らぬ存ぜぬと言い張るのだが、「天下の御白州に捕われて来たからには観念して白状し、われを連れて帰れ」と船橋は善兵衛を責め、仲間割れのような応酬となった。そのうちにとりの右手がふるえだし、そこに第二の狐・中橋がとり憑き、船橋と中橋とが争いだした。結局のところ、二匹の狐の要求をのんで人びとが小さな稲荷宮をつくって祭ると、とりは気絶し、気がつくとすっかり回復していた。善兵衛は吟味中、牢屋で死亡した。

〔事例19〕　狐を憑けた山伏、火あぶりとなる（本藩旧記）

代官・与左衛門の女房と子どもが狐憑きとなった。禰宜《ねぎ》・山伏をあつめ祈禱させたところ、だれ言うともなく黒石にすむ虎狼兎坊という山伏がこの狐を憑かせたのだ、ということになった。それを聞いた藩主は虎狼兎坊を召し捕らえ、「貴様は所々にて自分に恨みのある者に狐を憑けるという。吟味するまでもない」と直ちに火あぶりにしてしまう。焼かれながら虎狼兎坊は地団駄を踏み殿に悪口し、殿様を三年で生かしてはおかないと怒鳴りののしった。

〔事例20〕　狐に引かれ失踪（守山藩御用留帳）

喜惣兵衛のところの嫁が、昼過ぎに隣に行くといって出たまま行方しれずとなった。川筋や池まで、あちらこちらと手分けして捜しまわった結果、夜になって隣村の向かい河原で発見された。発見された当時、狐に引かれた様子で呆然とし、正気のない有り様だった。僧侶が間にたって家族ともども、本人の意志で他出したわけではないので許してほしいと藩役所に願い出ると、狐憑きでそうなったのであり、病気も同然のことなので処罰はしない、と許された。

二　憑依の形態

病気や狂気の原因を、邪悪な霊魂が祟りをしたり憑依したために生じたと考える病理観は、古代医学やいわゆる未開民族の病理観として、かなり普遍的にみられるものである。この思想の基盤にあるのは、身体と霊魂という二元論とアニミズムである。病気や疫病をひきおこす何者かの邪悪な意志を、人びとはリアルに感じていたはずで、その悪霊は個人や共同体の外部から到来したものだという外因論的な信念をもっていた。そうした悪霊を追いはらう技術と霊能をもった存在として、シャーマンや呪い医者（medicine man）が求められた。

『古事記』『日本書紀』には、崇神天皇の御代に疫病がはやり、百姓が村を捨て、反乱する者もでて国が乱れた。天皇が卜占をおこなうと、神明《かみ》倭《やまと》迹迹《とと》日《び》百襲《ももそ》姫の命に憑依した神があり、「私を祭れば、かならず平和になる」といった。天皇がいずれの神かと問うと、大物主神だと名乗った。教えのままに祭祀をおこなうが、霊験がない。そこで天皇は沐浴斎戒して夢告を祈ると夢の中に大物主神があらわれ、「わが子、太田《おおた》田《た》根子《ねこ》に祭らせれば、たちどころに太平となる」と教えた。夢告どおりにすると、疫病もおさまり国が鎮まった、との記載がある。この疫病は結局、大物主神の祟りと判明したのであるが、太田田根子を神主として丁重に祭祀をおこない終焉させることができた。

『大宝律令』や『養老律令』（七一八年）には、その医事制度のなかで呪禁師、呪禁博士、呪禁生の必要人数までが定められているので、当時、呪禁は重要な医療行為のひとつとみなされていたことがわかる。また『養老律令』の賊盗律には、人を呪ってまじないをし、殺そうとしたばあい、病気にしようとしたばあいの罰則について、細かに記載されている。まじない呪うことで他人を病気にし、殺害し、あるいは災いをもたらす黒魔術が、真剣に信じられていたことがわかる。

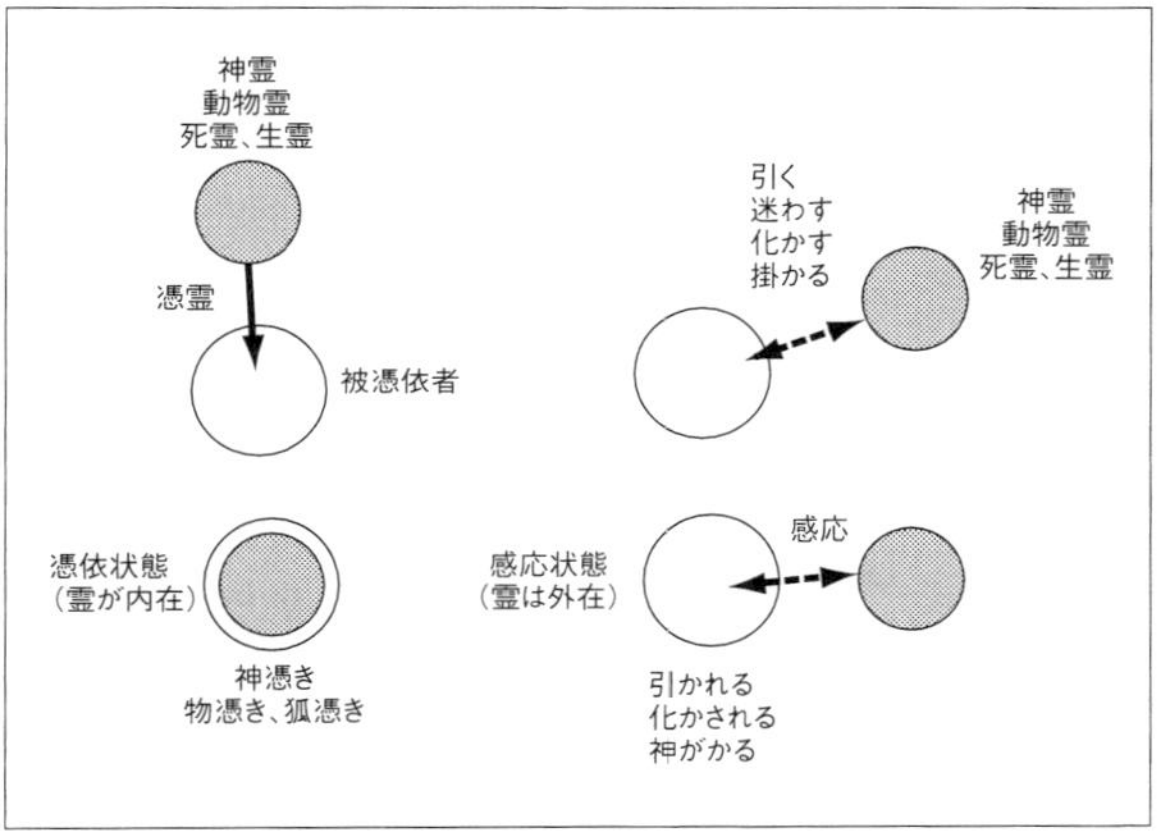

図1　憑依と感応の構造

(1) 憑依と感応

神や物の怪、狐などの霊的なものが人間を支配する形態として、「憑依」と「感応」という二つの形態があった。これをシェーマでしめしたのが図1である。憑依のばあいには、神霊、動物霊、あるいは死霊、生霊などが被憑依者の身体に入りこみ、被憑依者の人格変換がおこる。すなわち憑依する霊魂が被憑依者の身体のなかに内在化する結果、被憑依者は憑依者そのものとしての言動をしめすようになる状態で、精神医学的にいえば交代人格といえる。このばあい、もとの人格にもどったときに、人格変換していたときの言動については通常、まったく思い出すことができず全健忘をしめす。事例4を振り返ってみよう。

これは『源氏物語』のなかで、北の方が夫・髭黒に火取りの灰をあびせた事件であった。北の方は父・式部卿が大切に養育した女性であり、本来はもの静かで気だてがよく、おっとりした人であった。しかし、執念ぶかい物の怪にとり憑かれて、常軌を逸した言動がしばしば見られるようになった。その状態は「執念《しふね》き御もののけにわずらひたまひて、この年ごろ人にも似たまはず、うつし心なきをり多くものしたまひて……時々心あやまりして、人にうとまれぬべきことなむうちまじりたまひける」と表現されている。こうした状況で、めかし込んで新妻のもとに出かけようとする夫・髭黒に火取りの灰をあびせかけるわけだが、本来のもの静かでおっとりとした性格からは考えられない粗野で乱暴な行動である。これは北の方に憑いた物の怪の仕業であると解釈され、北の方は非難されないばかりか、むしろ人びとの同情を集める。その晩、北の方は僧の加持を受け、物の怪を調伏するために打擲され引きずりまわされながら泣きわめいて一晩すごすが、これも本来の北の方の姿ではなく、憑いた物の怪が苦しみ、泣き叫んでいる姿と人びとは理解する。

狐憑きのばあいも人格変換をおこした被憑依者は、狐そのものとして振る舞う。狐になりきった被憑依者は、四つ足で歩き、油揚げを要求し、犬を恐がるといった行動を、しばしば示した。事例17を見てみよう。神憑りとなった卯伝次は、牢のなかで責められ「自分は二本松領の神明守子についていた狐」であると白状する。この時代、狐は稲荷神の使わしめ、あるいは稲荷神の化身と信じられていたため、卯伝次も稲荷神そのものとして（宗教的な誇大妄想のなかで）の言動をしめし、それに村びとが次つぎと巻き込まれ、集団ヒステリー状態を呈していった事件であった。卯伝次は快気してから、事件については何も記憶がないと全健忘を申し立てている。

狐に「引かれ」あるいは「化かされ」て一時的に正気をうしない惑わされる状態は、狐の霊魂がのり移るわけではなく、あくまでも外在化したままにとどまるという意味で憑依とは区別される。これを一応、ここでは感応と呼んでおこう。『今昔物語』などにも「物の気が迷わす」といった用例があるところから、感応は憑依とおなじく、物の怪にも共通する属性だった。「神がかり」と一般に呼ばれる状態は、必ずしもすべてが神の憑依ではなく、この感応の状態もふくまれている。感応状態は、単なる錯覚から幻覚、もうろう状態から遁走まで、精神医学的にいうと、かなり多様な状態が含まれている。いずれにせよ、外部からの悪しきものの影響で迷わされ、正常な判断が障害された状態と考えられた。感応がもうろう状態であったばあいには、正気にもどったときに全健忘あるいは部分健忘を残すことがあるが、意識清明の状態で錯覚や幻覚をおこしたばあいには、健忘は伴わないのが普通である。

事例5では、宇治川に身をなげた浮舟は奇跡的に救われるが、狐・木霊のようなものにたぶらかされ、正気を失わされたものと考えられた。加持祈禱や介抱により意識をとりもどした浮舟は、自分が誰で、どこに住んでいたのかは思い出せないが、自分はもう最後とおもって川に身をなげたことまでは憶えているといった部分健忘をしめした。また事例20では、狐に引かれた喜惣兵衛の嫁は、呆然と正気のない状態で、遠く離れた川原で発見された。この事例は精神医学的にいえば、ヒステリー性遁走がつよく疑われる。事例2で源氏が物の怪のため、しばらく健康がすぐれなかった時期、事例8から11の狐の変身により化かされる事件なども、感応と考えていいだろう。

憑依がおこるばあい、憑依者みずからの意志で憑くばあいと、自分より力のつよい者に使役されて憑くばあいとがあった。事例6では、武士・利仁の命令にしたがって狐は利仁の妻に憑依し、利仁の用件をつたえた。

超自然的な霊力を調伏する能力をもつ修験者は、意のままに狐、イズナ、オサキなど邪悪な霊をあやつり、他人を病気にし、あるいは殺害もする能力をもつと信じられ恐れられた。事例14では、将軍義持の病気は医師高天が妖狐をつかって呪詛しているからだと断罪され、流刑に処せられている。いまだ医学と呪術が未分化だったこの時代には、医師もまた、超自然的な霊力を支配する力をもった存在とみなされていたようだ。事例18・19では、それぞれ山伏がイズナや狐を憑けた咎により処罰されている。

(2)調伏と依り移し

憑依状態から回復する手段は、ただひとつ憑依霊を体外に出すことだった。これには大きくわけると二つの方法があった。第一は、とにかく憑依霊を追い出すこと。この方法にも穏やかに出ていってもらう方法と、強圧的に叩き出す方法とがあった。前者は、たとえば説得教化や供え物などをして立ち去ってもらう方法である。憑依者は、被憑依者の口を借りみずからの要求を述べるばあいも多く、その要求をのむと憑依するものは離れた。たとえば事例17では、狐憑きの卯伝次は供え物をして大川に流してくれれば立ち去るとみずからの要求を述べている。

強圧的に追い出す方法としては、加持・祈禱など、神仏のよりつよい霊力の助けを借りたり、煙でいぶす、暴力的に叩くなどがあった。憑依霊の嫌がることをして退散させようというわけである。事例4で、北の方に憑いた物の怪を調伏させるために、僧などが北の方を引き回し打擲をつづけたのは、この例である。

憑依霊を他の者に憑り移らせることで、憑依状態から回復させようというのも、よくとられる治療手段だった。事例3では、葵の上に憑いた物の怪を憑坐に移そうという努力がなされた。

三　憑依の両義性

憑依現象のなかには、善なる神が憑依するばあいと、悪神や邪悪な意志をもった霊魂が憑依するばあいとがあった。前者はシャーマニズムにおける神の憑依であり、これにより被憑依者であるシャーマンは病気なおしや卜占、予言といった超自然的な能力を獲得した。こうした憑霊型シャーマンは身体を欠く神の受肉化の機構であり、神の依《よ》り代《しろ》としての機能をはたした。後者は物憑き、狐憑きなど、病や災禍としての憑依である。しかし、この図式化は、事態を正確に表現してはいない。

理由なく殺された動物霊が祟りのため憑依する、といった事例も近世には出てくるが、一般的にいえば憑依の主体は土俗神としての属性をもっていたことは注目してよい。しかも、この土俗神たちは、日本の神々がほとんどそうであるように、両義的な性格をもっていた。すなわち、善神と悪神が別個に存在するというよりは、それぞれの神が善と悪との二面性をもっていたのである。人に祟りをなす不遇な死をとげた御霊も、その御霊を丁重に祭りこめれば祟らないばかりか、幸をもたらす守護神に転化した。憑きもの筋における「オサキ」や「クダ狐」も、食物を十分に与えて祭っておけば富をもたらし守護してくれるが、おろそかに扱えば、たちまち災禍をもたらした。憑依患者にとっても、憑依は、つねに悪ではなく、むしろ耐えがたい現実からの救済というポジティブな価値をもつことが少なくない。このように、さまざまに異なった位相においてではあるが、憑依現象は実に入りくんだ両義性をしめしているのである。

こうした点においても、卯伝次の一件は示唆的である。事件の発端者である卯伝次は稲荷の託宣があったと騒ぎたて、みずから火つるぎの神事をおこなった。ここで卯伝次は稲荷明神の託宣をきき、それを実行する憑坐として行動している。稲荷はいうまでもなく農耕神であり、豊穣をもたらす善神である。ところが卯伝次が甚介の狐憑きをおとすと手荒にあつかい、神職、村役人に悪口雑言をあびせ、文右衛門、久左衛門らをイズナの法で迷わせ巻き込むようになると、稲荷は荒ぶる神としての側面をあらわにする。結局のところ、自分は二本松領の神明守子についていた狐だが、供え物をして大川に流してくれれば立ち帰ると約束するのだが、供え物をして川へ流すという儀式は「疫病神送り」などで守山領でもおこなわれていた習俗であり、卯伝次に憑いていた狐がすでに荒ぶる神に転化していることが、ここで端的に語られることになる。

四　憑依がはたした機能

憑依現象がはたした機能には、社会的なレベルと個人的なレベルとの二つの機能がある。前者には、たとえばわが国における憑依型シャーマンがはたした社会的な機能とその意味といった問題領域がふくまれる。以下に論じるのは、むしろ後者の個人的なレベルの機能である。先に憑依患者にとっても、憑依は、つねに悪ではなく、むしろ耐えがたい現実からの救済という、ポジティブな価値をもつことが少なくないことを指摘しておいた。このことについて、少し補足しておこう。

(1)抑圧の解放（カタルシス）

憑依現象はストレスや攻撃性を発散する演劇空間としての機能をはたした。たとえば事例4で、名家の生まれで、もの静かで気だてもよく育った北の方は、夫・髭黒が若く美しい玉鬘を妻に迎え入れることに異議をさしはさむことはなく、あくまでも、もの静かでたおやかな貴族の奥方として振る舞いつづける。これが名家に生まれ、地位のある女性として社会的に要請されていた彼女の生き方であった。しかし、執念ぶかい物の怪にとり憑かれた北の方は、髭黒に火取りの灰をあびせ、常軌を逸した言動でわめきたてる。今日的に推定すれば、これこそが北の方の本音であり、抑圧に抑圧をかさねた玉鬘への嫉妬と夫・髭黒への攻撃性がこのようなかたちで爆発したものと解釈できる。逆の言い方をすれば、当時の上流階級の女性は、このようなかたちでしか自分の心情をあらわにするすべをもたなかったともいえよう。しかし、抑圧された無意識の爆発も物の怪の憑依と解釈され、北の方自身の非難はまぬがれるが、同時に北の方の苦しい心情は世間から否認され、二重の抑圧をうけることになる。

事例3では、葵の上と六条の御息所のあいだには、源氏をめぐっての深い確執と葛藤があったことは想像にかたくない。物語では、六条の御息所が源氏の妻・葵の上を恨み、その恨みあくがれる魂が生霊となり葵の上を死に追いやったとされる。そう判明したのは、必死の加持祈禱の結果、執念ぶかく憑きまとっていた物の怪が葵の上の口をかり、しゃべりだした動作振る舞いが、まさしく御息所そのものだったからである。御息所は自分の心の浅ましさに苦しみ、世間の評判を気にして伊勢へと下向した。源氏をはじめ周囲の人びとは、これですべての謎が解けたと得心した。もちろん、当時の論理からいえばそうに違いない。しかし、今日的に考えれば、この物語は葵の上が御息所に攻撃性をむけ、完膚なきまでにダメージを与えた物語と読むことができる。

もとより意識的にではなく、今日的にいえば無意識のなかでとられた行動であったろうが、御息所の生霊が祟っていると表明したのは当の葵の上自身であった。その結果、御息所は精神的にも社会的にも、ふかい傷を負うことになった。二人のあいだで源氏をめぐる葛藤があり、恨みがあったのは事実にちがいない。しかし、その恨みの激しさは、他人の夫を我がものにしようという御息所ではなく、理不尽にも夫を、身分の高い他人の妻にとられようとした葵の上のほうに大きかったはずだと想像するのは、そう無理な想像ではないだろう。葵の上は、御息所の物の怪に悩むというかたちで追いつめられ、いわば自虐的に勝利をおさめたことになる。ここに見るのは、屈折はしているが、攻撃が葛藤の対象に直接的にむかっている、むきだしの激しい攻撃性である。

中世から近世になると、物憑きから狐憑きへと憑依する主体が大きく変遷する。また、狐だけではなく、多くの動物霊の憑依も広く見られるようになる。この変化がどうして起こったのかは、心性史のうえからは興味ぶかい問題である。おそらく第一の理由は、奈良、平安、鎌倉といった国家宗教の時代が終わり、宗教の庶民化・土俗化がおこった結果ではないかとおもう。というのも、江戸時代になると目立って動物霊の憑

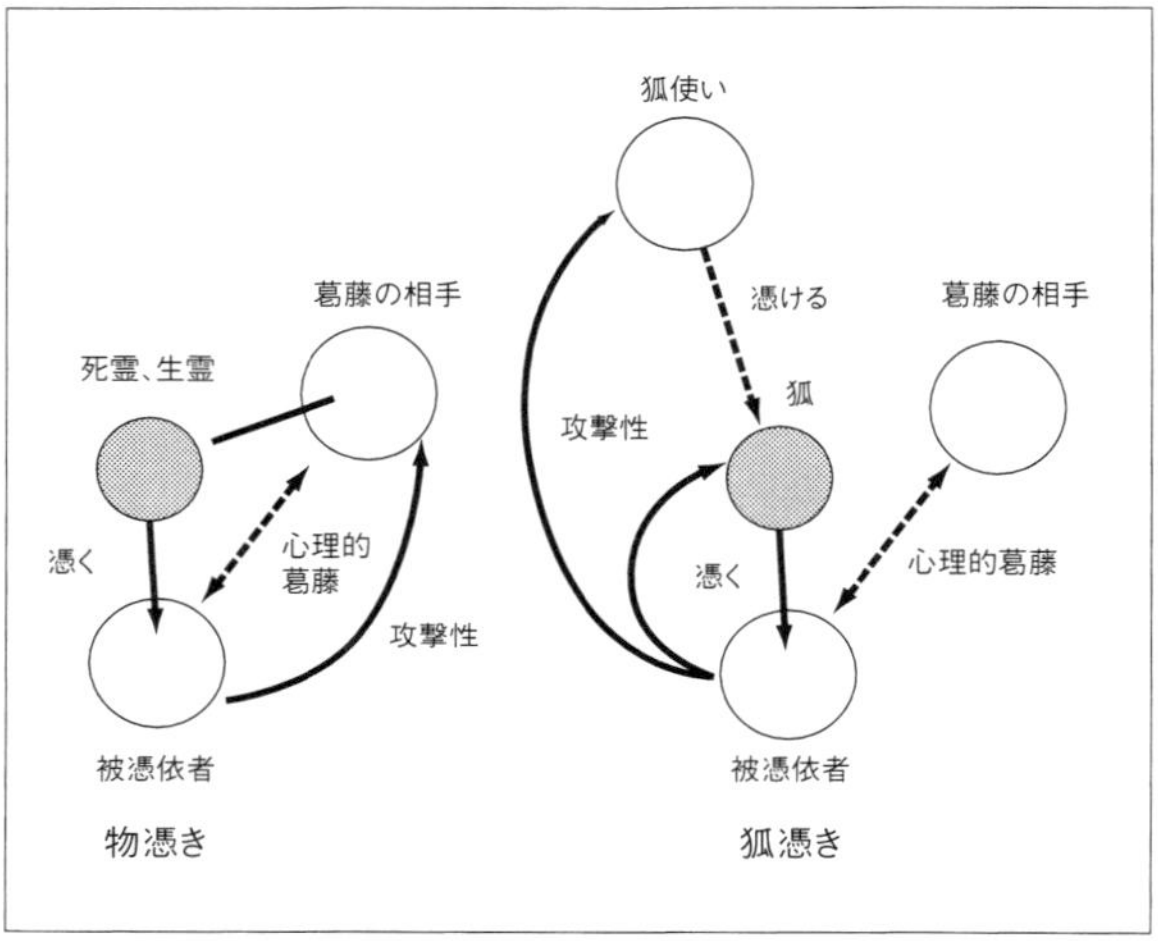

図2　物憑きと狐憑きの対象関係

依が多くなるが、こうした憑依する動物霊の多くが土俗神でもあるからである。こうした土俗神のなかでも、とりわけ狐憑きが時代の病とでもいうように広範に発生するようになるが、これには稲荷信仰が各地でひろまり、狐についての共同幻想がより広範な人びとのあいだで共有されるようになったからであろう。しかし、それ以上に重要な歴史的契機として、著者は対人関係の変化があったのではないかと推測している。というのも子細に検討すると、物憑きと狐憑きとでは、他者との関係性の構造が大きく異なるからである。

図2を参照してほしい。事例3で見たように、死霊や生霊の憑依のばあいには、そのほとんどが葛藤の相手の霊魂が憑依することになる。憑依した相手は、加持祈禱の結果、みずから正体をあかすのが普通なので、これはお互いの葛藤関係を世間に公表し、アピールすることを意味している。相手にあたえるダメージは大きく、攻撃性はより直接的で激しいしカタルシスの効果も大きい。逆にいえば、こうした感情の大爆発をおこすまで攻撃性の破壊的エネルギーが強く抑圧されていたということでもある。とりわけ貴族社会の女性たちは、それほどまでに感情を抑圧して生きなければならないような社会的圧力が、当時はあったのだと推測される。しかし、このことによりお互いの緊張関係はいっそう

高まり、より抜き差しならない事態になりかねない危険性もはらんでおり、対人葛藤の処理法としては未成熟な危険なゲームといえる。

では、狐憑きのばあいはどうだろうか。事例18について検討してみよう。とりの狐憑きの背景として、夫なり姑なり身近な者との心理的な葛藤があったことは想像に難くない。しかし、この記事のなかには、その葛藤の相手を示唆する陳述は何もない。これが、おそらく決定的に重要なことなのだ。すなわち、生霊や死霊の憑依のばあいとは異なり、狐の憑依のばあいには、葛藤の相手を名指す必要がない構造になっているということだ。

儒教道徳に支配された、封建的で閉塞的な対人関係のなかで自己の葛藤を処理するには、狐憑きという言説は非常に有効だった。というのも、人びとは共同体のなかに踏みとどまろうとするかぎり、あからさまな相互への攻撃は避けなければならなかったからである。憎み非難すべき対象は狐であり、狐使いであると、相手へ向けるはずの攻撃性を狐や狐使いという第三者に向けた。そこで一致団結して問題解決にあたるなかで自然に人間関係の修復がなされたという、すぐれて集団精神療法的な隠された機能が「狐憑き」という言説にはあったのではないか、と著者は推測している。おそらく他の動物霊の憑依のばあいも、同様の心理機制が働いていたと考えられる。

(2) 現実からの逃避

事例20は、精神医学的にいえば遁走の事例である。遁走とは、何の目的もなく突然に徘徊したり失踪したりすることで、本人自身はその間の記憶を失っていることが多い。いろいろな疾患でおこりうるが、喜惣兵衛の嫁のばあいはヒステリー性遁走とおもわれる。家庭内でつらい事柄がいろいろあっても、封建的な家制度のもとで嫁はひたすら自己を押し殺し耐え忍ばなければならず、耐えきれなくなれば狂気し、苦痛な現実

表1　精神療法と憑き物落としの治癒過程

精神療法：	共感・受容（問題の共有化）→問題（葛藤）の明確化（直面化）→解決（成長）→治癒（自我の再統合）
憑き物落とし：	共感・受容（問題の共有化）→憑き物の特定（問題の外部への投影）→除霊（成長の阻害）→治癒（人間関係の再統合）

から逃避するしかなかった。真に狂気する素因をもたない者たちにとって、憑依や感応は格好の狂気モデルだった。近世になって「狐に引かれ」「狐に憑かれ」た事件の記録が枚挙にいとまがないほどに数多く残っているのも、閉塞的な人間関係が庶民レベルにまで浸透してきた時代背景があったからであろう。

(3) 人間関係の再修復

憑依からの修復の過程は、精神療法による治療過程に近似している（表1）。ただ決定的に異なる点は、通常、精神療法過程では自我の再統合化のさいに何らかの自己の成長が伴うのにたいし、憑依からの回復のさいには、この成長がないことである。それは精神療法過程では、問題をあくまでも自己の問題として直面化しようとするのにたいして、憑依体験では問題への直面化を避け、問題を憑き物という外部に投影することで安定しようとする防衛機制がはたらいているからであり、そのため自己の成長への契機が失われてしまうのだ。この問題のすり替え・回避は個人の防衛機制を越え、集団の無意識的な共同謀議としておこなわれていたことに注目すべきであろう。問題を明確化し白黒をつけることを巧妙に避け、問題を曖昧にし、構成員の誰もが責任を問われないかたちで解決しようとする近世の共同体の暗黙の意志が、そこには色濃くにじんでいるようにおもう。しかし、被憑依者は、それで十分目的をはたしたことになる。というのも、その過程において被憑依者は、虐げられた周辺者という立場から一挙に人びとの関心の中心となり、人びとが力をあわせて憑き物落としに協力するなかで集団の再凝集がおこり、被憑依者自身も共同体への復帰をはたせるからである。つまり、そこで無意識的に志向されていた治療目標は近代的な意味での自我の再統合ではなく、人間関係の再統合化であり、被憑依者自身の共同体への復帰であったからだ。

五　狐憑きの今後——おわりに

文化十五年（一八一八）に陶山大禄は『人狐弁惑談』を著し、人狐が憑くとの俗信は誤りで、それは病気の症状なのだ、と啓蒙につとめた。しかし、狐憑きをはじめとする憑きもの信仰が容易に終息しなかったことは、その後もなされた医師による数多くの臨床報告や民俗学者による精力的な憑きもの研究にもしめされている。著者の体験では、臨床場面で遭遇することがほとんどなくなったのは、ようやくここ十数年ほどである。それにしても、あれほど喧騒をきわめた狐たちは、いったいどこに身を隠してしまったのか。

振り返ってみると、人に憑き悩ませ、恐怖させつづけた物の怪や御霊、妖怪や狐とは、いったい何だったのか。……おそらくそれは、われわれ自身のこころの奥底にひそむ魔そのものだったのではないか。われわれは、自身のこころの魔を直視することなく、外部に投影してきた。しかしその魔を否認すればするほど、それらは執拗にわれわれにとり憑き悩ませ、恐怖させた。魔が跳梁した暗闇とは、われわれ自身のなかの無明だったのではないか。であるとすれば、現代のわれわれ自身もこの魔が跳梁する闇をみずからのうちに抱えているのであり、いつかその反逆や祟りを恐れなければならない。狐や妖怪たちは闇のなかから、ふたたびわれわれにとり憑く機会をひそかにうかがっているのではないか。——そんな気がしている。

参考文献
奥瀬清簡編『本藩旧記』（歴史国書社、一九八〇）

金子準二編『日本狐憑史資料集成』（牧野出版、一九七五）
金子準二編『続日本狐憑史資料集成』（牧野出版、一九七五）
『狂言集』（日本古典文学体系、岩波書店、一九六一）
呉秀三編『呉氏医聖堂叢書』（思文閣出版、一九二三）
『源氏物語』（新潮日本古典集成、新潮社、一九七六）
『古事記祝詞』（日本古典文学体系、岩波書店、一九五八）
『今昔物語集』（角川書店、一九五四）
『日本書紀』（日本古典文学体系、岩波書店、一九六七）
『日本霊異記』（日本古典文学体系、岩波書店、一九六七）
『律令』（日本思想体系、岩波書店、一九七六）
原胤昭・尾佐竹猛編『江戸時代犯罪・刑罰事例集』（柏書房、一九八二）
昼田源四郎『疫病と狐憑き』（みすず書房、一九八五）

高橋紳吾

都市における憑依現象

——宗教観からみた日本人の精神構造——

I 緒言

現代おそらく最も文明の進んだ都市の一つである東京において、典型的な憑依症候群の四例を観察する機会を得た。これらを報告するとともに、都市部における憑依の成り立ちに関わっていると思われる日本的な精神風土と都市化の二点につき、宗教社会学的、文化人類学的知見を踏まえて考察を企ててみた。

憑依現象は文明の程度が低く、かつシャーマニズムの強い時代や地域に多く発生し、文明の発達とともに減少し、もしくは消滅するであろうというのが精神医学上の大方の予測的見解であった。宮本も指摘する如く[20]、実際、欧米では憑依の語はいまや死語になりつつあるし、たまに報告があっても特殊な状況下[2]でのことであったり、イギリスの一六例の報告でもYap[31]の言うような伝統的な憑依は少なかったとするものなど、現代都市の中での憑依の存在に積極的に論考を加えたものは見あたらない[30]。一方、わが国においては藤森[5]、石井[11]、柴田[28]らの調査では基礎疾患を分裂病だけに限定してみれば、有意に憑依妄想は減少している。

しかし同様に藤森の資料では憑依妄想の減少は、主に狐憑きの減少によるもので、狐以外の神や霊などの憑依は、ほとんど減っていない。また石井は、全般的には減少傾向にある誇大妄想のうち「自分は神である」もしくは「神意を受けている」といった形而上的内容の妄想の割合が増加していると言う。

ひと口に憑依と言っても民俗学的には石塚の説く如く[13]、神懸かりや祖霊の託宣などの、人間に恩恵を与えるものと、動物霊や怨霊などの害を与えるものとは、別物であるとする見方がある。この視点はこれまでの精神医学では、実際に問題にされたことがないと思われる。ただし害を与える動物霊などにのみ「つきもの」の地位を与える方法には批判もあり[注]、また、たとえば同じ狐についても、善悪についての解釈には種々あり、変遷のあったことも知られている[15]。真のつきものかどうかはともかくとして、誤解を恐れず、この民俗学的手法に従って論を進めてみたい。

II　症例検討

あらかじめ断っておくが、筆者は本論から明らかな分裂病を除いた。というのは分裂病性の憑依妄想は、分裂病性の異常体験に基づいて作られた意味づけ的色彩の強いものが多く含まれる可能性があり、それがひいては憑依の問題を単に病像賦形論議に置きかねないし、そもそも憑依の中核症状といわれている人格変換体験や夢幻様状態[3]そのものを分裂病者が呈することが少ないからである。もちろん西村ら[24]の言う如く状況における病態の変遷とか、Janet の立場に立った荻野の指摘は重要であり、別稿に譲りたい。

四症例を表1にまとめた。このうち第1例から第3例までが祈禱をもって開始した憑依症候群であり、典型的な森田の祈禱性精神病の病像を呈している。

表1　憑依症候群の4例

症　例	臨床診断	臨床像	憑依者	広義シャーマン*との関係	憑依期間
① ♀　54歳 主　婦	祈禱性精神病	人格変換 （継時性二重人格） 自動症、幻聴 精神運動興奮	神 祖先霊	稀薄 姉（症例②）のすすめ （身体の不調等）	約2カ月
② ♀　59歳 症例①の姉	同　上 （憑依感応型）	同時性二重人格 自動症、幻聴	神	密接 自ら （家内安全等）	約2カ月
③ ♂　50歳 飲食店主	祈禱性精神病	自動書字、幻聴 同時（→継時）性 二重人格 昏迷	神仏	稀薄 妻のすすめ （商売の不調等）	約1カ月半
④ ♀　37歳 学校職員	心因反応	人格変換 （継時性二重人格的） 錯乱 夢幻様状態	死霊（祖父） 生霊 （一時的に）	稀薄 従姉のすすめ （身体の不調等）	数日

* 佐々木(26)は研究者の数だけシャーマニズムの定義があるという。氏にならって狭義シャーマンを、クライエントの眼前で憑依、もしくはエクスターゼなどの通常の精神状態と異なる方法で霊界と交通する技術をよりどころに、クライエントの悩みを解消する者と定義してみると、私の呈示したシャーマンのうち第4例目のみが、狭義のシャーマンであった。

症例1（五四歳、妹）と2（五九歳、姉）

症例1、2らはいわゆる憑依感応型の folie à deux であり、両者をわけずに報告する。姉（第三子）は同胞五人のうちの四人姉妹中、唯一の大学出で、他の姉妹に対してかなり優越感をもっている。夫（会社役員）と三人の子供で一家を成しているが、一八年来、赤羽に居る多神信仰型の教祖のところへ、家の方角、子供の就職、結婚などで「おうかがい」をたてる暮しをしている。妹（第四子）は姉のすすめで、借家を建てるとき、方角を占ってもらったことを機会に入信したが姉ほど熱心ではなく、某公団役員の夫と二人暮しで子供はない。

昭和五五年一一月、風呂に入っていた妹が庭の石を見ていて「弁天様に見える」と思いつき、姉に話したところ、確かにそうだということになり、教祖にも保証された。それで石を姉の家に移し、社を造って祀り日毎拝んでいた。しだいに姉妹の接触時間が長くなり、一緒に「お礼」をしているとき、妹が「私、手がひとりでに動くのよ」と言うと、姉も「私もそうだわ」と言って、二人そろって祈禱をし、ヘビのようにくねくねと体を揺らすようになった。それから間もなく「私達は験者になった、今までとは違う」と他の姉妹に誇り、神のお告げと称していろいろな言動を始めた。また「ツーツー」という音が妹に聞こえ、それを神の声もしくは合図だと思うようになった。それは姉の方にも起こった。ときに妹は完全に人が変ったようになり、神の言葉として夫に、「お前は三〇〇年前のアメノウズメノミコトだ」と言ったり、何年も前に死んだ父親が来ているといい、「祈禱するのを認めてやれ」などと男の声色で言った。そのことを夫が後に聞きかえしても憶えていないと答えている。姉の方は、自分が言うのではなく神の言葉であると前おきして、日頃から心よく思っていない働き者の弟（第五子）の妻を口汚くののしるということをした。[29] いつもは姉の方が宗教上の指導的立場にあったのが、この頃には完全に妹に引っぱられているのが注目に価する。妹は普通に神が憑いている状態から、ときとして三〇秒から一分間ほどの硬直状態になったり、衝動的に動こうとしたりすることがあり、姉がそれを「加持」で治し「これでもう神様が良いと言っている」と言うが、しだいに頻度が増し、ついに姉は妹に対して「この子は修行が足りない」と言って、自ら妹との距離を置くようになった。家族、特に妹の夫は、すべて姉のせいで妹が病気になっていると判断し、二人を引き離し妹の方が入院となった。なお夫は、この状態を「狐つき」と称している。入院してからは、一度も憑依状態になることもなく退院となった。退院時には家族が姉妹の交際はしないよう約束させていたが、二年を経た今日、両者は再び歩みより、宗教的、支配的結びつきではなく、単なる姉妹としての親密な関係を保っている。

小括 妹が発端者となった憑依感応型[32]の二人組精神病であり、憑依妄想、人格変換体験、自動症、要素性幻聴を共有した事例である。その感応成立には、現世利益型の宗教が大きく関与している。姉妹は日常の欲求、特に子供の受験や財産、病気治癒などの必ずしも人間の意図どおりには成就しないことを祈願して把みとろうとしている。つまり神を自分の側に引きよせ、働かせようとしているわけである。さらに神のみでなく、日本人にあっては神と同じレベルにある祖先霊まで動員しており、日本人の典型的な信仰パターンの一つといえなくもないが、これは後に考察する。妹が最初に霊感のようなものを体験した際、姉がすぐに肯定した背景には、姉自身霊感を得ればより確かな現世利益を保証されるという欲求があったように思える。いずれにせよこのような実在する物（本例では石→神様）や言葉に対する宗教的な意味づけは、この種の民間信仰では特徴的であるらしい[12]。

当事者にとっては自分に恩恵を与えてくれるはずの憑依が、他の家族にとっては「狐つき」に見えたことは、憑依も立場によっては別の見方をされることを示唆している。日常の臨床の中で、分裂病者の異常言動を狐や怨霊が憑いたといってくる家族がいるが[27]、これなども社会に潜在する憑依心性ととれよう。

柏瀬[16]は稲村[10]の都市に起きた憑依感応精神病による殺人事件の報告と自己の事例を都会では極めて異例の病態とし、本邦では第二例目の報告としているが、それに従えば本事例は第三例ということになる。しかし私は、この例に類似しているが不全型に終った例（本論の第3例）などにも出会ったことがあり、つぶさに調査すれば極めて特殊であるとは見なされないと考える。

症例3　五〇歳　男性

五歳年上の妻と二人暮しで子供はない。三年ほど前に開いた飲食店が不調で、かつ肩こりやめまいなどがあり、出前先の不動尊の堂守りをしている老婆に、「亡くなったおじいちゃんの霊が心配して来ている」と因縁を説かれて不動尊を拝むことをすすめられ、しばらく後、苦しいときの神だのみだと知りつつ昭和五七年五月に「御霊分《みたまわ》け」をしてもらった。一方妻は長年、稲荷信仰をしており、夫を勧誘し商売の暇にまかせて両方を並べて熱心に祈禱していたところ、夫の方は勝手に手がふるえるようになり、えもいわれぬ有難い気持ちになった。妻にも同様のことが起こった。また、「〇〇しても良いですか」と問うとイエスの場合には手がふるえ、ノーの場合にはふるえない「おうかがい」という現象が始まり、八月になると手が全く自分以外の意志で動き、たとえば「〇〇したら商売がうまくいく」などと書かされるようになって、夫婦でそれに従っている。しかしそのうちに稲荷より強い調子で「不動に関係のあるものは捨てよ」との命令が手書きで来たため驚いて返しに行き、手で書くのはやめようと決心し、手が動きだしたら妻に注意してもらうことにした。その夜いつもなら書いているはずの内容が頭の中で聞こえてきた。また返した不動がのり移り「この体は自分のものだ」と言われ硬直させられた。自分の心が二つに分かれてしまった、分裂症になったと思い八月中旬当科受診。小量のチオリダジンを投与され、自動書字は断続的にあったものの一時的に軽快した。

ところが九月に入って再度初診時と同じ状態になり、ついにすべてが神に占領され、床をころげまわり間もなく気を失い緊急入院となった。入院後イソミタール面接をし、なかばうつろな表情ではあるが食事や排便などできるようになった。しかし三日目に体全体を寝台に叩きつけるような激しい憑依を数時間示し、その後は夢からさめたように現実に戻った。自動書字も幻聴も消えていた。現在元気に仕事をし、不動尊も稲荷も商売と関係づけて考えず「神を尊び神を頼らず」の心境でいるという。

小括　症例1、2と同様、本例も『加持祈禱もしくは類似した事情から起こって人格変換・宗教妄想・憑依妄想などを発し、数日から数カ月にわたって経過する特殊な症例』の文脈どおり、祈禱性精神病と診断される。本例に大きく関与しているのは現状からの救済願望である。近くの店には客が多く入り景気が良いのに、なぜ自分たちだけこんなについていないのかと思い「苦しいときの神だのみ」をする。不動尊の老婆は、手がふるえたり書いたりするのは邪道だと強くいましめたにもかかわらず「えもいわれぬありがたい気持ち」で憑依の深みにはまる。しかし最後には、自分で自分に狂気の烙印を押さざるを得なくなり、現代医療にその場しのぎの救いを求めるが、結局再度激しい憑依に陥って後、自ら「神を尊び神を頼らず」の心境になって、そこから脱出するのである。その心理的経過は妻もともに体験し、夫婦で「死→再生」体験を通過し、宗教的に成長していると思われる。詳論はしないが、激しい憑依（医療者には昏迷ととれたが）等のもつ治療的意味は、一種のカタルシスともとれるし、また中井[22]の転導の理論が参考になろう。

症例4　三七歳　女性

約一〇年前に夫と死別し、一人娘と生活をしている学校の職員である。同様な境遇にある従姉が山口県におり、患者が最近肩こりがひどく、疲れやすいことを電話で訴え、夏休みを利用して、山口の民間信仰の教祖を訪れることを勧められた。教祖には一度祈禱してもらっただけだが、それ以降はほとんど毎晩、互いの子供の寝た後、電話で心霊体験の話をしあい、その最中に千㎞も離れているにもかかわらず、互いの背中に誰かがくっついているような不思議な感覚を共有したこともあった。職場で嫌なことがあり悩んでいたところ、深夜、祖父の霊が自分たちを守っているという確信的な安堵で涙を流したり、祖父そのものになり切って「おはぎが食べたい」等と言わされ、供養を充分にしてないのではないかと不安になったりし始めた。その頃、職場でのちょっとした口論から憑かれたようになり、男言葉で同僚を罵倒する等の錯乱状態となって周囲を驚かせたが、約一時間で回復し、上司の勧めで来院した。あたかも夢の中にいたようだと表現し、乗り移った霊はいろいろで、中には嫌な同僚の夫の生霊もあったという。これを最後に憑依体験は起こっていない。

小括　祈禱類似の行為を契機としていないため、狭義の祈禱性精神病には入れず、心因反応と診断したが、よく似た病像である。誘因としては祖霊信仰に裏付けられた現実脱出・救済願望があげられる。特に祖父の霊を実体的に知覚した点など（現存感ともとれる）、あたかも熱心なキリスト教者が神を感ずる様子に似ている。しかし苦悩は神の愛の証とするものとは違い、この祖父霊は「不如意にも困難な状況にある」自分たちだけを、その苦しみから守護するものである。それは後述するように祖霊信仰が、ムラでの共同体的な祭のテーマであるのに対し、都市では個人的、呪術的な信仰に変形されているという宗教社会学上の仮説に符合している。

まとめ　家族から狐つきという負のレッテルを貼られた者はあっても、全例憑依したものは、狐や怨霊ではなく神仏および祖先霊であり、いわゆる人に恩恵を与えるタイプの憑依である。ただし憑依の極期には、患者は例外なく苦痛を感じ、必ずしも人に恩恵を与える、害をおよぼすという二分化は明白でなくなる。しかし基本的な主題は一貫していると見た方が自然である。神仏はともかく祖先霊は日本人にとり、自分たちを庇護してくれる場合と、供養不足の祟を恐れる場合があるが、どちらにせよそこには東村の言うように、[8]「救いの構造」があるのみで、狐や犬神などの憑き物落としをしなければならないような、他者からの攻撃的感情（ねたみ、うらみ）に晒されているという意識はない。[9]症例3、4のように困難な現状からの脱出・救済願望や、症例1、2のように（はた目には何不自由ない生活であっても）現状維持と折あらばもっと満たされたいという欲望、つまり将来に対する先取り的不安からの救済願望など、基本的には個人的、現実的レベルでの病・貧・苦からの解放欲求である。とは言っても一般的に病・貧・苦はあくまで主観的なものである。没個性的で、ほとんどが中流意識をもつ都会人にあっては、それは隣人との比較において、せめて同程度でありたいという願望の下で現実性を帯びている。

なおこれらの例は、表1および表1の脚注に示したとおり狭義のシャーマンとの接触は無いか、もしくは決して密ではなく、孤発的な憑依に近いことを付言しておく。

Ⅲ 考察

現代都市にあって憑依症候群が減少するという予測にもかかわらず、前掲の稲村や柏瀬の他いくつかの報告に見る如く、未だに憑依は都市においてもアクチュアルな問題を含んでいるといっていい。[3、6、33]これらの報告者は都市に憑依が残存していたことに、一様に驚きを言明しているが、それは脱呪術化が宗教改革の洗礼をうけて、構造化された都市の中で行われた西洋と、[25]日本の精神風土の差異を無視した論議に思える。したがって都市での憑依現象を語るなら、日本人の歴史的宗教性と、巨大な村落にすぎないといわれ、他方、巨大テクノポリスと称される日本の都市の中の日本人の宗教的なあり方を問題にしなければならないことになる。

現代日本人の宗教観

一般に日本人は宗教心の薄い国民であるといわれている。それを裏書きするような資料を表2に掲げた。これは青少年に限らず、某紙の調査(34)でも一般人口の三三・六％のみが宗教を信じると答えており、宗教に対する額面上の関心の薄さととれる。しかし日本人の七割が年に一、二回は墓参りをし、八千万人以上が初もうでに行くなどの広義の宗教行動までを含めると、全人口の九割以上がなんらかの宗教行為をしていることは、この種の調査の一致した結果である。また本論とも密接な関わりをもつ、神・霊魂・死後の世界といった超越的なものに対する態度、いわゆる神秘的体験は図1に示すとおり、虫の知らせを筆頭に死者の霊に関係するものが上位を占めている。これは日本人の宗教観に祖霊信仰が強く影響しているためである。神秘的体験を完全に否定した者が三割にとどまるのも注目に価する。さらに奇跡や占い、お守りやおふだを信じ、またそれを身につけている人など、いわゆる現世利益的行動を行う人も多い。この傾向は若い世代に著しく、増加傾向にあるらしい（図2）。確かにこれらは真の宗教ではないが、これらを含めて広義の宗教と考えるならば、広義から狭義（真）をのぞいた周辺部分《マージナル》が、どんなメカニズムで現代において受容されているのかこそが、病理性との関連で問題になると言えよう。加藤(17)が、社会病理現象という側面から宗教的行動をとらえるとき、「実はこれらの宗教的行動が真の宗教から、かけ離れているという事実を無視できない」というのは、このへんの事情を含意していると思われる。ただし真の宗教からかけ離れたマージナルな宗教性は、多くの日本人がもっているとはいうものの、彼ら自身にとってもその宗教はマージナルに位置しているのであろう。たとえば症例1、2の場合、父母の供養は先祖代々の一仏教宗派で営まれ、子供の結婚式は一般的な神式で行なうなど、重要な儀式には、この姉妹の尊敬する教祖は関与してない。欧米圏ではこういった宗教の使いわけということは起こりにくく、そこには日本の宗教の特殊性があると思われる。それでは、この特殊性が生じたいきさつを歴史的にふり返り、解決の糸口にしたいと思う。

表2　信仰をもたない青少年（18〜24歳）の割合

0〜10％	西ドイツ、スイス、インド、フィリピン
10〜20％	アメリカ、イギリス、ブラジル
20〜40％	フランス、オーストラリア

日本……70.9％　　（総理府統計局、昭和53年7月）

歴史的宗教観（図3）

日本人の歴史を語る場合、紀元前三世紀に渡来した稲作を見落とすことはできない[14]。ここでは次の二点に注目したい。稲作民族にとって天然現象は死活問題であるが、自然を自らの力では制御できない。ここでは遊牧民のような積極性を失わざるを得ず、自らは動かずして霊験あらたかなる外の力に頼ろうとする消極性が生まれるが、生産性をもっていたため未開社会のように単純なアニミズムに陥ることなく、逆に自然への支配力を呪術的なものを借りて人間側がもつ、というしたたかさをもっていた。その心情が国家的規模にまで浸透していったことは、

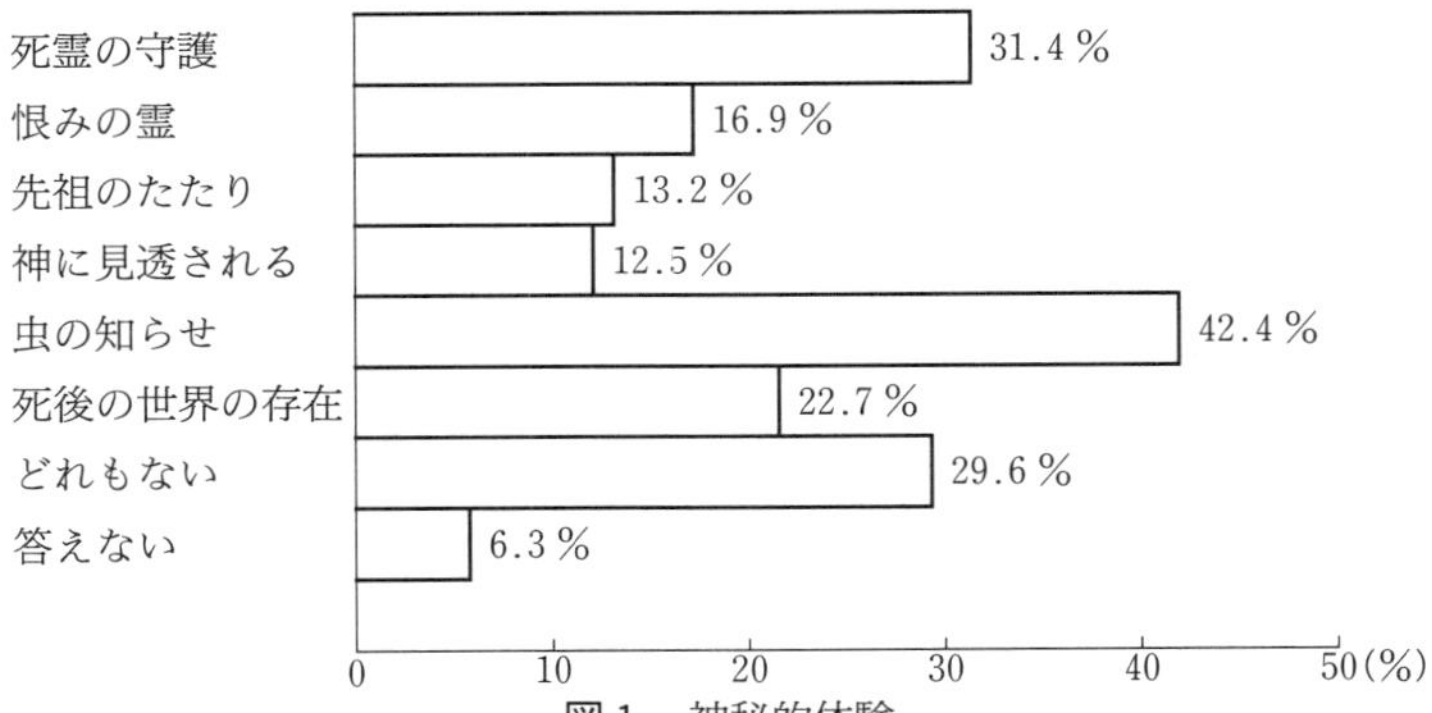

図1　神秘的体験
「80年代意識」調査、読売新聞、昭和54年8月

神風信仰などの歴史的事実が示している。

稲作は定住と共同労働を伴う。農耕生活は家族全員が整然と家長の判断に従い、播種から収穫までの一連の労働をすることを必要とした。いわゆるイエの発生である。イエは生活・労働における基本単位であり、そこから離れることは死すら意味する異例なことであった。血縁、地縁によって強く結ばれた人々は、家長に特別な権力を与えずにはおかなかったし、(23) 家長は親心をもって未来永劫の子孫までをも日々想い、死しては守護霊としての役割を与えられるに到った。症例4において、困難な状況にある患者を無条件に見守ってくれたのは祖父霊であったが、このような事情を抜きにしては語れないであろう。

さらにイエとイエは祖霊崇拝の共同神としての氏神を軸にムラを形成し、ムラは「ケ」としての共同労働をする場であり、「ハレ」としての共同祭祀を行なう場となった。祭や神事は、共同の利益を獲得し（次の獲得をめざして豊作を）祝う、という目的性格を与えられ、人々は自らの信仰をそれに同一化することで精神的「村八分」をのがれたし、イエやムラの保護の下では個人の内面の問題を意識する必要に迫られず、その必要のある場合は家出や隠遁を余儀なくされた。こうして宗教は生きるための現実を優先する役割が重要となった。(4) 本来内省的で、人間存在を生死の際《きわ》から追求し、脱呪術化をめざしたはずの仏教も、このような大衆の心情と何の相克もなくとり込まれ、巧みに換骨奪胎してしまうヴァイタリティーを日本風土がもっていたために、多宗教で無宗教と評されるほどのシンクレティズム（重層複合的信仰）を形成し、狭義の自己存在を追求する真の宗教性は、知識人や学僧などの知的エリートの占有物となった。(21) 症例1、2のように、場面によって宗教を使いわけていることをみてもわかるとおり、シンクレティズムはある種の民族的ヴァイタリティーの表現であるとも言える。このような、ひたすら生のための宗教観は、親から子へ、さらに孫へと脈々と流れている。現代ではイエやムラは崩壊したように見えるが、風土と化した精神はたとえ核家

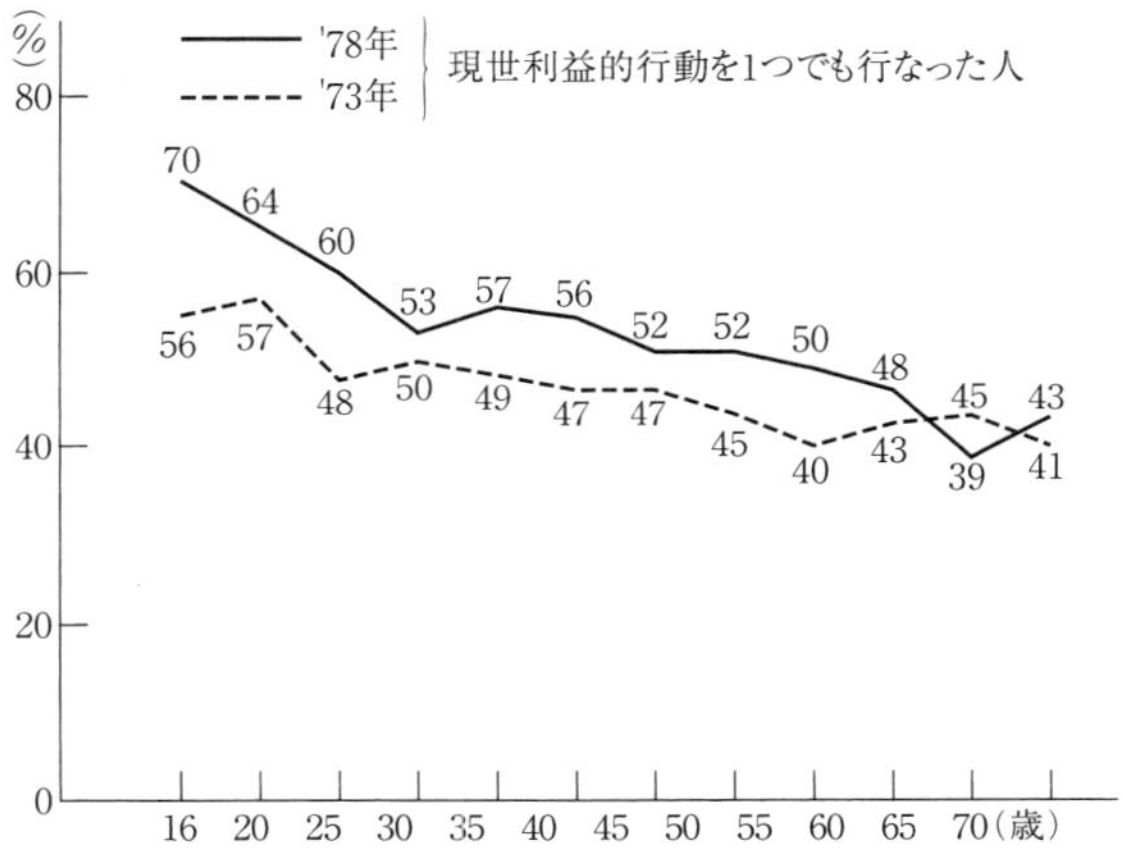

図2　現世利益
NHK「日本人の意識」調査より、昭和53年

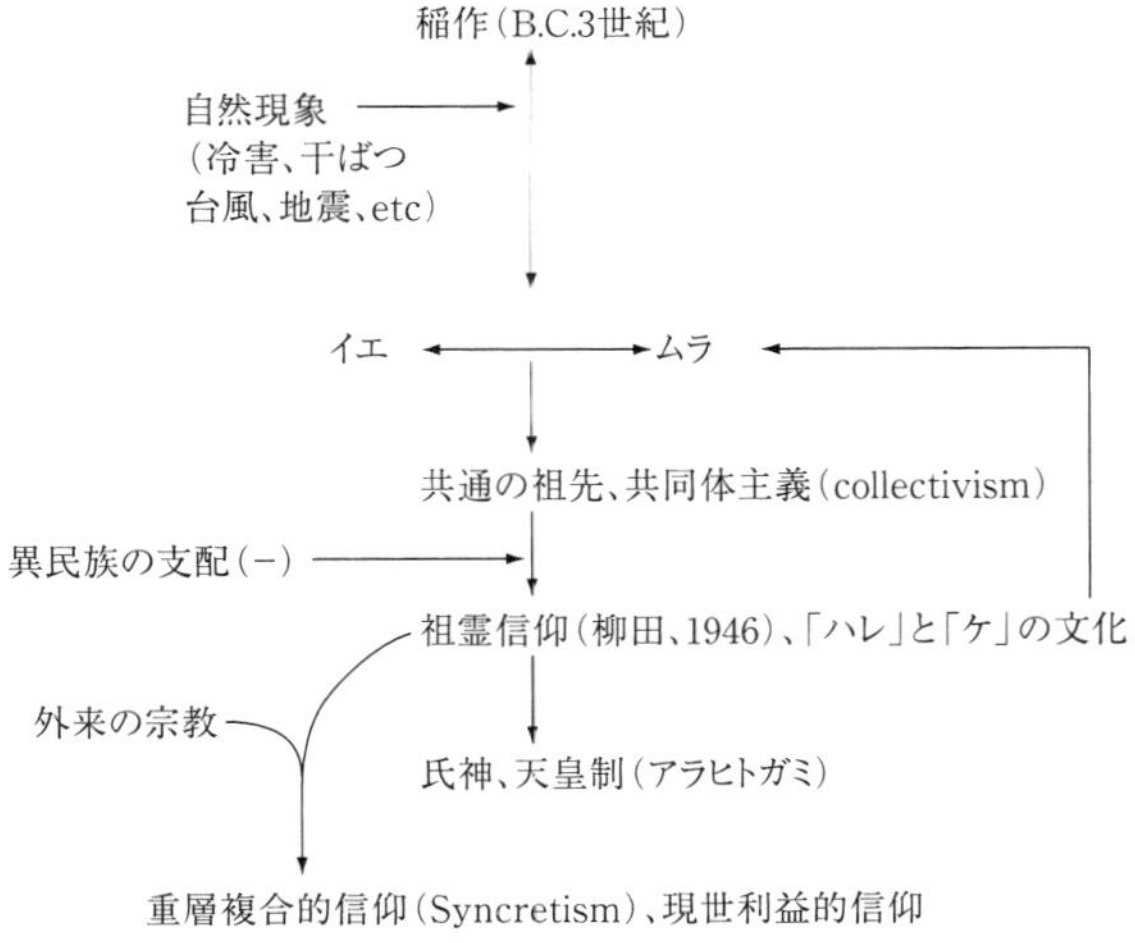

図3　日本の基層文化（精神的風土）

族時代になっても受けつがれる。ただ、そこから共同祭祀的な、かつて自己を同一化し得たようなものは消失し、パーソナルな自己と神仏や祖霊との現世利益的な守護関係のみが、何ら宗教的深まりもなく伝えられるはずである。さて、症例1、4に祖先霊の登場をみた。祖先霊とは症例のまとめで述べたように、基本的には「救いの構造」をもつ。ただし症例にみた救いとは個人が生きてゆくときにいやおうなく生じる現実の葛藤、もしくは先取り的不安からの救いであったのは、以上のような歴史的いきさつに裏づけられているといえる。つまり困難な状況から脱出するよすがとして、祖先霊や神仏を憑依人格としてもち出すことは、この歴史性からも了解できると思われるのである。

都市化の中の宗教性（図4）

我々の症例を検討する際の、もう一つの視点として、彼らのもつ孤立、競争、不安、嫉妬などの、いわば都市的な他人との関係を問題にしてみたい。そこでは協力、調和、ゆとりといった村落的とも言うべき自他関係を見いだせないからである。都市は欲望の結節点であり、この人間の性《さが》に空間的宿命が働いて生まれたのが日本の大都市問題である。(7) 都会人の生活満足度は極めて低い。(1) 日本における都市化とは、過密と急速な核家族化、さらに過剰な物資と相反する土地不足に特徴づけられる。一人が昇進すれば一人ができず、一人が合格すれば一人が落第してしまうため、過密は競争をあおりたてるが、成功は一握りの限られた人にのみもたらされるから、「限定された豊のイメージ」（G・フォスター）の性格を帯びる。一方が勝てば他方が負け、トータルがゼロになる意味では、ゲーム的である。ゲームに予想以上に勝つとき、日本人は、ついていると表現する。古くは、つきもの筋とは農村における急速な成り上がり者に対して与えられた、富者に対する社会からの、超自然現象を借りた制裁でもあったのだが、現代でも同程度の住宅地、団地で並以上の予

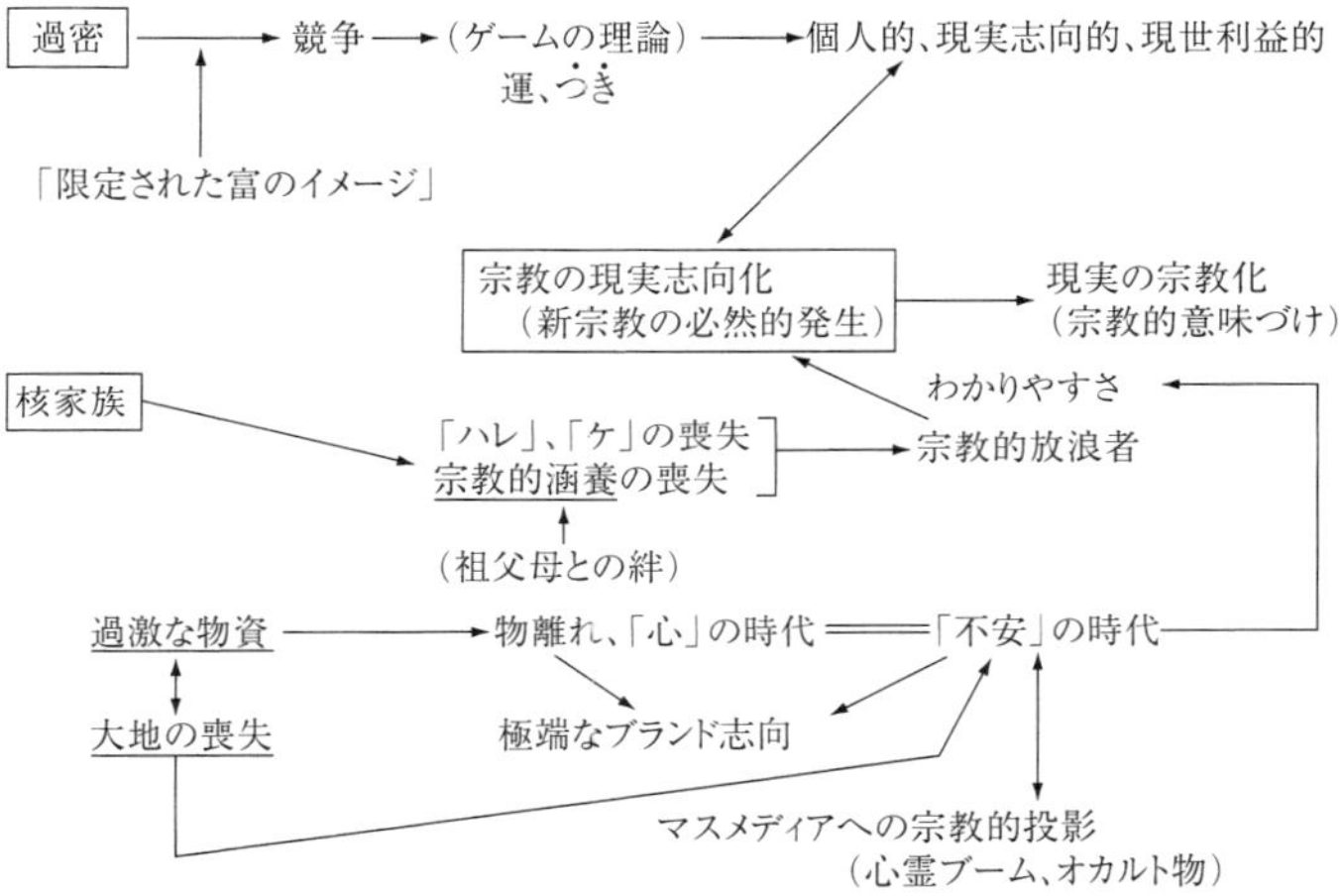

図4　都市化による宗教上の表層文化の動き（日本の場合）

想を超えた出世をし、財産を手に入れた他人に対して、羨望、嫉妬にかられた人々は、何か特別な理由づけをしなければ説明がつかないとき、「いずれにせよ、あいつはついていた」で落着し、自分にもつきが廻ってくることを望む(8)。症例3の商売に関する願望などは、この典型といえよう。つきはもっとよく研究されてよい言葉であるが、神仏にたのむという現世利益的信仰風土の中では、我々の症例のように、人間に恩恵をもたらすタイプの神仏もしくは祖霊が憑くことと、何らかの脈絡があるはずである。

一方、核家族によって祖父母との絆を失うことは、日本においては宗教教育の主な担い手が、お寺参りの余裕のできた老人であったため、幼少時からの宗教的涵養の喪失をもたらす。こうして大量に生まれた宗教的放浪者が、都市の中での個人的、現世利益的な傾向に支えられて、病・貧・苦の解放を仮りに宗教に求めれば、我々の症例の如く、即席的に現実志向的な宗教が応えてくれる。いわゆる新宗教なども突然あらわれたのではなく、日本の精神風土と都市化による当然の帰結であった。新宗教教団の多くが都市において活動を展開し、教団人は日常生活に行きづまりの少ない最上層や、どん底生活をしている最下層に少なく、自己の現状を守るのに汲々としている新中間層に多い事実は、これを物語っている。現実志向性の強い新宗教をも含めた、周辺部分《マージナル》の宗教性は、このように受容されつづけ、辺地ではなく、都市において一層、顕著であるとも言える。

最後に

呈示した四例は、救済願望に基づいて、現実場面での宗教による解放を求め、それ故、「人に恩恵を与えるタイプ」の憑依現象を起こした。このような方向性から考えると、文明の発達と並行して憑依は減少するであろうという予測には、再考の余地がある。久場[19]らの言う文化結合症候群の理論は、実際、事例性概念から見た疾患という点で画期的だが、反面、シャーマニズムと現代文化を対立的にとらえたときに、明確に成立する作業仮説であり、手続き上問題が残る。文化はA→Bへと変遷するよりもA＋Bと重層化してくるものであり、表層文化は基層文化にある程度、規定される。だから宇宙ロケットの打ち上げに、神主が清めの儀式をするということが起きるのである。シャーマン文化と現代文化は決して対立する異文化ではなく、同居しても何ら不思議でないことを証明しているのが、日本の都市である。ヨーロッパで憑依が消滅しかかっているとすれば、現代文化によるのではなく、内外の要請から脱呪術化を推し進めなければならなかったキリスト教文化の影響であったとも考えられる（たとえば魔女が宗教改革とともに消えた事実など）。このあたりを混同すると、憑依現象の社会病理的解明は偏向するであろう。

一般に憑依の成立には、シャーマニズム[20]の存在が必須の前提とされているが、我々の症例がほとんど孤発的に発生した事実を考え合わせると、宮本の言う如くシャーマニズムは憑依が宗教的に様式化されてでき上ったものと考えるのが妥当なようである。憑依は大局的にみれば人間が原初的にもつ一つの存在様式としか言いようがないが、日本では神仏や祖霊が、現世利益的信仰やシンクレティズム、つき概念を介して、我々の症例のように都市生活をする生身の人間とも断裂せず、自己の内側に棲みながらも、一方神仏という名が示す如く、自己以外の他者のイメージをもつために、自己の中にある他者との相克において、憑依が多く見られると思われる。以上見てきたように都市の中の憑依現象は、シャーマン的心性と現代文化とが、矛盾なく同居しているという事実を示すものであり、かつその二つの文化は同次元で対立的に語るべきではなく、そこに重層的な日本人の精神構造を垣間見ることができる。

Ⅳ　まとめ

現代文化の渦中（都市）に起った憑依を四例報告した。憑依したものは、人に恩恵を与えるタイプと考えられている祖霊や神仏などであり、発生機序は個人的、現世利益的救済願望によると思われた。それは日本人の生活史から、また都市生活の特殊な状況からみて理解できると思われた。

（注）小松[18]は「民俗学は表面的に異なってみえる現象をことごとく独立したタイプのものとみなし、その背後にひそむ共通性に注意を配ることを怠ってきた」という。私もこの意見に大いに賛意を表するが、石塚らの手法がもつ有用性も無視できない。

文献

（1）新井久爾夫「世論調査からみた日本人の意識の地域性」『新・県別キャラクター』所収、朝日新聞社、東京、一九八三年。

(2) Bozzuto, J. C.: Cinematic neurosis following. "The exorcist" J. Nev. Ment. Disease, 161; 43, 1975.
(3) 大宮司信、田中哲「憑依状態の臨床」臨床精神医学、8、一〇〇九頁、一九七九年。
(4) 藤井正雄「現世利益」『日本人の宗教II』所収、佼成出版、東京、一九七二年。
(5) 藤森英之「精神分裂病における妄想主題の時代的変遷について」精神経誌、80、六六九頁、一九七八年。
(6) 藤田千尋「迷信と妄想」臨床精神医学、5、九八一頁、一九七六年。
(7) 服部銈二郎「もう一つの大都市観」『明日の都市 第19巻』所収、中央法規出版、東京、一九八一年。
(8) 東村輝彦「精神症状のなかにみられる祖霊信仰について」社会精神医学、4、三四九頁、一九八一年。
(9) 稲田浩、藤原通済「伊予の犬神・蛇憑きについての精神病理学的研究」精神医学、21、九七一頁、一九七九年。
(10) 稲村博「感応精神病による一家心中の一例」Act. crim. Japon、39、一四二頁、一九七三年。
(11) 石井厚、福田一彦「精神分裂病性症状の変遷」精神経誌、82、四七四頁、一九八〇年。
(12) 石川元「「真光教」の体験的理解」臨床精神医学、8、一〇五三頁、一九七九年。
(13) 石塚尊俊「日本の憑きもの―俗信は今も生きている」未来社、東京、一九七二年。
(14) 伊藤芳枝「宗教と価値体系」『日本社会の基礎構造』所収、アカデミア出版会、京都、一九八〇年。
(15) 門脇真枝「狐憑病新論」東京博文館、一九〇二年。復刻版、精神医学神経学古典刊行会、東京、一九七三年。
(16) 柏瀬宏隆「感応精神病に関する臨床的研究」慶応医学、56、二四九頁、一九七九年。
(17) 加藤正明「宗教と社会精神医学」社会精神医学、3、三頁、一九八〇年。
(18) 小松和彦「つきもの」『日本人の宗教I』所収、佼成出版、東京、一九七二年。
(19) 久場政博「憑依症候群の精神病理学的ならびに社会文化精神医学的研究」精神経誌、75、一六九頁、一九七三年。
(20) 宮本忠雄「憑依状態――比較文化精神医学の視点から――」臨床精神医学、8、九九九頁、一九七九年。
(21) 村上泰亮、公文俊平、佐藤誠三郎「文明としてのイエ社会」中央公論社、東京、一九七九年。
(22) 中井久夫「分裂病の発病過程とその転導」『分裂病の精神病理3』所収、東大出版会、東京、一九七四年。
(23) 中根千枝「タテ社会の人間関係」講談社、東京、一九六七年。
(24) 西村康「状況における分裂病と憑依性精神病」『分裂病の精神病理7』所収、東大出版会、東京、一九七八年。

(25) 佐木秋夫「新興宗教の教祖たち」臨床精神医学、5、一〇〇一頁、一九七六年。
(26) 佐々木宏幹「シャーマニズム――エクスタシーと憑霊の文化――」中央公論社、東京、一九八〇年。
(27) 佐々木雄司「宗教と精神科医療」精神医学大系5C、中山書店、東京、一九七七年。
(28) 柴田洋子「妄想の環境分析」精神経誌、61、九四一頁、一九五九年。
(29) 高橋紳吾、柴田洋子「憑依感応型精神病における当事者間地位とその逆転現象」東邦医誌、30、一三二頁、一九八三年。
(30) Yap, P. M. : The possession syndrome—A comparison of Hong Kong and French finding. J. Ment. Sci., 106 ; 114, 1960.
(31) Whitewell, F. D. : "Possession" in psychiatric patients in Britain. Brit. J. Med. Psychol., 53 ; 287, 1980.
(32) 吉野雅博「感応精神病と祈禱性精神病」精神医学大系6B、中山書店、東京、一九七八年。
(33) 吉野雅博「憑依と信仰儀礼――祈禱性精神病から――」臨床精神医学、8、一〇一五頁、一九七九年。
(34) 読売新聞社、昭和五四年八月二〇日朝刊。

仲村永徳

沖縄の憑依現象

――カミダーリィとイチジャマの臨床事例から――

はじめに

精神科臨床で憑依現象を見ることは珍しくない。憑依状態の基礎疾患は、心因反応、祈禱性精神病、非定型精神病、精神分裂病など心因性疾患から内因性精神病に至るまで精神障害のすべてにわたって広範囲に発生しうるが、その表現形態は文化によっても大きな影響を受け、日本各地で様々な憑依現象が報告されてきた。文化人類学から精神病理現象にわたる多面的な憑依現象を臨床事例を通して検討してみた。以下は多分に、私見を交えた沖縄からの報告である。

私の出会った二臨床事例

〈事例1〉 K、五四歳、主婦。

両親離婚。父のカミダーリィ。父再婚。弟妹や家畜の世話、中学中退、家出、女中奉公と苦労をし、二二歳の時結婚。挙子四人。
一九六四（昭和三九）年、姑死亡後、家庭のことでユタに行くようになる。「祖先は尚家と関係があり、姑がするべきであった拝み事が何百年も貯まっている」とユタに言われた。夫の病気を治すため次第に拝み事やユタに熱中する。一九八〇年一月交通事故の後遺症に悩む。系図を集める。一九八二年一月、近くの寺の火災後、魔除けに塩を持ち歩く。一九八四年一月体調不良。祖先が乗り移ったといい「日蓮、キリスト教は祖先の拝みを放置し、土地を売り財産を食べ、遺骨は博物館に預けてしまった。詫びを入れなさい」と大声で言いながら歩き回る。その後ビルの工事現場、拝所、寺、教育委員会、法務省、福祉事務所などに押し掛け大声を出し激しく抗議するためパトカーに保護される。「自分は尚真王の妻、王妃、聞得大君だ」「琉球王が言わせる」「新しく沖縄の村、国作りをする。大和世にだまされ、アメリカ世では女が辱められ、祖先が汚されている。寺を再建しろ」「自分のルーツをたどらないと子供が精神病になる。拝み間違うと子々孫々までたたる」という。三回の入院は、ハロペリドール25㎎注で一週間以内に病状軽快退院となる。皇室関係の人の来訪や大相撲、物産展など本土からの大きな催しがあったり、墓、寺のニュースがあると挿話的に悪化する。

〈事例2〉 M、六〇歳、男性。
一九五六（昭和三一）年、一九歳時、「大変だ。戦車が来て自分を轢き殺す」と言って泣き出し不穏、不眠があり、人や車を怖がる。発症時母と共にユタに通い、方々拝み歩く。精神科に通院し小康状態となる。一九六七年、閉居し寡黙的で不眠となり、生活も不規則になった。一九六七年、継祖母が部落内で「Mを雇うな」と言いふらしたと思い込み、首を締め死亡させた。Mは、「何も悪いことはしてない。継祖母はずっと以前から〝イチジャマ（生霊）〟し、胸や頭を痛めて邪魔をしている」という。一九六八年九月〜一九七〇年一一月措置入院。その後、一九七八年一月、四回目の入院。寡黙、拒薬、洗浄強迫、他患が自分をにらむと被害妄想あり、激しく水を流すので他患とのトラブルが絶えない。フルフェナジン25㎎注を使用。著明に改善し、一九八七年六月、積極的に自分の体験を訴えるようになった。「考えごとをすると体が震え、苦しいので話を聞いてほしい」と言う。看護者に聞いてもらえない時は一日の大半を手洗いに費やした。一九九二年、「〝イチジャマ〟のために右側腹部が突っ張って苦しい、手も切れるように痛い。オバーは、悪い思いのまま死んだのでイチジャマは治らない」と言う。一九九四年、他患の視線や言動に被害的に反応し、イチジャマでさせられていると文句を言い叩いたりする。職員が忠告すると「あんたは、イチジャマを知らないからこんなことが言える。イチジャマの苦しさは戦車でも持ち上げるくらいきついよ」と戒められた。本人の苦しみを受容して対応しているうちに、イチジャマと闘えるようになり、「イチジャマはなくなれ」と唱えると軽くなると言う。M氏にとってイチジャマとの闘いは、継祖母を殺害した事件と同じ意味を持つことがわかってきた。一九九五年三月、イチジャマの苦痛を持ちながらも、病状は比較的安定し、退院した。

事例のまとめ

事例1は、ユタの指導で自己のシジタダシ（血筋正し）をしているうちに幻聴、同時的憑依状態、被害妄想、誇大妄想、人格変換を呈した。憑依の内容は琉球王、祖先であった。不遇な生活歴があり、伝統文化に過適応することによって自己の苦境を乗り越えようと試み自己救済の物語を作る。島外文化、特にヤマト文化に過敏に反応し容易に憑依状態になる。疾患逃避的、演技的、誇張的でもあった。診断は心因反応。

事例2は、発病時から「イチジャマ（生霊）されている」という体感幻覚、被害妄想を持ち続けている分裂病の患者である。発病時母と共にユタに頻回に行っているがイチジャマの判示が出たかどうかはわからない。継祖母殺しの罪責感は洗浄強迫となり、イチジャマは、今も彼の病的体験の中で、発病時と同様の迫力を持って生き続けている。

沖縄の憑依現象の特徴

〝憑きもの現象〟で、人に憑くものには神、人間の霊（死霊、生霊）、動物、植物などがある。動物と生霊が最も多く、社会文化的背景を忠実に反映するのが動物霊といえる。一般には、単にキツネといわれることが多いが、地方によっては、イズナ、オサキ、トウビョウ、ヒトギツネ、クダ、ヤコなど、特殊な名称で呼ばれることもある。キツネ以外では、我が国ではイヌガミ、ヘビ（トウビョウ）、タヌキ、カッパ、サル、ネコ、カエルなどが散見され、外国では、トラ、ワニ（東南アジア）、ライオン、ハイエナ（アフリカ）、ジャガー（中南米）などが知られている。

沖縄、宮古、八重山諸島においては、動物から人への化身はあるが、動物霊の憑依はみられない。我が国の憑依動物の中心であるキツネは生存しないしタヌキもいない。しかし、その他の動物は生存しているので、動物憑依が皆無に等しいのは何か文化的な意味があるのだろうか。この点について田頭[11]は、「動物霊の憑依や『タタリ』が因果応報的に『狂い』の因となるということがないことが、沖縄シャーマニズムの特徴である」とその事実を述べている。文化人類学的にも臨床的にも動物憑依の報告はない。沖縄で生まれ育った筆者が古老からの聞き取りをし、長年沖縄で仕事をしている同僚の精神科医に聴いても報告はない。ユタの判示による憑きものや精神科臨床での患者の訴える体験内容はほどんどカミ、祖霊、死霊などで占められている。筆者の調査[6]によると外来患者へのユタの判示の七五％は祖先にまつわる問題であった。これらの中には、カミダーリィと判断されるものが三割ほど含まれている。

しているが、「神崇り」と訳されていることが多いが、「神垂り」、「神憑り」などと表記している報告もある。

1 カミダーリィ

カミダーリィとは、一般的に「神祟り」と訳されていることが多いが、「神垂り」、「神憑り」などと表記している報告もある。

カミダーリィについては、文化人類学的な研究が多く、巫者のイニシエーションの病、巫病として特に関心を集めており、ユタになる前の神がかり状態である。

精神医学領域からのカミダーリィの報告も多い[4、6、7、10、12]。典型的な症状は巫病においてみられる。カミダーリィになる人は生まれつき霊能的資質を有するサーダカウマリ（精高生まれ）と言われる。そのサーダカウマリの人が人生の苦難の中で不眠、頭痛、焦燥、胸内苦悶、四肢のしびれなどの身体的不定愁訴を伴う急性幻覚妄想状態で精神錯乱や人格変換を呈し、これらが〝カミ〟などの超自然的存在と関係があると判断される場合を言う。カミダーリィの判断は、最終的にはそれを体験したユタによってなされるが、その判断の第一条件は、依頼者がいかにユタに熱中するかのユタ信仰の強さに依存しているように思われる。そのために、広義の判断がなされることが多く、巫病などの狭義の意味と、精神疾患も含めて社会文化的に広く無限定に使用される場合と二つに分かれる。

2 イチジャマ

カミダーリィと並んで沖縄の憑依現象として知られているものに〝イチジャマ〟がある。佐喜間[9]によるとイチジャマとは、「生邪魔」で生霊のことであるという。イチジャマをやる人もまたイチジャマと言い、一種の呪術者で、他人に取り憑いてこれを病気にする能力の所有者と信じられる。人に憑くばかりでなく、牛、馬、豚などの家畜にも取り憑くことがあると信じられ、憑いているかどうかはユタやヤブー（鍼灸者）がみればすぐわかり、脈の打ち方が普通の病気と違うほか、いろいろの徴候があるという。イチジャマには系統があると信じられ、イチジャマ性が遺伝すると信じられていた。美人好男子が多かったらしいが、イチジャマ系に属する人は婚姻にも障害を受け、「サニ（種）を悪くする」と言われた。人に取り憑くにはいろいろの方法があるが、イチジャマは〝イチジャマブトキイ〟（イチジャマ仏。ちょうど Fetish に相当する）と称するものを持っていて、ある人をやます（病ます、イチジャマを行う）にはそれに祈ればよいと言う。イチジャマ仏は一向宗の仏だという話もある。イチジャマを治すにもいろいろの方法があり、憑かれた病人の前で憑いている者の悪口をウンと言うと、憑いている者は病人から出ていくと信じられていた。また、憑いている者の家の軒に釘を打ち込むとか、その家の水がめの中に芭蕉の葉に包んだ糞を投げ込むと、病が治ると言う。ユタに祓霊儀礼を依頼することもあった。

以上のように、動物憑依がないこと、イチジャマがかつてはあったが今はないこと、カミダーリィが今も活発であることが、沖縄の憑依現象の特徴と思われる。

考察

1　沖縄社会と憑依現象

事例1は、ユタによってカミダーリィと判断され、憑依状態も有し巫病に近く、狭義のカミダーリィに属すると思われる。一時期ユタを目指していたこともあるが、ユタになれない。疾病逃避的な性格傾向もその大きな一因であろう。

事例2は、イチジャマに憑かれているという被害妄想を強く訴える珍しい事例である。Mが発病した一九五七年から一九六〇年代後半にかけて沖縄の現地調査をしていた Lebra(5) は、「昔から妖術を使うことを自認した者はなく、妖術を使うと非難されている人を二例見つけたが、その二人ともユタであった。妖術使いの性格的特徴は、むら気、非社交的、嫉妬深い、欲ばりなどといったようなことで、これらの特徴は沖縄の理想的人格像とは明確にかけ離れている。昔は妖術の疑いをかけられた者は、村八分にされ、火事などの場合でも誰も助ける者がなく、相互援助を目的とする協同労働『結い』からも除外され、イチジャマではないかとの疑いをかけられるということ自体が社会統制の一要素となっていて、妖術の実例はむしろ少なかったのではないか」と指摘している。

沖縄の伝統的な社会[1、3]は、シマと呼ばれる村落共同体であった。シマは、「島」を意味するだけでなく、村落をも意味していた。村落としてのシマは、社会的にも宗教的にも自己完結的な単位で、内婚率の極めて高い、自立的、閉鎖的な社会を形成していた。数十戸からなる小さな集落でも、独自の祭祀行事を持ち、はるかなる地平線のかなたから神々を迎えたり、村落の出入り口に呪力を持った縄を張って、外界からの悪疫や魔物を閉め出そうとしたりして、地縁・血縁の紐帯で結束していた。これらの村落には必ずウタキ（御嶽）と呼ばれる中心的な聖域があり、小宇宙を形成していた。共同体社会では人々が肩を寄せ合い、支え合う社会であるから、ユイマール（互いに手を貸し合う共同作業）やユーレー（頼母子講）などを通じて、人々の結び付きは固く、したがって落伍者や仲間はずれの出にくい社会であるが、他方自己を主張したり、他人と競い合ったりすることのない、また、他人を批判したり責任を追及したりすることのない社会でもある。このような社会では、他者を呪詛するイチジャマのような人は極めて生きにくく、例外的なものであったことが考えられ、閉鎖的な村落社会の団結を強める社会統制的な一側面を担っていたのではなかろうか。戦後、村落共同体の崩壊と共に人々の往来が活発になり、イチジャマも消滅していったと考えられる。

事例2は、継祖母と仲が悪かったようで、そのような恨みの感情がイチジャマの対象として継祖母を選んだと考えられ、長い入院生活によりイチジャマの病的体験が、社会と隔離された形で現在まで長く続いたと思われる。彼が発病した一九六〇年代の沖縄には、イチジャマはまだ残っていたようだが、現在は全く消滅している。

2 カミダーリィ

ところで、先に記したカミダーリィであるが、「神祟り」と表記されることが多い。神が祟るという一側面は、日本の神と人の関係では無視できない一側面であろうが、ターリィには「祟る」という言葉で一元的に表現できない内容があるように思われる。「祟る」には、因果応報的な意味があるが、沖縄では、仏教が十分根づかなかったため、このような思考法がなじまないように思われる。日本の歴史の中では、平安時代の早期から菅原道真の怨霊の伝説などがあるが、沖縄においては、わずかに琉球王朝、尚敬王の代（一八一七〜一九一六）「黒金座主《くろかねざす》」の怨念の物語がある程度である。薩摩の侵略後の琉球では、キリスト教や仏教に対する統制が厳しく、仏教の教義は民衆の間に伝わらず、葬式仏教という形をとってきた。浄土宗門徒に対するニンブチャー（念仏者）としての差別的扱いや「黒金座主」の物語も、このような歴史的背景での仏教に対する民衆の屈折した反応ではなかったかと思われる。そういうことで沖縄社会は外来宗教の伝来にもかかわらず、祖先とつながりの深い御嶽を中心とした伝統的な宗教文化を守り続けてきたといえよう。神と人の関係では、人々は〝腰あて〟として御嶽の神々を頼りとし、神々は人々を愛護し支配する相互信頼的な関係ではなかったかと考えられる。

カミダーリィの「ダーリィ」の類義語としてムタリーン（もたれかかる）、ダリーン（だらりとなる）などがある。ユタによるカミダーリィの時の身体症状や憑依症状は普通「しらし」（報せ）として表現され、「祟り」とは言わない。カミが神意を伝えるために接近し、もたれかかり、乗り移るプロセスを表現しているのではないかと思われる。大宮司[2]は、「憑依」という日本語は、言葉自体は、「〜によりかかる」、「〜をよりどころとする」という意味であるが、憑依の実体としては「付いて居すわる」であるという。これは筆者の述べたことと軌を一にするものである。したがって、カミダーリィは、「神祟り」よりも「神垂り」と表記したほうが良いのではないかと考える。

3 動物憑依欠落の背景

次に、沖縄において動物憑依がない点についてであるが、集団的表象、民間信仰として、狐が憑くと信じている社会に狐憑き現象が発生するとするなら、沖縄地方では、〝イチジャマ〟の俗信が、かつてはあったが、動物が憑くという俗信はなかったので、動物憑依はないと一言で言えるだろう。小田[8]は、「中世の『ものつき』『ものぐるい』から近世の『乱心』『気違い』への用語の変遷は、鬼神論的、神秘主義的な中世の世界観から脱皮し、日本近世において人々が、日常的レベルで、合理的、世俗的な対象のつかみ方をするに至っていることを示しており、民衆の信仰がすでに世俗化、現世化という形であらわれている」と指摘している。沖縄の歴史は、日本本土と違い、近世の封建体制を十分に経過しなかったため、民衆の意識は、あくまで家族、村落の構成員としての個人であり、個としての主体性が十分に確立されてこなかったのではないかと思われる。したがって、近世の合理的、現実的視点の訓練が十分になされず、現在も中世の鬼神論的なシャーマニズム的なものの見方が根強く、精神障害に対しても、カミダーリィととらえる、古き良きものを残している反面、古いもの、後れているものをも引きずっているといえよう。御嶽信仰、祖霊信仰を通して祖先との結び付きが強いことと、近世における信仰の世俗化、現世化が起こらなかったために、身近な零落した、即物的なニュアンスの強い動物憑依が生じなかったのではないかと推測される。

まとめ

沖縄、宮古、八重山諸島の憑き物、憑依現象について二事例を通して報告した。一例は、ユタとかかわりの強い憑依症状を呈した〝カミダーリィ〟であり、一例は〝イチジャマ〟事例である。これらの憑依症候群についてその文化的な背景を考察し、動物憑依が沖縄地方に存在しないことについても若干の考察を加えた。

文献

(1) 東江康治「沖縄の家庭と家族」『精神衛生』第40号、沖縄県精神衛生協会、一九九一年
(2) 大宮司信『憑依の精神病理』星和書店、一九九三年
(3) 比嘉政夫「沖縄の村落における呪術・宗教的世界」佐々木雄司編『沖縄の文化と精神衛生』弘文堂、一九八四年
(4) 久場政博「フリドウブルとカンブリ」荻野恒一編『文化と精神病理』弘文堂、一九七八年
(5) Lebra, W. P.: Okinawan Religion（崎原貢、崎原正子訳『沖縄の宗教と社会構造』弘文堂、原書一九六六年刊、日本語版一九七四年）
(6) 仲村永徳「精神科臨床と沖縄シャーマニズム」東京大学研究科博士論文、一九九二年
(7) 仲村永徳、佐々木雄司「沖縄のユタとカミダーリィ」季刊『AZ』「シャーマニズムの心理学」一九九四年夏号
(8) 小田晋「日本文化史における狂気の概念と実態」『分裂病の精神病理4』東京大学出版会、一九七七年
(9) 佐喜間興英「古琉球の憑物と巫祝」喜田貞吉編『憑物』宝文館出版、一九七五年
(10) 佐々木雄司、高石利博「ある離島の一家に多発した〝憑依〟—沖縄におけるカミダーリィ序説」『臨床精神医学』8、一〇四七—一〇五二頁、一九七九年
(11) 田頭政三郎「沖縄における比較文化精神医学的研究」『神戸大学医学部紀要』第40巻第1号、一九七九年五月
(12) 吉永真理、佐々木雄司「Culture—bound syndrome 研究の論点と今後の課題—沖縄地方のカミダーリィの検討を通

して」『精神科治療学』8、一三四五—一三五二頁、一九九三年

V　憑きものの民俗誌

桂井和雄

七人みさきに就て

——土佐の資料を中心として——

資料報告に就て

本題の資料採集に当って、文書及び踏査に於て用いた質問要項の概要は次の如きものである。即ち、

（一）七人みさきにはどんな時にどんな場所で行逢うものとされていますか。

（二）七人みさきに行逢う時季は、一年中でどう言う時季が多いとされていますか。

（三）七人みさきに、行逢うのになにか水と関係した事はありませんか。

（四）七人みさきに取憑かれる特定の場所がありますか。

（五）七人みさきに取憑かれるとどんな状態になりますか。

（六）七人みさきに取憑かれたら何か呪禁がありますか。若し呪禁がありましたら呪禁う人や方法等に就て詳しくお知らせ下さい。

（七）七人みさきの起りに就て何か伝説がありますか。

（八）七人みさきを祀ったものがありませんか。ありましたらその祀り方や、社祠乃至はその禁忌されている地域に就いてお知らせ下さい。
（九）現在言われている黄疸疫、土佐熱、秋熱、七日熱等と同じであると言うような考え方或はそれと同じ病状を起す事はありませんか。医者にかかりますか。
（一〇）七人みさきに行逢った珍しい実例や体験談はありはしませんか。
（一一）これに似た怪異で、違った名称のあるものがありはしませんか。
（一二）七人みさきの七の数に関係して何か言われている事はありませんか。
（一三）其の他是に就てお気づきの事をお話し下さい。

かくて文書に依るものは、土佐の農山漁村の三方面に対して約百通を分って配送し、其の結果として後述資料集に於ける一部と、他に此の怪異を言わずとして「イキアイ（或はユキアイ）」「カゼウテ」「カゼフケ」「悪い風にあたる」「悪い風に行逢う」等の類似怪異の資料若干を得たが、約半数は報告の恵投を受けずに終ってしまった。是を思うに此の種の心意伝承の既に廃滅していたか、全く是を聞かざるの結果か、或は又他の理由に拠ったものであったかも知れぬ。

そして又数年来是に就て筆者の踏査して来た農山漁村での感得では、七人みさきの怪異を言う地方は、土佐一国に関する限り或る地帯に限定しているらしき事と、是を伝える地方に於ても既に若い人達の間でも、是が土地の古老の伝えた迷言の一つとして一面恐怖の観念は持ちながらも、強いて一笑に附そうとする迄に、時代は新しい世代の感覚推移の中にある事を知らされた事である。

而して次項所載の資料は其の一部であり、此の種心意の伝播分布を知る上では、決して満足すべきものではないが、将来再検討の参考迄に類例の煩雑重複を敢てしたもので、資料其ノ一は土佐に於けるもの、其ノ二は筆者の採集或は類彙した土佐の国以外の少数の例記である。

資料　其ノ一

（1）安芸郡室戸岬町（漁港）　森岡卓人氏

（一）七人みさきに行逢うのは、舟に乗って居る時又は磯に居る時、天候の悪い日である。

（二）行逢うのは一年中何時でもあると言うが、特に多いのは春秋の彼岸である。仏を祭る時には必ず出逢うとされている。

（三）七人みさきには大抵沖、磯、川等で行逢うものとされているので、水とは縁が深いようである。

（四）取憑かれるに特定の場所は無く、沖で憑かれたとか磯で憑かれたとか言う。

（五）七人みさきに行逢うと体がぞっとするそうで、別に目には見えず、取憑かれたと思うと大熱が出て、如何なる名医にかけても治らぬ、又どんな薬を飲んでも効かぬと言われている。

（六）取憑かれたと思うと先ず医者よりも呪禁がよいと言われ、其の呪禁には送り念仏、神官の祓い、僧侶の祈禱が行われ、其の後に医者にかけるとよいとされている。

送り念仏と言うのは多く老婆が行い、盥に湯を入れて念仏を称え、家の正門から出て川等に行き、其の盥を棄てて後を振返らずに帰宅して出た時とは反対に裏門からはいるものであると言う。若し盥を棄てて帰る時後を振返ると、七人みさきが跟いて来ると言われている。又棄てた盥は誰も是を拾わず、若し拾う者があると憑かれると言い、或は其の盥の傍に来て気味悪がると憑かれる等と言われている。

神官の祓いは、神官、太夫等を呼んで祈ってもらう呪禁である。

僧侶の祈禱には、春秋の彼岸に千枚流しと言う事をなし、地蔵様の御札を千枚流して供養する方法である。

（七）七人みさきは何故起るかと言うと、所謂無縁仏で沖で遭難した者や或は横死した者の亡霊が迷っているもので、其の亡霊達は早く自分の家に帰って、正しい仏になりたいと願っているものとされている。それでそのような死者を出した家では、早く其の亡霊が家に帰れるように前述（六）の千枚流しのような供養をしてやるべきであるとしている。

（八）七人みさきを祀ったものは、室戸岬の突端に水掛地蔵と言うのがあり、多く水難者の霊を慰める為の塔も此処にある。供養の千枚流しも此処で行うものとされている。

（九）一種の熱病で非常に熱が高く、生きている人の事や死んでいる人の事等に就て、盛に譫語を言ったりして始末におえんと言われている。従って先ず呪禁をしてから医師に診てもらう風があり、そうしないと殆んど死亡すると言い、土佐熱、秋熱等と同じものであると言う。

（十二）七人みさきの、七は七つの亡霊が一組になっていて、その中の一つの亡霊が生きている人間に取憑いて、人一人殺すと七つの亡霊の中の頭分が正しい仏になると言われ、其の為に七人みさきは常に人間に取憑こうとして迷っていると言う。

（２）安芸郡室戸町（漁港）　濱田彌芳氏

（一）場所は海とか川、山道、四つ辻等で、多くは夕方行逢う。其の他海で死人の浮いているのを見た時。行水をしていて出逢った老婆もあった。

（二）季節は夏に多く冬はあまりない様である。

（三）大体水に関係している事が多い様である。私の郷里（安芸郡羽根村）では、川みさきと言って、三人で川へ行くとよく取憑かれるから行かれんと、子供の時分に言われた。

（四）室戸では浜辺とか防波堤の突端。私の郷里ではおミサキ様と言うのを祀ってあるが、そんな処は昔から忌まれていた処らしい。

（五）　七人みさきに真正面よりぶツかると即死すると言う。大抵は今迄何ともなかったのが、急に悪寒がして熱が出ると言う。そうしてその熱が中々下らない。一週間程もかかるそうである。中には熱のさしひきが大変ひどいと言う人もある。

（六）　山とか川へ行っていて、急にわけの判らぬ熱が出た時は大抵七人みさきに出逢っていると言うが、そうした場合には坊さんか太夫さんに祈ってもらいお札を戴いて貼る。それでも治らぬ時は送ってもらう。その方法は、バケツに水を入れ、線香、花枝、お米等を用意して置いて、呪文を唱えながら病人の体をどこもかもぽんぽん叩いては、バケツの中にぱっぱっと払い込み、箒で掃き出して、それを海へ棄てに行く。バケツの水や花枝、米等も海へ投げ込み、線香を焚いて、それが燃えてしまったら戻って来る。

此の他に、小豆と米を辻に持って行って棄て、後を見ずに走って来る方法もあると言う。

（七）　伝説として聞いているものを紹介すると、室戸地方では海とか川へ身を投げて死んだ人の魂だと言うのと、昔諸国へ神様を配った時、残されて禄に離れた神様だと言う説もある。何れも七人が組になっている。

香美郡では、長曾我部の家来だと言っている（祖母の話）。

実家の安芸郡北川村では、山へ働きに来ていた若者七人が、雨の日小屋の中で戯れていて、一番下に敷かれた者の腹側に山刀が刺さって、のいてくれと言ったが、そんな事があるものかと尚も騒いでいる中に、とうとう死んでしまった。そこで他の者も申訳がないので腹を切って死んでしまった。其の墓が最近迄あったが、今は神様にして祀ったので一処へかためた。七人みさきの本家はどうも此の北川村の野川（実家のある部落）ではないかとの父の話である。

（八）祀り方其の他では、別に変った神事はない様であるが、詳しい事は聞いていない。

（九）七日熱とか秋熱はあまり詳しく知らないが、急に熱が出て割合長く続く様で、医者に診てもらってもはっきり判らず、大方の場合効果がないようである。神経のせいだとも言うそうである。

（一〇）私の近所にもうなくなったがお爺さんがありましたが、其の人の若い頃棄てた女の人が尋ねて来た事があり、結局どうにもならんので首を吊って死んでしまったそうです。この女の人の霊がよく妙齢の娘さんに憑きます。

私も十年程昔はまだ若かったので、そう言われた事がありました。元来私は無理のいくことをすると、疲れが出て訳の判らん熱が出るのです。其の時も自分ではそうだと思っていましたが、熱がずいぶんひどく、頭が割れそうに痛いので父母は心配して「祈れくすれ」と色々手当をしてくれました。お医者さんを二人呼びましたが、要領を得ませんでした。一人は腸チフスかも知れんと言いましたが、病名が判らんので薬もくれませんでした。一人は頭痛の癒る注射をしてくれました。丁度其の頃他所から来た人で御祈禱をするお爺さんが居ましたので、祈って貰ったら例の女の人が憑いていました。是はもう大体相場がきまっていましたけれど——祈ってもらっている中に、頭が少し軽うなったような気もしました。やっぱり神経的なところがありますね。二十日程して起きた時、まだふらふらしていたので可成高熱が続いたと思います。夜も昼も冷し通しでした。腸チフスでもなかった様です。祈る文句も其処此処覚えていましたがもう忘れました。何でも始めに大祓の祝詞をあげ、山には山の神、川には水神、氏には氏神があるのに、そんな悪いものを如何して憑かしたか、速かに東コタンの国へ追い払って下さいと言う様なことを言うのです（此項原文の儘）。

（一一）私の郷里では、此の他にリョーゲ（霊怪？）のイキアイと言うのがあって、不時の死を遂げた人の霊が取り憑くと言うのがある。

(3) 安芸郡安田町(海岸町)　小松幸男氏

浜や川で仕事をしていて、急に原因不明の寒気を催して寝ついたりすると、七人みさきにイキ逢うたと言い、(六)　軽い時には家にはいる前に門口に本人を立たしておいて、箕でさびて邪気を祓って入れると治る。重いのは僧侶を呼んで「カタをする」と称して呪禁ってもらう。

(4) 安芸郡和食村(漁村)　宮田竹氏

(一)　七人みさきは、松原や川、海辺で行逢うとされ、さ迷っているものである。
(二)　特に盆の十六日に水浴びをすると、みさきが食いつく等と言っている。
(五)　普通是に憑かれると大へん震いが来て熱を出す、強く憑かれると急死する。
(六)　太夫さんに祈禱してもらって、祓いをしたりお札を流したりすると治ると言われている。
(一二)　七人みさきは不意死をしたとか、首を括って死んだとか、遍路が死んだとか言う者の、祀り手のない七人の霊がわざをするものであると言う。

(5) 香美郡夜須村(海岸村)　有安政子氏

此処では七人みさきと言う事をあまり聞かないが、同様の病気になった時「悪い風にふけた」と言って箕を持ってさびる風がある。

(6) 香美郡野市町(平野町)　田村富美子氏

野市町では、七人みさきに限らず戸外で病気になって帰って来た時には、病人を戸口に外向きに立たしておいて、後から箕で煽いで入れる風がある。そして家にはいる時本人が後を振向くのを禁忌としている。

(7) 香美郡山田町(平野町)　山田文化小史

山田町裏町の川の西の端を北、八ツ口へ行く処(今鉄橋のかかっている処)西分領へ行く道は、遠くまで人家なくさびしかった。日暮れから七人みさきに行逢う事ありと怖れられた（二十七八年頃迄）。

（8）長岡郡田井村（山村）　田村英吉氏

同村伊勢川では、吉野川の支流伊勢川でのナガシ（筏流し）が、川仕事で七人みさきに時々憑かれるのを言う。

同郡天坪村繁藤の穴内川でのナガシの間でも此のような事を言う。

（9）長岡郡大篠村（農村）　松村義正氏

同村明見でも、外出して急に原因不明の病気（大抵発熱する）に罹って帰宅すると、七人みさきにイキ逢うたと言い、自宅にはいる前に門口で箕を持って本人をさびる風がある。箕でさびると罹病者はその翌日全快する。

（10）長岡郡大津村同郡高須村等（農村）　医学博士　下村次男氏

此の地方では、田仕事や子供が水泳ぎ等をして急に寒気を感じて発熱するのをガンドー或は「悪い風にうたれた」等と言い、一種の悪霊が憑いているものと信じているようである。是を祓う呪禁として、闇の夜に病人を背負って部落の淋しい松の木の下等に連れて行き、先に行って待っていた他の一人が、近寄って来たのに向って、不意に伏せてあった龕燈《がんどう》提灯を病人に照らしつけて邪気を祓う風がある。

ガンドーは、高知市及び香長平野ではヌマネツ（沼熱）或はショーキ（沼気？）等とも言い、土佐熱やマラリヤ熱の病状に罹っているものを此のように考えているようである。七人みさきと言うて来る患者もある。

（11）長岡郡介良村（農村）　桑原登美子氏

（一）七人みさきは、川とか道とかで不時に死んで弔う者のない亡霊がさ迷っている中に、同じような亡霊が集って一緒になったものであると言い、（五）七人みさきに真正面で逢うと死ぬと言う事である。普通取憑かれると悪寒がして高熱を出すと言い、（六）　是に憑かれて病気だと思って医者に見せても、大抵は、何処も悪くないと言うので病名をつけないと言う。

（一〇）　隣村十市村の某が、二十年程前帰村の途中で急死した事がある。余りに急で変だと言うので御祈禱をしてもらうと、七人みさきに行逢って取憑かれた為であると言う事であった。

（一三）　是に取憑かれて死亡した時、御祈禱して祓わないと、家族の者が三人死ぬとも言われている。

(12) **長岡郡上倉村（山村）　西内清樹氏**

七人みさきは山でも川でも食いつくと言い、是に取憑かれると異常の熱に冒されたり、一時の精神錯乱を起したりすると言う。

(13) **土佐郡本川村（山村）　山中祐章氏**

昭和十七年五月十七日此の村への採集旅行に於ける聞書に依れば、此の地方では七人みさきとは言わず単にみさきと呼び、頂上から川に連っている山のうねにいるものであるとしていると言う。

(14) **土佐郡土佐山村（山村）**

川で病気に罹って戻るのを七人みさきが憑いたと言い、山ではユキアイ道では道碌神等と言っている。呪禁としては、病気に罹った者を家の入口で外向けにしておいて、箕の上に天照皇太神のお札を載せて煽るとよい等と言っている。

(15) **吾川郡西分村（農村）　中山利彦氏**

（一）　山や川で体の弱っている時や、サンビ（産火）シニビ（死火）等を食べている時に憑かれる。

（二）　行逢うのは一年中一定していない。

（五）　取憑かれると急に熱が出たり腹が痛くなったりするという。

（六）　呪禁には普通太夫さんと二人を迎えて看てもらい、大祓の詞、般若心経、光明真言等を何度も繰返して称えてもらう。称え終ると枕元で一人は祈り一人は幣を持って加持文、七高山大権現、不動剣の文、観音経秘鍵等を錫杖を鳴らしながら称え続ける。すると七人のみさきが病人より幣を持った太夫に乗り移り、その太夫は幣を門外に送り出してみさきを除ける。更にみさきが残っている時には、同様の唱え言を繰返して祓い続ける。

　時には藁で小舟を作り是に五色の御幣を立て、七人みさきを乗せて川に流す風もある。

（七）　七人みさきの起りに就いては、荒神としての同村益井山の木塚明神[1]（吉良大明神とも言う）の祭神、讒に会って憤死した吉良左京進以下七人の霊の恠異が伝説として伝えられている。

（八）　この吉良大明神は霊験最も灼で、当西分村は支那事変以来四年目に一人の戦病死者を出したのみで、今日に至る迄未だ戦死者無く、毎日出征軍人の武運長久を祈願して来村する者が絶えない。今年旧二月二日の例祭には一日中に数千名の参詣者があった。

　昭和十七年四月二日筆者はこの村を訪れたが、路傍の老夫老媼三人を捕えて畦畔での聞書に依れば、中の八十歳の老媼の話に、昔は此の地方でも七人みさきと言う事を言い、田畑で仕事をしていて死病に憑かれたりすると、太夫に看てもらい、ヨリマワシ（巫女、主として専門の老婆であったと言う）に「気にたつ（気に入る）ようにするからいになんせ」。と言って祈りかけると、ヨリマワシがいろいろとしゃべり、後で藁の小舟を作って幣を立てお飯、爪等を入れて海へ流すと治ったものであると言う。

　尚木塚明神は吉良神社と呼ばれて無格社、益井山の小森中に鎮座し、昔より近郷旧七村（西分、東諸木、中ノ谷、芳原、西諸木、仁の村、西畑）の崇敬社として、祭神吉良左京進の切腹憤死した日と伝えている旧二月二日の祭日には、前記旧七村を始め他郡の各村より参詣者多く、東部の百姓達に剣難除けの祠として、田植前のシロつくりに入れる水藻中にある釘其の他の危険物を踏込むことのない呪禁に祈願してゆくものが多いと言う。

(16) 吾川郡神谷村(農村) 杉本晴子氏

(一) 盆の十六日に川や田、芋畠の中で必ず出会うものとされている。

(二) これに憑かれるのは、空気のじめじめした梅雨期が多い。

(三) 山みさき川みさきと区別しているが、水との関係に就ては不明である。

(四) 憑かれる特定の場所と言われている所は、ゴーの瀬の川尻みさき、スエヒロのクズケ淵、高知市江ノ口川の下流、海の近く等である。

(五) 憑かれると熱病になり、譫言を言ったりして放心状態になる。

(六) 呪禁の方法としては、家の入口で箕を持って煽る。

(七) 七人みさきの起りに就ては、吾川郡西分村の木塚明神(前述)を其の本元のように言う。

(九) 同様の病状を呈する事があるが、みさきは医者にかけても駄目で御祈禱をする風がある。

(一〇) 七人みさきの怪異の実例として、仁淀川を隔てて伊野町の子供が、水泳ぎをしていて溺死した事がある。其の日は七月十二日であったが、その直後再び死んだ子供の遊び仲間が溺死した。処が其の子供の葬式に参列して山へ行って見ると、其の墓所が先に死んだ子供の墓と並んだところにあった。

次の年の七月十二日に今度は神谷村の子供が溺死した。遽てて川より引揚げた処へ駆けつけてみると、前年伊野町で最初に死んだ子供の姉が側に来ているので、不思議に思って聞いてみると、溺死した子供の家とは親類で遊びに来ていたとの事で、是は最初の子供のみさきが引張っているのだと言う事であった。

(一一) 七人みさきに似た怪異に三人みさき、シチリコツバイ等がある。

(17) 吾川郡横畠村(山村) 吉本やす氏

話者(七十一歳)の近所の者が、田を見に行く途中四辻で急に寒気がして帰ったが、太夫に祈ってもらっても治らず死んだ事がある。強いみさきにとり憑かれるとこんな事があると言う。

(18) 高岡郡高岡町(平野町) 齋藤重龜氏

(一) 大体夏行逢うものだとされ、川端や人の不意死した処或は五輪の塔等のある処が悪いと言い、(五) 七人みさきに取憑かれた状態は、戸外で頭が痛い等と言う病気に罹って戻って来るとカゼフケにうけたと言い、(六) 普通病人を入口に外向きに立たしておいて、後から箕を倒にして煽ぐと治ると言い、重態で寝つくと法者、祓い婆さん等に看てもらい、重いものは七人みさき、イキリョウ(生霊)、犬神等をあげる、話者の経験では病人を前にして祓い婆さんが榊の枝等を持って祈り乍ら「出て来い出て来い」と称え、憑き物の名を呼びながら当ったら自分の膝を叩く。呼び出すと「のりうつれ」「何しに来た」「祀って欲しけりゃ言え」等と言い乍ら、のりうつった枝を窓から棄てる。

(19) 高岡郡波介村(農村)

村を流れる波介川に「友を引く」と信じられている七人みさきがあり、そうした場所に地蔵を立てて祀る風がある。

(20) 高岡郡久礼町(漁港) 川野清一氏

(四) 同村の海岸道に昔コチヨグチのハナと呼び現在では七人岬と呼んでいる処で七人みさきが憑くと言い、(八) 小さい石地蔵を立てて祀るようにしてある。(七) 七人みさきの起りに就ては、伝説的物語として昔遍路が道で死んでいたのを或る村の者が、後日の厄介を思って線香一つを供える事もせず、空樽に入れて遠い沖へ持って行って流し棄てたものが、流れ流れて海岸に漂着した。其がいつの間にか崖の下に埋って、やがて其ほとりに一本の松が生え、崖を破って海の上へ勢よく伸び出した頃、暗夜に火玉が飛ぶようになった。

そして其処を通ると必ず病気になると言い、其後七人の遍路が次々に死に、人々は是を女遍路の祟りとして祀るようになったと言っている。

同郡上ノ加江町で言われているものは、同町矢井賀の手前の浜で昼寝をしていると、直ぐ気持が悪うなったり病気になったりして長患いをすると言う、昔或る老婆が子守をしながら溺れかけた馬を平気で見殺しにした。その馬の祟りだとしている。

(21) 高岡郡東又村(山村) 東又村誌

(八) 同村向川に土地のミサキ堂と言うのがある。村誌には「向川に在り、里人の溺死者を祀りたるものにして、間口三尺奥行五尺の堂なり。明治維新後に成りたるものなり。同じく村誌に、みさき駄馬の地名に就て次の口碑を伝えている。即ち、

「昔窪川城主の家臣に某なるものあり、所用ありて志和浦に下り黒石に帰る。或者某に告げて曰く、窪川城陥れりと。某落胆して此所にて自刃して果つと云伝う。石を盛りて祀り、盆時黒石部落民火を燈して供養す。」と。

(22) 幡多郡田ノ口村(農漁村)

同村下田ノ口でも七人みさきを言い、部落の川にはいっていたりして憑かれると言い、昔川で死んで祀るもののない亡霊が取憑くものだと言っている。

(23) 幡多郡宿毛町(海岸町) 菊池世紀氏

(三) 同町松田川の河戸《コード》に「河戸のみさき」と称して、河戸より荒瀬口の間で水泳ぎや川遊びをする子供

が突然熱を出して苦しめられるものがあり、昔は暮六つから以後此の区域に行く事を恐れる風があった。

（六）呪禁としては箕に塩を入れて、其に正月の注連を掛けてぱっと祓うと治るとする風がある。

（七）河戸のみさきの起りは、昔長曾我部元親の家来で松田川の川堰造築の為の川奉行だった宿毛甚左衛門と言う者が、河戸の堰を造り始めたが、筏落し迄築きあげては出水の為に流され、川主が祟っていると言うので人柱を立てる事になった。元一條家の家来で此の附近で百姓になっていた母子の者があったが、其の息子の発言で、部落の中で縞着物の横継をしている者を人柱に立てる事にした処、偶然発言者の息子がはからずも横継をしていたので、後に遺る母親の事を奉行に遺言して人柱に立ってしまった。こうして河戸は出来上ったが、奉行は其の後母親の事を何時とはなしに忘れてしまっていたが、母親が其の後息子の遺言の事を知り、「自分が横継をしてやったばかりに」と哀しみ、且つ奉行を怨んで河戸に身を投げて死んでしまった。其の亡霊が河戸のみさきになったものだと言われている。

同町宇須々木にも七人みさきの伝説がある。すなわち、永禄の頃土佐一條家の四代目兼定、大州宇都宮家より輿入れしていた夫人を離別して豊後の外祖父大伴宗麟の娘を迎えてより先夫人の実家と不和になり、宇都宮家の隠密七人が土佐に潜入しようとして宇須々木に来たが、此処に一條家の家臣大脇越後之介なる者が居て、此の七人を殺し越後之介も責を引いて自殺した。其の後七人の霊を祀らなかったので七人みさきとなり沖へ出たり畑へ行ったりすると熱を出す者が続出して、今でもそうした病人には七人みさきが憑いたと言って怖れる風がある。

（1）土佐物語巻十六参照。

資料　其ノ二

（1）伊予北宇和郡下波村

此の村では単にみさきと呼んでいるものがある。是は死んだ人の行く先へ行かれない者で、代りの人が来ると行かれるので人を引込むと言い、他にシラミと称して、みさきの一種で夜海に白くなって泳いで来るものがあり、漁師は是を馬鹿と言い、然し馬鹿と言うのが聞えると、怒って櫓にすがったりして散々な目に逢うと言う。（南豫民俗第一輯）

（2）阿波美馬郡祖谷山村　武田明氏

同村字徳善ではみさきと言い、落人の墓等と伝えられている処でイキ逢うとされ、イキ逢うと病気になると言う。

（3）讃岐の七人童子　武田明氏

讃岐では大体七人童子と言い、丑満時に四辻を通ると是に逢うとて忌み、多度津では或る辻に出る処が決っていると言われ、月の七日と日の七つ時は外へ出ぬものとされていた。（民間伝承四ノ二）

（4）阿波三好郡三名村　武田明氏

同村字平では、一種の霊魂で川ではカワミサキ、山へ入ってはヤマミサキ、道ではドウロクジンだとも言い、或は鳥の如く飛ぶ神だとも言う。川へ行って俄かに疲労を覚えたりするとカワミサキにつけられたと言う。

（5）但馬城崎郡三方村　西村林次郎氏

同村宇殿の部落を流れる河瀬川等に出て、わけのわからぬ熱病に憑かれると、七人みさきが憑いたと言い、太夫を呼び祈禱をしたり呪禁をしたり、地蔵のある所に封じたりする。田植に出ていて「震いが来た」等と言うのも此の種のもので、神様のユキアタリ等とも言った。

（6）周防都濃郡櫛浜町　山縣百合雄氏

此の町で言う七人みさきは、是に行逢うと七人位の僧形の亡霊を見るものであると言い、帰宅して大熱を出すと言われている。

昔の由緒ある刀・鎧の類を埋葬して石地蔵等を祀ってある処で行逢うものであると言い、お経を称えて祓いの呪禁にすると言う。

Ⅳ　ミサキと言う詞に就て

太刀焼の土佐の荒海の渺々たる東と西に突出して、黒潮の土佐湾を抱き、千古激浪に洗われている二つの雄健な岬即ち室戸岬と足摺岬は、健依別土佐の象徴として、土佐のおのこ等の遠い昔からの信仰的な誇の存在であるが、筆者がここに此の二つの岬を引用しようとするのは、本題に示す七人みさきのミサキの詞が、是等の岬とキサキの詞との間に、古い昔には少くとも相関聯するものがあったとする消息を語りたいが為である。

扨て山又は陸の前に突き出たものをミサキ或はサキ等と呼んでいる事は、吾々日常語の中で、今では何の不思議もない詞の一つとなっているが、其等の岬なり崎なりが霊地として信仰され、神々が、此処に勧請されて、国や村の鎮護の聖域とされて来た事実に関しては、暫く考察の筆を必要とするようである。

資料（其の一）の（1）室戸岬町や（2）室戸町の海辺の七人みさきの祠所や（2）羽根村のおミサキ様、(20)久礼町の七人岬等に於ける其等の地勢と関聯している心意、或は尚一二土佐以外の例を挙げてみるならば、讃岐三豊郡荘内村と言うのは、半島で隔絶された古風な村の一つであるが、此の岬の突端三崎の地に通称おん崎様と呼んでいる女人禁制の三崎神社があり、祭神は蛇になって流れついた神であると伝え、沖合を通る船の船頭達が礼拝をして、通らぬ時は、大いお（鱶）が出て来たり、山から大蛇が出たりすると言って怖れられていると言うのがある（武田明氏）。或は又対馬では上古神明を祭る作法として高い壇を築いて、この祭場の神籬をミサキ（御前）或は怕所《おそろしどころ》、標《しるし》の塔《とう》等と呼んでいる（対馬島誌）とあるが、是等の同じ響の詞の内容と其の心意には、少くとも岬に持った信仰に関係がある。

そして又岬と同義語のハナと呼び、サダと呼んでいるのに就て、柳田國男先生の啓示を拝借して若干の説明を加えなければならぬ。土佐の俚謡に「浦戸出る時や涙で出たが、お鼻廻れば小唄ぶし」と言うのがある。此の謡の中で、お鼻の敬称を以て呼んでいるものは室戸岬を指したものであり、土佐の西部でお鼻と言えば即ち足摺崎を直感する気持を持っている。そして再び是を敢て土佐の資料で説明するならば、此の岬のハナは、次の鼻面の鼻に関係がある。

土佐郡土佐山村の弘瀬と言う部落の氏神、仁井田神社（村社）には、毎年秋祭に神輿の出るオナバレの行事があり、此の行列の先頭を切るものは、常に赤毛の髪をつけた鼻高面を被るもので、土人是をハナ（鼻）と呼び、国津神の猿田彦神を象徴したものとされている。此のハナが更に岬と同義語と考察されているサダの詞に繋がりがあるとされているのである。即ち、先の土佐の二岬の一つの足摺崎は、別称蹉跎岬の名があり、是は出雲の佐陀の地名や、伊予の佐田岬、大隅の佐多岬とは同意語であり、天孫降臨の折に御前に仕えたと伝えられる猿田彦神の猿田の神名と相通ずるものとして、サダはミサキと同義で、ミサキのミは水とは関係なく、始めて此の国に入立ち給いし御時には嚮導の義のミサキであり、既に此の国に鎮まり給いし後は、国の境即ち直に外域に対する地方をさしてミサキと呼ぶ事となり、延いては一邑落一平原のサカイ又はソキをもミサキと呼びサダと唱えたのではないかと考察され、此の如く解する時は塞の神と猿田の神とを混同するに至った次第も稍明かになるように思うと論断されているのである。(2)

かくて今一つ、同じミサキの詞と信仰を伝えるものに、烏を神々の顕現の先鋒乃至は代表と信じて、是をミサキ或はミサキ烏等と呼んでいる地方が、二三に止らずある。(3)其の詳細は省略するが、是等を思うに神々の嚮導を意味したミサキの詞意を、山や陸の突出した岬の姿に観取し、或は其等の地に顕れて、神意あるものの如く群れ遊び鳴き交したであろう烏達から、其の兆を知ろうとした感得の仕方には、其処に此の国に伝えられて来た天孫降臨信仰と共に、原始の遠い過去の生活に、渺茫たる視野を経験した事があったであろう祖先の姿を想像するのは、筆者のみの夢とすべきであろうか。是を要するに今少し明確に言えば、岬に対する神意の抱懐を中心として、其の感性を育んできた生活の位置は、多くの此の国の中の青いコップの底の如き狭小な山や谿谷に聚落してしまった人々の考え方でなく、もっと広い海辺或は是を眺瞰し得る位置に於て、其等の憧憬を日々の生活に生かして来た人々の感受性の象徴と看做すべきではなかろうか。(是が土佐一国の例をとって言うならば、後の恐怖のみさきの分布の、山地より平地に多く而も水辺海辺に出現するとする心意伝承の一つの原因となっていると考えられない事はない)。そして又多くの採集例に観られる如く、前述のような感受性の中で育成されて来たミサキ信仰の、海辺や内陸の岬角の一端に彷徨する亡霊・邪神を想像するに至った恐怖醸成の信仰推移を来した主なる原因は、少くとも筆者の想像した遠い祖先の生活の位置より、其の後の此の国の山川を背景にして長い時間の定住に移った後に起ったであろう生活変化に拠るものが、蓋し大であったと言えよう。

大体アラヒトガミの信仰が、恐怖の邪神として考えられるに至った消息は、文献では既に倭名鈔に現人神を掲げて、邪鬼窮鬼と同列にしている事を柳田先生も指摘されているが、(4)みさきの名を以て現れているものには、梁塵秘抄に「丑寅みさきは恐しや」の詞がある。[5] そして此のミサキと言う同じ響きの詞の中の二つの相反する信仰の混同は、神々に対する所謂御前信仰から生じた岬への禁忌の設定が、軈て猿田彦神のサダと塞の神或は賽の磧の地蔵尊との混同の民間信仰を生み、此処に石神[6]や柴神、石地蔵等を設けて、邪気を逐う防塞としてきた其等の祭祀慣行の中に生じた彼此錯雑にあったと解すべきであり、是を資料（其ノ二）の（15）「吉良の七人みさき」を祀る吉良神社に対する信仰や、其の他の七人みさきの叢祠に対する信仰から観ても明かで、其の例は一二ではない。

或は又みさきが空中を彷徨遊行するものであるとする観念や、みさきが鳥の如く飛ぶ神であるとしている（資料其ノ二（4））等の心意伝承の中には、鳥を神の先鋒或は代表を信じてミサキと呼んだ感得の仕方と、全然縁由のないものではなかったであろう。

（2）石神問答　百二十頁百二十一頁参照。
（3）野鳥雑記参照。
（4）石神問答　百十三頁参照。
（5）梁塵秘抄巻二参照。小西甚一氏著梁塵秘抄考では——丑寅すなわち東北隅は、その方角から邪気が入るとされている（山海経、続博物志、神異経）、即ち鬼門で、拾玉集（神宮文庫本）にも「わが山は花のみやこのうしとらに鬼ゐるかどをふたぐとぞきく」と見える。「丑寅みさき」はおそらく鬼門の鎮守であろう——と述べている。
（6）国学院雑誌第四十七巻第十号所載「土佐の柴神に就て」（小論参照）

V　七の数に就て

土佐の七人みさきに就て文献に現れた代表的なものは、土佐物語巻十八（資料其ノ一（15）参照）に於ける蓮池左京進親實以下七人の怨霊の佐異であり、七人と言うのは宗安寺、真西堂、永吉飛驒守、勝賀次郎兵衛、吉良彦太夫、城内大守坊、日和田與三左衛門、小島甚四郎であるとして、親實共には八人であるが、親實をば恐れて数に入れずとの記載がある。大体土佐物語の作者は不明とされ、宝永二年以後享保五年以前の著述と推定されて居り、此の戦記物が他の此の種の読本と同様修飾多いものである事は、明白に看取されるものである。而してみさきの佐異を特に親實を除いて七人としている処に考察の余地が残され、此の書の記述の時代に於て、既に此の種の名数に固定した慣行のあった事が覗われ、実数で無かった事は想像に難くない。是は後の宝暦三年に書かれた土陽陰見記談所載の比江山の七人みさきの佐異や資料其ノ一（23）の宇須々木の七人みさき等に伝えられるものと共に、主題が此の土佐物語を中心としている処から考察しても、此の種の流行のあった事を知る事が出来るようである。

柳田先生は七塚考(7)に於て、先の土佐物語の七人みさきと後の土陽陰見記談の比江山の七人みさきを採られ、七人塚の類とされているが、先生の所謂七星崇拝或は更に「多分は御霊を以て境に祭る神なりとする上古からの思想と、斗星鎮護の道密両家の説とが合体して、茲に七人御先の塚の物語が組立てられた事であろうが、猶一段の想像を進めて見るときは、かの首塚、胴塚、足塚の例からも推測される如く、属星説と関係あるらしき倶生神の思想が、人体の各部に個々の荒人神あるを認めしめ、四肢と首、胸、腹の七段に分割して七箇の厲魂を説いて居たのが、偶々天上七星の崇拝と調和するに便であったのではあるまいか」と説かれた深遠な解釈は、其等の祠所の踏査から受けている筆者の現在の観取では、一層斯学の探究の多難を痛感するばかりであった。尤も最近土佐郡土佐山村梶谷に於ける、強盗に殺戮された部落のシメ（庄屋）の七人の家族を埋葬したと伝える七人塚の踏査では、山と山とに挟まれて牛の舌の如く長い谷間の水田地帯に突出し、明澄に開けた東北の空を眺瞰して、長い山のうねの突端の麦畑の中にある四尺四方の祭壇めいた塚と、其の後方に次第に高く二列になって点在する塚の配置を実見した時の、前説の洞見の深邃に打たれた感激は未だに此の虚霊の中にある。

かくて筆者は恐怖のミサキの根元には相当古い時代に迄考察するも、土佐のこの種名数の流行は、大体資料其ノ一の質問要項（一二）の報告に蒐められた如く、有形の塚墓に関係せずして、他の七の名数の民俗の或る種のものの如く、類を以て七の数にしようとした心意の一表現として、是は恐怖の最極限を象徴した当時の集団表象の思惟の一つと解したいのである。（勿論是は現在の処土佐の資料を中心としての考察に止る事を再言して置かねばならぬ）。

（7）郷土研究三ノ六参照。

VI　箕を以て煽ぐ呪法に就て

質問要項（六）採集の呪法の中、最も普遍的な方法は、七人みさきに憑かれて帰って来た時、是を直ちに屋内に入れず門口に立たしめ、外に向けて置いて箕を以て煽ぐとしているものである。是は七人みさきに限らず悪霊に憑かれたと感じた時に、常に行われて来たものであるが、箕を使用する呪禁は是のみではない。葬送習俗では、埋葬から帰ると庭内の臼の上に、塩或は塩と米を混ぜたものを箕に載せて出して置き是を広い方から取って面前で祓いをしてはいる風があり、産育習俗では、オトミ（次子を妊娠すると先の子の患うのを言う）の時、箕に南天の葉を載せて祓う等と言うのもある。其の他専門の祈禱師で是を使う例も時折見聞している。

或は箕を北向けに置くものではない、箕や臼を足で寄せて倒すものでない等と言う禁忌があったりする。是等の箕に対する呪術的信仰や禁忌は、此の農具が民具の一つとして使用され始めた頃の其の逞しい職能即ち総べての悪しきものをさび分けると言う能力に対する素朴な驚異に拠ったものであろう事は、箒に対して箒の神を想像して、一種の呪力を信仰した感得と、其の神秘的心意の Fusion に相似たものがあると言えよう。

序ながら資料其ノ一の（1）の盥や（15）の藁の舟を流す風は、羽後男鹿半島のナナクラヨセ（七座寄）や（寒風山麓農民手記参照）、同国の飽海郡由利郡等のミサキハナシ（御霊放）等と同系のもので、共に土佐だけのものではない。

Ⅶ　七人みさきと風土病に就て

「七人みさきはどんな時にどんな場所で行逢うものとされているか」右の質問要項（一）に対する蒐集資料を要約してみると、先ず資料其ノ一では（1）舟に乗っている時、磯に居る時（そして其は天候の悪い時である）（漁港）（2）海とか川、山道、四つ辻、其の他海で死人の浮いているのを見た時（漁港）（3）浜や川で仕事をしている時（海岸町）（4）松原や川、海辺（漁村）（6）戸外で仕事をしている時（平野町）（7）川辺で日暮に行逢う（平野町）（8）川（山村）（9）戸外で罹る（農村）（10）田仕事や水泳ぎをしていて罹る（農村）（11）川とか道（農村）（12）山或は川（山村）（14）川（山村）（15）山や川等で身体の弱っている時やサンビシニビ等を食べている時（農村）（16）盆の十六日の川や田、芋畠の中で出逢う（農村）（17）田を見に行く途中で出逢った話がある（山村）（18）川端や人の不意死した処或は五輪の塔等のある処（平野町）（19）川のほとり（農村）（20）海岸、岬（漁港）（21）川のほとり（山村）（22）川にはいっていたりして憑かれる（農漁村）（23）川にはいっていて憑かれる（平野）或は沖や畑仕事に出ていて憑かれる（海岸）、資料其ノ二では（3）山や川で憑かれる（山村）（4）道（平野町）（5）川に出ていたり田植等をしていて憑かれる（農村）（6）道。

以上の資料から考察して観ると、其の大部分の採集は水に関係していて憑かれるのを知る事が出来る。

而して其の一日中の時刻は、大体に於て仕事をしている時や外出中である故に日中である事が判る。是を更に質問要項（二）に依り「七人みさきに出逢う時季は一年中でどう言う時季に多いとされているか」に就て調査してみると、資料其ノ一では（1）春秋の彼岸が特に多い（2）夏に多く冬に少い（4）特に盆の十六日に水浴する時みさきが食いつく（8）筏流しの頃であると言うより考察すれば春から夏にかけてである（10）水泳ぎの時季である故に夏である（15）一年中一定していない（16）普通空気のじめじめした梅雨の時季が多い又特に盆の十六日を言う、或は又水泳ぎの時季である故に夏である（17）田を見に行く頃であるので初夏である（22）川にはいる時季である故に春から秋にかけてであると想像する事が出来る（23）水泳ぎの時季。資料其ノ二（5）田植や川に出る頃である故に、春から秋にかけてである。

右の事実から推断して、七人みさきに憑かれる時季には大略一定の期間があり、即ち大体に於て常民の最も戸外で働く時間の長い春から夏秋にかけてであるのを知る事も出来る。そして童子にとっては、春の水辺や海辺に遊ぶ頃から夏の水泳の時季である。

扨て此の二項の採集資料要約と質問要項（五）の「七人みさきに取憑かれると如何なる状態になるか」及び（六）の呪禁の方法（九）の医者にかかるか否かの採集資料を参照綜合して観ると、是が（二）に要約される、季節に於て水或は気象と関係して起る原因不明の、而も過去に於て呪禁以外に治療法のなかった熱性病の一種であった事が想像されるのである。

然し此の種の資料は、未だ全国的に豊富でない為に明確な事を断言する事は憚られるが、土佐一国に於ては、或る一定の地域に分布して居る事が次第に明瞭になりつつあり、全国的にも略々其の地域の限られている事が想像出来そうである。四国の南太平洋沿岸に多い事は、筆者の此の度の発表で明瞭になった事と思うが、此の他に中国の内海方面にも前掲資料以外の報告を採集する事が出来、或は又柳田先生の御話では三河の山村地帯にも相当多いとの事でもある。

斯くて筆者の予てからの恐怖のみさきへの注目は、是に取憑かれた状態から考察して、是を土佐の風土病としての土佐熱或は黄疸疫等の類ではないかと言う事に想到して、是が解明を其等の病原から観ようとする試みであった。偶々昭和十六年十二月一日より七回に亙って、土佐の風土病研究を以て学位を獲得した下村次男氏の「土佐の風土病」と題する論文が、高知新聞紙上に発表された、乃ち筆者は車を走らして同博士を訪ね、其の取扱われた患者及び周囲の家族達の観念の中から、七人みさき或は是に類するガンドー、ヌマネツ、ショーキ、イキアイ等と呼んでいる事実を採集する事を得たのである。

此処に博士の全論文を記載する事は出来ないが、要約してみると、

土佐風土病の一つとしての黄疸疫（一般にワイル氏病と言う）の病原体「レプトスピラ」は、其の流行期になると自然界殊に水中に生存し、自然界では地質学上第四紀新生層である沖積層地域に発生し「弱アルカリ性」の水質を好んで生存増殖する。従って往時河川の流床又は海底に属した所で、細砂壌土、砂壌土、壌土及び腐植壌土等の土性を好むものである。而も地質が沖積層で水質が弱アルカリ性である土地には強毒の「レプトスピラ」が生存しているので是に罹ると重症黄疸疫になると言われ、地質が沖積層でも水質が中性である処又は水質が弱アルカリ性で地質が洪積層である処では、弱毒の「レプトスピラ」の存在を見ると言う。そして博士の調査に依る流行地域の分布表と筆者の資料とは大体に於て相通ずるのは愉快である。

更に黄疸疫と類似の熱性病に七日熱、秋疫（アキヤミ）と呼ばれているものがあり、前者は福岡県早良郡（壱岐、田隈金武村）に発生するもので、是と同一の疾患で静岡県大井川の左岸に流行するものを同地方で前

述秋疫（アキヤミ）と呼称していると言う。其等の病原体のスピロヘータには二種類あり、是を秋疫A型及びB型と呼び、土佐には其のA型及び七日熱B型が発見され、其の流行地として高岡郡東又村（資料其ノ一（21））及び附近の高原地域が挙げられると言う。そして此の病原体は地質が洪積層の高原地帯で、水質が中性又は弱酸性である場所を好むのであると言うのから考察すれば、是は七人みさきの恐怖の側から言って、山村に出る佐異で筏流しや山の農民達の憑かれるものであったかも知れない。

而して是等のレプトスピラの生存発音は、決して四季を通じて行われるものではなく、気象現象の影響が甚大であると言われ、其の好条件は、降雨量多く気温の高い、人体に蒸し暑いと感ずる晩夏より初秋に起る特殊気象現象が、其の流行に最適であると言う。

今一つの類似風土病の土佐熱は、熊本県下の鏡町及び八代町にもあり同地方で鏡熱と呼ばれているもので、宮崎県にも日向熱と呼ぶ類似熱性疾患があると言うが、是は土佐では秋の頃流行するので秋熱の名もある。多く青年が罹病し、四十五歳以上の者には稀であると言われ、毎年初夏の頃から発生して最も多いのが九月十月で、冬でも罹病することがあると言われている。

其の流行地域は黄疸疫と同じく、地勢的には小河川及び其の支流による低湿地帯で、地質学的には第四紀新生層に属した沖積層地帯を主としていると言われているが、其の発表された流行分布地域も大体七人みさきを言う地方と相通ずるものがある。而してその臨床に就ては、突然発病するものではなく、発病前二三日間身体の違和、全身倦怠、頭痛等が前駆症を訴えて後、発病は多く午後で悪寒の発熱に始ると言われ、翌朝は平温若しくは平温に近く下熱して歩行し仕事に従事する者が多く、午後になれば再び悪寒を感じて発熱する。是が一週間程続いてよくチフスと間違えられ、第二週の始めから終りまで其の病気の極期が続き、第三週の終り頃には下熱するのが普通であると言う。是は質問要項（五）に於ける（2）及び其の他の資料中に示した七人みさきに取憑かれた状態と酷似しているのを知る事が出来る。

そして博士の談に依れば、是は一週間位経過して、自然と治癒する事もあると言われる処からみれば、此の間が（六）の呪禁の成功期として考えられていたのではなかったかとも思われるのである。

以上で筆者の七人みさきに就ての考察を終るが、此処で諸国の同学の検討に訴えたいのは、土佐の国以外の七人みさきの分布とその考察に当って、筆者の採った考察の方法が、多少なりとも暗示を齎し得るや否やを知りたい事と、本章記述の如き熱性疾患に繋がりがあるか如何かを借問したい。

或は又、徳島県の腸胃熱、岡山県作州村の作州熱、静岡県天竜左岸の天竜熱、或は前述の大井川左岸の秋疫、宮崎県の日向熱、大分県野津原村のアツケ病、熊本県八代町鏡町等の鏡熱、福岡県早良郡の七日熱、長崎県波佐見村の波佐見熱等の特殊熱性風土病に対して、病原不明の時代の民間治療法や恐怖信仰に、七人みさきに類するものが残存していはしなかったかと言う疑問と共に、軈て是等を吾々の祖先の未開の時代から持ったであろう病魔に対する考え方や信仰に関する解明への、一つの鍵鑰として発展せしめたいのである。

諸国憑物問状答

堀一郎

一

憑物という現象が、近世から現在に及んでなお一部に大きな社会力を持つことは、極めて稀異なことである。殊にその現れ方が普通に未開社会に見られるpossessionというものと較べて余程複雑で、又深刻であるようだ。それは一種の迷信化した変化残留の現象ではあるが、同時になお生々しい現実でもあり、独り宗教学的な問題と云うよりは、より多く社会学的な、精神病理学的な、又社会心理学的な問題ともなっている。私は柳田翁が数十年に亘ってこの資料を蒐集しておられることを知っている。その量は莫大なものであり、各地その名称を異にし、憑霊の種類も数種あるが、全く孤立したと思われる例はあまり多くない。このようなティピカルな現れ方は、根源を一にした社会現象が、その社会の共通な変化に伴って、同一変化の過程を辿りつつあるものと見てよいであろう。そして濃淡の差は著しいにしてもその広汎な分布と、類型性とは、これがその地方限りの特殊な民衆心理、又は特殊体質に基くものとは思われないのである。この点から、これは極めて深い根を持つ一個の宗教社会学的現象と考えられ、これを追究してその分布変遷の過程を辿り、プロトタイプに近づいて見れば、日本人の信仰史のかなり根本的な部分を闡明ならしめ得るのではないかと推測している。日本人の信仰の中で、特に神意や霊祟を知ろうとする場合に、中古に於て既に二つの形態を分っているのは注意すべきことである。第一の形は呪術者自らが「よりまし」となり、超人性を獲て言動するものであり、それ自らが「人神」として振舞うものであるが、第二の形は憑祈禱などともいって、呪術者は第三者として活動し、別に一個の尸童、稚児、ものつく人などの特定人を立てて之に霊を憑りつけるのである。この第二の場合、主体的な呪術者はあくまで人間として活動する。そして「もの」とか霊とかを駆使して、自在に暗示せしめる点で、人神の形式から派生したにしても呪術力の異常な進展を意味し、人間優位性が強調されたものと見ることが出来るであろう。そしてここに駆者とか行者とかの宗教社会的な機能と組織が一段と強化されているのを見遁すことは出来ないのである。かくて「憑く」という現象も亦分化して来る。即ち「憑くもの」と「憑かれる人」と「憑かせる人」の三段階である。この中「憑くもの」としては人間霊としての生霊と死霊、及び動物霊が最も多いようだが、これは何等自律性を持たぬことは「憑かれる人」と同様である。「憑かれる人」は多くの場合神経質な精神薄弱者と称される一種の異常体質、異常心理の持主、又はこのように訓練された暗示にかかり易い者が多く、その点で血統を引く場合が少くない。そしてそれは又多く憑く人は老婆、憑かれる人は若い女性が多いことも肯かれる節がある。憑かれる人はある期間に亘って自己喪失と超人間的なパースナリティへの転化をなす点で、人神の一種の衰退現象と見られぬことはない。このように見て来ると、ここで主体的に活動するのは、「憑かせる人」ということになる。憑かせる人は同時にその解説者でもあり、又解除者でもあり得るわけだが、その久しい常民への精神的関与は、全く記録なき隠れたる歴史であるが、なお隠然たる痕跡を留めている。恐らくは憑物の問題究明の鍵はここにあると考えられるが、しかし宗教民俗学、宗教心理学としては、これと共に前二者も亦関心の対象とせねばならない。それは個々の個人について精神医学的に一応説明せられたとしても、なお且つそれが宗教的現象として、又社会現象として多くの正常農民の心理や習俗の上に関係して来ており、これは単に個人の体質とか、個人の詐術、作為によって解明すべからざる社会性を担う問題だからである。そしてそこには既に長い歴史の変遷に伴い、又慣習化に伴う suggestion と suggestibility の相互作用が大きな地歩を占めているらしく思われる。

二

そこで私は昨年の本誌十月号を借りて、広くその実態を摑みたいと考えて、やや組織的な憑物調査項目を提出したのであった。丁度その直後、偶然憑物の顕著な分布地帯である出雲で、石塚尊俊さん始め多くの方々がこの問題に注目しておられ、その第一回の報告が「出雲民俗」の狐憑特集となって現れた。これは少くとも私には極めて有益な資料であったが、最も驚いたことはその分布の層が極めて厚いことであった。就中簸川郡の某村の如きは、憑物の家が四六パーセントを占め、その一部落の中には一〇〇パーセントの例もあって、若しこれが passive な被害的現象でなく active な条件を具備しているのであれば、当然一個の特殊部落又は秘儀集団に化すべき趨勢にある。そしてここから、この地方の憑物はなお上昇期にあるものと推定することが出来る。しかし全般としてかかる呪術宗教的現象は衰退しつつあり、迷信化しつつあるため、そこには本質的に宗教学的対象とし得るよりは、むしろ社会心理学的対象に変質しつつあることが認められるのである。

その後、私の調査項目に対して九州の熊本大学の杉本尚雄氏、四国からは細川敏太郎さんと曾我鍛さん、群馬県から高橋伊和夫さん、山梨県からは純粋な憑物とは云えぬが大森さんの報告があった。これらを通覧すると、出雲と異って各地に存する家筋は概ね一村に一二戸か数戸であり、その後の増加傾向はなく、むしろ減少しつつある点で、衰退残留期にあることが窺われると共に、四国の一例は、なお一種の蠱神呪術の痕跡が濃く、憑霊の家が同時に解除呪法を行っているのは注意すべき点である。今その要点を各地について抽記して見たい。

Ⅰ　九州地方の犬神例（杉本氏報告）

(一)　球磨郡水上村古屋敷

犬神（インガメ）は白と黒の斑で、長さ九寸六分、その家のオヤジサン（戸主）の気質が反映するもので、勢力が強ければ数も多い。憑物の家の者は一般に精神薄弱者が多く、神経過敏で、発狂し易いと云う。勢力ある家のインガメは屋敷内を暴れ廻るので、地蔵様を片隅に祀ってその下に圧えて置く。しかし作神と考えられているので、これのいる家は桝の量り込み、量り出しをするので金持ちになることがある。転居しても憑いて行くし、屋敷内の地蔵の祠を壊したりすると祟ることがあるという。

(二)　同郡同村岩野

ここにも犬神のいる家があるが、代々男の子に恵れず養子をとっている。先代の養子は同郡岡原村から来たが娘二人を生んで若死した。養子は代々若死するといわれるのでこの四代目の養子にはなり手がない。

(三)　八代郡久連子村（五箇荘）

「球磨のインガミ肥後オコリ」という諺がある。球磨郡は犬神が多い。五木村八重にも犬神持があるが、何れも農業で兼業もなく日常生活は全く普通農民と変りない。久連子村のインガミ持は現在三軒だが、若い人々が迷信として否定して来たので昔から見ると減少しつつある。ここではインガミモチから憎まれたりすると取憑かれ、高熱を発し譫言などを云うのは例の如くである。これに憑かれぬ為には筋の家の人の履いた草履や草鞋を盗んで来て、一足ずつくくり合せ、小便所に浸し、これをその筋の家の屋根越しに投げるとよいなどという。筋は他人から教えられることがないので大抵自分では知らないが、縁組をする人はない。犬神は取憑かれた人にしか見えず、加持をして貰うと逃げて行くのが判るなどと云う。憑かれると持の家の人は全く食欲がなくなるとも云う。人を憎んで念を遺したい時は犬を飢えさせつつ食物を見せて打殺すと自分が犬神持になり、相手に犬神を取憑かせることが出来る。これはどこでもよく聞く話であり、又近世の文献にも多数の例が見える。

Ⅱ　四国の犬神

(一)　愛媛県西宇和郡の例 （曾我氏報告）

四国には犬神と「蛇つき」の二つがあり、これらを現実に養っていると噂されている。そしてこれが憑くと病人は夫々の憑霊の生態を模して行動するように伝えられるのはこれ又どこも大同小異である。愛媛県西宇和郡F村S部落は戸数三十戸から四十戸を上下している小山村であるが、ここにはUという犬神憑きの家筋がある。戸主はHといい村相撲の大関をとる程体格のよい、しかし柔順しい人であった。このHの母親が、他村の犬神筋の家から嫁入ってからこの家が筋になったと聞いている。今は殆んど口にしなくなったが、以前は縁組にはこの筋の穿鑿が極めてやかましかった。この家には一つの哀れな話がある。このHの母親が部落の誰彼に憑くという噂が立ち、病人が口走ったりするので、そうした事件が起ると、よくHの父親がその病人の所へ来て、気の毒そうに「さあ一緒に家へ帰ろう」と誰の眼にも見えぬ妻の生霊を連れ戻そうとしたものだと、報告者の祖母が語られたという。報告者の実見したのは、このHの意中の恋人であったSという女性が、Nという男の所へ嫁いだ後で、Hの生霊が憑いたといって祈禱だ護符だと大騒ぎをした。このSは小型の弱そうな女であったがこの時だけは特に大力で、二人も三人も強力な男がかかっても取鎮めることが出来ぬ程で、それが又S部落の大関のHが憑いているからだ、その口走る態度口吻もHにそっくりだと云われたそうである。但しこのSは非常に内気で神経質で、よくヒステリー症状を起し、犬神だけでなく、狸やその他の者が憑いたなどといって色々騒動を起す女であったらしい。そしてこの村は以前は狐、狸、犬神、金神等の祟り神の信仰が強く、護符の祈禱が非常に盛んであったという。

(二) 香川県三豊郡の一例 (細川氏報告)

三豊郡の東南高地の、阿波の三好郡に隣接するS村のN部落にMという犬神の家がある。当主は日清の役にも出たという八十近い老人で、先代のBも相当の高齢者であったが、少くともこのBの時代から今まで犬神を持っているといわれる。ここは阿波に近いので、縁組もよく行われるが、阿波は有名なトンビョ (蛇) 神の家が多いので、大いに警戒する。うっかりその筋から嫁を貰うと、どんなに不出来でも帰すことが出来ない。帰すとこれに追いかけられて大変な祟を受けると信じられている。その代りに犬神は讃岐が本場とされて、あちこちに祭っている。もっとも三豊郡はこの両者の入会地で、村々に幾らかトンビョ (トンボ) 神の家とか地名とかを存している。しかし犬神の方ではM家はその典型的な一つの家といってよい。この家は地方の名門というわけでもなく、何代か前の人が例の如く犬を土中に埋め飢えさせて其首を刎ね、白骨にして祭ったという類型伝承を持っている。小さな厨子に入れて神棚に安置し、人に頼まれるとこれを貸してやる。主に急性発作性の病人の出た時なのだが、借りた人は之を背負うて帰り、自宅の神棚に置いて祈禱すると、この犬神が病魔を追払ってくれるという。この家の犬神が「オイカケ」を行って、他人に憑くということがないのは、他の地方の例と全く異なり、むしろ公然たる守護霊、護法神、護神といった類に近くなっている。借りた家では相当の礼物を添えて返して来るので、可なり生計の助けとなるらしく、最近は分骨でもしたか、厨子が二つになっているそうである。その上当主の姉妹で近村に嫁いだTというのが所謂オガミ婆さんで、病気災厄の御祈禱をするが、これが時々NのM家の犬神に頼んで逐うて貰わぬと癒らぬなどと教えるので、段々繁昌しているということである。

Ⅲ　群馬県北甘楽郡のオサキ（高橋氏報告）

ここでは一般にオサキ持、オーサキデージンと呼ぶが、これは比較的物持ちの家に多いことを暗示している。I村とA村、T村の三ケ所の報告を得たが、A村に多少集団的である他は村内一戸の例で、比率は三パーセント以下ということになる。I村のN家は村三番目の物持ち、又T村のA家も二、三番といわれている。N家は農業に炭焼きを兼ね、A家は農業だが以前は炭焼きであった。現実に小動物を飼育しているといわれ、それは群れをなして暗い所に棲んでいる。一般に金を好むといい、それで急に金持になったりするとオサキが憑いているのだと云い出す。又他家の蚕とか米、醬油、味噌などが急に見えなくなったり減るとオサキが金持にしてやりたい家の為に体一杯につけて運んで行くのだなどという、しかし又嫌気がさすとその家を貧乏にするから扱いづらいとも云われている。普通は飯をお櫃に入れて、その縁を叩くと、いつか出て来て食べて行くのだといい、一般には釜や櫃の縁を杓子で叩くとオサキが出て来るといって嫌う。A村では婚姻によって家筋が増加するというが、他の二村では家についているので、婚姻その他に関係ないといわれるそうだ。だからその家に遊びに来た人に憑くこともあり、オサキの話をすると憑くともいって嫌がる。憑かれると発作を起し譫言を口走るのは一般的。或時Pという子供がオサキ持のA家に遊びに行き、芋を貰って食べたが、帰ってから発作が起り、他人の家の芋を食べたろうと口走って半狂人となった。そしてA家へ行ったことが判ったので、Pを庭に突出し、「いくつ食った」とどなると、「二つ食った」と答えたので、「三つにして返してやる」と云って芋を三つ庭に投げ出して、しばらくして見たら其芋が見えなかったという話がある。又憑かれた時も「ワシとオマン（オーサキの仲間）はオクラのすみに、今日は世に出て苦労する」などと口走ることがあるらしい。

以上の数例はなお更に調査実例を得て比較せねば、まだ一貫した見通しはつけにくいのである。極めて簡単な迷信ときめてかかっている人も多いが、しかしこの迷信は極めて根の深いものであり、単純に片附けるべき性質のものではない。どうかもっと各地の類例、異例を多数知りたいものである。地方全員の方々の御協力をお願いする次第である。

種子島呪術伝承

下野敏見

一　呪術師の種類と分布

種子島における呪術師は、モノシリ、マジナイ、師匠、ホイドンの四種類に分類できる。

(1)　モノシリ

モノシリは巫・覡とも存在し、各種の巫業を行なうが、巫女が容易に神がかりし託宣するのに対し、覡は呪いと祓いに重きをおくという相違がある。この点では覡とマジナイ師との区別が曖昧である。しかし別の面ではモノシリとマジナイ師との厳然たる区別も存する。モノシリは祭壇を設けてそれぞれ特定の神を祀り、神がかりして巫業を行なうが、マジナイ師は特別の祭壇はなく神がかりもしない。またモノシリは巫覡とも異常体験をへて成巫するのに対し、マジナイ師は巫病をへない平常人である。種子島に存在する巫女はモノシリだけであり、神社巫女などは存在しない。[1] モノシリは遊行などしない民間巫女であり、定着巫である。[2]

(2)　マジナイ師

呪い師をマジナイという。巫病をへない普通人で、人や牛馬の病いなどを呪いによって癒してくれる者で、民間療法にも通じている。全部男性で、年寄である。法華宗僧侶上りのマジナイ師と民間伝承呪術師のマジナイ師との二種がある。マジナイ師を易者ともモノシリともいい、あるいはモノシリを易者ともマジナイ師ともいって、近年は用語が混同されている。

(3) 師匠

法華宗僧侶を師匠という。師匠はかつて呪術師であったし、今もそうである。経文を読み題目を唱して祈禱するほかに特定の法華宗系統呪術書によって呪ったり、あるいは民間マジナイ師同様の呪術を行なう。維新前は島内一八カ村に各一寺または二寺ずつの法華寺が存した。但し西之表麓には比較的規模の大きい寺が三つあった。これらの寺の師匠たちはいずれも呪術師を兼ねていたのである。麓三カ寺はいわば島主種子島家お抱えの祈禱師の集団であった。種子島氏が支配した屋久島、口永良部島もそうであった。だがその南北の地域は違った。南隣のトカラ列島は真言宗に属し、北隣の薩摩・大隅は、真言・天台両宗のいずれかに属し、特に民間に在って呪術をよくした薩摩山伏の支配するところであった。そうした中における種子島を中心とする三島の法華宗地域は異色顕著であり、その呪術伝承も何らかの相違が認められるのは当然といえよう。しかしまた薩摩山伏に対する呪術者が種子島では法華宗師匠であり、両者は密教の影響下にある点では共通した存在でもあった。

(4) ホイドン

種子島近世の神社信仰は低調で、社守りは、氏子が担当するものの、神職は該当旧村の法華寺住職の兼務であった。神社はあることはあったが法華宗の制圧下にあった。しかし明治になって神社信仰が復活し、多くの旧村寺院が神社になり変り、神職もふえた。島民にかつて法華寺師匠に求めた祈禱・呪術をホイドンにも求めることになり、ホイドンもそれに答えねばならなかった。こうしてホイドンの祓いと呪術が行なわれたが、それは本土における神職講習で受けた祓い方のほかに従来のマジナイ師や師匠の呪術をも一部継承するものであった。

(5) 呪術師の分布

明治四〇年以降の種子島呪術師の発生分布は図のようにほぼ全島にわたっている。モノシリについて分析を加えると、生存巫女一二名、覡三名であるのに対し、故人では巫女一一名、覡一五名という数字を見せ、昔は男性モノシリが多かったのはなぜであろうか。それは一つは話者が明治年中のマジナイ師を男性モノシ

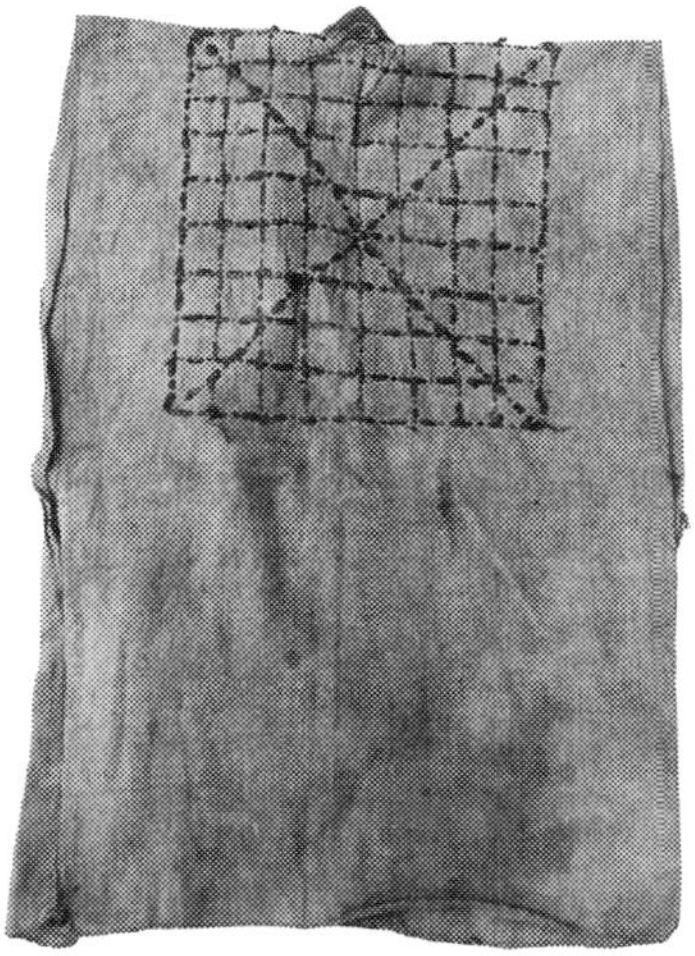

種子島児儀礼の授法ハットク（これを着せて寺参りし、師匠の授法をうける）

〔種子島呪術師分布図〕

（明治40年以降）

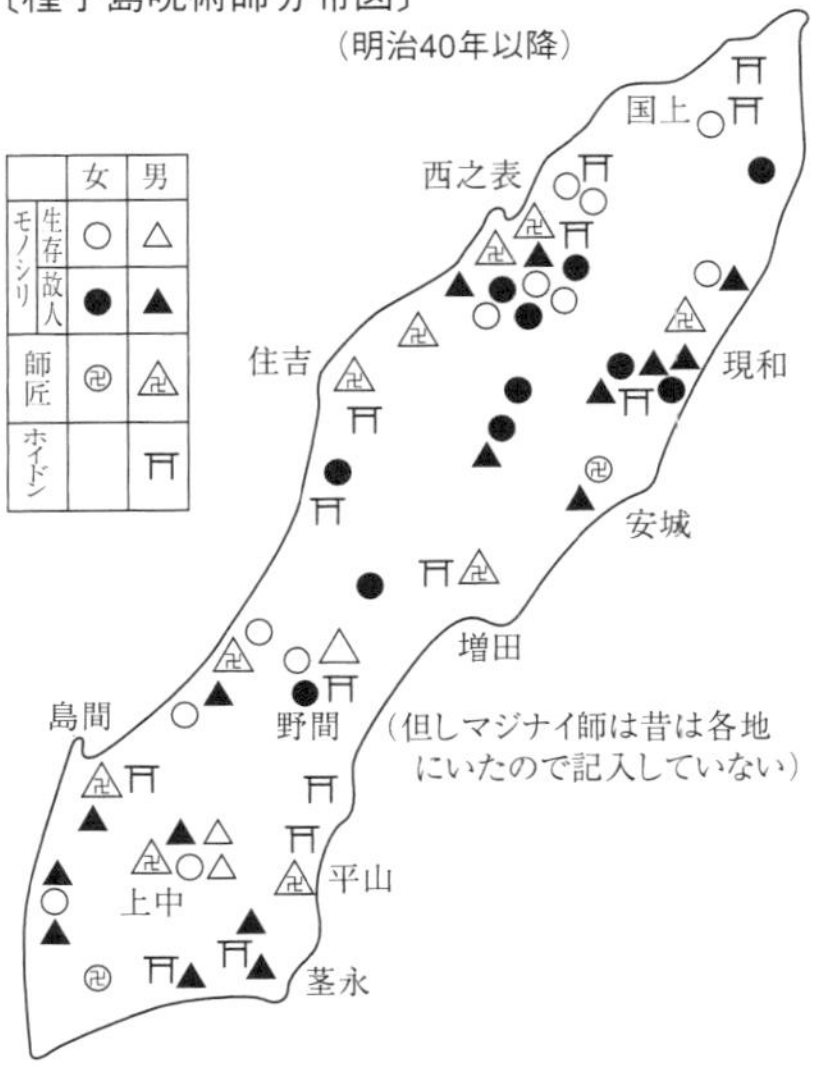

りと混同して記憶しているかもしれないこと、もう一つは師匠上りのマジナイ師もしくはモノシリも幾人かいたことが考えられる。図で西之表附近に呪術師が多いのは島内で最も人口が集中している地域だから当然である。尼僧は安城妙泰寺に一人いる。神社の数は大小かず多いが、図に示したのは神職居住地の主宰神社を示したもので、ホイドン数と一致する。

二　モノシリ

生存しているモノシリのうち巫女六名、男性モノシリ二名の調査資料を中心にし、それに故人巫女一名を加えた九名についての生態を述べる。

(1)　成巫過程

①〈入巫動機〉　種子島巫女はすべて巫病をへて成巫する。男性モノシリも異常体験者である。盲目のために生計を立てるべく巫業の修業をするとか、あるいは世襲的であるということはない。

②〈巫病の実態〉

事例1　KN女（明一五生）。五〇歳前、先祖を熱心に拝んでいるうちに自然と「天照大神様」の名が口から出てきて自分で驚いた。以前に島内の伊勢神社に二、三回参拝したことがあった。そのうち「天照様に夜中参りせよ。」と啓示をうけて夫には黙って参拝したが気づかれたので、参拝し直した。一週間参拝した。冬であったが、衣裳は汗びっしょりになった。ついで晩になると神様が「教えをするから耳に聞け。」といわれ、体がふるえた。その時は立つこともできず、「祓い給え、清め給え。」と一心になって述べているとしだいに立てるようになった。師、弟子はなく、すべて「神からじきじきうつし」で修得した。依頼されれば巫業をする。

事例2 IO女（明四三生）。四〇歳頃巫病にかかった。その動機は、八月一五夜の「礼言い」（親見参）の帰途、アバラをまかれた。（アバラをまくとは、掘り切り道の崖上などからパラパラと砂をまくことをいい、メン〔面＝妖怪〕の仕業とされている）――一瞬、髪の毛が総立ちになった。それからまもなく子供が病死した。家に坐っていると、パチパチはじける音がし、神棚のほうにもそれが聞こえた。そんな時は近くに死人が出た。歩行中ふいに立ち止まったり、坐っていて倒れたり、人が来ても挨拶もできず手足も動かないことがあった。しかし人の話は全部わかった。医者に何回も通った末、発病一年半してモノシリの所に行ったところが神を拝めということで、その通りしながら修業したら癒った。そして自分もモノシリになった。

事例3 KH女（明三四生）。五〇歳過ぎ、ある晩白髪の爺が枕辺に現れ「神を信仰せよ、氏神にお参りせよ」と告げた。これはおかしいと思い寺に祓い祈禱をしてもらいに行った。ところが題目を勝手に唱えたり、師匠の数珠を奪ったり、白紐で頭をくくり「それ天照大神様におすがりなされ、おすがりなされば山なり川なり引き上げなさる。」などといったりした。次に男性モノシリの所に行ったら「お前は神様がすがってい る。」といって神信仰をすすめた。そのようにしたらしだいに癒った。六一歳の時、鹿児島から御嶽教の巫女が巡回してきたのを機にいっしょについて行き、二年半ほどきびしい修業をしてから帰島し、職巫生活に入った。

事例4 YT女（大五生）。三〇歳の時、産後の肥立ちが悪くフラフラしていつも体が冷たかった。ところが近くの弘法大師に参拝しているうち体が元気になり、家もよくなった。本土から「モライ申ソウ」（巡礼）が見えるたびに弘法大師堂や自分の家に泊めた。その折般若心経をけいこした。弘法大師堂は放置同様であったので自宅裏に移し、半職巫生活をつづけている。

事例5 FN女（明二六生）。三〇歳頃巫病発病。夫は法華宗僧侶で、家族中、種子島から屋久島の寺に赴任していた。ある時彼女が「酒樽が七日七晩流されて種子島大崎の天照大神様の下の海にきている。」と告げた。夫が大崎へ問い合わせるとまさしく一個の酒樽が漂着していた。以来、巫病が進行し、寺の参詣者を見てはお前は盗みを働いたなどといって驚かせた。夫とは別室に休んだ。ところがまもなく妊娠した。「自分は天照大神の神じゃ、この子はおれの子じゃ。」といったりした。数カ月で女の子誕生。この子も現在神の前に坐るとシケが荒い。赤子には白布を着せ、焼酎盃一つと水でしばらく育てた。その洗濯をしたら手が腫れた。そこで焼酎で清め、線香を火にくべ、手をあぶると腫れはひいた。「お前は卑しいものは見るな。」という神のお告げで、夜は目が見えたが昼は見えなかった。伊勢神社に参拝した時、「この浜の下に骨を粗末にしておるから火葬場を作れ。」という託宣があった。補助巫女一人と共に職巫生活をしている。

事例6 TY女（明二生、昭三一亡）。三〇余歳の時妬みをうけて発病。妬みの呪いにより手には釘が打ちこまれていると信じ、寺の師匠から祓い祈禱してもらった。以後、部落氏神の天照大神を信仰したが、四〇余歳の時盲目になった。しかし神様がかえってよく見えるようになった。やがて本土に出て神習教の修業をした。帰島後職巫生活を送り、島外までもきこえて繁昌した。

事例7 TO女（明三九生）。三四歳の時台湾で発病。日本人祈禱師の所に行くと、手がふるえ体が跳び上るようだった。「あんたは神様がおすがりになっている。」といわれた。一年ほどブラブラした後帰島した。昼は平常だが、夜は神様の夢を何回も見た。男性モノシリの所へ行ったら神を拝むようにといわれた。そのうち鹿児島から御嶽教の巫女が来島、上中に定着しモノシリとして繁昌した。二人で種子島中の神社参拝した。その後鹿児島で御嶽教の修業をして帰島、昭和二八年以来職巫生活している。

事例8 TN男（明三九生）。六代前は西之表の名家の一つであったが、故あって現在の農業村落へ移住した。その時、「蟇の目」という神楽鈴の握り柄状の物を持ってきた。氏が病気になり男性モノシリの所へ行くと、「野狐憑きじゃ」といい、「お前の家には大変なものがある。それで祓いするとよい。」といった。種子島には狐はいない。野狐憑きとは、狐に限らず、犬神、狸など四つ足物をいう。女モノシリにも行って蟇の目の話をしたら「蟇の目は今まで家で粗末にされて苦しかったのじゃ、それが病いのもとじゃ。」といわれた。蟇の目を大事に祀ったら病気は癒ったが、子供が病気になった。女モノシリの世話で鹿児島の御嶽教に行って祈禱してもらう時、「黙っていないで、祝詞の一つでも上げんか。」と巫女から大喝された。そして神信仰をすすめられた。以来御嶽教を信仰し、同時に父祖代々の法華宗も拝んでいる。半職巫的生活をしているが、蟇の目を持って祓っている。

事例9 MO男（六〇歳位）。子供の頃から事例6の巫女宅へ出入りし、天気占いなど得意であった。長じてその盲巫女の代筆をしたが、亡くなる前に私の後をついでくれと頼まれた。それから頭がヘンになり夢うつつであった。郵便局勤務の傍ら一日数人の依頼人をみていたが、疲れがひどいので局をやめ、巫業もやめた。

以上九例についてまとめると、㈠巫病発病年齢は三〇歳代が多く、次いで四〇代、五〇代となる。㈡巫病の程度は個人差があるが、いずれも巫病をへていることに変りはない。御嶽教などの組織加入の職巫は、平常は皆、柔和平穏な相貌であるが、そうでない半職巫者の中には狂人の相も認められるのは、組織加入者が徹底した修業をへて成巫したのに対し、未組織者が半端な修業のままに巫病を昇華せしめ得ないためであろうか。㈧成巫の動機も各種あるが共通するのは、先輩モノシリをたずねてその指導で神を拝む、修業をして成巫するということである。㈡成巫過程で寺の師匠の呪術師としての信頼感に支えられているのである。㈭職巫開業年齢は発病が中年以上であるのに応じてやはり中高年である。但し数年前、西之表に二〇歳代の巫女が一人いたことがある。

③〈憑依現象〉　FN女は筆者に神信仰について話しているうちにオシラセがきて、目が異様に光り、ふるえ出し、合掌を始めた。そこは火鉢の側であったので別室の巫堂へひき移った。すると神ごころになるといってさらにふるえ、神を拝み、君が代を歌い出し、時折り「じっとおさまりなさい、天照大神様。」をくり返しいって自己暗示をかけた。次いで軍歌を歌いながらおさまり、「あっ残念でございます、この人に神の盃を上げて下さい。」と口走り、日本のこと、近隣部落の人事にまで及んだ。MO男は、病気癒しの依頼人がきた時は、入ってくるなりどこが悪いと自然にわかるという。KN女は独修老巫女だが、YT女やTO女は般若心経または祝詞を読誦するうちに神憑りしていくのを見た。KN女は独修老巫女だが、苦しい修業をへたすぐれた巫女で神棚に線香と灯明を灯して坐ると、ズーンズンと神が移ってくるといった。FN女の補助巫女は憑き物の病人がくるとゲップが頻発するという。いっぽう神憑りはFN女が実修し、補助巫女は祈禱し憑依を助けるという相互扶助的関係にあるが、FN女をして憑巫を立てる方法ともうけとれよう。

(2)　巫業の種類

種子島モノシリの巫業は、犬神ハナシ、系図アカシ、祓い、卜占、口寄せの五種類である。このうち、口寄せ以外は、師匠、マジナイ師もでき、犬神ハナシや祓いはホイドンもできるのである。

①〈犬神ハナシ〉　種子島にかつて犬神憑きが跳梁したことは、『種子島家譜』の記事や、今に残る犬神の恐怖や西之表市麓の大的始め式射芸において、弓の先で白砂の山に「犬」と書いてから初矢を射るなどのことでよくわかる。犬神のことをイリガミまたはインガミという。犬神は入り神であり、悪神であり、それを使う犬神使いは昔は島内各地にいるといわれた。恨みがある時や親しくなり過ぎた場合、犬神使いは犬神を使って憑かせ、憑いた人は犬神使いの真似をするが、その人は犬神使いにはならないというもので大体本土式である。犬神使いは血脈相承制である。したがって昔は一家族村八分の制裁を加え、村はずれに居住させ

て山間部を開墾させた。こうした地はノビョウ（野別府）という所が多い。そしてその血統の者とは婚姻を忌んだ。今は大分うすれ、犬神が憑いたということはいわないが、犬神使い一族との婚を忌む傾向は一部にはまだある。犬神相承図中のA系の▲●印は犬神相承者とされるが、前夫との間に生まれたB系はA系と同居して兄弟名乗りしていても、犬神使いとは目されないのであり、ここに血脈相承制であることを明確に証している。犬神は生霊の一つで、野狐憑きともいわれ嫌われた。イタチは犬神の使いであるといわれる。

犬神が憑いたらモノシリ、マジナイ師、師匠、ホイドンのいずれかに行くが、祓い方の大要は一致している。すなわち神仏に祈り、経文（呪文、祝詞）を唱え、弓矢または榊で祓う。小紙片の護符を飲ませることもあった。事例を挙げると、㋑TY女は狸、狐、鼬の性の人が来るとそれが見えるといい、これらの人々は犬神使いといわれ人に憑くが、なかでも狸の人は人の背に憑くものだといった。その離し方は、TY女の呪文だけでは離せないということで、隣り部落の「弓取り」（マジナイ師）を頼んできて祓った。TY女が病人に代り、狸を背にうけて苦しんでいるさまを演じていると、弓取りが弓をひいて「ヤー」と呼ぶ。とたんに彼女は外へ飛び出し、ばたっと倒れる。病人はその間部屋に坐っているがこれで癒るのである。歩いてこれぬ病人の場合はその着物を懸けてやった。㋺FN女の場合、生霊を離すのは師匠でなければできないというが、彼女はかつて師匠の妻女であったのであり、法華師匠の呪術師たる側面を証している言葉である。彼女によると、巫女が病人の代理になり師匠の指図に従って生霊使いの好物を代って食べ、前例のごとく外へ飛び出して倒れて離したという。これは師匠が巫女に憑依させ呪術を行なう憑巫の形態である。㋩KN女の場合は独修であるが、先祖に呪術をよくする師匠がい

〔犬神相承図〕
（A系が犬神家系）

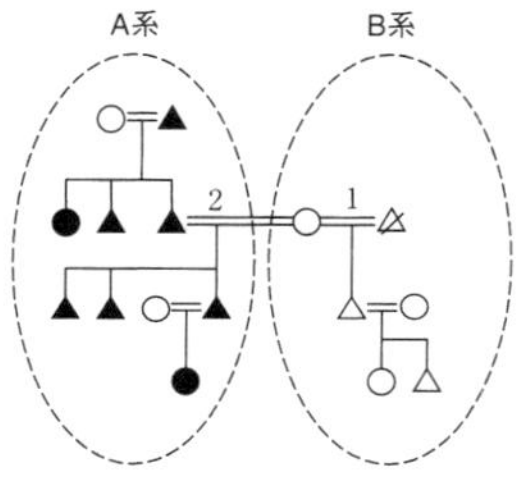

たと本人はいい、法華呪術の作法を模し護符を使用する。イリガミやショノミ（嫉妬）、悪いカゼの祓いは、年齢を聞き、野菜、塩、米、大豆、焼酎、魚を神前に供え、護符を書いて祓いこめ、それを病人に抱かせる。そして護符を小さく切り、三片ずつ水で飲みこませる。㊁TN男によると、今は「蟇の目」による祓いだけですますが、昔は板に人形を書き弓に矢をつがえて矢の先には蟇の目をつけ、人形の手足を射る真似をした。これを「犬神射り」といった。もう一つの方法はカラシバリ法といい、病人に対し祈禱をして攻めると、犬神に憑かれた重病人でも「こんな所にはおれん」と叫んで立ち上り、道を走り途中で倒れる。起してみると犬神はきれいに離れて平常に戻っていたという。㋭犬神離しには、男性モノシリが病人に向けて弓を引き、矢を当てながら「悪魔外道、元の棲家に立ち返れ、立ち返らざれば重藤の巻き弓をホーベンにひっかけ、頭七分に射割り、無間地獄に射落さねば、聞かのしょうなり。[3]」と唱える方法もあった。㋬百足に肩をかまれた人がマジナイ師の所に行ったら「これは犬神じゃ、誰かくらいついている。」といって呪文を唱えて体をなで、息を吹っかけてくれた。

以上の犬神離し方法は四種類に分類できる。すなわち㋑㋺の憑巫式と㋩の護符式、㊁の犬神射りに見る人形式、㊁の後半と㋭㋬に見るカラシバリ式の四方式である。このうち㋬は㊁㋭にくらべて弱い。㋩の護符を飲みたす密教的呪法は、㋺と共に種子島法華宗が密教ないし修験の影響を非常につよくうけていることを示している。

② 〈系図アカシ〉 TY女がよくしたが、原因不明の病いにかかっている時など、先祖の誰々が障っているとか、先祖はこういう系統でしかじかの人がいたとか、あるいは系図を粗末にするから祟っているとか託宣することをいう。

③ 〈祓い〉 病気になった時の祓い方は、まず病人が何のカゼに当ったかを神に伺いして確かめる。巫女

が神がかりし神意が託宣される。カゼには、水神カゼ、ハカゼ、山のカゼがあり、ほかにも火の神、地の神、先祖の障りなどがある。㋑水神カゼは、子供が川に行って痣ができたり吹出物がしたり、食欲不振などの時、水神カゼにあたっているという。癒し方は、民間治療的には川蜷と川菖蒲をうすい味噌汁で煎じて飲ませるのであるが、呪法では、モノシリが水、米、塩を井戸の側に供え、「許して給れ」というとどこの水神様でも受け取られるという。川頭や淵に本人をやって謝らせることもある。畠の水分の多い所などをつめている場合なども、本人に塩、オミキなど持たせて謝らせ、三、四カ月間拝みに行かせてから、井戸の側などに水神を祀ってそこを拝ませる。㋺ハカゼとは神道を吹く風でパッとくる荒い風である。ハカゼにふれると牛馬が病む。首つりは神道にくるものであり、しかも夜中や夜明けにくるという。本人にオミキ、米など持参させて謝らせる。㋩山のカゼは山の神の祟りで、足痛、目病となって現れる。山払いの時など笹藪の木など伐った時に起る。その時は本人を謝りにやるが、植木させて謝る場合もある。家の近くの森に小便した時なども祟る。㊁火の神の障りは、元の竈を粗末にしている時や新竈に火の神を移さなかった時などに現れる。㋭地の神の障りは神地が宅地になっている時などに起る。㊁㋭ともモノシリが現場に行って祓うが、㋭の理由で牛馬に祟っている時には厩を建て直させることもある。㋬先祖の祟りは多い。KN女の場合はその知らせは特に顕著に口に出てくるという。別の巫女は、先祖祟りの時は寺の師匠も頼み、出郷家族も呼び戻し、一家族あげて祭りを営む。黒塗りの椀に飯を盛り、墓地に行き、供養してからそれに先祖霊をのせて家へ連れ帰り、祭るというもので、これも師匠、巫女協力による憑巫形態である。㋣家鳴りの時はKN女は、小紙片の護符を新しい水、塩に入れて椎の葉につけ、その家の神棚から祓い清める。㋠刀呪いといって、モノシリが刀を振り回して祓う方法もあった。

④〈卜占〉 事業占いなどをモノシリがする。ほかに方角糺しや死人探し、失せ物探し、縁談占い、運勢

なども見る。TY女の方角紀しや死人探しは定評があったが、死人の場合は神がかりしてパッと倒れその方向を探せといい、首つりの場合は真似をしてアアーと叫び方角を示した。彼女はすぐれた呪術師であったが、病人が戸口に見えたとたんに、もうその痛みが自身に移り、痛い痛いと叫びながら、ここだろうと指してみせたという。

⑤〈口寄せ〉 モノシリは口寄せするが、筆者の見聞では新口は不得手で、もっぱら古口である。新口は部落政治についてでなく、個人の吉凶禍福であるのはモノシリの職巫たる所以であろう。独修のFN女の古口呼びは、神棚の前で島内諸神を呼び軍歌も歌いながら「霊を呼んで下さい、お願いでございます、ハァーッ」などといって憑霊し、霊になり代った彼女の悲痛な託宣が始まった。TT男は師匠であるが、信仰心が高まると眼前に霊界がひらけ口寄せができると語った。

(3) 巫儀

①〈巫具・巫装・巫堂〉 モノシリの憑霊用具は人によって異るが、数珠、鉦、御幣などがある。巫業においては「蟇の目」や護符を持つ者もある。巫装は御嶽教巫女は白の着物に袴姿であるが、独修巫女は清潔であれば神前の着物はふだん着でよいという。巫習教の巫女は紋付に黒袴姿であった。巫堂を特に別棟として持つ例は、弘法大師堂を自宅裏に移転した半職巫一例で、あとは自宅表の間をそれに当て、祭壇を設け供え物をしている。独修半職巫の一人は隠居家居間の一隅に、神棚と先祖神棚、位牌を並べて奉祀している。

②〈礼拝する神仏〉 御嶽教に加入している者で特に天照大神を拝む者が三名、独修巫女による弘法大師一件、成田不動尊一件以外の巫女はみな天照大神を拝んでいる。天照大神が多い理由の一つは、島内二四カ所にかつてあった製塩専業村落の塩屋の守護神に因むと思われる。巫女の半数は塩屋の出身で、幼少よりその信仰的雰囲気に親しんできたが、塩屋は昔は閉鎖的同族団的村落で族内婚が多く血脈的相承も考えられる。

いっぽうまた石灰製塩釜の無事を祈るところから、特に呪法が重視されたという環境にもよるであろう。

次に法華宗信仰との関係であるが、御嶽教巫女にしても弘法大師巫女にしても法華宗門徒に変りはなく、表の間には両祭壇が設置されているのは単に両者の習合態であるというだけでなく、却って法華宗への深い信頼を失っていない証拠だと見たい。ある巫女は「自分は般若心経しか知らないが、師匠は二一法を知り、悪霊を鎮める力がある。それで先祖供養は寺へ行って行なうようにすすめている。」と語るが、その心底に法華宗への積極的信頼と師匠に対する呪術的思慕の残影があるのが読みとれる。

③〈巫歌・巫経・巫祭・巫舞〉 FN女が軍歌を歌いながら神おろしするほかは巫歌はないようである。しかし憑巫の場合の師匠によるお経と法華題目唱和は、憑霊に導く点では巫歌と同じ機能を果たす。巫経は、般若心経を唱える例があるが、ほかは島内諸神名を唱える以外は特にない。但し御嶽教の場合は同教経典たる祝詞を上げる。巫祭、巫舞とも特に記すべきことはない。

(4) 巫女発生と相承

①〈地域的発生〉 図で見るように巫女発生地は全島にわたっている。これを農業村落、漁業村落、製塩村落、野町と分けてみると、製塩村落発生が多い。その理由については前に述べた。

②〈時代的発生〉 現在も発生の可能性は十分あるが、過疎化や医学治療の普及によってか、最近その例を見ない。現在調べ得る範囲では明治中期から終戦前にかけて巫覡がもっとも多かった。江戸期における島主家文献には巫女の記載は何ら見られない。それにもかかわらずモノシリという中世の呼称を今に伝承しているのはなぜか。島主家記録者は巫女を蔑視し黙殺したのであろうか。種子島氏統治の永い間に記録さるべき巫女関係事件は一件も起らないような弱勢力ないしは少人数であったのだろうか。

この疑問に対する解答はすでに検討した呪術伝承の中に見ることができると思う。すなわち犬神離しや祓いの事例の中にあるように、師匠が参加し、霊媒者たる巫女を立てて仏おろしを行なう憑巫の方法がそれである。これが維新前の法華宗一色の社会においては、師匠の主体的司祭のもとに憑り祈禱が行なわれたことは容易に推測できるところであるが、これを裏づける資料もいくつかある。それはあとで述べよう。ともかく維新前における巫女は確かに存在したが、法華宗の陰にかくれ、師匠の補助的位置にあり、あまりにも影がうすかった。

③〈指導者の有無と組織加入〉 巫病の過程で先輩モノシリの指導をうけて修業し、成巫した者が多い。特に戦後は御嶽教の巫女との接触によって巫女への道が開けた者が三名いる。しかし独修者もいる。独修者の中には、巡礼に啓発された者もいる。

④〈血脈的相承〉 モノシリへの道は、ノロ継承のごとくクジによる血脈的相承や、イタコのごとく盲目故の決意されたる入巫があるのではなく、巫病をへて自然に、あるいはモノシリの指導によって巫者となったのであり、そこには何ら血脈的相承は見られないかのようである。しかしよく調べてみると、やはり血脈的相承が見られるのだ。すなわちFN女のように先祖にすぐれた師匠がいたとか、図のように同家系の中に巫女または師匠、マジナイ師、熱心な法華信者などが頻出するのが見られるのである。●は巫女、▲は師匠またはマジナイ師、熱心な信者を表す。第一図は前記事例5、第二図は事例6と9、第三図は事例4と7の場合である。

〔種子島モノシリ相承図〕

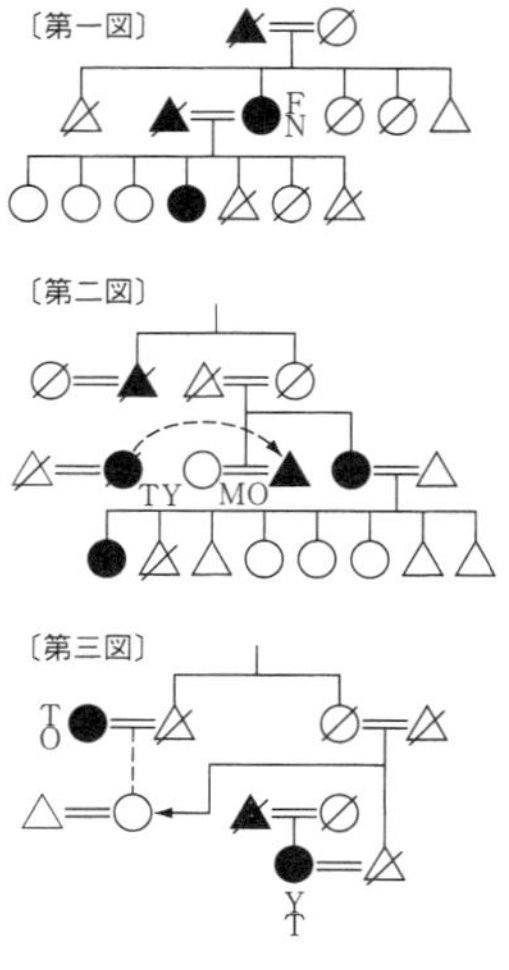

(5) 種子島巫女モノシリの特色

モノシリの特色については各項ですでに述べたので、ここでは薩南諸島における巫女と比較してその特色を述べる。トカラ列島における巫女ネーシ（内侍）は死者儀礼にも関与し、奄美のユタに似ているが、一面においてはネーシは一島代表の村落司祭巫女でありまた神楽巫女である。しかしトカラにおいてはネーシよりもタユー（オヤシュウ）と呼ぶ男性神役が優越し、ネーシはその補助巫女的性格がつよい。この点については種子島における師匠とモノシリとの関係に似ている。すなわちどちらも巫女をして霊媒者たらしめる憑巫形態である点が共通している。奄美のノロは加計呂麻島などに見られるように、男性神役グジより優越した司祭巫女である。薩隅本土では山伏や神主が圧倒的に優越していたが、トカラネーシと種子島モノシリは奄美と薩隅本土の間にあって中間形態の様相を示し、さらにトカラネーシはどちらかといえば種子島モノシリよりも幾分司祭巫女としての性格がつよく、その面では奄美ノロに傾斜しているといえるが、ユタ的儀礼も行なうという存在である。ところが種子島モノシリは葬礼後の口寄せのごとき死者儀礼などは行なわない。屋久島は、種子島とは地理的歴史的に若干の相違があるが、やはり法華宗の島である。主峰宮之浦岳を奥宮とする山岳信仰は古くからあり修験の影響が見られるが、現在の巫覡の生態は種子島とほぼ同じである。夥しい山姫伝説や狩猟者の巫女修業目撃談などは、かつて屋久島に巫女が活動していたことを有力に物語っている。

三　種子島法華宗と呪術

(1)　種子島法華宗の性格　一四六〇年代に律宗から法華宗に改宗した種子島は、以来法華宗一色の島として四〇〇年を経過し、維新を迎えるわけであるが、その間に法華宗が島の文化に及ぼした影響は実に大きなものがあった。反面、島民が保有した古い伝承を巧みに利用し布教した形跡も多く見られる。屋久島、口之永良部島も大体同様であった。法華宗と深いかかわりを持つこの三島の文化は、薩藩の中にあって特異な存在であったといえる。法華改宗前、島主自ら熊野に参詣し、帰島しては修験道に打ちこんだりしたこともあった。改宗後は島主が鹿児島住まいした関係で、鹿児島に正建寺という法華寺を建立したが、修験道の盛んな鹿児島の地にあってその影響をうける機会が多かったと思われる。かように、修験ないしは密教の影響を本山ばかりでなく地元でもうけて種子島法華宗は独特な呪術性のつよい宗教に形成された。明治になると旧士族層は神道に改宗し、まもなく移住者を中心として浄土真宗も流入した。しかし基調は門徒数の絶対多数の法華宗であり、今日もそれは変っていない。

かような実情であったので、呪術においても法華宗管轄下にあり、師匠がその中心にあったことは容易に推測できるところであるが、次の資料がそれを裏づけている。

(2) 師匠呪法と憑り祈禱

種子島法華宗研究に永年とりくんでおられる高重義好氏の世話で見せてもらった「御符書」(日典寺所蔵)には、

「通の部、産の部、授の部、子渚の部、乳の部、月水の部、血長血部、疫病の部、生死孤の部、雑符の部、札守の部」

の十一部に分け、和紙一二一頁にわたり、護符手本と呪法を述べてある。例えば札守の部を見ると、

「疱瘡守、イモハシカ守、呪詛守、テンカン守、牛馬守、夜鳴守、蔵押札、軍陣守、失違守、役違守、方違守、授子守、出行守、稲虫守、馬家守、船危守、夢ヨケ守、愛敬守、和合守、離別守、地引守、家造柱木下入守」などの守札手本が示され、雑の部の中には腫物呪や焼ド呪、魚骨呪なども見えている。「水神の符」には、

水水水水水水水水水水
水水水水水水水水水水
水

とあるが、これは妙法蓮華経の五字で書いた誦文であるといい、腫物の呪には、

蓮　神　　妙十華経
子母神妙法鬼　　刹鬼子母神女
華経子　　法羅蓮

とある。またこうした符を小さく丸めて飲みくだすことも記されている。かようなぐあいに万般にわたり記載された呪術種子本があったのである。全文手書であるが、二五〇文にて求むと日浩が奥書してあるところからおそらく本山参詣の時、都で購入したものであろう。かように法華宗自体が密教を摂取しているのであり、それが薩隅山伏地域を控えたこの地においては、さらに民間呪術もとり入れて布教していったことが考えられる。

種子島モノシリ
(本文事例５参照)

次に日典寺「聴聞記」[4]によると、法華宗の師匠を祈禱師とし、法華宗信仰の厚い女性を病人の代人に立てて、霊媒者とする仏おろしの模範的方法が記述されている。その霊媒者は神がかりしやすい女性であり、巫女であった。この仏おろしの最初に、祈禱師は「仏天三宝を拝む。諸仏諸天の来臨、知見照覧の

御法前で、法華経読誦、題目唱口の功徳力を以て三四歳の病者の病の事につき知れること、並に病に関係することを、その因縁について同座せる何某（代人）に知らしめ給え。」と唱え、次いで法華経を読誦し題目唱口するのであるが、その間に代人巫女は神がかりし、病人の祖父の口を語るのである。その内容は、病人の父の若い頃の女遊びを指摘し、その悪業の報いで子が病いに冒されたこと、病人自身の米盗みや女遊びにもふれ、こんこんと説諭も加える。すると病人、その父母は驚いて懺悔する。この間、祈禱師は巫女の話し振りをよく聞いて判断し、確認したりする。そして代人をもとの精神状態に戻す。そして憑きものを回向供養する、という順序でなされたのである。これは師匠が巫女をして仏おろしする憑り祈禱であり、前記巫業の種類の犬神ハナシや祓いに実際の事例としてあげた憑巫と同型式の方法にほかならない。寺院側としてもかような記録をするほど公然と認め、かつ盛んに行なっていたものとみえる。憑巫は各地に見られるわけであるが、種子島の場合は、法華宗布教確立と共に従来の巫女はその補助的霊媒者として組みこまれ、そのために独自の勢力を有する巫女とはなり得なかったものと思う。逆に見るならば、巫女を祈禱師の下に組入れることによって種子島法華宗は南海のこの古い伝承の島を完全に掌握したといえよう。法華僧の話では右の代人巫女は師匠の事実上の妻女であったという。ところが明治を迎え、廃寺の厄にあい、師匠も半減してしまった。ここに法華宗の影にかくれ底流していた巫女モノシリが顕在化したのである。

(3)　呪術儀礼諸相

種子島呪術儀礼は広義には無数に挙げ得るが、本稿では法華宗師匠の関与する「祈禱」について述べると、

①〈温座祈禱〉 新暦正月十一日から十三日まで、種子島法華宗の本山本源寺に全島の僧が参集し、徹夜で祈禱し、島の平穏無事を祈る。祈禱の声は時に叫ぶがごとく跳ぶがごとき烈しい口調になる。門徒一同も参加し、「お経頂戴」の呪いをし、洗米をいただく。秀吉の朝鮮の役に島主も参じたが、それ以来やってい

るといわれる。最近は日典寺でも行なっている。同日、本源寺の下の御拝塔脇では島主家厄祓いをかねた大的始め式が行なわれている。

②〈町祈禱〉チョウ祈禱といい、町すなわち部落ごとに一年の平穏を祈り、部落はずれの三文字には辻札を立て、各戸の入口にはお札を貼って呪う。新暦正月十五日が多い。これをハマ祈禱ともいう。この日、ハマ射芸が行なわれる。つまり前記島主家主催の「温座祈禱と大的始め式」は構造的に「町祈禱とハマ射芸」に同じである。浦浜では「浦祈禱」、「浜祈禱」、「網祈禱」などがある。

③〈火入れ祈禱〉旧暦十二月適日に旧塩屋で行なう。今はホイドンが司祭するがもとは師匠主宰であったろう。釜司、牧見舞い、庄屋（今、区長）、塩戸が集まり、祭礼ののち、釜司宅で男子手料理の祝宴を催し、製塩に因む各種儀礼を実修する。昔、この日、石灰製の塩釜に火を焚き始めた日で、釜がひび割れず、ぶじに製塩できるようにと、火の神（天照大神を祀る）に祈禱する主旨である。

④〈家祈禱〉ヤギトウという。家の完成祝いであり、はじめ屋根上での棟梁と家主による山の神祭りの儀礼があり、次いで床の間の所で師匠による祈禱がある。ヤギトウはこの二つの祭りが習合したものである。

⑤〈雨乞い祈禱〉夏、旱魃に、部落民一同うちそろって近くの山頂に行き、鑵や太鼓、鉦を叩いて降雨を祈願した。西之表では三カ寺の僧たちが甲女川や州之崎海岸などで読経して祈禱した。

⑥〈その他の祈禱〉右のほかに、潮風除災祈禱や島主御上国（鹿児島行き）首途御祈禱や島主御厄年御祈禱、同御誕生日御祈禱などがあった。一般の本源寺門徒の赤子初参りには、今も、先祖の作った授法ハットク（授法袖無し）を着せて寺参りし、師匠に授法してもらうのである。その袖無しの背には授法守り呪術の糸印がしてある。（一九七一・一・五）

（1）『浦田神社縁起書』によると、種子島法華宗確立以前の一五世紀前半までは「鈴の音賑々しく」神楽が奉納されたとあるから、古くは神楽巫女もいたのであろう。また宝満神社の十八神女伝説は、古い時代の巫女集団を示唆している。
（2）本稿をまとめるについては、桜井徳太郎「巫女とシャーマン」（『日本民俗学』43）、同「折口信夫の巫女観―巫女分類の基礎作業の一環として―」（『民俗学評論』第2号）を参考にした。
（3）この呪文は西之表市現和の木原惣四郎翁より聞いた。
（4）高重義好「種子島の物知りについて―口寄せ巫女の問題―」（『南島民俗』第17号）

岡山のシソ（呪詛）送り

三浦秀宥

シソの分布

岡山県外では千葉徳爾氏によれば木曽の上松でシソ祈禱を行うという。土物の物部村のいざなぎ流祈禱のスソ送りも同じである。備後の北部でも呪訴神の小祠を見かけるという岩田勝氏の御教示がある。呪訴のことをシソとかスソという地域は案外に多いのかもしれない。[1]

しかし岡山県では美作西部の真庭郡北半の村々に限られている。

シソの内容

シソは漢字の呪詛に対する読み言葉である。土佐の物部村のスソについて、多くの理由をあげて、小松和彦氏は「私は〈すそ〉を漢字の呪詛で表記してもよいだろうと判断した」[2]とのべられている。しかし岡山のシソには仮名と漢字を併用した祈禱者の覚え書などが残されていて、シソは明らかに呪詛に対する言葉である。

しかしシソの内容は必ずしも「のろい」に限らない。それにはおよそ次のようなものがある。1、湯原町栗谷では家庭が不和になるとシソができるという。(3) 美甘村ではシソができると女が邪見になって家が不和になる。シソは猫に似たような動物のようにいうが目には見えない。シソが小さい時は屋根の煙出しから出入りする。大きくなって家の中から出られなくなるとシソ送りをしなければならないという。(4) 2、湯原町田羽根《たばね》では家の運が悪いからシソ送りを行った。また稲のでき具合が悪いからといってシソ送りを行った。3、篠原徹氏の報告によると、湯原町栗谷ではある男がいい交した女を見捨てて別の女と結婚した。捨てられた女は恨んで死んだ。男の家には不幸が続いた。それを村の人は「シソがつく」とか「ジャケがつく」といった。(5) これは明らかに「のろい」である。しかしこのような例はほかには今のところ知られていない。

シソ送りの方法

シソ送りは家の入口の柱に縄の一端をくくりつけ、他の一端をデイ（奥の間）の床の間まで引き、そのはしにサン俵（米俵の両端を閉じる円形のわら製品）（敷物の円座と同じ形）を通しておく。「二夜三日《にやさんにち》」の祈禱の後にデイから縄のはしを持つとサン俵がぐるぐると廻り、しだいに家の入口の柱にたどりつく。するとサン俵を別の俵に入れて、法力によってシソを封じこめて川に流す。サン俵が入口にとどかぬ間に縄が切れてイロリに落ちることがある。すると最初からまた二夜三日の祈禱をしなおす。

祈禱に当ってはサン俵を床の間に置き、それに白幣を立て、その周囲に五色の幣を立てる。屋敷の四方に五色の幣を立てたともいう。

シソ送りの祈禱師

シソ送りを行った祈禱師について見ると幾つかの形があった。1、栗谷では山上講の先達《せんだつ》を頼んだ。先達が一人で祈禱して拝みながらサン俵を廻してシソを送った。（『二川の民俗』）2、美甘村鉄山では法印《ほういん》が幣《へい》台《だい》に祈り憑ける。幣台はシソがノリウツルと身体が震えて手に持った縄も次第に震えてそれとともにサン俵が廻る。(『新郷・美甘の民俗』)3、法印はシソ送りを依頼された家の主人に祈り憑ける。家の主人が手にした縄のサン俵が廻ってデイから移動して行くことになる。

写真〔本巻に収録せず〕の「シソ送り」は湯原町田羽根、後藤勇氏(大正四年生れ)が小学校の高学年頃の記憶によって画いたものの中の一葉である。(6) その詞書に

「近年どうもまんが悪いしそがわいたかもしらんけえ、しそ送りをして見ゆうや。」と山田の法印を頼んでしそ送りの祈禱をしてもらう。

とある。山田は地名であり、山田の法印は当時は近村に有名であった。左側に頭巾をかぶって合掌しているのが法印である。右側に縄の端を持っているのが後藤氏の父、つまり祈禱を依頼した家の主人である。ふだんは祈禱とは無関係な素人の百姓である。鉄山の幣台が半職業的な特定の人物であるのとこの点が異るのである。篠原氏の報告によるとシソ送りは法印、先達、幣台の三人によって行われた。法印は二夜三日の祈禱の最後の日に、幣台に死者の霊を祈り憑ける。すると幣台はトランス状態になってさまざまなことを叫ぶ。それを聞いて家の者に先達がその意味をおもおもしく告げる。その次に死者霊に縁の深い者が縄の端を持つ。法印、幣台、先達がいっせいに不動明王の唱えごとをして縄を持った者を祈り憑けるとサン俵に死者の霊がノリウツる。すると死者霊の縁故者の手が震えて、サン俵は廻転しながら戸外に向って移動してゆく。つまり四人が担当する形である。これも粟谷で行われた例である。同じ粟谷でも1にあげたものとは異る形が行われたのである。

篠原氏はさらに、法印、先達、幣台はどの村にも二三人いた。彼等は村の人に田をよこせとか山を寄進せよとかいって分限者《ぶげんしゃ》になった者もある。シソ送りには葬式よりも多くの費用がかかった。幣台になる者は平常は軽べつされていて、奉公人が多かった。性格的に変っていて他所から来た者であった、などとも報告さ

れている。

青山貞ヱ門の覚え書

勝山町後谷字畝にいた青山貞ヱ門という法印がシソ送りに用いた覚え書が残っている。(7) 唱えごとが多いので覚えきれないために用意しておいた携帯用のメモである。美濃半紙半分を二つ折りにして約五十枚を綴じて極細字で一面に書きこんである。二夜三日で唱えるのであるから記述はぼう大である。

内容は四方、四隅、何の年、何月、何日、何の刻、何の場所、何によってかなどと、あらゆるシソの発生した場合をあげる。そしてそれぞれのシソの「本地《ほんぢ》」をあげて、そこに帰れと唱える。「本地」とはシソを使役霊として駆使する神仏であるらしい。一例をあげると、

○甲《きのえ》・乙《きのと》の日にできたる呪詛神なれば東方、隆三世夜叉明王と申す本地なればともしてござし玉へ

という類である。また多くの神歌や唱えごとが見られる。例えば

○釘かねと思ふてわれはありつれど　きようの祓《はらい》に雲のはてまで（われとはシソの立場らしい）

○思ふことけふよりしづまるしそじんも　たたりなしとてまつりしづまる。

そのほかに多くの意味不明の呪文が見える。

○南無三十六童子をのせんまんどうりようふのほんせい（両部の本誓）ひかん（悲願）のゆへにせんまんのあくき（千万の悪鬼）きようにん（行人）をによふらん（悩乱）せんときはこのどうじ（童子）の名をぢゆ（呪）すればみなことことたいさん（退散）

—（ ）内は筆者の推定、傍点は意味不明—

などとほとんどが仮名やあて字を用いている。

また筆者が覚えている共通する唱えごとは点線で省き、覚えられない所だけを書いている。

呪詛秘法録

手札状の紙片を三四枚綴じて、表紙に「呪詢秘法録　三」、右肩に「不許他見　観静」とある。[8] 前の二冊は失われて第三冊めだけが残っている。

これも覚え書であって詳細なことはわからないが、九字の切りかた、印《いん》（手の組み）の名称、神歌や唱えごとを書いている。真言は梵字で書いている。例えば

○調伏ニハ、ナウマクサマンダボダナンオンマリシエイソワカ、刀印、右歌（歌は書いていない）一遍唱へ摩利呪三返、不動呪三反祈願文ヲ唱へ、刀印ヲ固ク結ヒサシコミ、ラン（梵字）字七反シテ（印に）息ヲ吹込ミ九字ヲ切リ勝テ切破ルナリ病人ニ無所不至印、死人ニ智拳印

——（ ）内は筆者の注——

調伏の対象には病人、死者ばかりでなく狐狸、火災、修羅、悪蛇なども入っていたらしい。筆者の観静は江戸時代の法印であったと思われる。

法印

現在の法印《ほういん》と呼ばれる者は俗人の祈禱師である。山伏と混同されやすいが山伏が特定の霊山を行場とし、また特定の組織に加わっている点や山伏問答のように修得していることを語るなどという点から見ると法印は特定な修行の場所や祈禱の内容は秘密にするし仲間を持たない。自分の子にも伝えないからたいてい一代限りである。したがって家筋というものはない。まれに法印であるとともに山伏に加わったり、寺号を持つ者もある。そうなると世襲するようである。

法印という言葉は美作や播州の東部や但馬などでは今でも寺の住職をさす所がある。また江戸時代までは歴代の住職の墓碑にはその名に冠する称号として用いられるのが通例である。これは僧綱の法印大和尚位の

制定以来の伝統の継承によるものであろう。(9)

現在の法印という言葉はそういう事情をふまえたうえで、祈禱師山伏を含んだきわめてあいまいな用語となっている。しかし広い意味での修験者ではあるが山伏と法印とは相異する。法印はむしろ法者の系統に属すると思われる。法者については石塚尊俊氏(10)や岩田勝氏(11)による問題の提起が行われている。

験者祈禱とシソ送り

シソ送りの一つの型に法印、幣台《へいだい》、先達《せんだつ》の三人による形がある。憑依した幣台がクチバシルことの内容を先達が判断するのである。解説に当る者を篠原氏は「審神者《さにわ》」と解説されている。

備中北部や美作の荒神神楽では審神者の役を「前申し」と呼んでいる。上原祈禱(12)でも憑依した大夫と問答する者を前申しと呼んでいる。シソ送りではそれを何と呼んだのかは今のところ不明である。

法印が幣台に幣を持たせて祈り憑けると、幣台が震え初め、やがて坐ったままで跳ね飛んで異様な言葉を叫ぶ。それをクチバシルという。そこまでは岡山県の北部地方に広く行われた験者《げんじゃ》祈禱と共通である。

験者祈禱は今は御津《みつ》郡建部町に伝えるだけとなった。しかし昔から有名なものに建部町の塀和《はが》の竹内《たけのうち》(13)、勝山町の玉雲《たまもり》権現という稲荷を奉じる曹洞宗化生《かせい》寺などがあった。久米郡の両山寺などの護法飛び(14)もその一つといえる。

その他にも村々には験者祈禱を行う法印が多くいた。しかし験者祈禱には審神者(前申し)に当る者はいなかった。審神者がいるのが古い形なのか、いないほうが古い形なのかは不明である。

シソ送りには他の験者祈禱では特定な半職業的な幣台になる者に祈り憑けるのに対して、不特定な素人に縄の端を持たせてシソを祈り憑けるという点に、美作地方で一般に行われている験者祈禱とは異る点が見られる。

しかし一方では法印が縄の端を持ってシソのサン俵を送り出す形も伝えられている。このほうが後の変化であったとは思われるが確証はない。

上原祈禱とシソ送り

中世の備中国上原郷《かんばらごう》、現在の総社市富原《とんばら》に群居して瀬戸内地方に広く活躍した陰陽師系の祈禱師、上原大夫《かんばらだゆう》による祈禱には今も不明の点が多い。その一つは上原祈禱は三人の大夫が一組になって行う祈禱であったということが各地で共通に伝承されている。しかしなぜ三人が必要であったのかは不明である。

シソ送りでの法印、幣台、先達の三人が上原祈禱の三人の役割を示唆する点がある。しかしシソ送りの審神に当る者は上原祈禱では祈禱を依頼した家のことに詳しい者が「前申し」の役に当って、憑依した大夫と応答する。職業的な祈禱師である大夫は審神者にはならない。

村の呪詛祈禱

備中の上房郡北房町菅野《すがの》の荒神の祠内に二枚の棟札が納めてある。その一枚の表に「奉請国津神祓咒咀退散村中安全　神主謹言」、裏に「享和二年壬戌六月廿六日叶」と墨書されている。[15] 咒咀は呪詛であり、この地方の書きぐせであり、シソにあてた文字である。シソの退散を祈って菅野村の鎮守に荒神を祀ったのである。

土佐のスソ祈禱との比較

土佐の物部村のいざなぎ流祈禱師によるスソ祈禱が呪詛に基づくものであるという点では岡山県のシソ送りも同じである。しかし幾つかの点で両者には相異点がある。

1、土佐のスソ祈禱では小松和彦氏が、呪詛の祝い直し、呪詛返し、呪《のろ》い調伏の三点にその内容を要約されている。[16] 岡山のシソ送りでは呪詛の祝い直し、つまり呪訴をはらい退けることだけが祈禱の内容になっていて、呪詛を送った対手《あいて》に返す。または怨念をもってあいてを呪《のろ》うという後の二点は欠けている。それはシソ送りが「送り」という言葉で限定されていることからも明らかである。

それでは怨念を持つ対手を呪うということがなかったのかというと、シソ送り以外の形では神木に呪い釘を打つとか人形《ひとがた》を用いるなどのいろいろな方法が行われた。

2、いざなぎ流祈禱は式神を使役霊とすることや独特の祭文を伝承することが注目される。シソ送りではあえていえば、式神に当るものは不動明王の脇侍の矜羯羅《こんが》、制吒迦《せいたか》の両童子及びそれを含む三十六童子、また法印によっては摩利支天であることもある。祭文にあたるものはない。法印はシソ送りだけに限らず刀印を用いて臨・兵・闘・者・皆・陣・烈・在・前と縦横に九字を切ることを重視する。これはいざなぎ流祈禱師が陰陽道系であるのに対して法印には道教の影響が強いためであろうか。

3、いざなぎ流では師匠と弟子との関係がはっきりしている。しかし法印は師弟関係を秘密にする傾向が強い。祈禱の方法が各自によって違うこととその内容を秘密にすることと関係があるらしい。

シソ送りの問題点

シソ送りには多くの不明な点がある。それを摘記してみると、

1、シソをどうして猫のような動物と想定するのか。またそれが煙出しと呼んでいる入母屋の破風から出入するという伝承が生れたのか。猫というのはもちろん想像上の動物であって、現実の動物ではない。西美作にはまれに猫神というものがある。また猫が死体を飛びこすと化者《かしゃ》になるという伝承がある。それとシソとに関係があるのかどうかも不明である。土佐のような犬神の伝承は美作にはないのでそれに代るものであるかどうか。

2、不特定の素人に祈り憑けて、サン俵に依らせて送り出すのがシソ送りの特徴である。

このような形の祈禱は今のところ西美作に限られている。その上に事例も少ない。したがってその変化のあとをたどることが困難である。この問題はシソ送りの方法を伝えた法印の伝承の系譜と関連するのではないかと考えられる。

3、シソ送りを伝えた法印には漠然とではあるが因幡《いなば》とか伯耆《ほうき》、ことに三徳山(17)で修業したと伝えられる者がいる。現在の三徳山三仏寺にはシソ送りの祈禱は伝えられていないが西美作のシソ送りは山陰地方に由来するのかもしれない。

この報告は聞き書と法印の残した覚え書によったものである。筆者が最初に聞き書をした昭和三十三年にはすでにシソ送りは行われなくなっていた。それを伝える法印がいなくなっていたからである。

注

(1) 高木啓夫『いざなぎ流御祈禱』物部村教育委員会、昭和五十四年三月。『いざなぎ流御祈禱』同教育委員会、昭和五十五年八月
(2) 小松和彦『憑霊信仰論』伝統と現代社、一九八二年九月
(3) 『二川の民俗』岡山民俗学会、昭和三十五年五月
(4) 『新郷・美甘の民俗』岡山県教育委員会、昭和四十八年三月
(5) 篠原徹「魚・鳥・虫などをめぐる民俗」『岡山理科大学蒜山研究所研究報告』第2号昭和五十一年十月
(6) 後藤勇『いろりび』湯原町教育委員会、昭和五十九年三月
(7) 真庭郡落合町関、大植幸正(青山貞ヱ門の甥)氏所持
(8) 筆者所持
(9) 『望月仏教大辞典5』世界聖典刊行協会、昭和三十五年十月、三版
(10) 石塚尊俊『西日本諸神楽の研究』(慶友社、昭和五十五年十月)中の「五」の(二)の2、陰明師と法者神楽に所載

(11) 岩田勝『神楽源流考』(名著出版社、昭和五十八年十二月)中の「第三部　神子と法者」所載
(12) 筆者「上原大夫と上原祈禱をめぐる習俗」『岡山民俗　柳田賞受賞記念特集』岡山民俗学会、昭和五十八年十二月
(13) 塀和の竹内には古武道、ことに棒術の宗家として有名な一面と験者祈禱で聞こえた他の一面とがあり、それぞれの門弟がいた。
(14) 「護法祭」『岡山県史民俗II』岡山県、昭和五十八年十二月
(15) 『北房町史民俗篇』北房町教育委員会、昭和五十八年十月
(16) 小松和彦「呪術の世界―陰明師の呪い調伏」『講座、日本の古代信仰3　呪ないと祭り』学生社、昭和五十五年二月
(17) 鳥取県東伯郡三朝町、三徳山三仏寺は寺伝によれば役小角が絶壁に神崛を開いて、子守・勝手・蔵王の三所権現を安置した。さらに慈覚大師円仁が弥陀・釈迦・大日の三仏を安置したのが寺名の起りという。国宝の投入堂で有名。

浮葉正親

長野県遠山谷のコトノカミ送り——山村社会における神送りの一形態——

一　はじめに

長野県の東南端に当たり、静岡県と境を接する下伊那郡上村と南信濃村の両村は古くから遠山谷と呼ばれてきた[1]。東西を赤石、伊那の二つの山脈に挟まれたこの谷は、山腹の傾斜角が三〇度から四〇度の険しいV字谷であり、水田耕作の可能な氾濫原が極めて少ない。そのため、人々の生活は昭和三〇年代中頃まで、焼畑耕作や狩猟、伐木といった山林資源に依存した生業によって支えられていた。遠山谷は、国の無形文化財に指定された湯立神楽「霜月祭」の伝承地として知られ、山村の伝統的な生活形態や豊富な山の神信仰を伝える地域としても知られている。本稿は、それらに比べ報告の少ないコトノカミ送りと呼ばれる年中行事の資料報告を目的としているが、その前にこの儀礼の背景となっている遠山谷の憑き祟り信仰について簡単に触れておこう。祟りや憑きものに対する信仰は、霜月祭や山の神信仰と並んで、当地の民間信仰を知る上で欠かすことの出来ない要素だからである。

祟りについては、例えば、山の神のヤスミ木と呼ばれる木があり、それを間違えて伐ると、当人や家族によくないことが起こると考えられている。また、山の講の日や父親の命日に山に入って祟られたという話など、山の神の祟りに関する逸話は多く語られ、車の転落現場に山の神の幣が祀られたりするのもこの地方の特色であろう。なお、山の神ばかりでなく、死霊や家の神、特定の場所なども祟りをなすと考えられている。例えば、死霊の中には、祀り方の不十分な先祖であるとか、事故や自殺などで不慮の死を遂げた人の霊が含まれ、無縁仏や殺された六部の霊も祟ると考えられている。稲荷のような家の神の場合は、祀り不足が祟りの原因となるが、ケチ山とかトシ山と呼ばれる特定の山や木地師の屋敷跡にまつわる祟りの場合、当人が気づかずにそれらの場所へ足を踏み入れたために起こることが多い。

祟りをめぐる事件では、災厄に見舞われた当人がすぐに気づく場合もあるが、多くは祢宜と呼ばれる民間の神官に相談を持ちかけ、占いや託宣によって祟りであることが確認され、然るべき措置が取られるように指示される。祟りに対する対処の手段は、山の神や家の神のようにすでに神として祀られているものには、幣や御神酒を供えてその怒りを鎮めようとするが、死霊の場合には、「若宮」ないしは「キュウセン山の神[2]」として神に祀り上げる方法もある。遠山谷の祢宜は戦前までは、霜月祭のような神事を中心に行なう「マツリ祢宜」と、様々な呪《まじな》いや憑きもの落としを中心に行なう「祈とう祢宜」に分かれ、神官として、また呪医として人々の生活に深く関わっていた。祢宜たちは山岳修験の影響を受けた特殊な知識を独占しており、一般の人々は何か不可解な出来事が起こった場合、彼らに相談し指示をあおぐ以外になかったのである。

以上のような祟り現象と同時に、昭和四〇年代中頃まで遠山の人々を悩ませたのは、クダショと呼ばれる憑きものの活動だった。クダショ落としには様々な方法があったが、クダショがなかなか離れない場合には「送り立て」と呼ばれる儀礼が実施された。「送り立て」は、病家に結界を張り、産土神はじめ祢宜が頼りとする神々を招へいし、神々の力を借りて、クダショを脅したり甘い言葉で誘いながら、手に持つ幣に憑着させ、適当な場所へ送る儀礼である。(3) 祟り鎮めの場合、鎮撫と祀り上げが儀礼の中心だったのに対し、「送り立て」儀礼の特色は、邪霊との対決と駆逐が中心になっている点である。

以上、遠山谷の憑き祟り信仰のあらましを簡単に紹介してきたが、遠山では、クダショの「送り立て」と非常に良く似た儀礼が年中行事の中に組み込まれており、それがこれから紹介するコトノカミ送りである。遠山谷のこの行事は、現在では上村の上町地区で行なわれるだけであり、クダショの「送り立て」も昭和四〇年代以降まったく行なわれなくなったと言われている。そこで、実際の観察に基づいた神送りのデータを提示し、遠山谷の民間信仰に大きな位置を占める祢宜の宗教的技術の一端を明らかにするのが本稿の目的である。本稿は、まず筆者が直接観察した上町地区のコトノカミ送りの詳細を報告し、次にこれと周辺の地区での聞き書きのデータを比較していく。そして、最後にいわゆる「事八日」をめぐるこれまでの議論をふまえ、遠山谷のコトノカミ送りについて、とくに山の神信仰との関係を考察しておく。

二　上町の事例（昭和六〇年二月八日）

遠山谷ではかつて、二月八日と十二月の両日にコトノカミ送りと呼ばれる神送りの行事が行なわれていた。この行事は、旗やオンベ（大型の幣）を先頭に行列を組み、鉦や太鼓を鳴らし、「トートの神を送るよ」と全員で唱和しながら、ムラ境まで厄病神（風邪の神）を送るという内容で、子どもを中心に

写真1.　オタカラ（幣）と献饌

した賑やかな行事だったという。送る方向は、春（二月）は川上へ秋（十二月）は川下へと決まっていて、南北に細長い遠山谷を上村川・遠山川に沿ってムラからムラへ送られるようになっていた。

しかし、この行事は戦後になって次第に姿を消し、現在では上村の上町でだけ、それも二月に行なわれるだけとなった。上町では送りの時の太鼓の音から、この行事は「デンデン」とも呼ばれているが、現在では十二月の方が取りやめになったために、一年おきに上《かみ》と下《しも》へ送っている。筆者が観察した昭和六〇年度は上に送る年で、正八幡社近くの「山神・水神」碑まで送られたが、下に送る年は部落の南の橋の手前まで送られる（図参照）。ただし、かつては上に送る場合には中郷地区との境にある庚申様まで、下に送る場合は南信濃村との境に当たる赤沢の橋まで送られていたのを変更した経緯がある。また、当屋についても、上に送る場合は「祢宜屋《ねん》」、下へ送る場合には、「坂本屋」という南北両端の家が当屋になっていたが、昭和三〇年代に「坂本屋」が絶家となったのも手伝い、現在では肉屋で食堂も兼ねている「清水屋」が当屋を務めている。このような変化をふまえた上でコトノカミ送りの詳細を報告していく。

① 準備

当屋の清水屋では、祢宜（村沢初市氏）のほか二、三人がオタカラ（幣）を切っている。出来あがったオタカラは、家の神（「天照皇太神」の掛け軸）の前に立てかけられる。中央には家の神のオタカラが三本、その両脇に疫病神である「屋守殿《やもりでん》」（左）と「屋五郎殿《やごろうでん》」（右）が一本ずつ、さらにその外側にはワキ神のオタカラを各々左右に一本ずつ立てかけていく。ワキ神には、荒神・水神・山の神・八百万神《やおろず》・稲荷・八幡・天伯の七組十四本のオタカラが切られる。ワキ神の数は偶数を避け三・五・七のいずれかであり、立てかける順番はとくに決まっていないが、天伯を必ず一番上にする（写真1参照）。

屋外では、縄をなったり、旗に使う竹竿や竿の先に藁を巻きつけてオワキ（ワキ神のオタカラを刺すもの）

を作っている。旗は、中央に「津島神社」と大きく書かれ、右側に「屋守殿・屋五郎殿」、左側に「村内安全・交通安全」と書かれている。

こうしている内に、各々思い思いのオタカラを手にした村人が当屋に集まってくる。

② 祓い

オタカラを切り終えると、家の神の前に注連縄を張り、御食《みけ》（川魚・海の魚・昆布・果物・野菜）と神酒《みき》を供える。一同が家の神の前に座り、以下の順序で祓いが行なわれる。

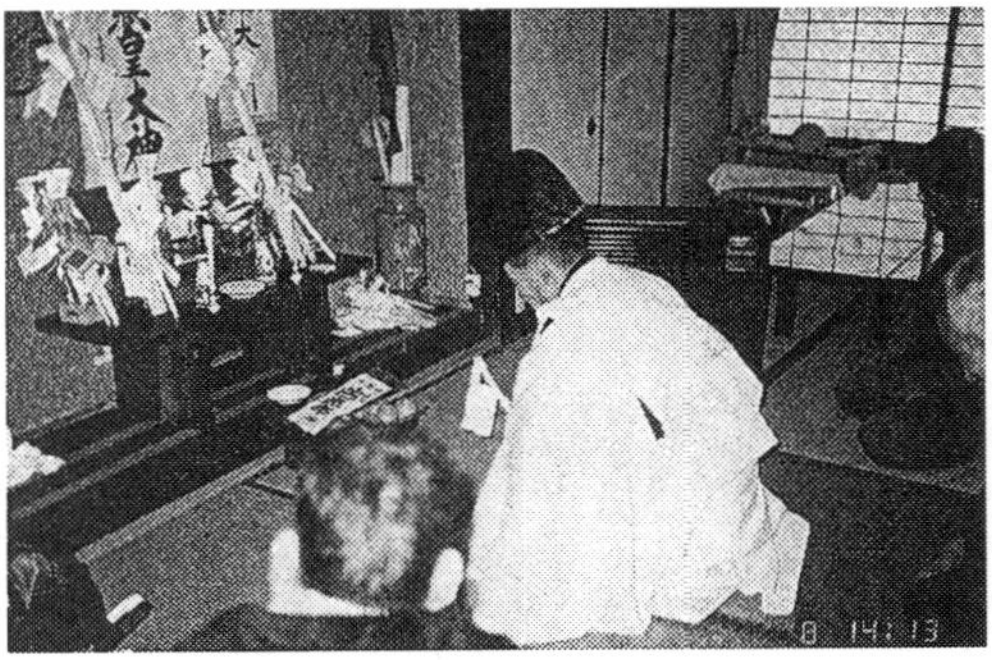

写真2. 祓い

- 御座付《おざつき》の祓い
- ミソギの祓い
- 六根の祓い
- 五方の祓い
- 天地の祓い
- 家清め（御撰米と塩、祓いヌサを手にした祢宜が、かまど、なべ・釜、井戸、門、道の順に家を清める）
- 大祓い（清めの神楽、しめひきの神楽を唱え、神々を招へいする）
- 日待祓い、月待祓い
- 産土の祓い
- 祈念祝詞
- 一切成就の祓い
- 神酒祝詞、御食祝詞

なお、以上の祓いは、家清めを宮清めに変えれば、大祭《たいさい》（霜月祭）の時の祓いと同じである。

③　共食

祓いが終わると、全員で豆腐汁を食べ、酒を飲む。豆腐汁がデンデンの食べ物とされるのは、「四角でマメにやわらかい」という願いが込められているからだと説明される。

④　送り

一同当屋を出て行列を組む。祢宜を先頭に大ノット（「屋守殿」・「屋五郎殿」のオタカラ）、オワキ、旗、参加者の順。歩きながら太鼓を三回、鉦を三回、デン・デン・デン、チャン・チャン・チャンと鳴らし、「トートのカーミを送るよ」と唱和する。送りの順序は以下の通りである（図参照）。

(i)　五方の道あけ

送る方向とは反対側の橋の手前（図中①）で行なう。ただし、これは境が近くなったための変化で、本来は送る方向に向かって、疫病神とワキ神とが送られて行き易いように神の道をあけるのが「道あけ」の目的である。この日の道あけの場所は本来は下《しも》へ送る時の道あけの場所であり、上《かみ》へ送る時はこの日の送り場である正八幡社裏の山の神が道あけの場所だった。道あけは、東・南・西・北・中方の五方に向かい、次のような歌を唱和する。

「東方のヤツガラ山のやつなれば
道あけ給へ　京のきく神
南方のヤツガラ山のやつなれば
道あけ給へ　京のきく神
（以下、西方、北方、中方と続く）」

(ii) 送り歌の唱和

道あけの後、行列は上《かみ》に向き直り、琴平さま(図中②)の前で次のような歌を唱和する。

「1 白紙をおし折りたたみ
幣とはいでは　神の姿なり

2 白金黄金の御戸を押し開き
神あらわれて　げきょう召される

3 伊勢の国天の岩戸を押し開き
神あらわれて　御座れ招ずる

4 諏訪の池水底照らす小玉石
手にはとれども　袖はぬらさじ

5 東山小松かきわけ出る月は
錦はやらじ　ここに招ずる

6 神之道千道八ッ橋道七つ
上なる道は　佛生ずる

7 神之道千道八ッ橋道七つ
中なる道は　神を生ずる

8 神之道千道八ッ橋道七つ
下なる道は　渡り生ずる

図　上町のコトノカミ送り(昭和60年2月8日)

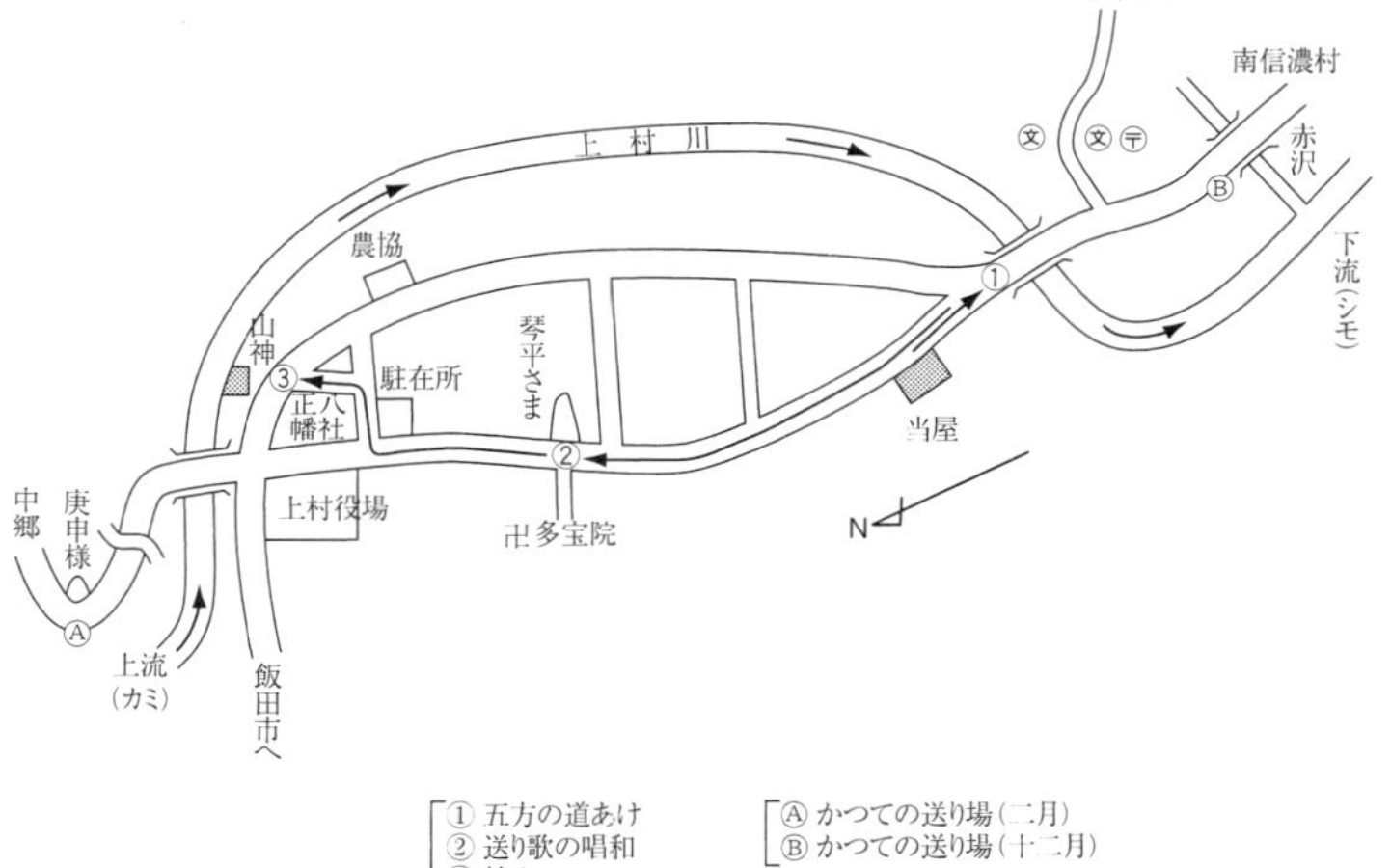

① 五方の道あけ
② 送り歌の唱和
③ 納め

Ⓐ かつての送り場(二月)
Ⓑ かつての送り場(十二月)

9　この島は主ある島か主なくば
産土神のせて　送り申さん
10　この島は主ある島か主なくば
当病のせて　送り申さん
11　正八幡にさそいさそわれ立つ折は
神もすすきもなびきこそすれ
（八社之神、津島神社、その他の神々に変えて）
12　山の神ものうれしげに立つ折の
神もすすきもなびきこそすれ
13　稲荷神ものうれしげに立つ折の
神もすすきもなびきこそすれ
14　四面にさそいさそわれ立つ折の
神もすすきもなびきこそすれ
15　浦中に八尋の舟が見へにけり
あれこそ神の迎へ舟なり
16　行く先に花の都を持ちながら
なにとてここに長居生ずる」

（村沢初市氏所有「事神送り歌詩」より）

なお、村沢氏によれば、この歌はクダショの「送り立て」でも歌われたという。(4) また、2番から5番の

写真3． 五方の道あけ

写真4． 納め

写真5． 湯ダスキをくぐる

歌詞は、霜月祭の際に神寄せの神楽として歌われる「しめひきの神楽」の初めの歌詞と同じものである。

⑤　納め

正八幡社裏の山の神（図中③）に到着した一行は、旗やオワキ、オタカラをそこに納める。祢宜は、

「ここ貸せたまへ　地荒神　三尺四方を借り申す」

と唱え、九字を切る（「送り立て」の時も同様）。

この後、祢宜は首に掛けていた湯ダスキをはずし、これを右手で持って腕を水平に差し出し、参加者はその下をくぐり抜ける（写真5参照）。全員がくぐり終わると、「これで厄はみんな中郷の方へ行った」と説明される。

以上で上町のコトノカミ送りの報告を終わるが、『上町の民俗』（国学院大学坪井ゼミナール・一九七〇年）には、「行列が家の前を通る時には、カギノハナに掛けてある鍋や釜のたぐいを全部はずし、戸口を開けておくものという。これは家の中のものをすべて明け渡して悪神を持ってもらうためだという」（八六頁）と報告されており、筆者も注意してみたが、戸を開けている家はほとんどなかった。ただ、行列は病人のいる家の前で止まり、戸を開けて行列を待っていた家の人から祢宜がオタカラを受け取り、祓い木で祓い、九字を切るのが見られた。この点をつけ加えておく。

三　他の地区のコトノカミ送り

下の表は、上町とそれに隣接する五つの地区のコトノカミ送りを比較したものである。他の地区では、この行事が行なわれなくなってから既に三〇年以上が経っており、断片的な資料しか集めることが出来なかった。ただ、それらを比較することで、呼称や当屋の有無、共食の内容などに地区の間で若干の変差があった

ことが確認できる。

まず、呼称については、コトノカミ送りという一般的な呼び方と同時に、地区ごとに様々な呼称が使われている。例えば、下栗のヨネソロイというのは、行事に先立って子どもたちが各戸から一合ずつヨネ（精米した粟）を集めたからである。また、上島や木沢で使われたサンヨリ送りという呼称は、送りに使うオタカラを「サンヨリ」と呼ぶことに由来するという。以上の二つは単なる呼び換えと見なすことも出来るが、コト始め・コト納めという呼称の併存は、この行事の基本的な性格を考える上で注意しなければならない点である。表では、中郷でのみこの呼称が使われるようになっているが、他の地区でも祢宜を中心とする一部の人々がこの呼称を用いている。中郷では、風邪の神を送るという観念とともに、コト始め（二月八日）は作神さまが山へのぼる日であり、コト納め（十二月八日）はムラの外へ帰られる日だと説明される。また、下栗でも二月八日は作神さまが山にのぼる日だという意識があり、実際山の方に向かって送られた。そして、

表　各地区のコトノカミ送り

項目／地区名	呼　称	当屋の有無	送る方向	送る対象	共　食	典　拠
上村上町	デンデン	有	※※川上（2月） 川下（12月）	風邪の神	豆腐汁	調　査 （昭和60年2月8日）
中　郷	コト始め（2月） コト納め（12月）	無 （八幡社）	〃	風邪の神 作　神	粟のむすび	聞き書
下　栗 ⓐⓑⓒ※	八日様 ヨネソロイ	ⓐⓑ　有 ⓒ無（拾五社）	山へ（2月） 川下（12月）	風邪の神 作神（2月のみ）	〃	〃
南信濃村須沢	コトノカミ送り	無 （宇佐八幡社）	川上（2月） 川下（12月）	風邪の神	おかゆ	〃
上　島	サンヨリ送り	有	〃	〃	オヒヤシ	井上　1934 （昭和9年2月の事例）
木　沢	サンヨリ送り	無 （正八幡社）	〃	〃	〃	波浪生　1934 （昭和8年12月の事例）

※下栗は区内3ケ所で行なわれた
ⓐ　大野
ⓑ　屋敷、小野
ⓒ　本村、半場、帯山

※※現在では2月のみ
1年おきに川上・川下へ送る

前日の七日が山の講であることから、八日のコトノカミ送りには「山仕事ばかりでなくその他の仕事（主に農事）も無事に行えますように」という願いが込められていたのだと説明される。ただし、下栗では十二月に作神が山から降りてムラの外へ送られていくという観念は曖昧で、川下へ送る十二月の場合には疫神送りの側面のみが強調されていたようである。

以上のように、コトノカミ送りが風邪の神に代表される疫病神をムラの外へ送り出す儀礼であるのはどの地区でも共通しているが、これに加えて、中郷や下栗（二月のみ）のように作神の去来をコトノカミ送りと結びつける地区があったこと、またその他の地区でも、祢宜を中心とする一部の人々にコト始め・コト納めという呼称が用いられていたことに注意しておきたい。

次に、当屋についてであるが、表から分かるように、中郷、下栗©（本村・半場・帯山）、須沢、木沢の四ケ所では神社で祓いや共食を行ない、当屋を用いなかった。当屋を使う下栗ⓐ（大野）、ⓑ（屋敷・小野）では当屋は年番であり、上島でもかつての上町と同じように南北両端の家が当屋を務めていたことから、特定の家がこの行事と深く関与していたわけではないことが分かる。

送る方向については、既に述べたように下栗が二月に山へ送るだけで、他の地区はいずれも二月は川上へ、十二月は川下へ送っていた。他の地区でこの事を話すと、「下栗には川がないから」と説明される。他の地区では、この行事があくまでも川の流れに沿って送られるものと意識されているのが窺える説明である。ただし、作神の去来を伝える中郷では、二月に川上に送ることで「作神さまが山へのぼった」と説明されたことから、川上と山とが同じ位置づけを与えられていたことが分かる。おそらく、山を水源とみなし、山の神と水神とを夫婦と考える遠山谷の山の神信仰が、コトノカミ送りに何らかの影響を与えたのではないかと考えられる。

なお、共食についても、地区ごとに異なり、必ずしも豆腐汁だけがコトノカミ送りの食物ではなかったことが分かる。上島、木沢のオヒヤシは、米を砕き水を入れて固めた（火を決して使わない）もので、オシロイ餅とも呼ばれ、霜月祭の時にも祭に先立って神々に献上され、終了後に共食される食物である。報告によれば、二つの地区ではオヒヤシは神社や当屋で共食されるのではなく、旗やオタカラを納める場所で子どもたちが奪いあうようにして食べたとされている。[5]また、上島や木沢では、上町で最後に行なわれた湯ダスキくぐりに相当する次のような所作がなされたと報告されている。

「村人の帰って来るのを待っていた祢宜は懐中から剃刀を出して右手に持ち、吾が前を通る村人の頭上で、小声に

『トー、テンチクノ、サンチョ、コカジ

ムネチカノウッタルケン、ツキタツナラバ、アトへハ、サルマイ』

と唱へながら、全部の村人が通りすぎて了ふまで何遍も繰り返し、九字を切ります。その時、子ども達は、『痛い痛い』と叫び乍ら通ります。この剃刀の九字の下を通り抜けるまでは、だれも後を振り向いては成らぬ事になっています」（井上一九三四、六五頁）

右の記述から、子どもたちが疫病神の依り坐のような役割を果たしているのが読みとれる。残念ながら、現在残っている上町のコトノカミ送りには子どもの参加者は一人もいなかった。午後一時から三時まで行われるこの行事には、学校があるため参加出来ないからである。子どもがコトノカミ送りの中心だったことはどの地区でも同じであり、果たして子どもたちがこの行事の中でどのような役割を果たしていたのか、今のところは未調査である。

以上、呼称や当屋の有無、共食の内容などの細かい点で、各地区の間に若干の差異があることを指摘しな

がら、上町のデータでは必ずしも明確ではなかった作神去来伝承の併存という問題や、子どもが疫病神の依り坐の役割を果たしていた可能性を述べてきた。

このような地区の間での差異は、社会そのものの差異というよりも、儀礼の執行者である祢宜の知識や技術の差異と見るべきであろう。上町以外の地区では、コトノカミ送りの実際に行なった祢宜の多くがすでに故人となっているため、送り歌の歌詞や使用される道具に関する儀礼執行者の側からの情報を得ることは非常に困難である。ただ、下栗には次に紹介するような祢宜の覚え書がのこされていて、下栗のコトノカミ送りの様子がわずかながら窺える。

「産神祭行記」と題するこの覚え書は、大野で祢宜をしていた胡桃沢倉松氏（明治十九年生まれ）が、愛知県瀬戸への転出（昭和四十八年）に際して書き残したものである。[6] まず、オタカラについては、「御幣五尺二寸一本、小形一尺八寸一本、一尺五寸八本」と書かれているが、どの神のオタカラかは記されていない。また、オワキについては、上町では竹竿が用いられたが、ここでは一尺五寸の長さの木に藁を巻きつけ、三本足をつけた「ツツッコ」と呼ばれるものが絵で示されている。旗には、中央に「津島牛頭天王」、左横に「鹿妻大神」と書かれた旗が描かれている。そして、送り歌については次の通りである。

「1　神なればごへいの浦にそよそよと
　　京じ給へと右之社ゑ
2　送るには善悪日わいとわずに
　　免して給ゑ　今日のきく神
3　金ぜ東方のやつがをい山のやつがたき
　　道あけたまゑ　今日のきく神

4 金ぜ南方のやつがをい山のやつがたき
道あけたまゑ　今日のきく神
（以下、西方、北方、中央、十二ケ方と続き、般若心経をあげる）
5 ひきどりわむりこそすれば
いかばよりこより
6 をぶすなにさそいさそわれたつ時わ
もりもすすきもなりてそう
7 すがのきわむりこそすれがすがのきわ
いかばよりこより
8 ちゑびきわいかばよりこよりちゑびきわ
9 もであてわ天下つゑわをそろしや
なぜればきれる
10 沖中に祈りの舟が見えてそう
あれこそ神のむかい舟
のりをくれてわ神のちじょく
11 泉さきむかいの舟が見ゑてそう
あれこそ神のむかい舟
のりをくれてわ神のちじょく
12 此のしまわ主あるしまか

しまもり給へ　今日のきく神

13　此のしまを押よせ引きよせとる人わ

●（判読不能）ぜが里の　今日のきく神

14　此のしまをななまきやまきまきたてて

ただひとまきわみほのまき」

右の送り歌のうち、3と4は上町の「道あけ」に当たり、11で疫病神に対して「泉さき」と呼びかけている（上町の歌では、「渡り」と「当病」）のが分かる。そして、納めの際の祢宜の呪文は以下の通りである。

「一心頂来まんとくゑまんしゃかん如来

心神しゃーれいまんとくゑんまん如来

しんじやれ

此島わ四間四面であるが七間四面を御貸し下さい

どこも高天原なれば幣をきたまゑ地神荒神と敬って申　」

また、上町の湯ダスキくぐりに当たる破魔の行では、小刀を用いて、

「行く先に花の都あとにきりかすみの法て

切ってはすなどはらちはなんそわ

をんしれものそわか

をんしれものそわか

此のお刀《たち》の申する宗親三城古《むねちかさんぢやうこ》かじ

かじの打つたるをんたちなれば

一寸ぬけば天が切れる
二寸ぬけば地が切れる
三寸ぬけば悪間鬼神《あくまきじん》を打ち拂ふ」

と唱え、九字を切る。

以上が「産神祭行記」の中のコトノカミ送りに関する記述の全てである。

四　おわりに

一般に「事八日」と呼ばれる二月八日・十二月八日の行事については、軒先に目籠を吊したり、餅や団子を供える習俗や、一つ目の妖怪の来訪を伝える伝承に関してこれまで多くの報告がなされてきた。ただし、この行事がどのようなカミに対してなされるものなのか、という本質的な問題に対しては、柳田国男の去来神（山の神と田の神の交替による）説と、小野重朗の「原」山の神説の二つに大別出来るのではないかと考える。

「事八日」の習俗を山の神（＝祖霊）の去来によって説明する柳田は、「年中行事覚書」の中で次のように述べている。

「私の解したところでは、一年の祭の終わりを神送りといったのは古い名で、それは至って丁重な行事であった故に、元は旧十月朔日の前後から、この十二月八日まで続いていた。然るに一方には遠くから入って来た恐るべき害をする神々を祭ってなだめて送り返す式が始まり、それが都風の極めて花やかなものだったために、こちらは推されてだんだん送るとは言わなくなり、たまたま残ったものは、その花々しい悪神祭却の式を真似るようになってしまった。」（『定本』一三巻二六頁）

つまり、神無月から霜月にかけて断続的に行なわれる田の神を山へ送る式の延長上に「事八日」の習俗を考え、遠山谷の事例のように疫神送りの要素が強いコトノカミ送りは、後世の変化だというわけである。また、一つ目の妖怪の来訪についても、悪神を迎え送るというよりも、祖霊を迎え送るこの日の物忌みの強さが生み出した伝承だと考えている（「みかわり考の試み」『定本』一三巻）。

一方、小野重朗は南九州や奄美で行なわれるカネサルの行事に注目し、そこに見られる山の神信仰の古形を本州の「事八日」の解釈に適用しようとする。小野によれば、山の神が春になってサトに下り、田の神になるという考えは農民の発想であり、山仕事に携わる人々にとって山は恐ろしい異郷であり、その山を宰領する山の神、山の精霊は恐ろしい存在であると考えられている。カネサルの行事では、シマガタメと言って、山の精霊に対抗するために牛を殺して共食するが、本州の「事八日」の餅や団子の共食に同じ発想を読み取ろうというのが小野の立論であり、一つ目や一本足という妖怪の姿にも山の神の姿が投影されているという。(7)

両者の説は一見対立しているように見えるが、簡単にまとめれば、去来する山の神（＝祖霊、田の神）を祀るか、山の神そのものに対抗する儀礼なのか、という二点にまとめることが出来、どちらも山の神を「事八日」の重要な要素と考えている点では共通している。それでは、この二点に関して遠山谷のコトノカミ送りがどのような対応をしているのか、次の四点にまとめてみた。

(1) 遠山谷では山の神の去来および田の神との交替説は存在せず、当然ながらコトノカミ送りがそれと結びつけられて説明されることはない。ただし、作神の去来とコトノカミ送りが結びつけられる場合があるが、この場合も作神と山の神が同一視されることはない。

(2) コトノカミはあくまでも疫病神（風邪の神）とされ、作神と結びつけられることはあっても、山の神と同一視されることはない。遠山谷では、山の講は二月七日と十月七日の両日であるが、コトノカミ送りと連続して行なわれる二月の場合も、二つの行事は別々のものとみなされている。

(3) コトノカミ送りの儀礼そのものの形態は、むしろ当地の憑きもの送りの儀礼であるクダショの「送り立て」と酷似しており、山の神をめぐる一連の祭祀体系とは別の体系に属する儀礼であると考えられる。

(4) ただし、作神の去来伝承を伝える地区では、二月の場合、川上へ送ることと山へ送ることが同一視されていたことから、山の神と水神を夫婦神とみなす当地の山の神信仰が、この行事の解釈に影響を与えていたことが窺える。

もっとも、以上の四点については、山の神信仰[8]やクダショ信仰について、各々のデータを照らし合わせる必要があり、それと同時に山の神信仰を基層にした当地の民間信仰においてクダショやコトノカミのような「渡り神」をめぐる祭祀の体系がどのような形で重層化しているのか、それを解明していくのが今後の課題となろう。

注

(1) 遠山谷の村々は、遠山氏の私領時代から幕府の天領時代を通じて「遠山五ケ村」と総称され、ひとつの単位として機能していた。明治以降も昭和二十二年まで「遠山組合村」という一つの村に編成され、共同で七千町歩に及ぶ共有林を経営してきたことから、昭和三十五年の南信濃村の誕生により地図上からはその名が消えた現在でも、人々の「遠山」に対する帰属意識は強いものがある。

(2) キュウセン山の神は、普通山中での事故死者を祀ったものとされ、事故のあった場所はキュウセンと呼ばれ、「キュウセンは一人取るまで上にあがれ（山の神になれ）ない」と言われていたことから、人々はそのような場所にはなるべく近寄らないようにしたという。しかし、実際には集落内での事故死者や自殺者を祀り上げており、若宮との区別は判然としない。

（3）クダショの「送り立て」に関しては、松山義雄『山国の神と人』（未来社・一九六一）に詳細な聞き書のデータが提示されている。
（4）8番の歌詞に出てくる「渡り」は、外来の渡り神を指す。遠山では、伏見稲荷にお参りした人が管の中に入ったクダショを買って持ち帰ったのが、クダショの起源だと伝えられている。なお、10番の「当病」が、中国・四国地方で信仰されるトウビョウを指すのかは不明。
（5）井上福實、「神送り二つ」『旅と伝説』七―九（一九三四）、波浪生「師走八日」『山村』一―二（一九三四）。
（6）この覚え書は、甥に当たる成沢作男氏（明治四十五年生）のために書き残されたもので、本文中の解釈は成沢氏の解説をもとにしている。
（7）小野重朗、「呪術と民俗儀礼」、『日本民俗文化体系4・神と仏』、（小学館・一九八三）
（8）山の神信仰については、拙稿「遠山谷下栗の山の神信仰（上）――狩猟と伐木を中心に――」『信濃』三九―三（一九八七）および「遠山谷下栗の山の神信仰（下）――農耕・採集と年中行事を中心に」『信濃』四三―七（一九九二）参照。

収録論文解題

香川雅信

柳田國男「巫女考」(抄)『郷土研究』第一巻第一号〜第一二号　一九一三〜一九一四年

日本民俗学の創始者・柳田國男による日本のシャーマニズム研究である本論考は、柳田自らが編集に携わっていた日本民俗学の初の専門誌『郷土研究』に創刊号より連載されたもので、柳田にとって非常に重要な意味を持つ論考であったことが推察できる。紙幅の都合上、ここではそのごく一部を掲載することしかできないが、柳田のこの論考は、シャーマンとしての巫女が日本の「固有信仰」において重要な役割を果たしていたことを論証しようとしたものであった。この中で柳田は、飛騨の牛蒡種や蛇神・犬神といったいわゆる「憑きもの筋」の問題についても触れている。柳田は、「憑きもの筋」はかつて特殊な神を祭祀していた家系であり、信仰の零落とともに、邪悪な霊を用いて他者に害を与えると見なされるようになったと論じている。後に速水保孝によって、「憑きもの筋」は宗教者の家筋ではなく、江戸中期以降の貨幣経済の浸透によって急速に富を蓄積したために、村落共同体から脅威と見なされ、疎外・排斥された新興地主であったことが明らかにされるまで、こうした柳田式の「信仰の零落」による説明は長く民俗学の常識となっていた。

喜田貞吉「憑物系統に関する民族的研究――その一例として飛騨の牛蒡種――」『民族と歴史』第八巻第一号(憑物研究号)　一九二二年

徳島県出身の歴史学者、喜田貞吉は、大正八年(一九一九)一月より個人雑誌『民族と歴史』(のち『社会史研究』と改題)を刊行する。その刊行目的は「我が日本民族の由来沿革を調査し、其の社会組織上の諸現象を明にする」ことにあったが、「特に過去に於ける賤民の成立変遷の蹟を詳にし、今も尚時に疎外せらるゝの傾向を有する同情すべき我が同胞解放の資料を供せんとす」と位置づけられてもいた。その第八巻第一号が「憑物研究号」であり、憑きものに関する喜田および倉光清六の論考と各地からの報告が掲載された。本論文は、飛驒地方の憑きもの筋である牛蒡種を例として、憑きもの筋の起源について考察したものであるが、牛蒡種は護法胤→護法は地主神→地主神は先住民族の代表→牛蒡種は先住民族の子孫、というように、推測の上に推測を重ねることによって導き出された結論は、今日では到底受け入れがたい。しかし、憑きものと護法信仰、天狗信仰、白山信仰、鬼伝説などとの関係について考察している点など幅広い視野を持っており、示唆に富む論考である。殊に、『民族と歴史』という雑誌の主たる課題であった差別の問題に注目している点は評価すべきである。

なお、『民族と歴史』の「憑物研究号」は、一九八八年に『憑物』として再編集され、宝文館出版から刊行されている。

酒向伸行「平安朝における憑霊現象――『もののけ』の問題を中心として――」『御影史学論集』第七号　一九八二年

平安時代に特徴的な憑霊現象として、「もののけ」の問題が挙げられる。本論文では、平安時代における「もののけ」の憑依とそれに対する祈禱のメカニズムが、さまざまな文献の記述より明らかにされる。殊に、筆者は霊的存在の影響力である「気」に注目して日本人の霊魂観を解き明かそうとしており、本論文の他にも、「気」の観念から古代の疫神信仰の成立について論じた「疫神信仰の成立――八、九世紀における霊的世界観――」（鳥越憲三郎博士古稀記念会編『村構造と他界観』雄山閣出版、一九八六年）などの論考がある。

高田衛「江戸の悪霊除祓師」『朝日ジャーナル』第二九巻第四〇号　一九八七年

筆者は日本文学の研究者であるが、特に近世の怪談文芸を主な関心領域としている。ここでは、一七世紀後半を中心に多くの奇蹟を行った祐天上人と、彼が解決した下総国岡田郡羽生村の憑きもの事件が紹介されている。羽生村の事件は、後に「累」の怪談としてよく知られるようになるが、筆者は事件の真相を記した『死霊解脱物語聞書』に基づいて、羽生村事件の本質が憑きもの騒動であったことを明らかにした上で、憑きもの咄が語り手によって怨霊譚に転換されていく、という極めて重要な指摘を行っている。

川村邦光「狐憑きから『脳病』『神経病』へ」『幻視する近代空間』青弓社　一九九〇年

筆者は宗教学の立場から、近代における民俗文化の変容を主な関心領域とする研究者である。本論文は、狂気に対する視線が、近代精神医学の枠組のもとでどのように変質していったのかを、さまざまな言説を分析することによって明らかにしたものである。近世において超自然の外在的な〈モノ〉である狐の憑依によるものとされ、それゆえに狐を心身内から排除することによって治療可能であると見なされていた狂気が、近代になって神経や脳という特定の器官の障害として内在化され、治療不可能なものとして排除の対象となっていく、というパースペクティヴの転換が鮮やかに描かれている。殊に、遺伝という観念と結合することによって、「気違い筋」という新たな差別の形態が生み出されていったという指摘は注目すべきものである。

千葉徳爾「人狐持と大狐持」『民間伝承』第一六巻第四号　一九五二年

山陰地方は「狐持ち」と呼ばれる「憑きもの筋」の多数地帯である。「狐持ち」の発生を、江戸中期以降の貨幣経済の浸透による新興富裕層の出現と関係づけて実証したのは、一九五四年に刊行された速水保孝の『つきもの持ち迷信の歴史的考察』(柏林書房、後に改訂版が『つきもの持ち迷信』として一九五六年に同出版社から刊行)であったが、本論文はそれ以前に同様の指摘を行ったものであり、注目すべき論考となっている。さらに、家の守護神としての狐と憑きものとしての狐の二種を区別すべきこと、憑きもの信仰の地域差を地域の事情と関連づけて考えるべきこと、など教えられる所の多い論文である。

中西裕二「動物憑依の諸相――佐渡島の憑霊信仰に関する調査中間報告――」『慶応義塾大学社会学研究科紀要』第三〇号　一九八九年

従来の憑きもの研究は、「憑きもの筋」の問題、すなわち家筋を形成する憑きもの信仰の研究が主流であり、それ以外の憑きもの信仰が正面から取り上げられることは少なかった。本論文では、新潟県佐渡島の貉信仰という家筋を形成しない憑きもの信仰が、当該地域の人々の観念体系の中で考察されている。筆者は文化人類学を専門とする研究者であり、カテゴリー論・境界論などといった文化人類学における諸理論の妥当性が検討されているが、タイトルに「中間報告」とあるように試論の域を出ないものであり、いささか物足りなさが残る。筆者は後に、同地域の狢憑き・生霊憑き・呪詛・死霊憑きなどさまざまな憑霊現象について膨大な事例を紹介し分析した論文（「新潟県佐渡島における憑きもの現象」『福岡大学人文論叢』第二四巻四号・第二五巻一号・第二五巻三号、一九九三〜一九九四年）を発表しているので、さらに詳しく知りたい方はそちらを合わせて参照されることをお勧めする。

波平恵美子「『いのれ・くすれ』――四国・谷の木ムラの信仰と医療体系――」『病気と治療の文化人類学』海鳴社　一九八四年

石塚尊俊が『日本の憑きもの』（未来社、一九五九年）を著した後、民俗学の立場からの憑きもの研究は停滞期に入ってしまった、といわれる。これに対して新たに憑きもの信仰をフィールドとするようになったのは、人類学者たちであった。吉田禎吾らによる社会人類学的研究（吉田禎吾『日本の憑きもの――社会人類学的考察』中央公論社、一九七二年など）、石毛直道らによる憑きものをめぐるコスモロジーの研究（石毛直道・松原正毅・石森秀三・森和則「カミ、つきもの、ヒト」『季刊人類学』第五巻第四号、一九七四年）、そして、波平恵美子らによる医療人類学的研究などがそれである。波平は、「タタリ・ツキ信仰」を民俗社会の医療体系の一端をなすものとして捉え、これまで「憑きもの筋」の問題に矮小化されがちであった憑きもの信仰を、包括的な視野の中で考えるための一つの枠組を提示したといえる。

佐藤憲昭「『イズナ』と『イズナ使い』――K市における呪術―宗教的職能者の事例から――」宗教社会学研究会編『宗教の意味世界』雄山閣出版　一九八〇年

「イズナ」は、中世の文献にもその名が見えるほど古い歴史的背景を持つ憑きものであるが、かつて柳田國男をして、「今日、いくらさがしても見当らぬほどその影は薄く、たまにあったとしても、当事者らが不思議がっている程度である」（速水保孝『つきもの持ち迷信』序文）と言わしめたように、現代における事例報告はきわめて少なかった。本論文は、現代の、それも都市部における「イズナ」と「イズナ使い」に関する事例を紹介した貴重な報告である。特に本論文では、「憑きもの使い」の問題に焦点が当てられ、宗教的職能者間の社会的関係と憑きもの信仰との関係が論じられている。

松岡悦子「キツネつきをめぐる解釈――メタファーとしての病い――」 波平恵美子編『病むことの文化』海鳴社 一九九〇年

本論文は、ある一人の女性のキツネ憑き体験について、その語りの変遷を詳細に追った興味深い報告である。この中で、女性自身の語りと民間治療及び精神医学の解釈が平行して記述され、それらがいずれも「分かりにくいことを具体的に把握する」ためのメタファーであり、いずれのレベルにも還元できるものではないことが主張される。そして、病いの語りを心身の状況や社会関係のメタファーとして理解することの意義を説き、それを因果関係で理解してしまうことに対して疑問を提示している。

香川雅信「登校拒否と憑きもの信仰――現代に生きる『犬神憑き』――」 桜井徳太郎監修・木曜会責任編集『民俗宗教』第五集 東京堂出版 一九九五年

本論文は、徳島県のある町において、登校拒否（不登校）という現代的な「病気」が、伝統的な憑きもの信仰の中で捉えられているという「逆説的な現象」について報告し、それを当該地域の医療体系や社会関係と関連させて論じたものである。憑きもの信仰を「文化的に制度化された物語発生装置」として捉え、超自然的な存在によって惹き起こされる災厄――「障り」の物語が生成される過程を明らかにしているが、いささか図式的に過ぎるきらいがある。筆者は後に、同じ事例を現象学的社会学の視点から考察しており（「『障り信仰』の論理あるいは非―論理」『四国民俗』第三一・三二号、一九九八・一九九九年）、それぞれの人々の「信仰」そのものが生成される過程について論じている。

昼田源四郎「狐憑きの心性史」 山田慶兒・栗山茂久編『歴史の中の病と医学』思文閣出版 一九九七年

筆者は精神科の医師であるが、憑霊現象にも大きな関心を寄せており、近世のある地域社会における病い・狂気への接し方を古記録から再構成した『疫病と狐憑き』（みすず書房、一九八五年）は、日本の憑霊信仰の研究において重要な文献の一つとなっている。ここでは、人間に憑依する存在の時代的変遷について、精神医学の立場からの説明を試みている。筆者は、死霊や生霊に代わって狐をはじめとする動物霊が、近世において人間に憑依する存在として主流になってきたのは、対人関係に直接的な葛藤を持ち込むことを回避しようとする機制が働いたためだとしているが、「憑きもの筋」の問題をやや軽視しているのではないかという疑問が残る。しかし、憑依する存在の歴史的推移を主題化したことは高く評価することができる。

高橋紳吾「都市における憑依現象――宗教観からみた日本人の精神構造――」『社会精神医学』第七巻三号　一九八四年

近年、民俗学・文化人類学において、憑きもの信仰はさほど人気のあるテーマとは言えず、事例報告も決して多くはない。これに対し精神医学の分野では、その空洞を埋めるように憑霊現象に関する事例報告がコンスタントに行われている。本論文もその一つであり、現代都市における憑依現象という興味深い事例が報告されている。稲作農耕にまでさかのぼる日本人の歴史的宗教観に関する議論はかなり荒っぽいが、憑霊信仰がいまだホットな主題であることを示しており、重要な意義を持つ論考である。

仲村永徳「沖縄の憑依現象――カミダーリィとイチジャマの臨床事例から――」『精神医学』四〇巻四号　一九九八年

『精神医学』誌上では、「シリーズ・日本各地の憑依現象」と題する記事を一九九八年から不定期で連載している。本論文はその一つとして発表されたもので、沖縄におけるカミダーリィ（巫病）とイチジャマ（生霊）という二種類の憑霊現象が報告されている。精神医学的な臨床事例の報告とともに、それらの背景となる伝承の紹介、さらに沖縄の憑霊現象の特質を社会的・文化的背景と関連させて論じるなど、本来ならば民俗学者・文化人類学者が担うべき仕事を行っており、憑霊信仰に関するものとしてきわめて良質な報告となっている。こうした精神医学の立場からの憑霊現象の事例報告は、稲田浩・藤原通済「伊予の犬神、蛇憑きの精神病理学的研究」（『精神医学』二一巻九号、一九七九年）など多くのものがあり、民俗学的にも教えられる所が多い。

桂井和雄「七人みさきに就て――土佐の資料を中心として――」『旅と伝説』第一六巻第二・三号　一九四三

年

高知県の民俗学者桂井和雄が、文書によるアンケートと聞き取り調査によって、「七人みさき」と呼ばれる怪異について、土佐を中心として各地の事例を集めたもの。「七人みさき」を土佐の風土病として、医学的研究と照らし合わせてその病原体について推測した部分が特に興味深い。

堀一郎「諸国憑物問状答」『民間伝承』第一四巻第五号　一九五〇年

堀一郎は、宗教社会学的な視点から日本の民間信仰の研究をおこなった宗教学者である。堀は昭和二四年（一九四九）の『民間伝承』第一三巻第一〇号において、江戸時代の屋代弘賢の『諸国風俗問状』にならって「諸国憑物問状」と題し、憑きものに関する調査項目を提示して、各地の研究者に事例の報告を呼びかけている。この記事は、その報告の一部を掲載したものであり、九州・四国の犬神、群馬のオサキが事例として挙がっている。殊に香川県三豊郡の一例は、犬神が一種の守護神として病気なおしをおこなっているという貴重な事例報告である。

下野敏見「種子島呪術伝承」『日本民俗学』第八六号　一九七三年

モノシリと呼ばれる呪術師を中心とした、種子島の呪術伝承に関する詳細な調査報告である。犬神やカゼといった憑きもの信仰についても紹介がなされており、当地の宗教的世界観を知る上で重要な意義を持つ資料である。

三浦秀宥「岡山のシソ（呪詛）送り」『日本民俗学』第一五七・一五八号　一九八五年

小松和彦は『憑霊信仰論』（ありな書房、一九八四年）の中で、日本の「つき」現象は個人に限定されず、特定の社会集団や一定の土地・屋敷にも発現することを指摘し、憑きもの信仰をより広い視野の中で捉えようとした。そのような視点に立つならば、ここで紹介されている「シソ（呪詛）」は、人よりもむしろ家に憑く「憑きもの」として捉えることができる。本論文では、この「シソ」を送り出す儀礼と、その儀礼を執り行う宗教者について報告がなされている。

浮葉正親「長野県遠山谷のコトノカミ送り——山村社会

における神送りの一形態――」『大阪大学日本学報』第六号　一九八七年

本論文は、長野県遠山谷の「コトノカミ送り」と呼ばれる年中行事の調査報告である。コトノカミ送りは、いわゆる「事八日」の習俗として、厄病神（風邪の神）を送るという意味を持つ儀礼であるが、当地の憑き祟り信仰、殊に「クダショ」と呼ばれる憑きものに対する信仰と密接に関連している。災厄をもたらす悪しき霊に、どのような宗教的技術で対抗してきたのか、を知る上で貴重な報告である。

憑きものに関するアンソロジーとしては、谷川健一編『憑きもの』（三一書房、一九九〇年）および小松和彦編『憑霊信仰』（雄山閣出版、一九九二年）などが既にある。本書を編むにあたっては、これらに掲載されたものと重複せず、なおかつ研究史の上で重要な意味を持つような論文が選ばれた。その結果、一九八〇年代以降に発表された論文が大半を占めることになった。また、従来のアンソロジーが狭義の憑きもの、つまり「憑きもの筋」を形成するような憑きものに関する研究に紙幅の多くを費やしていたのに対し、本書は憑霊現象そのものを主題に据えた研究や、憑きもの信仰をより包括的な文化体系の一端をなすものとして捉えた研究を多く取り上げている。第Ⅳ章で取り上げた精神医学の立場からの研究は前者を、第Ⅲ章で取り上げた医療人類学的視点からの研究は後者を代表するものであろう。さらに第Ⅴ章では「七人みさき」「シソ」などといった、明らかに憑きものの一種でありながら、憑きものとして取り上げられることの少なかった霊的存在に関する報告を紹介している。本書がまさに憑きもの研究の新しい可能性を指し示すものとして、今後の研究における一つの出発点となることを期待したい。

憑きもの 解説

小松和彦

I 「憑きもの」とはなにか

「憑きもの」という言葉は現在ではひろく世間に流布している言葉である。日常生活のなかでも、がらっと生活態度が変わったとき、「憑きものが落ちたみたいだ」などと表現することがよくある。あるいはまた、不幸なことが度重なったときに、「なにか悪い憑きものでも憑いたのかもしれないからお祓いでもしようか」などと表現することもある。そうした表現をした本人に、「その憑きものってなに?」と尋ねたとしても、きっとそれほど明確な答えが返ってこないだろう。日常のコンテキストでは、尋常でない状態、すなわち好ましくない状態を引き起こしている霊的な存在を、漠然と指しているにすぎないからである。日常に使われている言葉はだいたいそうしたものである。いちいち明確な定義などすることなく用いているのだ。この語は手元にある『岩波国語辞典』にも載っているが、その説明は「人に乗り移った物の霊。もののけ」とあるだけである。この程度の説明で日常会話のなかに出てくる「憑きもの」の理解は十分というわけである。

しかし、ちょっと立ち止まって「憑きもの」とはなにかを考えてみると、「乗り移った物の霊」ではあまりに漠然とし過ぎていることに気づく。たとえば、自分の住んでいるムラの氏神さまが憑いたら、それはやっぱり「憑きもの」なのだろうか。辻に立っているお地蔵さまが憑いたら、それも「憑きもの」なのだろうか。自分が堕した子どもの霊が憑いたら、それも「憑きもの」なのだろうか。裏山に住む狐が憑いたら、それも「憑きもの」なのだろうか。『源氏物語』にみえる葵上に取り憑いた六条の御息所の霊も「憑きもの」なのだろうか。そんな疑問が湧いてくるはずである。

広義ではそれらすべてが「憑きもの」であるということができる。文字通りに解すれば、「憑くことができるもの」はすべて「憑きもの」ということができる。人や物に乗り移るという属性をもった霊はすべて「憑きもの」なのである。そして、なにかに憑いている状態にある霊を「憑霊」といい、そのような状態を「憑霊現象」という。

しかしながら、じつは、狭義では上述の例のほとんどが「憑きもの」に該当しないのだ。狭義の意味での「憑きもの」は広義の「憑きもの」の意味にさらにいくつかの条件が加えられているのである。

あまり知られていないが、「憑きもの」という語は民俗学的研究のための学術用語として生み出されたものである。その研究史を簡単にたどってみる限りでは、「憑きもの」という語を学術用語として自覚的に用いようとした最初は、おそらく大正一一年に刊行された喜田貞吉の編集する『民族と歴史』八巻一号「憑物研究号」であろう。それ以前に、現在と同じような意味合いで、世間あるいは知識人のあいだで用いられた形跡がないからである。その意味でこの特集は記念碑的な位置を占めている。この時期の研究を、ここでは、第一期の「憑きもの」研究期と呼びたいと思う。この特集号で喜田貞吉は「憑物概説」と「憑物系統に関する民族的研究」の二本の論考を寄稿し、また倉光清六は「憑物」を概観した「憑物鄙話」を寄稿し、また郷土史家たちによる自分たちの住む地域の調査報告も各地から寄せられている。そして、その内容がその後の民俗学的「憑きもの」研究の方向を決定づけたといっていいであろう。というのは、ここで取り上げられた各地域からの「憑きもの」の事例群が、そのまま民俗学が調査対象とする「憑きもの」の範囲となった観があるからである。特筆すべきは、この特集の関心の中心が、喜田の論考の「憑物系統」という言葉が物語るように、特定の家筋で養い飼われているといういわゆる「憑きもの筋」に向けられていたことである。

しかし、留意すべきは、この当時はまだ「憑きもの筋」という用語は存在していなかったということである。もっとも、喜田貞吉は民俗語彙としての「狐持ち」とか「牛蒡種」とともにその総称として「憑きもの筋」とほとんど同じ意味で「物持筋」とか「憑物系統」といった用語を用い、倉光清六は「憑物持」という語を用いていた。だが、この用語は定着せず、戦後になって再びこの信仰が関心を集めたときに用いられた「憑きもの筋」(憑物筋)という語が、民俗学界を中心に広く受け入れられることになったのであった。おそらく、第二期の「憑きもの」研究の中心的な担い手であった石塚尊俊によって、戦後の昭和二〇年代の後半になって意識的に用いられ出されたもののようである。

第二期の「憑きもの」研究は、この「憑きもの筋」に焦点をあわせた研究が中心であった。この時期の研究は、人に乗り移って害をなす「憑きもの筋」に関心を絞り込んで、それを、民俗学的あるいは社会経済史的、さらには文化人類学的に研究するというものであった。すなわち、第二期の「憑きもの」研究は、その指導的立場に立った石塚尊俊たち、ほぼ同じ時期に社会経済史的観点からの「憑きもの筋」の研究を行った速水保孝、これに刺激を受けて文化人類学的に考察しようとした七〇年代前後の吉田禎吾を中心とする九州大学のグループらによって担われてきた。これにやや遅れて私もまた「憑きもの」の研究に取り組むことになったが、私の立場はこうした戦後の「憑きもの」研究の動きとは異なり、どちらかといえば、喜田貞吉によって示された広義の「憑きもの」へと回帰するような研究を志向し、「憑きもの」に変えて「憑霊信仰」という用語を用いて、新しい「憑きもの」研究を模索しようと試みたのであった。

ところで、民俗学的な「憑きもの」研究史を紐解くとき、必ずといっていいほど、柳田國男の『巫女考』が最初に言及される。たしかに、そのなかで、喜田貞吉たちの研究に先行するかたちで、たとえば、犬神筋や蛇神筋、オサキ狐持ちについての考察がなされている。しかし、注目したいのは、柳田國男はそのとき「憑きもの」とか「憑きもの筋」という語を用いてはいないし、その後も、少なくとも『定本柳田國男集』（別巻5）の「索引」による限り、その語を用いた形跡がまったくないのだ。彼がそうした用語の存在を知らなかったわけではない。石塚は柳田のもとで『日本の憑きもの』として集大成される研究をしていたのである。ということは、それにもかかわらず、その理由がなんであったのかはわからないが、彼はそうした用語を使うことを意図的に避けていたということを意味する。私の理解では、そこには、広義の「憑きもの」から狭義の「憑きもの」へと研究の視点が絞り込まれていくことによって、柳田が思い描いていた研究の方向が見えなくなっていくことへの不満が、それとなく表明されているのである。

学問的営みは、日常生活のなかに生起する事象に対する疑問から出発し、その疑問を解き明かすための情報を収集し、その分析を通じて納得のいくかたちでの説明を与えようとするものである。その過程で必然的に、類似するあるいは関連すると思われるものをグループ化し、異質と思われるものを除外するという作業を行なうことになる。「憑きもの」や「憑きもの筋」という用語もそうした作業のなかから編み出されたラベルであった。すなわち、民俗学では、研究の戦略として、民俗調査のなかから浮かび上がってきた特定の現象にかかわる神霊群を「憑きもの」と総称したのである。

すでに述べたように、「憑きもの」は、文字通りに理解すれば、「憑くもの」つまり「人などに乗り移る霊」はすべて「憑きもの」である。しかし、従来の民俗学でいう「憑きもの」はそれとは大きく異なっている。というのは、民俗学が「憑きもの」という概念を創出してくる過程で、いいかえれば「憑きもの」という言葉を貼り付けるにふさわしい「神霊」を発見する過程で、「神霊」の選別・分類がなされたからである。すなわち、他方に、同じような現象を生起させることができるにもかかわらず「憑きもの」に分類されない「神霊」がたくさん存在しているわけである。ある基準でそれらの神霊は「憑きもの」の仲間から排除された。おそらく、柳田が不満に思うような、そしてもし喜田がその後の「憑きもの」研究の展開を知ったならばやはり不快に思ったはずの、神霊群の分断がなされたのであった。

その神霊群の分類基準は、大別して三つあった。ひとつは、人間に危害を加えるために人に憑いた神霊、つまり「悪霊憑き」に限定したことである。「憑きもの」とは「悪霊」でなければならないのである。したがって、これは英語でいう憑依現象一般を指すポゼッションよりも限定されたオブセッション（悪霊憑き、妄想憑き）に相当する。柳田や喜田の視野のなかにあった「憑霊現象」は、ポゼッションであり、その下位概念としてオブセッションがあった。

もうひとつは、「民俗誌的現在」の「悪霊憑き」に限定したことである。すなわち、民俗学者たちが調査に赴いた先の村落において遭遇もしくは伝聞した「悪霊憑き」に限定していったのである。柳田や喜田の頭のなかにあった「憑霊現象」ないし「憑きもの」は、古代から民俗学的現在に至るとても広い視野のもとでの「憑きもの」現象の考察であった。それが遠景になっていったのだ。

いまひとつは、特定の家に飼い養われているとその地域の人たちに信じられている「憑きもの」に研究の対象を絞り上げたことである。こうした絞り込みの結果、「憑きもの筋」を形成しない「憑霊現象」を考察することが疎かになっていった。そもそも「憑霊現象」とはなんなのか。それはどのような機能を持っているのか、その歴史的・構造的全体像はどうなっているのか、そういった疑問はもはや深められなくなってしまったのだ。

さらに、民俗学は、明らかに民間信仰の一種である「憑きもの」に、「俗信」という特別な名称を与えて信仰から区別しようとした。好ましくない信仰、断片化した信仰という判断によって「民間信仰」からはずしてしまったのである。この「信仰」によって婚姻差別などの被害を蒙っているという声が多いという事実の前に、その信仰のメカニズムをできる限り客観的・論理的に解明し、それに基づいて、ことの善し悪しの判断を下すというプロセスを経ることなく、信仰という名には値しない「信仰」としての「俗信」というラベルが、貼られてしまったのであった。その結果、ますます「憑きもの」研究の視野が限定されたものになっていたのは、当然の帰結ともいえるであろう。

こうした条件を満たす「憑きもの」の代表とみなされたのが、「狐憑き」「狐持ち」であった。この、具体的・地域的バリエーションが、関東地方の「オサキ狐」とか中部地方の「クダ狐」とか出雲地方の「人狐」、こうした「狐憑き」信仰に類似した動物霊憑きとして四国・東九州地方の「犬神憑き」「犬神統」、トウビョウとかナガナワとも呼ばれる九州・中国地方の「蛇神憑き」「蛇神持ち」、飛驒地方のゴンボダネと称する「生霊憑き」「生霊筋」であった。

しかも、こうした「憑きもの」に関する基本的な情報源は、意外にも、柳田國男や喜田貞吉、倉光清六などの第一期の「憑きもの」研究期においては、郷土研究者たちからの報告も多少あったが、江戸時代の知識人たちの随筆類のなかから抽出されたものが中心を占めていた。

江戸中期ころから、それまであまり聞くことのなかった「妖しい獣」に関する噂が、農山村部のあいだで語り出されていた。その噂が江戸の知識人たちの耳にも入り、これに興味を覚えた人たちが、その伝聞を自分の随筆に収めたり、仲間と情報を交換したりしながらその考察を行ったりしていた。もちろん、当時はまだ「民俗学」という学問もなければ「憑きもの」という名称・概念もなかった。だが、もっともこの信仰が盛んであったと思われる時期に、かれらは、民俗学的な意味での「憑きもの」伝承の情報収集・研究を行なっており、のちの民俗学的「憑きもの」研究にとって貴重な民俗誌的情報を残してくれたのであった。
そのいくつかを紹介してみよう。

◇オサキ――

上州におさきといふ獣、人に取付居るなり。この家の血すじを引たるものは、いかにすれどもはなるゝ事なし。此の血筋を切屋(本ノマヽ)ものといふ。縁組など殊に吟味する也。此血筋にあらずとも、その家の道具を外の家へ入れれば、則おさき付添来るなり。食を毎日あたふれば害なく、怠る時は差別なく喰尽し、若いかりをはつする時はいろ〳〵の仇をなし、果はその人の腹内へ入て、終に喰ころすといふ。されば伝へてその筋を嫌ひ恐るゝ事甚し。しかるにその血筋の者にても、江戸へ出れば忽ちおさきはなれて、少しも付添したがふ事能はず。関八州の司たる王子稲荷有ゆへなりとて、上野にてはいひ伝ふといへり。

(『梅翁随筆』作者不詳、寛政年間)

◇オサキ――

上野藤岡の人語りけるヲサキ狐は、もと秩父郡に限りたりしが、その獣ある家より縁者となる者の方へ、狐も分れて付随ひ、はびこりて武州の内にも其家あり。是に依て聟を取、よめを迎ふるに、其家をよく糺す事也。男女に限らず。其家より来る者に狐も添て来る。早く離別に及べば事もなし。子出来て後は狐も永く離れず。此狐は四時の土用の節に、子を育する事鼠の如し。もし狐子を生めば、主家は離縁に至るとも、それに拘はらず、狐の子は其処を家として里へ帰らず。狐大さ鼠の如にて、毛色白く光あり。又斑なるも有。〔割注〕「斑は赤また黒も有るにや。」多く連りてありくものなれど、人に見ゆる事いと稀也。この狐ある家より怨むる人などあれば、やがて其人をなやませ、此方の恨み言を口ばしらす。此事往々あり。予もその付たる病人を問ふて物いひたる事あり。必ず其者の鼻下の竪筋まがれるもの也。又山葵を忌む。権盛ある人、勇猛の人を恐る。法者を頼み祈念によりてはなるゝもあり。取殺さるゝもあり。狐ある家盛なる時は、ますくよき事多けれ共、衰ふるに及びてはさまぐく妖寧をなす。秉穂録ニ、遠州ニテクダ狐ノ人ニツク事アリ。其人なま味噌を食して余物を食せず。尾州にていふかまいたちと的対なりと云り。味噌を好むものにや。味噌樽うはべはその儘に有ながら、中をば皆食ひ尽し、空虚になす事などあり。当国にてはこれに付かるれば、秩父なる三峰権現より御狗を借来る。是にて免かる者といへり。

（『篤庭雑録』喜多村信節）

◇クダ——

或人信州伊奈郡松島宿ノ孤村ニテ怪獣ヲ殺セリ。其形大サ猫ホドアリ。面ハ全ク猫ノ如ク、身ハ獺ニ似テ、毛ハスベテ灰色、尾ハ太ク栗鼠ノ如クナリ。誰モ見知レル者ナケレドモ、信州ノ方言ニ管ト言獣也ト人々究メタリ。コレ妖物ニシテ形ヲ人ニ見セズ、クダ付ノ家トテ、代々其家ニ付マトヒ居ルモノト云。三州、遠州ニテ管狐ト云ハ、至テ小ク、管ノ中ニ入ル故名付トハイヘドモ、実ハ其形鼠ホドアルモノニテ、慥ニ見タリト云モノ、三州荒井ニアリテ、能々聞シ事モアレドモ、此類ノモノイクラモ有トハ見エタレバ、管ニ入ノモ有ニヤ。然シ其管狐トハ別種ト見エタリト、嘉永ノ初刻セル尾張人ノ想山著聞ト云モノニイヘリ。然ラバ、信州伊奈郡ノ右ノ獣ハ、本草ニイヘル猫狸ノ類ト見エタリ。然レドモ、本草家ノ説ヲ按ズルニ、虎狸ハ尋常ノタヌキ、猫狸ハ猫ノ頭ノ如ク肉ニ臭気アリテ食フベカラズ。俗にマミタヌキト呼、転ジテマメタヌキト讃州ニテ云。貛ヲマミト訓ズルトハ別ナリ。京師ニ少シトイヘル猫ツラノタヌキ、容易ニアル事ヲ聞ズ。オボツカナキ事也。又本草家ニ、オサキ狐ヲ黄県志ノ皮狐子ト云モノト云リ。和訓栞ニ、信州伊奈郡ノクダ、上州南牧ノ大サキ使云々イヘルハ、聞エタルモノニテハ有ナリ。黄県志云、皮狐子色黒形小、巴狗多年者能魘レ人。俗呼為二皮子一ト有。巴狗トハ番狗《チン》也。チンヨリ小キナレバ、鼬ノ大サナルベシ。雲州ノ人語リシニ、管狐ハ大サ鼬ノ如ク色黒、耳後ニ又小キ耳ノヤウナルモノアリ。人ニ遇ヘバ手ヲカザシテ人ヲミルト云リ。又昔年高崎侯御領ニテ、狐ツカヒ刑セラレシニ、彼ガ使ヒタル狐ノ塩ヅケヲ壺ニ入テ、江戸御やしきに来たる、親しく見たる人いふ。形状全ク鼠ト大小形色コトナル事ナシト云リ。彼是考ヘミレバ、オサキ狐ハ管ヨリモ小キ物トミユ。

（『篤庭雑録』喜多村信節）

◇犬神——

四国あたりに犬神といふ事あり犬神をもちたる人たれにてもにくしと思へは件の犬神たちまちつきて身心悩乱して病をうけもしは死すると云ふいかなる道理と思へはまつ其国の人犬神といふ事をつねに聞なれてをそろしく思ふ故外感風邪山嵐瘴気の病の熱はなはだしく身心くるしき時は例の犬神よと病人も病家もおもふ故に犬神の事のみ口はしりのゝしるをされはこそとさはき物して山伏やうの物数々むかへていのり聞ふればあらぬ事のみいひこしらへてさせる事なき病者も死する人おほしと彼国にすみけるくすしのかたりけるはむべも有なんとおほふ中国西国のあたりに蛇神をもちて人につけなやますとやらん又犬神と同しかるべし狐狸のつくといふ事もなきにはあらず大方は気のちかひたる人事にされはきつねよといふによりて病者も病家もきつねに聞ふれぬればあらぬ事のみいひ出して病人をきつねの如くもてなすまゝにいよいよ心まどひて我もきつねになりてまねなどするをいためくるしめて後は死する人多し嘆かはしき事には侍らすや凡気のちがふ

といふは心に思ふ事の叶ぬ人物をうたがひてはれぬ人物におそれてくるしむ人はぢをかふうりてすゝかぬ人とれもとれも心神やすからぬ故に気みだれて行状かはる也此外には酒をこのむ人又は外感風邪瘧傷寒のたぐひ熱気つよき病は気のちがふあり火はものを憤乱する故心神火熱の為にみだるゝ也又狐狸のつくといふ事別に理あれど十人が中に一二人も有けんかし

（『醍醐随筆』中山忠義、寛文十年）

◇犬神――

犬神・狐役《きつねつかひ》などいふは、もろこしの蠱毒の類にてかの土には金蠶、蝦蟇、蛇、蜈蚣などの毒種と見ゆれど、皇國にはきかず、犬神といふ術、昔四國にありきときけど、さだかに記せる物もいまだ見ず、今世にはその術士はありともきかねど、其裔とてありとなむ、其家の主もいかなる事かは知らねども、或は人をうらめしともにくしとも思ふ時は、おのづからその者に物のよりつきたる如くあやしげなる事あるによりて、苦しさにそこに來てわぶればその事解散す、其犬神の裔なる者も憂きことに思へど、除き去るべき術を知らず、その家に婚を結べば、その家にも轉移すといひ傳へて、人々恐れいやしめて婚をなさずなどいへり、出雲の狐持といふ家も是と等し、先年領主より命ありて、此種を絶んとて多く刑にも行ひ、放逐もせられしかど、猶その余残あるうへに、さる家は多く富豪なるより、ともすれば紛れて婚をなす者ありてひろごれり、なども聞たり、いと〳〵心えずあやしき事ながら、往々かの國人に聞及びたり、他國にも此類ありやしらず、狐つかひなどはありともきけど、前條の如くなるはきかず、其地に固有せる妖種にやいぶかし、其他は只その事をなす一人こそあれ、子孫には傳はりけるも無けれど、さだかにしられぬ事なれば、いかならむ知らず、又そのさまあやしげにたま〳〵聞ゆる事などあれば、狐つかひならむといひはすめれど、それも又別術なるか、事発覚に及ばされば又辨知しがたき物なり。おのが是まで聞及べるは、神仏に託して奇に人の上をいひあて〻祈などに金銭を貪り、人相・墨色などに託して料物を得などしたるも、つひには刑せられたる類ま〻あり、露顕にいたらぬ間にいかになりけむ、一時動揺せしも趾もなくなりぬるは、また他邦にも去りぬるにやあらむ、昔名高かりし真言僧などの行法に、奇特とてありし事、又修験・加持などしてよりましとて、生霊・死霊を人にうつして憤恨をいはせたりしやうの事、前にいふうちふしの巫の類なども、皆此狐役の術なるべし、今も日蓮宗の僧徒の中に、疾病の祈をなし、よりましをたて〻いはする類ま〻聞ゆ、仏法の行力ならば、その宗の徒はすべてなすべきを、たまさかなるは、狐使の別術なる故なり。又これを數寡きは僧の徳行の至らぬ故なりなど、信ずる人はたすけいへど、さる術をせぬ僧の中には、や〻徳行あるもあれど、祈禱などの法をなして信施を貪る僧に、行跡よきは一人も無し、凡は無学にて、専とする本経の本意だに辨へず、誦読するも片言交りにて、うち〳〵は女犯肉食を事とするほどの僧に多きにても知るべし、此他真言密教に人を咒咀する法などありときくは、まことかそはしらねど、聖天供といひて歡喜天といふを祭るに、油を浴《あみ》せて祈る事ありて、浴油といふ、此歡喜天の像も變象ありて一様ならず、さておもへば戯場などにも作りたる前の犬神の事を、俗傳ながら里老の話に、猛くすぐれたる犬を多く嚙合せてこと〴〵く他を嚙殺して残れる一匹の犬を、生ながら地中に埋めて頭のみを出し数日飢渇に苦しめて、前に魚飯をかざり見せて他念なからしめたる上にてその魚食をあたへ喰はしめて、やがてその頭を切て、筐に封じ、残れる魚食をくらへば其術成就す、などいふは賤しくあさましき限なるが、もしは歡喜天の法なども豕《ゐのこ》の頭などをさることにせし物か、又はその同意にて、豕の雌雄交接の念深くなるやうのかまへなどをして、精一なる時に、何とかして術の基本としたるにはあらざるかと、その像のあやしげなると、犬神の口碑とを、おもひ合せて推量れるなり、

(『賤者考』本居内遠)

◇トウビョウ——

或人曰く備前の国にもたふべう持と云者あり是は狐に非す煙管《キセル》の吹畑《フチ》筒程の小蛇長七八寸に過ざるものなり。是を飼て家毎に一頭二頭づゝ所持する村里あり。是も其人の好で所持するには非す。心の中にはうるさく思へども。先祖いつの時代の人か飼て所持せし事あれば最早其家を離れす。其子孫に伝はりて末代迄所持するなり。是も犬神と同前にて他人と争ふとか或は他の家にて一坐せる人或は道を往来して人に逢ひてあの者は小頰憎《ヅラニク》き顔なりと思ふとか。又其人の持たる物を見て羨ましく心に思ふ時。我家に残し置たる蛇神は忽ち其人の一念の微動を知て。向の人の方に行く事。間髪を容れすと云が如く本人の目にも見へす外より他人の目にも見へす。向ふ人に依托して皮肉の間にせまり苦悩せしむるなり。若し其病人夫を知てヘビ神を持たる人に納得する様に云て和解すれば忽ち病人の身を離れて別條なし。之を覚らずして和解せされば終には其人を悩害するなり。蛇神を持たる人も夫程根深くは思はざるに右の通りなれば甚だうるさく思へども、我と自ら遠離する事態はす。其蛇を殺しても本の如く立戻りて取れやす事出来す。此蛇神本人に怨みある時は却て本人の皮肉の間に入て責殺す故に。たふべふを持たる者の蛇神を崇重する事神の如しとかや。因幡にも昔は備前の人多く入込み居たる故其末孫たふべふを持たる者多くあり其人を見たるに皮下に小蛇の如き筋外より見へたりと老人の咄しける。今は絶て当国にたふべふを持たる者上下になし。其皮下に筋の如くに見へたるをばコウノトリの嘴にてつゝけば病人気味よしと云けるとかや。是も老人の咄なり。たふべふ持たる者に子孫なければ血筋の者を尋ねて其人を頼み相渡すなり。此れを爲さざれば蛇神の方より所縁の家に行故少にても縁ある者は之を避くる事能はす。備前には今もたふべふ持計り居る一村有て其部類看属の家々に一頭二頭づゝ持ざる者なし。所持する人の数多くなれば年々に蛇の数も多くなるなり。たふべう持と知れば人々忌憚りて其人に寄付ざれば世に交る者なし。国中上下諸人甚だ嫌悪する故此等のものをば陸地と離れたる何とやらん云へる一島に移し居らしめて島より外の徘徊をなさしめられず。島の名今失念したり。狐を専女と名けたるは尤なれど蛇をたふべうと名けたるは心得難しと云たれば或人の云はく。婦人のオハグロ壺と云様なる高さ五六寸ある小さき壺の中に彼小蛇を入て家々の竈《カマド》の上に置き。朝夕に飯湯の初穂を蛇の入たる瓶の中に酌で入れ其蛇を養ふなり。然れは湯瓶《トウベタ》の蛇と云意にて湯瓶持と云来るにや。されば狐の専女とは語同じくして意別なるべしと云ける。

(『雪窓夜話』上野忠親、宝暦年間)

こうした近世の知識人(プレ民俗学者)たちの記述に興味をもち、それに導かれて、柳田國男や喜田貞吉たちが、全国の郷土研究者や郷土史家に呼びかけて、こうした信仰のその後の状態をより詳しく知るための情報収集を開始したのである。そして、その集積がやがて「憑きもの」研究という民俗学の一ジャンルを形成することになったのであった。

しかしながら、近代化の浸透によって、たとえば、淫祠邪教のたぐいの撲滅運動がさかんに知識人の手によって進められたり、社会構造や経済構造が変化したりしたこともあって、第一期の「憑きもの」研究期には、もうすでにそうした信仰のたぐいが次第に衰退に向かっていた。だが、それでもまだ戦後の高度成長期前後にあたる第二期にくらべれば、濃密なかたちで近世から続く「憑きもの」信仰が生きていた。

民俗学者が、調査地で、あるいは地方の民俗学者の報告によって、こうした「憑きもの」信仰がまだ強固に伝承されていることを知って驚き、民俗学的研究の重要な素材になると考えて、その情報の収集をしようとしたのは十分に納得できる。とくに柳田國男の場合、こうした資料は古代からの憑霊信仰の零落形態を物語るものとして、あるいは俗神道の実態を伝える資料としてきわめて興味深いものだったはずである。しかし、すでに述べたように、「憑きもの」は、そうした民間信仰史上の問題だけでなく、民俗学に深刻な課題を突きつけた。というのは、この信仰には、憑霊現象をめぐるさまざまな怪異伝承や民間宗教者の関与といった側面ばかりでなく、ムラ人たちのあいだにみられる特定の家筋に対する婚姻差別や誹謗中傷などといった深刻な問題がみられたからであった。その結果、民俗学は、本来の研究態度からかなり逸脱したかたちで、こうした信仰に苦しめられている人々を救うことが急務であるということを自覚し、それを克服するための研究に取り組むことになったのであった。

民俗学では、「憑きもの」信仰に関する各地からの報告の集積が盛んに行われた。しかしながら、その成立・変遷および社会的機能に関する理論的研究はわずかな研究者を除いて試みられることはなかった。第一期の「憑きもの」の民俗学研究において、その基本的な解釈の枠組みを提供したのは、すでに言及してきた柳田國男と喜田貞吉の二人で、彼らは古今の文献を博捜しながら、日本の信仰史のなかに、この「憑きもの」信仰を組み込むことを試みた。そして結論として、「憑きもの筋」の成立を、ムラに定着した巫女や修験、陰陽家といった、特殊な信仰能力をもつ人たちの子孫が、信仰の衰退、零落の結果として差別されたり忌避されたりする家筋に転訛していった、という仮説を立てた。

柳田國男は、次のように述べている。「自分の解するところでは、本来ある荒神の祭祀に任じ、託宣の有難味を深くせんがために正体をあまりに秘密にしていたお蔭に、一時は世間から半神半人のような尊敬を受けたこともあったが、民間仏教の逐次の普及によって、おいおいと頼む人が乏しくなって来ると、世の中と疎遠になることもほかの神主などよりも一段と一段早く、心細さのあまりにエフェソスの市民のごとく自分等ばかりで一生懸命にわが神を尊ぶから、いよいよもって邪宗門のごとく看做され、畏しかった昔の霊験談が次第に物凄じい衣を着て世に行われることになった。これがおそらく今日のオサキ持、クダ狐持、犬神・猿神・猫神・蛇持、トウビョウ持などと称する家筋の忌み嫌われる真の由来であろう」(「ミコという語」『巫女考』)。

喜田の場合は、その基本的な輪郭を柳田説に求めながら、鬼の子孫=鬼筋に着目し、物持筋すなわち憑物系統の起源は里人たるオオミタカラが先住民に対して有する偏見に起因するものと解釈を打ち出した。「かく言えばとて彼等があえて里人とその民族を異にするという訳ではない。自分の考察するところによれば、いわゆる国津神を祖神と仰ぐべき先住民の子孫である。ただ彼等は早くに農民となって国家の籍帳に登録され、夙に公民権を獲得したがために自らその系統に誇って、同じ仲間の非公民を疎外するに至ったに外ならない」。とくに飛騨の牛蒡種を修験の憑《よ》り祈禱=護法憑けにおける依坐「護法実」の転訛したものではないかという説を出している点が注目される。

こうした解釈は古代からの日本列島の信仰史を思い描きながら、そのなかに「憑きもの筋」の成立までも組み入れようとする壮大な仮説である。ところが、その後の民俗学的な実地調査や地域の歴史を物語る史料によって明らかにされる「憑きもの筋」の成立の過程は、そうした「大きな物語」とは異なったものであった。すなわち、戦後再び関心の高まった「憑きもの」研究(=第二期研究)、とくに「憑きもの筋」に関する史料調査や聞取り・アンケート調査に浮かび上がってきたのは、「憑きもの筋」のほとんどがムラに住む農民であって、かつて宗教者であった家の子孫という痕跡さえも見出せなかった。つまり、第一期の研究が打ち出した基本的な仮説が崩れてしまったのである。

そうした実態に直面したこともあって、第二期の民俗学的憑きもの研究をリードしてきた石塚尊俊は、遡源的な研究を旨とする研究とは異質な、特定の地域に即した社会学的・社会経済史的な接近を試み、「憑きもの筋」として指定されている家筋を、次のように理解したのであった。「けっして新しい家ではなかった。しかし最古の、いわゆる草分けの方でもなかった。いうならば第二期くらいの入村者であって、かつ次第に前者を凌駕してきた家ということになる……そこで思うのは、かかる地域における憑きもの筋なるものは、近世のあの閉鎖的郷村社会において、いち早く入村してかなりの秩序を築き上げていたもののあいだへ、あとから入って来て巧みに泳ぎ回り、ついに前者を凌駕するに至ったものに対する、前者からの嫉み、妬み、ないしは猜疑がもたらした悲劇の産物ではないかということである。その場合、後者がどのような手段を用いたかはわからない。存外尋常であったかもしれない。ただ相対的に小賢しくなかっただけのことかもしれぬ。しかし脅威であればこそこれを押さえ、その名誉を失墜させてやろうとの気持ちが働いたのであろう。それが『あいつは狐を使っているのではないか』という無責任な放言となって現れ、其の結果ついにそうだとされてしまった、と、こう考えるのである」（「憑きものと社会」『講座日本の民俗宗教』第四巻）。

石塚が、現地調査からようやく「憑きもの」を大文字の歴史的研究から小文字のつまり地域史的考察からその社会的機能の側面に気づいたとき、出雲の「憑きもの筋」の家に生まれ、それに由来する差別や中傷のなかで育った速水保孝が、「憑きもの筋」信仰の撲滅のために、自らの家の歴史を中心に、社会経済史的観点から非常に説得力のある実証的な「憑きもの筋」の成立・変遷論を著した。それが『憑きもの持ち迷信の歴史的考察』と、これを発展させた『出雲の迷信』である。

速水は『出雲の迷信』の冒頭で、次のように宣言する。「狐持ち迷信といえども、歴史的産物である。しかも歴史をつくるのは人間である。したがって、われわれは、先人のつくりだした狐持ち迷信が、社会的害悪を伴うものである以上、これをみずからの手によって、消滅させねばならない責務がある。ましてや、私たち狐持ちはこの迷信の被害者である。子孫のためにも、一日もはやく、いまわしい迷信の打破をはからねばならない」。

こうした使命のもと、丹念に史料にあたりその分析を通じて、「初めに狐憑きに指定された人々は、けっして、村の草分けではない。近世もだいぶ下って、村に入り込んできた他所者、あるいは新しい分家などの新参者で、ともに、急速に成金化した新興地主である。彼らは、草分け百姓、土着者たちから、村の秩序をみだすものとして、狐持ちというレッテルを貼られ、疎外排除された」。つまり、「近世中期以降の松江藩では、すでに寄生地主対小作人という階級対立を内に内包していた。そして、現実の事態は、村の土着的体制派農民と、新参者である外来者的反体制派地主層との、社会的緊張対立が激化という形で推移していたというのである。つまり、寄生化しつつあった地主層にたいする小作人の階級意識は、見事にすりかえられ、外来者的新興地主排斥に向けられるのである。こうして、機会あらば新興成金たちの鼻をあかそうと、虎視眈々、その機が到来するのが待たれていたのである」。そして、鼻をあかすために、出雲地方のすでに広流布していた人に取り憑いて祟りをなす狐信仰を利用して排斥に及んだというのであった。それが一時的なものではなく、特定の家筋の排斥という恒久的なものになっていったのだ、と推測している。

たしかに、速水が分析したように、出雲の狐持ちは近世中後期の貨幣経済の浸透によってそれを背景にして新興成金化した地主層に対してなされた疎外排斥の手段として創り出された新たな共同幻想であろう。そして、その余韻がいわれなき中傷・差別として新興成金の子孫にまで及んでいることは問題であり、いうまでもなく撲滅しなければならないのもたしかであろう。

だが、速水の考察を読んでいて、私の視点が、速水の側と速水が糾弾する狐持ちの噂を流す草分け・小作人層の側とのあいだを揺れ動くのを否定できない。というのは、出雲の狐持ち層は、藩制を動かすほどの経済力をもっていた経済的支配者層であった。高利貸し業によって古くからの地主層をしのぐ財力を身につけていったその背景には、借金を返済できない農民の土地を情け容赦なく取り上げたり、蓄積した土地の耕作を任せた小作人からも小作料を厳しく取り立てた、冷酷な地主の顔もうかがえるからである。新興成金は、藩をバックに政治権力と財力にものを言わせて、無力な小作人層を苦しめていたのである。速水自身も、郡内きっての大地主であった彼の家に「年貢が完納できない人たちがいて、私の父の前で、頭を縁にこすりつけながら嘆願するのに、あっさりと断られ、悄然として門を出ていくさま」を目撃している。こうした哀れな小作人が、狐持ちという神秘的な手段を用いて狐持ちの噂を流したとしても、その行為には情状酌量の余地はあると思われるのである。狐憑き・狐持ち信仰を「俗信・迷信」として撲滅することは重要なことであるが、そのためには、それを隠蔽して「なかったこと」にするのではなく、また一方的な見方に立つのでもなく、できる限り総合的な視点からその成立事情や機能を解き明かすことが大切なことであろう。

もっとも、こうした出雲の「憑きもの筋」の、地方史を踏まえての考察の結果が、すべてのその他の地方の「憑きもの筋」の成立にあてはまるとは限らない。速水も認めるように、土佐の犬神筋の信仰は、出雲の家筋の成立よりも早くに成立し、村への新参者に対して貼られたレッテルという側面はうかがえるものの、新興成金への排斥誹謗という性格は希薄である。したがって、それぞれの地域に根ざした個別的な研究を行なわねばならないのである。残念ながら、史料的な制約もあって、こうした研究は他の地域ではほとんど行なわれていない。

ところで、異なる視点から、大分県や高知県、島根県などの個別事例調査とその分析を行なって注目すべき研究成果を上げたのは、当時、九州大学教育学部に属していた吉田禎吾をリーダーとする文化人類学研究グループであった。彼らは社会構造における機能という面から「憑きもの筋」を把握し、ムラ社会の秩序を恒常的かつ円滑に維持していくために機能しているのが「憑きもの」信仰であるという。たとえば、彼らは次のように述べる。

「日本の親族組織には、単系的、父系的出自に基く同族システムと、姻族を含む双系的出自に基く親類システムが、原理的にあい矛盾するダイナミックな関係で存在すると思われる……個人志向的（ego-centered）なシンルイは、メンバーシップの重複性からして、集団化は不可能であり、しかも、このシンルイは部落外にひろがる傾向とあいまって、シンルイの機能は軽減されざるをえない。こうしたシンルイの機能的限定性は、親方子方関係、組、講、年齢集団、機能集団など親族外の社会関係や手段の形成を機能的に要請すると考えられる……シンルイ型村落は、複数の原理、複数のシステムが、互いに不整合なかたちで作用するために、いわば構造的不整合ないし矛盾を、父系原理の強固な社会よりも、多く内包していると考えられる。このような村落において、つまり『シンルイ型村落』においては、社会統制は、相互規制的性格を持ちやすい。このようなメカニズムの一つとして、憑きもの現象が作用していると思われる」（吉田禎吾・上田将「憑きもの現象と社会構造」『九州大学教育学部紀要』第一四集、昭和四四年）

すなわち、シンルイ型村落では、同族型村落よりも、村落構造を維持し社会を統御するために「憑きもの」信仰ないしそれに類する信仰が必要度が高いというわけである。そしてそれがなんらかの歴史的事情も手伝って、「憑きもの筋」の形成に至ったというわけであるらしい。

こうした考察に対して、先の速水は、地域に根ざした社会経済史的考察がないことや、その分析結果は人に被害をもたらしている「迷信」を社会機能上必要なものと容認するかのような結果になっているなどの点を批判している。たしかに、当時の社会人類学では歴史への配慮が十分ではなく、また社会構造の安定性を強調するあまり現状肯定的な結論を導きがちであった。

しかし、社会構造が「憑きもの」現象を要請しているとすれば、その社会構造の改変なくしてはそうした信仰の廃棄の可能性もありえないであろう。吉田たちのグループの結論は、そういうことを暗に述べているのだ。上部構造の変化は、下部構造の変化に依存しているのである。「憑きもの」信仰が歴史的産物であり、社会の価値観や社会構造が変化すれば、必然的に変容し、またその存続の必要がなくなれば消滅していくはずである。彼らのグループの調査した時期は、ちょうど高度成長期にあたっていた。山間僻地にまで都市化・過疎化の波が押し寄せ始めていた。実際、「憑きもの」信仰は以前に比べて衰退していた。そして、やがて、都市化の荒波を受けて、ムラの社会・経済構造や価値観も大きく変化し、ほとんどの地域から「憑きもの」信仰も変容し消滅していったのであった。

ここに至って、民俗学者や社会経済史家、社会人類学者たちによる「憑きもの筋」の研究は、対象の消滅という事実によって、ほぼ終息することになった。その後、めぼしい民俗学的「憑きもの筋」研究は存在していない。たとえば、『群馬県の憑きもの』で行なったアンケート調査の追跡調査を、今また行なったとしたら、かつて多発地帯とされていたところでも、もはやほんの限られた古老たちの記憶のなかに残る、遠い出来事としてしかそれは確認できないのではなかろうか。

Ⅱ 「憑きもの信仰」研究から「憑霊信仰」研究へ

私も「憑きもの」信仰に興味を抱いてきた。だが、それは戦後の民俗学的研究が関心を注いだ否定的な意味合いを賦与された「憑きもの筋」ではなく、「憑きもの」現象一般とさらにその根底にある人間の精神構造を理解するための手がかりを得るための素材としてであった。

私が考えたのは「憑きもの」信仰を理解するには、民俗学のような「憑きもの筋」に限定せずに、もっと広い枠のなかに置いて考える必要があるのではないか、ということであった。「家筋」という条件、「邪悪な憑依」という条件、さらには「現代の民俗社会」という条件を取り払い、素直な気持ちで現象に向かうべきだ、と考えたのである。

まず最初に挙げるべき重要なことは、昔から「憑霊現象」（精霊憑依）と認定される現象が存在しているという事実であった。もちろん、なにをもって「憑霊」と認識するかは、私たちではなく、当事者たちである。彼らによって通常の状態とは異なった「霊的なもの」によってもたらされていると判断された状態が「憑霊現象」なのである。つまり、外部からのなんらかの作用によってもたらされた異常な状態が「憑霊現象」である。そうした「憑霊現象」を中核にしてそれに関係していく諸観念や諸行為の総体を、私は「憑霊信仰」と名づけたのである。振り返ってみると、この用語は、研究者のあいだにけっこう浸透しているところをみると、便利な言葉だったらしい。

「憑霊現象」を指す言葉はいろいろである。もっとも頻繁に用いられるのは「（霊が）憑く」「（神）懸かる」「（霊が）触る」「（邪気に）当たる」「（神が）乗り移る」「（悪い風に）吹かれる」「祟っている」といった表現であろう。拙著『憑霊信仰論』で詳しく論じたように、こうした「憑霊現象」は、「霊」という語を便宜的に用いているものの、「外部からの作用するもの」は、「霊」とは判断できないようなもの、すなわち、上述の例からもわかるように、「邪気」とか「風」といった人格化されていないようなものまでも含まれている。ある人に生じた身体的異常を、「悪い風に吹かれた」からだと判断して済ませることができるか、それとも「だれそれの生霊が憑いている」とはっきりと確定するかは、きわめて重要なことである。というのは、その「憑霊現象」が社会関係に深刻な影響をもたらしているものなのかどうか、したがって、それにいかに対処すべきかが異なってくるからである。

まず確認しておくべきことは、「憑霊現象」は二つの類型に分けることができるということである。それは憑かれている本人にとって好ましい霊（善霊）の憑依と好ましくない霊（悪霊）の憑依、の二類型である。留意したいのは、人々が信じている諸霊・諸神格が、この二つに分類できるというわけではないということである。もちろん、日本人が信仰した神仏には阿弥陀や観音のように、けっして悪霊にならない善霊もあり、たとえば、第六天の魔王のように、善霊にならない悪霊もある。しかし、あるときは善霊として、またあるときは悪霊として出現する両義的な神格も存在していた。狐の霊がその典型であるが、こうした両義的な神格の多くが動物霊であることが多いのも、注目すべきことである。「憑きもの」というラベルが貼られた霊的存在の多くは動物霊であったということを想起するのも、無駄ではないであろう。面白いのは、そうした動物霊が、人間に近い性格を有しているとされることである。出雲の人に憑く狐が「人狐」と表現されることにも、それは示されている。中西裕二の調査報告「動物憑依の諸相」の見られる佐渡の貉もまたそうである。おそらく、「憑依動物」は、人間の心や社会生活を映し出すために創造されたのであろう。それは幻想のなかに住む特別な動物であって、野山を駆けめぐっている現実の動物ではなく、「人間化された幻想動物」なのである。動物霊といった間接的な表象がまどろっこしくなったときに、直接的に「生霊」という霊がもちだされることになる。飛騨の牛蒡種や、吉田禎吾らが行った四国の谷の木（仮称）における現在の「憑きもの」のほとんどが「生霊」であったことも、その点で暗示的である。別の言い方をすれば「人間化しにくい動物」は人に憑きにくいということになる。

また、これとは異なるかたちで、二つに分類することもできる。それは人間に制御された憑依と制御されない憑依の二類型である。私たちがシャーマンと呼ぶ宗教者は、自分の望むときに、自分の身体や他人の身体に、善霊や悪霊を憑けることができる。ところが、そうした能力がない者の憑依は、本人の意志とは関係なく、善霊や悪霊が憑くという現象が生起する。人々が予想していない「憑霊現象」が発生するわけである。狭い意味での「憑きもの」信仰は、こうした二重分類の一角、制御されない、悪霊憑き、という部分を構成する信仰要素に属するわけである。「憑霊信仰」はそうした大きな視野のなかで考察されるべき信仰なのであろう。制御された悪霊憑き、たとえば、病人に憑いていると思われる霊を確定するために、祈禱師が「依《よ》り坐《まし》」に悪霊を引き移して示現させるような状況も「憑霊信仰」であり、あるいは制御された善霊憑き、たとえば巫女が託宣を得るために楽器を鳴らしたり舞を舞ったりしながら神寄せをして神懸り、有名な寺社の神や氏神などが乗り移る状況も「憑霊信仰」であり、制御されない善霊憑き、たとえば、氏神や守護神が氏子・信者の危急を告げるために、人に乗り移って託宣をするような状況もまた「憑霊信仰」なのである。そして、そのような状態での「憑霊」も「憑きもの」とみなすべきなのである。

「憑霊信仰」の構成要素として次に重要なことは、そうした現象を生起させる「霊的存在」や「霊的力」のレパートリー（種目）である。もし一種類しかなければ、もはや確定するまでもなく、その霊が憑いたと判断するであろう。もっとも、ほとんどの地域では、発生頻度に違いがあるが複数の種類の神霊を用意しており、またたとえ「生霊」しか憑かない場合にせよ、その「生霊」は誰それの生霊という具合に個別化されていることが多い。こうした「憑く神霊」の種目の検討から、当該社会がなにに深い関心を寄せているか、どのような信仰史的足跡、たとえばどのような影響を外部から受けてきたのか、あるいは時代的特徴はなにかなどを推測することができるはずである。信仰的な意味での共同幻想のかなめとなるのがこうした神霊たちなのである。たとえば、『今昔物語集』というテキストに限定してそうした作業をしてみることで、それが編さんされた時代の京都の人々のあいだで信じられた、たとえば「鬼憑き」「天狗憑き」「狐憑き」といった「憑霊信仰」の断面を見出すことができるわけである。そして、こうした憑霊種目を、民俗学が村落社会の調査で得た憑霊種目と比較したとき、双方のあいだの文化的な断絶と連続を発見するにちがいない。

さらに、注意すべきは、「神憑り」とか「狐憑き」といった「霊が憑いた」という説明だけではなく、その外延に設定されている別の説明の仕方にも配慮しなければならないということであろう。たとえば、昼田源四郎は陸奥守山藩の『御用留帳』を素材に、十八世紀中期ころの領民たちが、急に異常な言動をすることになった人をどのように説明しているかという事例を抽出し、その考察を行っている。それによれば、「狐憑き」という言葉で説明することもあるが、むしろ「狂気」「乱心」「乱気」「酒乱」という近代的な説明が頻出してくることを確認している。つまり、神秘的な方法での理解とともに、非神秘的あるいは合理的な説明を身につけつつあったことがわかる（『疫病と狐憑き』みすず書房）。これは、いわば、領民の共同幻想に変容が生じてきたということを物語っている。本書収録論文は、その延長上に書かれたものである。

その延長上に、もちろん地域差・時間差はあるが、近代西洋医学が登場し、「狐憑き」を「脳病」へ、さらには「神経病」そして「精神病」へと置き換えていく作業が展開するのである。このあたりの状況は、川村邦光「狐憑きから『脳病』『神経病』へ」（『幻視する近代空間』青弓社）が詳しい。

しかし、こうした「進歩」観を単純に納得してしまうわけにはいかない。香川雅信や高橋紳吾の報告が物語るように、現代においても新たに生起する具体的現象の説明のために「憑きもの」が利用されたり（香川雅信「登校拒否と憑きもの信仰」）、大都市においても憑依現象が頻発しているからである（高橋紳吾「都市における憑依現象」）。下部構造が変化して「憑きもの筋」といった信仰は消滅しても、「憑きもの」信仰は、共同幻想が西洋合理主義的なものに取って替わられながらも、前近代的からの共同幻想も断片化・個人化しつつも現代にまで生き延びているともいえるのである。

「憑霊信仰」を構成する重要な側面は、「憑霊現象」が生じた社会的・歴史的状況である。しかも、そのミクロなレベルでの考察とマクロなレベルでの考察の双方からの考察が求められる。前者は「憑かれている人物」の個人史や社会関係であり、後者は彼が属している諸集団の歴史や社会関係である。この二つのレベルは相互に明らかに合理的連関がある場合もあれば、周囲に人々の判断で恣意的に結びつけられる場合もある。

たとえば、島根の近世以後の狐持ち（新興成金の地主層）と非狐持ち（古参の地主層）との社会的緊張がマクロなレベルでの歴史的・社会的状況であるとすれば、そうした状況下で生じた、ある非狐持ちの者に生じた心身的な「異常な状態」が生じた個人史的・社会関係的状況がミクロな状況である。この状態は、もちろん「憑霊現象」とただちに判断される場合もあれば、単なる過労と判断されるだけで済まされる場合もあれば、占いなどで調べた結果、憑霊現象だと判断される場合もある。そしてこの二つの状況が結び付けられたときに、「狐憑き事件」となり、さらに具体的に敵対する家や集団からの一種の神秘的災厄・攻撃として解釈されることになる。

天明六年（一七八六）に、出雲の狐憑きの迷信性を説いた山根与右衛門の『人狐物語』に、その典型的な例が載っている。ある小作人がたくさんの田畑を預かっていながらも年貢を納めないので、地主が怒り、人数を派遣して、その小作人の家を差し押さえてしまった。これを遺恨にもった小作人は、祈禱師と共謀し、自分の家の病人を「狐憑き」と称し、その狐は地主の家に飼われている狐だと言い触らして、地主を脅し、たくさんの財物をせしめたという。この記述は地主側に味方した記述になっているが、もし小作人が不作のために年貢を納められないにもかかわらず、その年貢料の代わりに強制的に彼の家を取り上げて別の者に与えたのであれば、不当なのは地主であり、その遺恨は同情の余地が大いにあることになる。その怨みの念が狐憑きを招き出し、その託宣の内容が周囲の支持を受けたとしても納得ができる。そういうことだってありえたのである。

しかし、狐はいったいどのような内容の「託宣」をしたのだろうか。だれがどのようにして、その「託宣」を導き出したのだろうか。「憑霊信仰」を考えるときのもっとも重要な要素のひとつが、この「託宣」である。この「託宣」によってどのような霊が憑いているのかがわかり、またその託宣内容によってどうして憑いたのかが判明するからである。
「託宣」はまた「神託」ともいうように、「神のお告げ」である。神が自分の意志を人に告げることが、あるいは人が神に自分たちの問いの答えを求めたその答えが、「託宣」である。この「託宣」を理解するには多くの紙面が必要である。ここはその場ではないので、必要最低限のことを述べるに留めねばならないが、前者の場合は、「憑霊」（制御されない）による託宣と「夢」による託宣が圧倒的に多かった。これに対して、後者では、「憑霊」（制御された）による託宣と道具を用いての「占い」が多かったといえるであろう。

託宣は不当に卑しめられているが、日本人の、いや人間の歴史・文化を考えるときにきわめて重要な文化である。なぜなら、その託宣が「過去の歴史」を作りだしたり、「未来の見取り図」を提供したりする、いわば文化創造（捏造）装置であったからである。それは過去（歴史）を真実の物語として過去の出来事を虚構する。すなわち、それは英雄的行為や犯罪を真実の出来事として語るのである。

たとえば、山根与右衛門の『人狐物語』の例を使ってそのことを考えてみよう。小作人は山伏と語らって、地主から寄せられた狐によって家族が病気になったという「物語」を作り上げた。しかし、それが周囲に受け入れられたときに、それは「真実」となる。病人に乗り移った、あるいは祈禱師が用意した「依坐」の口を借りて「地主の飼っている狐」が、そうしたことを語ったのである。

「憑きもの」信仰においてきわめて重要な局面は、この「託宣」であろう。この託宣の内容に耳を傾けるとき、憑かれている者やその家族・親族とそれを取り囲むマクロな社会的・歴史的状況が明らかになってくる。それればかりでなく、その社会の人々の創られた「過去」も浮かび上がってくるのである。

しかも、見逃すことができない重要な点は、病人や病んでいる社会が、こうした託宣（物語）によって癒されたということである。それは虚偽だ、捏造だ、という糾弾によっては片づけることができない文化的できごとなのである。民衆のなかに生きる「物語」は、じつはさまざまなかたちで彼らの「現実」に根をもった物語であるということができる。かつて私は「異人論」「異人殺し」伝承に耳を傾けることで、そうしたことを確認したが《『異人論』》、高田衛の「江戸の悪霊除祓師」や松岡悦子の「キツネつきをめぐる解釈」も、そうした観点からも読み直してみるべき仕事であろう。近年の「憑霊信仰」の研究は、どちらかといえばこうした側面に焦点を合わせた研究が目立っている。

さて、こうして、「憑霊現象」についての当該社会の人々の説明づけがなされたあとは、その「憑きもの」の除去に至る。その方法は、「祀り上げ」「神送り」「送り返し・送り出し」（「憑きもの」の物送り主への返却や村外への追放）、そして「封じ込め」（鎮め）といった方法があった。こうした方法が、ある程度、「憑霊現象」の四分類と対応関係にあるらしいことも、留意してよいことかもしれない。浮葉正親の報告は、こうした「憑きもの」処理方法の一つのあり方の事例であろう。

最後に、すでに言及してきたことであるが、確認の意味も込めて、こうした「憑霊信仰」の諸要素を結びつけ巧みに動かしている存在、蔭の仕掛人ともいうべき存在に触れなければならない。それは祈禱師とか占い師とか、民間の呪術・宗教者などといった用語で表現される者たちである。かれらは、人々が「不思議」に思うこと、原因をきわめられない病気を含むさまざまな「異常な出来事」を、説明する人たちである。かれらは人々が共有するコスモロジー＝共同幻想に通暁し、また個々人の歴史や社会状況も十分に調査し理解している者である。さらにまた、依頼者（病人）と共感共苦することができる者でもある。

そうした知識・能力に優れた宗教者が、「託宣」とか「占い」とかいった装置を駆使しながら、個々の事例に即した「憑霊現象」をめぐるそれなりに説得力ある「物語」を創り出すのである。そしてそれが当人や周囲に受け入れられたとき、それは当事者たちにとっては「本当の物語」（＝歴史）となる。このとき、「なにか」が修復、今風にいえば癒されたわけである。いってみれば、彼らはムラの医者であり、心理学者であり、歴史家であり、未来学者であり、物語作者であり、その他もろもろの属性を兼ね備えた「学者」であったのである。その延長上に、現在の学者もいるわけである。

古代から現代に至るまで、多くの人々が、「憑霊現象」を認め、その霊の言葉に耳を傾けた。その霊のもたらす恩寵や災厄に一喜一憂してきた。日本文化のかなりの部分は、その結果生まれたものであるともいえるのである。いまさら確認するまでもないが、北野天満宮や石清水八幡宮がそうであったように、京都の有名な神社の多くが、そうした託宣＝憑霊信仰の産物であった。日本文化はけっして合理的な思考のみで創られたわけではないのだ。「憑霊信仰」の衰退は同時に共同幻想の衰退を意味し、個々人の歴史・体験が大きな社会のなかに位置づけられることなく、ミクロな状況のなかで漂流しているということでもある。

以上に述べたことを踏まえれば、従来の意味での民俗学的な狭義の「憑きもの」概念は、もはや改変・廃棄されねばならないはずである。そのうえで改めて「憑霊信仰」の一角に組み込まれなければならないのである。「憑きもの筋」は「憑霊信仰」の特殊な形態に過ぎないのである。

現代人の多くは、いまもなお「憑霊現象」を「怪異」とみなすであろう。しかし、その「怪異」の向こう側には、差別を認めるだけではなく、さらにその向こうに、日本人の歴史が横たわっていることを発見するだろう。その歴史を掘り起し再構築することで現代をいかに照射するか。それが、これからの「憑霊信仰」の課題である。本書の論文や報告は、きっとその手がかりを与えることだろう。

収録著者紹介（収録順）

柳田國男　1875〜1962。
喜田貞吉　1871〜1939。
酒向伸行　1950 年生。大阪市立淀商業高等学校
高田　衛　1930 年生。近畿大学文芸学部教授
川村邦光　1950 年生。大阪大学文学部教授
千葉徳爾　1916 年生。
中西裕二　1961 年生。福岡大学人文学部教授
波平恵美子　1942 年生。お茶の水女子大学文教育学部教授
佐藤憲昭　1946 年生。駒沢大学文学部教授
松岡悦子　1954 年生。旭川医科大学医学部助教授
香川雅信　1969 年生。兵庫県立歴史博物館学芸員
昼田源四郎　1946 年生。福島大学教育学部教授
高橋紳吾　1952 年生。東邦大学医学部精神神経科助教授
仲村永徳　1940 年生。沖縄県立総合精神保健福祉センター所長
桂井和雄　1907〜1989。
堀　一郎　1910〜1974。
下野敏見　1929 年生。元鹿児島大学教授
三浦秀宥　1921〜1992。
浮葉正親　1960 年生。名古屋大学留学生センター助教授

●収録作品は原則として新字・新仮名を採用しています。
●本書中に一部、身体等に関する差別的と思われる表現が使用されておりますが、作品の発表時期や題材等を考慮され、お読みいただくようお願いいたします。
●収録作品中、堀一郎氏の著作権継承者の方が不明となっております。お気付きの方は編集部まで御一報下さい。

怪異の民俗学①
憑《つ》きもの

二〇〇〇年六月一日　初版印刷
二〇〇〇年六月九日　初版発行

編者　小松和彦
著者　柳田國男ほか
装幀者　菊地信義
発行者　若森繁男
発行所　株式会社河出書房新社
東京都渋谷区千駄ヶ谷二-三二-二
電話（営業）〇三-三四〇四-一二〇一
（編集）〇三-三四〇四-八六一一
http://www.kawade.co.jp/
印刷　株式会社亨有堂印刷所
製本　和田製本工業株式会社

定価はカバー・帯に表示してあります。
落丁本・乱丁本はおとりかえいたします。
ISBN4-309-61391-8

河出書房新社

怪異の民俗学【全8巻】

小松和彦＝責任編集

《怪異》を中心に据えた新たな民俗学大系の構築。現代のミステリーやホラーに大きな影響を与えた「怪異と不思議の世界」を理解するための基本文献のすべてを、テーマ別に編纂。

柳田・折口といった古典をはじめ、貴重な民俗学のテキストを中心に、文化人類学や国文学・社会学・精神病理学にいたるまで幅広い分野をカバー。

各巻に小松和彦書き下ろしによる長文の解説を収録。

全巻構成

1 憑きもの
2 妖怪
3 河童
4 鬼
5 天狗と山姥
6 幽霊
7 異人・生贄
8 境界